JOURNAL POLITIQUE

DE

CHARLES DE LACOMBE

DÉPUTÉ A L'ASSEMBLÉE NATIONALE

PUBLIÉ

POUR LA SOCIÉTÉ D'HISTOIRE CONTEMPORAINE

PAR

A. HÉLOT

TOME II

PARIS

LIBRAIRIE ALPHONSE PICARD ET FILS

LIBRAIRE DE LA SOCIÉTÉ D'HISTOIRE CONTEMPORAINE

Rue Bonaparte, 82

39.

1908

AU PRIX DE 8 FR. LE VOLUME (Suite)

Journal politique de Charles de Lacombe, député à l'Assemblée nationale, publié par M. l'abbé A. HÉLOT, 1907. T. I (février 1871-décembre 1873), avec héliogravure.

Anecdotes historiques par le baron Honoré Duveyrier, publiées par M. Maurice TOURNEUX, 1907. 1 vol.

AU PRIX DE 4 FR. LE VOLUME

Les Étapes d'un soldat de l'Empire (1800-1815). — Souvenirs du capitaine Desbœufs, publiés par M. Ch. DESBŒUFS, 1901. 1 vol.

P.-Fr. de Rémusat. — Mémoire sur ma détention au Temple, 1797-1799, publié par M. VICTOR PIERRE, 1903. 1 vol. avec plan.

*Journal de M*** de Cazenove d'Arlens. — Paris-Lyon (février-avril 1803),* publié par M. DE CAZENOVE, 1903. 1 vol. avec héliogravure.

EN PRÉPARATION :

Souvenirs du marquis de Bouillé. T. II.

Correspondance du duc d'Enghien et documents sur son enlèvement et sa mort. T. II.

Correspondance du comte de La Forest, ambassadeur de France en Espagne. T. II.

La cotisation annuelle est de 20 fr. Pour les nouveaux sociétaires, le prix des volumes à 8 fr. antérieurement parus est de 5 fr. 50 le volume.

Adresser les adhésions au *Siège de la Société, rue Saint-Simon, 5, à Paris (VII*)*.

JOURNAL POLITIQUE

DE

CHARLES DE LACOMBE

DÉPUTÉ A L'ASSEMBLÉE NATIONALE

EXTRAIT DU RÈGLEMENT

ART. 14. — Le Conseil désigne les ouvrages à publier et choisit les personnes auxquelles il en conflera le soin.

Il nomme pour chaque ouvrage un commissaire responsable, chargé de surveiller la publication.

Le nom de l'éditeur sera placé en tête de chaque volume.

Aucun volume ne pourra paraître sous le nom de la Société sans l'autorisation du Conseil, et s'il n'est accompagné d'une déclaration du commissaire responsable, portant que le travail lui a paru digne d'être publié par la Société.

Le commissaire responsable soussigné déclare que l'ouvrage JOURNAL POLITIQUE DE CHARLES DE LACOMBE *lui a paru digne d'être publié par la* SOCIÉTÉ D'HISTOIRE CONTEMPORAINE.

Fait à Paris, le 10 octobre 1907.

Signé : Cte DE SEMALLÉ.

Certifié :

Le secrétaire de la Société d'histoire contemporaine,

B. DE LACOMBE.

JOURNAL D'UN DÉPUTÉ

CHAPITRE VIII

LA CHUTE DU MINISTÈRE DE BROGLIE

Sommaire : Correspondance avec le comte de Falloux; conversation avec M. Guizot; ajournement, discussion et vote de la loi des maires; mandements d'évêques à l'occasion des lois de mai en Allemagne; circulaire de M. de Fourtou; suspension de l'*Univers*; déclaration du duc Decazes; travaux à la commission des lois constitutionnelles : projets de réforme électorale; polémique au sujet du septennat; agitation bonapartiste; circulaire de Broglie; incidents à l'Académie à l'occasion de la réception d'Émile Ollivier; interpellation Challemel-Lacour; mort de Beulé; continuation de la polémique sur le septennat; circulaire Depeyre; le gouvernement demande la priorité à l'ordre du jour de la loi électorale sur la loi municipale; séance du 16 mai; chute du duc de Broglie; échec des tentatives de MM. de Goulard et d'Audiffret-Pasquier pour constituer un ministère; formation du cabinet de Cissey.

Janvier 1874

Voici une année nouvelle! que nous donnera-t-elle? Rarement l'avenir fut plus obscur; nous sommes tenus en échec par des causes qui ne dépendent pas de nous. Dieu peut tout changer en un instant. Nous sommes dans sa main. Mais nous devons tout faire humainement pour être prêts au jour qu'il voudra. Pour moi, personnellement, je rends grâce au ciel, Dieu m'a donné un fils, il m'a donné le bonheur du foyer. Dans ma vie publique, je ne suis pas ce que peut-être j'avais espéré et ce que

peut-être, aussi, j'avais des motifs d'espérer. A côté de
lacunes immenses, il me semble qu'il y a certains dons
que je pouvais mieux déployer. Ma réserve les entrave,
et n'est-ce pas ne les point avoir tout à fait que de se
laisser ainsi dominer par cette malheureuse crainte ?

Quoi qu'il en soit, chaque jour je sens mieux le prix des
joies de la famille et pour le reste « I vill be what please
God, and please God me ever do well ».

Lettre du comte de Falloux

1er janvier 1874.

Mon cher ami,

Le public est certainement déçu par l'inertie commune
du gouvernement et de l'Assemblée, cependant on se
rend compte des difficultés, on vous en tient compte, et si
vous en sortiez avec énergie sur le terrain électoral, qui
est le Malakoff de la situation, tout pourrait encore être
sauvé.

Mille vœux donc sur ce chapitre et sur tout ce qui
vous touche.

ALFRED.

Lettre de M. de Lacombe au comte de Falloux

Versailles, 5 janvier 1874.

Cher ami,

Je devine trop bien vos préoccupations pour ne pas
vous tenir au courant de ce que je sais, vous demandant
en échange vos conseils qui nous seraient à tous si précieux. On s'est séparé hier à l'Elysée dans des formes
très courtoises, mais sans que l'accord en soit plus avancé :
nos amis, tout en protestant énergiquement de leur intention de faire la deuxième Chambre et d'organiser les
pouvoirs du maréchal, se sont maintenus sur le terrain

du septennat personnel. M. Dufaure a été, me dit-on, très conciliant. Il n'insisterait plus ni sur la déclaration de la République, ni même sur la présomption de la continuation républicaine en 1880. Il admettrait qu'à cette époque le congrès statuât sur la forme de gouvernement. Mais il voudrait que la période sexennale fût une période fermée aux questions de gouvernement et que, le maréchal disparaissant, on lui donnât un successeur dans la forme actuelle. Il est bien certain que si l'on ne peut faire la monarchie, nos amis mettront en pratique comme ils l'ont fait au 24 mai cette transmission de pouvoir contre laquelle ils s'élèvent si fort en théorie ; et il est bien certain aussi que la monarchie redevenue possible, ce n'est pas le septennat impersonnel qui l'empêchera. Des deux côtés, il y a une égale subtilité à batailler sur une vacance que la bonne santé du maréchal ne laissera peut-être pas se réaliser : mais il n'en est pas moins vrai qu'aux yeux du pays ceux qui disent que pendant six ans, il faut éviter les questions de gouvernement auront raison et que ceux qui, ne pouvant faire un autre régime, veulent gratuitement se réserver le droit théorique de mettre perpétuellement en question celui qui existe, se donneront tort. En voulant sauver la faculté de faire la monarchie, on perdra le parti monarchique et on précipitera le succès de la proposition Périer, c'est-à-dire de la République, en se refusant, sous prétexte que ce serait organiser la République, au septennat impersonnel. Je voudrais, du moins, que nos amis laissassent quelque chose aux circonstances, et qu'ils évitassent de prendre dès maintenant position sur cette question. Malheureusement la faute est déjà faite ; elle est faite depuis plus de dix mois, et ceux d'entre eux qui l'ont commise en s'engageant imprudemment, se créent aujourd'hui sur cette question un point d'honneur artificiel, veulent y river leur parti, et ne négligent rien pour éveiller ses soupçons et ses craintes contre cette transaction. Ajoutez à cela, pour quelques-uns, une répugnance instinctive à voir entrer dans le cabinet un élément centre gauche, notamment M. Dufaure. Ils veulent discuter les lois constitutionnelles, ils savent que l'extrême droite ne les votera pas et que, dès lors, il faut bien, si l'on veut avoir une majorité, en chercher le complément ailleurs. C'est à quoi ils se refusent, mettant autant d'ardeur à dire que les lois constitutionnelles seront repoussées, qu'à dire qu'ils les voteront, en sorte qu'on se demande s'ils ne veulent pas tout simplement se dégager d'un engagement personnel, sauf, le rejet *plus ou moins désiré* des lois constitutionnelles une fois accompli, à se rapprocher de l'extrême droite pour essayer de reformer l'ancienne majorité. Vous comprenez ce qu'une telle disposition, propagée par les hommes qui ont empire sur la droite et qui s'étaient montrés jusqu'ici en dissidence avec les chevau-légers, peut avoir d'influence sur la réunion Colbert. Il faudrait, pour lutter contre, une situation d'autorité et une ancienneté de services que personne ne possède. Si vous étiez parmi nous, je ne doute pas que, dans une de ces réunions, vous ne fissiez tomber ces toiles d'araignées auxquelles le pays ne comprendra rien. Mais les efforts individuels sont bien faibles contre ce courant. M. Buffet a été appelé aujourd'hui chez le maréchal. Je ne serais pas étonné que celui-ci insistât pour qu'on fît du moins la seconde Chambre, sauf à discuter plus tard sur le personnel et l'impersonnel qui se rapportent à une époque où il ne sera plus au pouvoir. On paraît d'accord d'ailleurs pour commencer la discussion par la seconde Chambre en admettant un article qui ne rendrait le vote sur la seconde

Chambre définitif que lorsqu'il aurait été pourvu à la transmission du pouvoir.

Adieu, cher ami, tout à vous. Ch. DE L.

3 janvier. — Je vais voir M. Guizot, rue Billault, 12, Il est étonnant. « J'ai quatre-vingt-sept ans, me dit-il, je n'ai « aucune infirmité ; j'ai un peu moins de force au travail, « je me fatigue plus vite. Cependant, à la campagne, je « travaille encore mes huit heures par jour, parce que je « peux, de temps en temps, prendre un quart d'heure de « repos dans le parc. Ici, je fais peu de chose. Pourtant, « j'ai promis un travail à la *Revue des Deux Mondes.* « Quand j'ai perdu un ami, j'éprouve le besoin de consa- « crer sa mémoire. Je l'ai fait pour le duc de Broglie, pour « M. de Barante, je veux le faire pour M. Vitet [1], Peu de « personnes l'ont bien connu. C'était un artiste, un artiste « philosophe. Il s'est mêlé à la politique sans en avoir le « goût. Il ne savait pas parler. Mais il était conséquent « dans la ligne de conduite qu'il avait adoptée, et résolu « à la suivre jusqu'au bout. »

Guizot trouve l'avenir bien obscur. « Jamais la France « ne s'est trouvée dans une telle situation, dit-il. Pour « moi, la République n'est pas une solution ; il n'y en a « qu'une, c'est la monarchie. Louis-Philippe lui-même « n'était pas une solution. Je le lui ai dit en 1830 ; « Vous « n'êtes pas la solution. » Mais alors, il était impossible « de faire accepter le petit-fils de Charles X. Aujourd'hui, « c'est lui qui se dérobe à la couronne — sans l'abdi- « quer. Louis-Philippe a commis, lui, une grande faute ; « c'est son abdication à un moment où elle n'était nulle- « ment commandée par les événements. Il n'avait qu'à se

1. M. Vitet, sa vie et ses œuvres, par Guizot, *Revue des Deux Mondes* du 1er mars 184.

« retirer à Versailles et à attendre. Mais deux choses le
« portèrent à cette détermination : il était dégoûté, décou-
« ragé. Que de fois il m'a dit en mettant sa tête dans ses
« mains : « Ah! mon cher ministre, quelle baraque que
« notre pays! » Il était frappé et attristé de nos incapa-
« cités pour être libres. Et puis, il avait une faiblesse : il
« ne se consolait pas de sa popularité perdue. Ne plus
« entendre, quand il sortait, crier : «Vive le roi! » c'était
« à quoi il ne pouvait se faire. Le comte de Paris est un
« esprit sensé, ce serait un bon roi constitutionnel. Il
« faut maintenir ce que vous avez établi, respecter le
« pouvoir du brave maréchal Mac-Mahon, qui est vrai-
« ment un souverain constitutionnel. Mais s'il venait à
« disparaître, le duc d'Aumale peut-être.... Que pensez-
« vous des chances qu'il aurait à la Chambre?» Je lui dis
qu'il était difficile de prévoir des résolutions sur lesquelles un événement inopiné pouvait avoir une grande
influence, mais que la visite du comte de Paris à Frohsdorf a rapproché de la famille d'Orléans bien des royalistes, et qu'on peut croire aujourd'hui ce qui était absolument invraisemblable il y a un an, que le duc d'Aumale
réunirait une majorité. « J'ai souvent pensé, reprit
« M. Guizot, qu'il pourrait se passer en France quelque
« chose d'analogue à ce qui s'est passé en Hollande. Le
« stathoudérat y a précédé la monarchie constitution-
« nelle, et la maison d'Orange a commencé par le sta-
« thoudérat en Hollande avant d'aller fonder en Angle-
« terre la monarchie constitutionnelle, qu'elle devait
« ensuite établir en Hollande. La monarchie constitu-
« tionnelle est un progrès sur la république : «Quand les
« éléments de la république démocratique nous ont man-
« qué, me disait un des hommes les plus éminents de la
« Hollande, nous avons adopté la monarchie constitu-

« tionnelle. » Le duc d'Aumale a été supérieur dans
« toutes les tâches qu'il a abordées. Il l'a été d'abord
« comme gouverneur général de l'Algérie. On a cru que
« c'était le roi Louis-Philippe qui avait voulu le nommer
« gouverneur général. Le roi n'y pensait pas. C'est moi
« qui le lui ai proposé. Le roi me dit alors : « Mes fils
« sont des fonctionnaires, des fonctionnaires distingués,
« mais ils n'ont pas l'initiative qui fait les chefs de gou-
« vernement. » Le duc d'Aumale a admirablement réussi
« en Algérie. L'année dernière, à l'Académie, terrain nou-
« veau pour lui, il a eu un vrai succès. Appelé à présider
« le conseil de guerre qui a eu à juger le maréchal Ba-
« zaine, il s'y est montré de telle sorte que M. Dufaure me
« faisait dire dernièrement qu'il ne connaissait, à aucun
« degré de notre magistrature, un homme capable de
« conduire ces débats comme lui. Le voilà à Besançon où
« il est acclamé ! » A un autre moment, où il revient sur
ce sujet, je demande à M. Guizot sous quel titre il comprendrait que le duc d'Aumale exerçât le pouvoir ? —
« Président de l'État, me dit-il sans hésiter, et dans les
« relations avec les autres gouvernements, la France s'ap-
« pellerait de son vrai nom, la France. »

Il parle de notre situation extérieure et il y revient à
plusieurs reprises : « La situation diplomatique est très
« grave. L'empereur et M. de Bismarck trouvent des oppo-
« sants à leur politique dans le sein de la famille impériale.
« Ils cherchent des prétextes pour recommencer la guerre ;
« ils accusent la France de ménager leurs ennemis, les
« catholiques. Ils disent à la Russie : Nous vous donne-
« rons Constantinople ; à la Suisse, la Franche-Comté. Mais
« donner Constantinople à la Russie, ce serait rompre avec
« l'Angleterre. L'Angleterre est dans de bonnes disposi-
« tions. La Russie a aussi une bonne attitude. Le mariage

« d'un prince d'Angleterre avec une fille du czar est une
« nouveauté de grande importance. C'est la première fois
« que l'Angleterre consent à ce que l'un de ses princes
« épouse une princesse qui ne soit pas protestante. Mais
« je le répète : la situation est grave, et vous ferez bien
« de ne rien refuser au budget de la guerre. Le duc d'Au-
« male a fait son rapport au Conseil supérieur sur son
« inspection. Il a été frappé de tout ce qui nous manque.
« Les soldats sont bons, mais le corps d'officiers faible,
« et le matériel presque nul. Nous ne serions pas en état
« de faire la guerre. » Dans la diplomatie, M. Guizot ne
voit que Vogüé [1], à Constantinople, qui soit vraiment
capable. Je lui parle du comte d'Harcourt, qui était à
Londres, et dont la correspondance était remarquée au
ministère. « C'est possible, me dit il, mais il y a deux
« ordres de qualités pour un diplomate : la correspon-
« dance et l'action sur le pays même. C'est cette action
« qui est le point principal. M. d'Harcourt ne l'avait
« pas. »

Nous parlons des élections. Il est tout à fait d'avis
qu'on ne s'en tienne pas à une simple réédition de la loi
du 31 mai. « Il faut faire leur part aux intérêts. Vous allez
« rétablir la circonscription par arrondissement. Cela
« vous donne environ 360 députés. Pourquoi n'en ajoute-
« riez-vous pas 240 élus pour la représentation des inté-
« rêts ? » Cette indication me fait d'autant plus de plaisir
qu'elle se rapproche de mon idée personnelle. Pour le
Sénat, il voudrait des origines diverses : nominations par

---

1. Comte, puis marquis de Vogüé (1829), se fit connaître d'abord par
des études archéologiques qui lui valurent d'être élu membre de l'Académie des Inscriptions et Belles-Lettres en 1868. En 1871, Thiers le nomma
à l'ambassade de Constantinople; en 1875, il fut appelé à celle de Vienne. Il
démissionna après la retraite du maréchal.

le pouvoir, élections par des groupes, membres de droit, même des sénateurs héréditaires.

8 janvier. — Rentrée de la Chambre. Les conservateurs, peu nombreux, comme à l'ordinaire. La gauche en profite pour faire ajourner la loi des maires sur la proposition du marquis de Franclieu [1], lequel, assurent des membres qui l'ont vu, s'est entendu avec Le Noël, Turquet et autres de la gauche pour faire cette motion. Cet événement ébranle profondément l'opinion. C'est l'Assemblée, considérée jusqu'ici comme la dernière ressource, qui se dérobe elle-même à la confiance du pays. On sent encore une fois que le sort du pays dépend d'un vote, d'une surprise, et cet exemple prouve que dans une Assemblée conservatrice de pareilles surprises ne sont pas impossibles.

1. Franclieu (marquis de) (1810-1877), représentant des Hautes-Pyrénées à l'Assemblée nationale; il siégea à l'extrême droite.

Le 28 novembre 1873, le duc de Broglie avait déposé un projet de loi sur la nomination des maires qui, rapporté par M. Clapier le 17 décembre et déclaré d'urgence le même jour, avait été mis en tête de l'ordre du jour le 31 décembre. Il vint en discussion le 8 janvier 1874. L'article 1er et essentiel était ainsi conçu :

« Jusqu'au vote de la loi organique municipale, les maires et les adjoints seront nommés par le Président de la République dans les chefs-lieux d'arrondissement et de canton ; dans les autres, ils seront nommés par le préfet. »

M. de Franclieu proposa d'ajourner la loi jusqu'à la discussion de la loi municipale définitive, disant qu'il ne pouvait admettre qu'après avoir combattu, pendant vingt ans, le système compressif de l'Empire, on reprît ses errements.

Toute la gauche appuya sa proposition, qui fut votée au scrutin secret, avec appel nominal, par 268 voix contre 226. La Chambre était très incomplète.

Annales de l'Assemblée nationale, séance du 28 novembre 1873, t. XXVIII, p. 48, et annexe, p. 34; séance du 17 décembre, p. 370, et ann., p. 265; séance du 31 décembre, p. 701 ; séance du 8 janvier 1874, t. XXIX, p. 6.

Les ministres remirent leurs démissions. Mais par une note insérée au *Journal officiel* du 9 janvier, le maréchal fit savoir « qu'il ne se décidait pas à les accepter quant à présent, et qu'il se réservait d'en délibérer. » *Mémoires* de Vinols, p. 176-178.

Les bureaux se réunissent pour aviser aux moyens de réparer ce désastre. Le centre droit, très monté, pour assurer décidément le sérieux du septennat et établir sur cette base obligatoirement respectée des partis, la politique du gouvernement. La droite Colbert reconnaissant au fond la justesse de cette idée, mais craignant qu'un éclat écarte l'extrême droite; celle-ci ne voulant pas entendre parler du septennat, quoique comprenant bien qu'on ne peut rester dans ce vague. Les discussions ont lieu sur ce point. Ernoul parle dans le sens de la droite avec une modération relative. Pasquier un peu vif. Brun annonce avec calme que, lors de la discussion des lois constitutionnelles, il proposera le rétablissement de la monarchie avec le maréchal chargé du pouvoir pour les sept ans convenus. Le centre droit écoute en silence, mais s'en souviendra.

10 janvier. — Le bureau du centre droit, dont je suis, va, samedi soir, chez le duc de Broglie, pour lui porter le résultat des délibérations. On interpellerait le ministère sur les causes de sa retraite; il répondrait et circonscrirait la question sur le terrain de la loi des maires. On ne s'engagerait sur le septennat que contraint par la gauche. Lambert de Sainte-Croix, Batbie, Goulard, Decazes seraient d'avis que le maréchal refusât la démission des ministres, pour que ceux-ci arrivassent reconstitués lundi. Grivart, Cumont, moi, etc., nous soutenons au contraire qu'ils doivent rester démissionnaires; il y a eu surprise jeudi; le maréchal a un doute légitime, que la Chambre lèvera lundi en disant que le ministère a sa confiance, et alors le maréchal le gardera ; autrement les ministres auront l'air de craindre l'accueil de l'Assemblée et de se cramponner à leurs portefeuilles en s'aidant du nom du maréchal.

Grivart et moi, nous revenons avec Batbie et Goulard,

à qui nous disons nos motifs. Tout à coup Batbie dit :
« Eh bien ! je ne crois pas qu'il y ait à craindre que les
« ministres s'engagent trop sur le septennat; ils ne me
« paraissent pas impatients d'arborer un programme.
« C'est que, ce matin, on a causé au conseil, et les col-
« lègues de la droite ont hésité. » Tout cela de l'air d'un
homme qui ne croit pas que les ministres aient envie de
quitter le pouvoir. « Votre langage, dis-je alors, explique
« et justifie ce que nous disions tout à l'heure ; si le maré-
« chal renomme les ministres avant le vote de la Chambre,
« tout le monde fera sur leur désintéressement la suppo-
« sition qui est dans vos paroles. » Je ne crois pas que
ni Batbie ni Goulard fussent effrayés de cette perspective
de voir le cabinet autant s'amoindrir par l'effet même de
la procédure qu'ils lui conseillent.

12 janvier. — L'interpellation de lundi s'est bien passée [1]. Broglie a été sur le septennat d'une grande dexté-
rité. « Cela ne peut pas recommencer, dit-il après à Kerdrel, on danse sur des œufs ! — Mais vous dansez si
bien, » reprend Kerdrel.

17 janvier. — Nouvelle alerte sur un amendement de
M. Feray [2]; on n'a qu'une majorité de quatre voix. Le duc

---

1. Il s'agit de l'interpellation de Kerdrel sur la démission du ministère. C'était une manœuvre pour donner à la majorité l'occasion de relever le ministère. M. de Broglie exposa que le vote de défiance du 8 avait
déterminé sa retraite. MM. Ernest Picard et R. Duval ayant porté la
discussion sur le terrain de la politique générale, M. de Broglie répliqua.
Un ordre du jour de confiance dans le ministère fut voté par 368 voix
contre 305.

Puis sur la proposition de Delsol, la loi sur les maires fut mise à l'ordre
du jour du lendemain 13 janvier.

Ann. de l'Ass. nat., t. XXIX, séance du 12 janvier, p. 31 et suiv. *Mémoires*
de Vinols, p. 178-179.

2. L'article 2 de la loi des maires décrétait que : Dès la promulgation de
la présente loi et sans qu'il y ait lieu de pourvoir aux vacances qui exis-
teraient dans les conseils municipaux, il sera procédé à la nomination
des maires et adjoints ; ils seront pris, soit dans le conseil municipal, soit

de Broglie navré et exaspéré. « C'est l'agonie de la majorité, me dit-il, en chemin de fer, en arrivant à Paris; et je me demande si notre loi n'aura pas d'autre effet que de fournir des armes à nos ennemis, qui seront demain au pouvoir. » Je ne suis pas effrayé comme lui, au point de vue parlementaire. Je suis convaincu que cette petite majorité sera un *coup de fouet* pour les dissidents qui reviendront demain dans la crainte d'un renversement dont les suites seraient incalculables. Mais ce qui m'effraie, c'est la portée de pareils faits dans le pays; c'est l'Assemblée descendant dans l'estime du pays, lui inspirant le sentiment d'une instabilité irrémédiable, et causant par suite une nouvelle impulsion à ce mouvement qui fait les coups d'État et les fait désirer.

Le soir, je vais chez Mme Paul de Ségur, mère de notre collègue [1]. Le prince de Joinville, Léon Say, Mme Casimir Périer s'y trouvent. On cause avec colère ou inquiétude de la faible majorité. Mais dès qu'on se trouve près de Say, tout s'arrête.

20 janvier. — Hier lundi, majorité forte pour le ministère. Aujourd'hui, la loi des maires est votée [2].

On apprend que l'*Univers* est suspendu pour avoir reproduit un mandement de l'évêque de Périgueux contre

au dehors; mais dans ce dernier cas, la nomination sera faite, suivant les distinctions de l'article 1er, par décret délibéré en Conseil des ministres, ou par arrêté du ministre de l'intérieur.

M. Peray demanda qu'on prenne en considération l'amendement suivant :

Dans toutes les communes dont la population sera inférieure au chiffre de 3,000 habitants, les maires seront choisis par le gouvernement, parmi les conseillers municipaux.

Sa demande fut repoussée par 341 voix contre 337.

Ann. de l'Ass. nat., t. XXIX, p. 163.

1. Ségur (comte de) (1853), député de la Seine-et-Marne à l'Assemblée nationale, où il fit partie de la réunion des Réservoirs.

2. Elle le fut par 359 voix contre 218. *Ann. de l'Assemblée nationale*, t. XXIX, p. 207.

l'Allemagne et l'Italie. Depuis quelques jours, l'Allemagne menace. Le 3 janvier, je dînais aux Affaires étrangères, et, après le dîner, le duc Decazes me demanda si la loi de 1819 sur la presse s'applique aux évêques : « Comment! lui dis-je, vous voulez poursuivre les évê-« ques! — Non, me répondit-il, mais Gontaut m'envoie « une dépêche grave : M. de Bismarck veut que nous « poursuivions l'évêque de Nîmes [1] pour avoir outragé « l'empereur.... A la suite de cette mise en demeure, « M. de Fourtou a fait une circulaire aux évêques. On a « su que l'évêque de Périgueux préparait un mandement; « on lui a dépêché le sous-préfet de Ribérac, puis le « préfet de Périgueux, pour le prier de ne pas le publier. « Il n'en a pas tenu compte et a envoyé son mandement à « l'*Univers*. On a dû suspendre le journal pour éviter « que M. de Bismarck ne demandât plus. »

L'événement produit quelque émotion à la Chambre. Au premier abord, beaucoup, même Kerdrel et Sugny, critiquent, disant qu'on va empêcher le vote de la loi des maires. Cumont, avec raison, appuie énergiquement le ministère. La loi est votée. L'interpellation de du Temple sur l'Italie est étouffée. La déclaration du duc Decazes est applaudie, et, pourtant, il a dû parler de nos relations amicales avec l'Italie [2].

---

1. En mai 1873, M. de Bismarck avait fait accepter par le Parlement prussien trois projets de loi qui établissaient la suprématie de l'État sur les communautés religieuses, même en matière ecclésiastique. Le 21 novembre 1873, Pie IX protesta dans l'Encyclique *Etsi multa luctuosa*. Les évêques firent écho. Celui de Nîmes fut un des plus véhéments. Le gouvernement de Berlin chargea alors M. d'Arnim de faire des représentations à Versailles. D'où la circulaire de M. de Fourtou. L'évêque de Périgueux n'en tint aucun compte, et l'*Univers* publia son mandement, avec des commentaires approbatifs. En conséquence, le 29 janvier, un arrêté suspendit pour deux mois le journal de Louis Veuillot.

2. Le 9 décembre 1873, le général du Temple avait déposé une demande d'interpellation au sujet de l'envoi d'un nouveau ministre plénipoten-

Voilà à quelles extrémités on réduit un pays par des fanfaronnades et des imprudences qu'il n'est pas en état de soutenir. Quand on est faible, le silence est l'attitude la plus digne et la plus fière. En ce qui touche la mesure prise par le gouvernement et à part le douloureux motif qui l'a commandée, je suis persuadé que tous les actes de vigueur fondés sur une politique sage et d'intérêt conservateur seront approuvés et calmeront ceux-là mêmes qui menacent le plus de leurs emportements. Ils s'enhardissent des ménagements du cabinet et, comme Guise de Henri III, ils disent : « Il n'oserait ! »

22 janvier. — Vu M. de Falloux à Paris. Il est bien effrayé de la situation extérieure et bien monté contre le comte de Chambord.

24 janvier. — Commission constitutionnelle. Nous votons trois ans de résidence, avec ce principe que tout Français est électeur au lieu de sa naissance (ou du tirage au sort). Tailhand [1], de Meaux, très effrayé de ce principe qu'a proposé Brun, et qui, en réalité, ne favorise que ceux qui demeureront vraiment dans leurs communes, ceux qui l'ont quittée devant être rayés, ou, s'ils sont inscrits mais absents, devant revenir pour exercer leur droit, au domicile natal, ce qu'ils ne pourront faire. Pour

tiaire près du roi Victor-Emmanuel. L'Assemblée décida que cette interpellation serait renvoyée après le vote du budget. Elle vint en discussion le 20 janvier. Avant que la parole fût donnée à l'interpellateur, le duc Decazes lut au nom du gouvernement une déclaration sur les relations de la France et de l'Italie et sur les mandements épiscopaux. L'Assemblée, conformément à la demande du ministre, refusa d'entendre la réplique de M. du Temple, en votant la question préalable. — *Annales de l'Ass. nat.*, t. XXVIII, séance du 9 décembre, p. 195, et t. XXIX, séance du 20 janvier, p. 208.

1. Tailhand (1810-1889), représentant de l'Ardèche à l'Assemblée nationale. Il prit place à droite. Le 22 mai 1874, il fut nommé ministre de la justice en remplacement de M. Depeyre, et garda son portefeuille jusqu'au 9 mars 1875.

quelques-uns, l'important est d'exclure le plus de monde
possible, sans distinction. Pour moi, je veux exclure les
nomades et amener de plus en plus les électeurs à se
grouper dans leurs communes, à s'identifier avec les intérêts de la famille communale. La loi électorale doit être
comme une prime à la stabilité des foyers et à la formation des associations régulières, dont la première est la
commune.

3o janvier. — Avant-hier, séance de la commission
constitutionnelle. Nous repoussons le scrutin de liste dé-
partemental et le scrutin individuel, en tant qu'il serait
exclusivement appliqué dans chaque arrondissement.
Mais aura-t-on partout de petites listes de deux, trois,
quatre membres? ou admettra-t-on que les arrondisse-
ments de moins de cent mille habitants, par exemple,
n'aient qu'un député? C'est ici que portent les doutes. Le
vote est remis à aujourd'hui. Nous nous sommes séparés
dans un grand trouble. On est divisé, je ne dis pas seulement dans le même parti, mais dans les mêmes nuances
d'opinions. Lambert de Sainte-Croix, Grivart (centre
droit) sont pour le scrutin individuel; Batbie, Delsol
(centre droit) sont contre; Tailhand, Sugny, Merveilleux
du Vignaux (droite) sont pour ce même scrutin; Kerdrel.
Chesnelong, de Meaux, Cumont, etc. (droite), sont contre.
Et chacun dit : « Si vous n'admettez pas mon système.
« vous êtes perdus! » Pour moi, j'incline aux listes,
parce qu'elles me semblent seules compatibles avec la
division des nuances conservatrices, parce qu'elles
obligent ces nuances à des transactions mutuelles, parce
qu'elles nécessitent la formation de comités et, par là
même, l'action des conservateurs, qui, dans les élections
individuelles, regardent faire les candidats, sans s'en
mêler, parce qu'enfin elles écartent plus facilement les

intrigants et la corruption électorale. Mais je répugne à une règle exclusive, et, sans en distinguer nettement les conditions, il me semble qu'on pourrait admettre certains collèges où il n'y aurait qu'un seul député, les très petits collèges, par exemple, ou certaines villes.

De Meaux, Cumont et moi nous nous réunissions hier chez le duc de Broglie avec Baragnon, celui-ci très porté pour les petites listes, et Durangel [1] qui y est contraire. Le duc, en faisant appeler Durangel, lui dit : « Monsieur Durangel, vous qui connaissez bien les questions de détail, vous nous serez d'un grand secours. » Quelle malheureuse tendance à restreindre son compliment ! Durangel est d'avis du scrutin uninominal.

Février 1874

10 février. — Déjeuné aux Réservoirs avec Decazes, Goulard, Pasquier, Cumont, Chabrol, Kerdrel, Mérode. Pasquier très monté de ce qu'on a conclu un nouveau contrat avec la maison X.... compromise dans les marchés, et de ce que les poursuites contre des officiers d'habillement compromis ont été interrompues. Il parle d'interpeller le ministère au nom de la commission des marchés. Il paraît que le duc de Broglie, sur la recommandation de Bocher, aurait lui-même insisté pour la conclusion de ce contrat. Au premier abord, Pasquier tout feu, laissant à peine parler Decazes, qui, maître de lui, grave et souriant, amène peu à peu les joints et les moyens d'entente. Pasquier, terrible et effrayant, mais se calmant peu à peu, profondément honnête et vraiment éloquent, quand il parle de l'influence qu'on acquiert sur

---

1. Durangel, directeur au ministère de l'intérieur.

le peuple en poursuivant loyalement, impartialement, la mission de haut justicier. Il raconte fort spirituellement qu'en 1848 il accompagna dans sa voiture le chancelier Pasquier jusqu'aux environs de Tours. Le chancelier était fort calme, il avait mis sa douillette ; il croyait avoir l'air d'un procureur, persuadé que, comme en 1787, les procureurs étaient toujours en douillette. Arrivés à Tours, nous remisons la voiture en tel endroit, et j'écris à un de mes parents de la venir prendre, le chancelier devant prendre une autre direction. Mais le peuple voit cette voiture ; on dit : « C'est Guizot qui s'en va ! » On va chercher des fagots, on sort la voiture pour la brûler, lorsqu'un ouvrier, montant dans l'intérieur, trouve dans la boîte placée sur le devant des cartes de visite au nom de Pasquier. Il dit : « Non, ce n'est pas Guizot; c'est Pasquier, c'est celui qui a jugé Teste. » Et, là-dessus, on rentre la voiture avec toutes sortes de respects.

11 février. — La commission, qui, le 29 janvier, avait repoussé le scrutin uninominal par arrondissement, y est revenue avant-hier. J'étais absent, retenu par une indisposition. Mais entre ma tendance personnelle pour le scrutin de liste et l'opinion des conservateurs de mon département, qui sont pour le scrutin uninominal, j'eusse été fort perplexe ; quand on ne voit pas les résultats avec certitude, grande responsabilité que d'aller contre le sentiment formel de ceux qui vous ont élu pour leur mandataire.

La représentation des intérêts a été discutée. Tout le monde est persuadé de son utilité et pourtant on n'arrivera à rien. Les deux degrés sont rejetés. J'ai présenté un système instituant un collège de département, formé de l'élite de chaque agrégation et fonctionnant avant les collèges d'arrondissement formés par le suffrage universel. Au premier abord, il sourit à beaucoup, même des plus pratiques, comme Talhouët, Tailhand, etc.; de Meaux l'appuie énergiquement; la presse en fait l'éloge, même celle qui fait des réserves. La commission le prend en considération; mais elle va, je n'en doute pas, le rejeter au fond. Je ne défends pas le détail, mais je crois le principe bon, et je ne me laisse pas émouvoir par les soucis des hommes positifs qui aiment ce qui est simple, autrement dit *ce qui est.* Que de réformes n'eussent jamais été accomplies, si on n'en eût d'abord posé les germes dans les lois! Il y a toujours un moment où ce qui est dans nos lois n'y a pas été; il a bien fallu innover ce jour-là, et, si petite qu'elle fût, l'innovation a été le fondement sur lequel ont pu s'élever plus tard des institutions. En France, on ne sort de la routine que pour tomber dans les révolutions.

13 février. — Aujourd'hui, la commission constitutionnelle a prononcé sur mon système. Je ne dis que quelques mots, ne voulant pas, par une discrétion peut-être exagérée, rouvrir moi-même le débat. Je suis exécuté par cinq ou six voix contre trois : Tailhand, de Meaux et moi. Le résultat était inévitable. La commission, après avoir pendant deux mois agité la représentation des intérêts, arrivera à ne rien voter du tout, et les gens pratiques diront avec importance : « Je l'avais bien prévu. » Au reste, comme je l'ai déjà écrit, je ne m'étonne pas de ce dénouement. Qui n'hésiterait à faire le premier pas? L'important et le possible, c'est que ces idées fassent leur chemin et mûrissent. De Meaux, qui demeure vaillamment fidèle à mon projet, me dit que M. Guizot lui en a parlé hier soir et en est tout à fait partisan.

Batbie est nommé rapporteur. Il était favorable à presque toutes les idées qui ont été rejetées : représentation des intérêts, deux degrés, scrutin de liste ; néanmoins, il rapportera le système contraire.

16 février. — Vu avant-hier M. Guizot. Il me parle de mon projet de loi électorale et un peu comme s'il me l'avait inspiré. Je lui insinue dans la conversation que j'avais été bien heureux et encouragé, lors de ma dernière visite, de constater que mes idées s'étaient rencontrées avec les siennes. « Votre proposition ne pouvait être adoptée, « me dit-il ; on a trop peur en France des innovations ; « mais l'idée fera son chemin, vous avez bien fait de la « mettre en avant ; vous l'avez bien défendue. Je ne vais « chez personne, mais j'aurais aimé causer de ce projet « avec M. Dufaure ; c'est un esprit éminent et un pa- « triote.... — Assurément, répliquai-je ; mais il s'en- « gage dans ses thèses comme dans un sentier, poussant « devant lui et portant de rudes coups, sans jamais regar- « der à droite ni à gauche s'il n'y aurait pas, là aussi, des « chemins qu'on puisse prendre. »

19 février. — Concert à la Présidence. Je trouve à l'entrée de la galerie le duc de Broglie qui me dit, ainsi qu'à M. de Goulard arrivant avant moi : « Eh bien ! vous « allez être contents de nous ! Nous publions demain à « l'*Officiel* une circulaire aux fonctionnaires, pour qu'ils « n'aient pas à prendre part à la manifestation.... On ne « peut se laisser ainsi attaquer ! » De Goulard dit : « Vous « avez raison ; il faut être énergique. » Je n'insiste pas ; je suppose qu'il s'agit de la manifestation de Chislehurst [1]. Mais j'entends les premiers sons de la voix de Mme Car- valho, j'ai hâte de m'approcher.

---

1. Bourg d'Angleterre (comté de Kent), aux villas nombreuses, dont la plus célèbre est Cambden House, où était mort Napoléon III le 9 janvier 1873. Les bonapartistes avaient décidé de s'y rendre en aussi grand nombre que possible, le 16 mars 1874, jour où le Prince Impérial allait atteindre sa majorité.

A la fin de la soirée, d'Haussonville nous dit, à Chabrol
et à moi : « Vous voyez un homme bien content : j'ai tra-
« vaillé ferme depuis cinq jours que je demandais au duc
« de Broglie de faire une circulaire. Aujourd'hui, il m'a
« montré son projet. Je lui ai dit : « C'est très bien ; mais
« si vous ne mettez pas cela à l'*Officiel* demain, ce ne
« sera rien. » Alors il a pris son parti. — « Mais, lui dis-je,
« M. Magne a-t-il consenti ? — Oh ! mon cher, on s'est
« réuni à cinq heures, on a décidé la publication. M. Magne
« y était-il ou n'y était-il pas, peu importe ; ce qui est cer-
« tain, c'est qu'on ne pouvait pas se laisser humilier ainsi,
« c'est qu'on ne pouvait pas admettre ce tour de M. Rou-
« her à l'égard du septennat [1]. Il ne faut pas que les
« populations croient que le maréchal supporte tout cela.
« Plus tard, nous aurons peut-être quelque chose à oppo-
« ser aux Bonaparte ; aujourd'hui, nous n'avons que le
« maréchal, mais nous l'avons, il faut en user. » Ceci est
ce qui me frappe le plus : ne pas laisser croire aux populations que le maréchal est au fond pour l'Empire. Mais
cette décision rapide, prise sans que l'on sache si M. Magne
est d'accord, est grave, et grave la façon dont de telles
résolutions s'improvisent.

A la fin de la soirée, pendant que je causais avec
d'Haussonville, le duc Decazes était près de nous. Un
militaire à cheveux gris, tout petit et tout droit, avec un
costume étranger, mais quelque chose dans le port de la
tête d'indéfinissable, vint à passer. Le duc s'élance vers
lui : « Eh bien ! cher père, cher bon ami, vous vous en

1. Le rédacteur en chef du *Moniteur du Puy-de-Dôme*, journal impérialiste, ayant été condamné pour attaque au septennat, Rouher
lui avait écrit une lettre où il exposait de la façon la plus claire le
programme bonapartiste, qui consistait à respecter le septennat tant
que le demanderait le jeune âge du prince impérial, puis à en appeler à
la nation sous la forme plébiscitaire. Voir Appendice.

« allez? — Qui appelle-t-il cher père? dit Chabrol à
« d'Haussonville. — C'est son beau-père. » Cette scène de
famille, ce cher père dit à ce petit homme par ce gendre
aimable, mais non pas naïf, nous inspire une gaieté qui
dissipe pour un moment tous les nuages de la politique.

21 février. — Reçu une lettre de M. de Falloux,
qui applaudit beaucoup à mon projet et me conseille de
le porter à la tribune. Il en fait un commentaire très
élevé. L'évêque d'Orléans me témoigne aussi à plusieurs
reprises le regret qu'on ne l'ait point adopté. Mais ce qui
me frappe peut-être davantage, malgré l'importance de
ces adhésions, c'est une lettre de M. Aubergier [1] me donnant, de Clermont, une appréciation de mon projet qui
en montre la portée avec une pénétration remarquable.
Castellane me dit qu'il faudra le faire signer par cinquante collègues et le soutenir. Les trouverai-je? En
tout cas, je crois que les idées pourront faire leur chemin.

La circulaire de Broglie fait en somme bon effet : elle
calme les bonapartistes et donne à réfléchir aux ultras. Le
septennat, que chacun attaquait, est un refuge, on le
sent, contre les périls imminents; un peu comme, en
1815, on vit se rallier, contre le retour de Napoléon et
autour de la charte, ceux qui, la veille, ne parlaient que
de la mettre en pièces.

Lettre du comte de Falloux à M. de Lacombe

Mon cher ami,

Je remercie bien votre aimable sollicitude pour
Mme de Caradeuc qui me donne l'occasion de vous féli-

---

1. Aubergier, conseiller général et conservateur important du Puy-de-
Dôme.

citer sur votre courageuse persévérance; j'espère que vous soutiendrez vos idées à la tribune comme devant la commission, afin qu'elles prennent devant le pays le chemin de l'avenir. L'empire du nombre et de la force sous lequel nous sommes écrasés aujourd'hui est bestial, le privilège exclusif de l'argent par le cens a fait son temps; il est d'ailleurs trop étroit et pas toujours moral. La combinaison intelligente des lumières et des intérêts me paraît donc de plus en plus celle dont il faut poursuivre la réalisation, et qui finira par triompher. C'est l'image de la société, c'est sa raison d'être, c'est la meilleure tradition d'un ancien régime qui ne devait pas être si bête qu'on le dit, puisqu'il a su durer si longtemps et accomplir de si grandes choses; c'est cette tradition rajeunie et se faisant sa part dans tous les progrès, comme doit le faire et comme le fait tout ce qui se perpétue. Ne vous découragez donc pas, cher ami; si la France n'est pas condamnée par un irrévocable décret de la Providence, vous verrez voter votre loi tôt ou tard, et vous présiderez vous-même, je l'espère, à son application. En attendant, une de vos meilleures réformes actuelles me paraît la substitution de l'arrondissement au scrutin de liste, même mitigé. N'êtes-vous pas de cet avis? et M. de Meaux ne s'y est-il pas complètement rallié?.... Il me semble que l'interpellation sur la loi des maires perd de jour en jour son importance; je m'en félicite bien vivement et je souhaite à M. Baragnon toute la vigueur possible dans l'exécution, car le radicalisme ne s'épargne pas, et son organisation ne manque ni de maires ni surtout d'adjoints. De cruelles surprises nous sont réservées aux élections prochaines, si l'on ne s'y prend pas de haut et de loin.

Au revoir prochain, je l'espère, et à vous de tout cœur.

ALFRED.

Hier, nous avons eu réunion des membres de la majorité de la commission constitutionnelle chez M. Daru. Il s'agissait de s'entendre sur les moyens de constatation du domicile. De Meaux et surtout Cumont très vifs pour l'inscription à la cote. Grivart et Paris veulent les preuves de droit commun. J'insinue que la vraie solution serait une distinction entre les communes rurales et les communes urbaines, les moyens de constatation étant bien plus à la portée de tous dans les premières que dans les secondes. En tout cas, je propose, comme moyen de transaction entre les deux grandes nuances de la majorité, celle-ci préoccupée des campagnes, celle-là des villes, de ne limiter les preuves que pour les étrangers et de consentir, pour les domiciliés d'origine, aux preuves de droit commun. Dans la journée, Cumont me dit qu'il en revient à ma distinction entre les villes et les campagnes. Il est très frappé de ce que lui a dit Monet, maire de Niort, de son département, où, d'après un travail fait par lui, la plupart des électeurs des villes sont inscrits aux rôles, et dans les campagnes, au contraire, beaucoup sont non inscrits; en sorte que ce serait précisément dans les campagnes, où les électeurs présentent plus de garanties, qu'on les exclurait.

22 février. — Entendu concert Pasdeloup : la symphonie dite *Jupiter*, de Mozart, allégro et menuet délicieux de finesse et d'agilité dans la lumière, une dentelle en musique; symphonie impériale d'Haydn (*andante*), rappelle les petits violons du roi, avec de larges élans qui jettent leur note grave et pleine dans cette bonhomie enjouée; septuor de Beethoven, mélange de grâce et de force, de sérénité et de larmes, des ravissements et des cris de l'âme tourmentée et saignante; quel poème que cette musique !

23 février. — Réunion chez Daru. Décidément ma distinction entre les communes est admise. Tout étant discuté, Paris propose tout à coup de rédiger le projet convenu. En effet, à la séance de la commission, il le propose : *sic vos non vobis;* mon projet est devenu le projet Paris. Mais je n'ai pas d'amour-propre d'auteur. En mon particulier, je sens seulement que mes avis sont appréciés à la commission, et j'en éprouve un peu plus de confiance en moi, un peu moins de timidité.

24 février. — Nous avons eu une longue séance de commission. Nous votons la distinction des communes rurales (2,000 âmes) et des communes urbaines ; puis, pour les preuves dans les communes urbaines, l'impôt, les baux, l'acte de notoriété dressé par quatre témoins. Le gouvernement est très ému de cette décision. Depeyre arrive avec son air tragique : « Eh bien ! que fait-on ? à quoi pense-t-on ? — Mon cher, lui dis-je, quand le gouvernement veut qu'une commission fasse un projet dans un certain sens, il commence par en déposer un lui-même. » Là-dessus, il disparaît. Broglie est très doux, mais inquiet. Le soir, Baragnon, avec un mélange de goguenardise et d'importance, me redit les mêmes choses que Depeyre et j'y réponds de même. Buffet, lui aussi, trouve que la loi nouvelle fait passer à peu près tout le monde. Ces impressions diverses m'émeuvent : les questions sont si difficiles et les responsabilités si grandes ! Cependant cette distinction des campagnes et des villes me paraît fondée en équité, et faite de plus dans un intérêt conservateur. On ne répond pas à cette objection qu'avec l'impôt pour base unique le conseil municipal devient la vraie commission électorale. Et puis, est-ce le nombre des électeurs qu'on veut écarter, ou la qualité mauvaise ? Quant à l'acte de notoriété, il est si compliqué qu'il me semble peu dangereux ; mais je le sacrifierais volontiers.

26 février. — Discussion très orageuse sur les sucres. J'ai rarement vu, peut-être jamais, l'Assemblée aussi passionnée. Il ne s'agit pourtant que d'un amendement relatif à l'exercice des raffineries. Mais la gauche a vu trois ministres, Desseilligny, Decazes, Magne, donner contre l'amendement de Pouyer-Quertier et elle espère qu'un vote renversera le cabinet. On s'en aperçoit un peu tard à droite. Pouyer-Quertier retire son amendement [1] qui, repris par Villain [2], est rejeté.

Le soir, je vais avec Cumont chez M. Guizot. Il nous parle encore de mon projet électoral, mais en le présentant comme sien. « Vous savez, dit-il en me regardant, « j'avais mes vues ; j'aurais voulu faire au suffrage uni- « versel sa part, mais non lui donner tout. »

Il nous raconte ce qui s'est passé le matin à la commission académique chargée d'entendre la lecture du discours d'Émile Ollivier, qui sera reçu jeudi prochain. Il paraît que ce discours contient un éloge très vif de l'Empereur et même de la guerre. M. Guizot lui a d'abord fait une observation au sujet de l'adresse des 221 en 1830, que M. Ollivier appelle un coup d'État parlementaire. M. Guizot a obtenu le retrait de cette expression qui ne pourrait, dit-il, s'appliquer qu'aux Ordonnances. Sur l'Empereur il lui a dit : « Je comprends, Monsieur, que vous

---

1. Le 12 février, Pouyer-Quertier avait proposé de substituer à l'article 11 du projet de la commission du budget, portant établissement d'un demi-centime supplémentaire sur le sel, une disposition ainsi conçue : « A partir du 1ᵉʳ avril 1874, les raffineries de sucre seront assujetties à l'exercice dans les mêmes conditions que les fabriques-raffineries. » *Ann. de l'Ass. nat.*, séance du 12 février, t. XXIX, p. 618, et séance du 26 février, t. XXX, p. 49 et suivantes.

2. Villain (1819-1886), représentant de l'Aisne à l'Assemblée nationale ; il prit place à la gauche républicaine.

« parliez avec respect de l'Empereur, même que vous
« fassiez l'éloge de sa politique intérieure : il a donné un
« témoignage de ses intentions libérales en vous appelant
« au ministère, mais la guerre ! la guerre ! cette guerre
« qui a amené tous nos malheurs, en faire l'éloge, ce
« n'est pas possible ! » Ollivier [1] a maintenu son texte,
quoique embarrassé. « Monsieur, lui a dit M. Guizot, on
« peut avoir le cœur léger, mais il n'est pas permis
« d'avoir l'esprit léger. »

28 février. — Causé à la Chambre avec Broglie. Je lui
demande s'il ne présentera pas bientôt un projet sur la
seconde Chambre. Il faut, avant les vacances, laisser au
pays l'idée que nous voulons organiser. Je voudrais que
l'on trouvât un moyen de mettre en évidence, comme les
successeurs certains du maréchal, les princes d'Orléans.
Le duc hésite à présenter un projet à cause du chapitre
sur l'exécutif. « Pour les princes, il faut prendre garde,
« me dit-il, d'éveiller les susceptibilités du maréchal. »
Quelque temps après, je rencontre Pasquier très agité,
disant que cela ne peut durer ; qu'il faut se séparer de
l'extrême droite et des bonapartistes ; qu'on aura cent
voix au centre gauche ; que nos amis du centre droit en
ont assez, etc. « Mais que veulent-ils faire ? » lui dis-je.
Ici, il hésite. « Ne pas changer le titre [2]. — Oui, mais

---

1. Ollivier (Émile) (1825). Appelé le 2 janvier 1870 à la présidence du
Conseil, il fut chargé de réaliser le rêve d'empire libéral que Napoléon III
avait formé. Lors de la guerre franco-allemande, il déclara qu'il en acceptait la responsabilité d' « un cœur léger. » Devant les échecs de nos
armées, il dut rentrer dans la vie privée où le suivit la plus persistante
impopularité. Élu de l'Académie française en 1870, et n'ayant pu prononcer son discours de réception en séance solennelle, il le publia avec le
récit des incidents qui en empêchèrent la lecture en séance publique.
Voir *Lamartine*, par E. Ollivier, 1874.

2. Il s'agit du titre de président de la « République » que la loi avait
attribué au maréchal.

« c'est une négation. » Pour le changement de titre, je le désire en principe et je crois que si on pouvait l'effectuer, ce serait bien préférable ; mais il faut agir à coup sûr : une campagne suivie d'échec n'aurait d'autre effet que de souligner ce titre qu'on veut effacer. On pourrait d'ailleurs dire à la droite : Il faut bien envisager les suites de ce que vous proposez ; il ne s'agit pas d'une fantaisie : si l'on supprime le titre, ce ne peut être que dans une vue politique. Supprimer l'étiquette politique sans mettre à la place ni une autre étiquette, ni la perspective d'un gouvernement déterminé, c'est simplement abaisser la barrière pour le bonapartisme. Si vous voulez supprimer le titre, il faut être résolu à élever immédiatement à la place les princes d'Orléans, successeurs du maréchal et préparateurs de la monarchie du comte de Paris. De même, si on ne supprime pas le titre et qu'on noue des alliances, je ne dis pas avec le centre gauche, mais avec des membres du centre gauche, il faut savoir ce qu'ils mettront sous l'étiquette, il faut qu'ils assurent aussi, pour le cas où le maréchal viendrait à disparaître, le pouvoir aux princes ; autrement l'étiquette ne profite qu'aux radicaux. Les princes d'Orléans sont le seul moyen, dans l'impossibilité que nous a créée le comte de Chambord, de lutter soit contre les bonapartistes, soit contre les radicaux. Pasquier affirme que le centre gauche promet son adhésion aux princes. Mais, en tout cela, prendre bien garde, peser les alliances et éviter, par des procédés précipités, de s'aliéner non pas seulement les exaltés de l'extrême droite, mais des membres de la droite modérée.

Mars 1874

1er mars. — Causé avec Buffet qui est tout à fait dans mes idées.

Hier, en revenant de Paris, Léon Say complète l'anecdote sur Ollivier. Il paraît qu'après le mot de M. Guizot, il est entré à la bibliothèque et a demandé à Camille Rousset [1] le dictionnaire de Littré ; il a mis un signet et s'est retiré, priant Rousset de laisser la marque au volume, parce qu'il allait revenir. Rousset a eu la curiosité de regarder la marque : elle était au mot *cœur*.

5 mars. — Nous avons eu une réunion de plusieurs membres de la commission constitutionnelle, auxquels s'étaient joints Rességuier, puis Baragnon et Depeyre, chez Broglie. On a reparlé de la deuxième Chambre et du titre. J'ai dit sur le titre ce que j'ai écrit plus haut, et que j'avais dit à Pasquier et à d'autres. Le duc de Broglie, pour la deuxième Chambre, admet et préfère la diversité d'origine ; il ne veut pas tout donner à la nomination du maréchal. Il songe à faire passer le pouvoir, en cas de vacance inopinée, au président du Sénat qui serait un prince d'Orléans, manière de le mettre en évidence, sans ériger de vice-présidence de la République. L'idée est bonne.

18 mars. — Interpellation de Christophe [2], de Challemel-Lacour [3]. Le duc de Broglie est très heureux dans ses

1. Alors bibliothécaire de l'Institut.
2. Sur la conduite du ministère en présence des attaques et des menaces dont l'Assemblée avait été l'objet. Il s'agissait d'un article du *Figaro*, paru le 1er mars, qui accusait l'Assemblée d'impuissance et invitait le maréchal à faire un coup d'État. *Ann. de l'Ass. nationale*, séance du 6 mars, t. XXX, p. 229.
3. Sur la circulaire du ministère de l'intérieur, du 22 janvier 1874, relative à l'exécution de la loi sur les maires, Challemel-Lacour demanda à

répliques. Il grandit beaucoup, et puis on apprécie de plus en plus la droiture de son caractère et sa maturité. Hors de lui, on irait, je le crains, aux aventures. Il n'a pas les qualités d'initiative qui créent et enlèvent, mais il a les qualités qui préservent des abîmes et des trahisons.

Le grand danger et l'agacement de la situation, c'est l'extrême droite. Mettre en question le pouvoir existant, bien établir qu'ils pourront le renverser, sans savoir d'ailleurs quand et comment le remplacer, c'est là leur vue. Ils se feront prendre en horreur par le pays.

Thureau-Dangin publie en ce moment, dans le *Correspondant*, une histoire de l'extrême droite sous la Restauration qui est le portrait vivant de l'extrême droite actuelle [1].

31 mars. — L'élection de dimanche 29 est grave : dans la Haute-Marne comme dans la Gironde, un républicain triomphe [2]. Mais le fait capital, c'est qu'à Bordeaux le candidat bonapartiste, le général Bertrand, a 45,000 voix, tandis que l'amiral Larrieu, appuyé par les comités conservateurs, lesquels sont bien organisés et très riches, n'a que 22,000 voix. Il était le premier candidat; Bertrand

M. de Broglie de déclarer que toute tentative de restauration monarchique était interdite et serait refrénée. Le ministre se borna à répondre que le pouvoir avait été conféré, pour sept ans, d'une manière incommutable, au maréchal de Mac-Mahon. A M. de Broglie succéda M. Cazenove de Pradine, qui déclara que pour lui et ses amis le septennat pouvait disparaître d'un jour à l'autre par la démission du maréchal-président.

L'ordre du jour pur et simple, appuyé par le gouvernement, fut adopté par une majorité de 62 voix.

Ann. de l'Ass. nat., séance du 18 mars, t. XXX, p. 441. *Mém.* de Vinols. p. 182-187.

1. Reproduite dans *Royalistes et Républicains*, par Thureau-Dangin, 2e éd., Paris, Plon, 1888.

2. En Haute-Marne, M. Danelle-Bernardin, radical, avait été élu par 35,612 voix contre M. de Lesperut, conservateur, 24,142. En Gironde, M. Rouvier, radical, avait été élu par 68,877 voix contre le général Bertrand, bonapartiste, 45,079, et M. Larrieu, conservateur, 21,598.

n'était venu que plus tard ; au premier moment, sa candidature avait paru ridicule ; il s'est posé en impérialiste
déclaré, et il laisse loin derrière lui le candidat conservateur, vaincu surtout parce qu'on l'a posé comme légitimiste. Les manifestations de Cazenove [1] et de Dahirel [2]
ont certainement contribué à son échec. Le jour de la
déclaration de Cazenove, Johnston [3], qui partait le lendemain pour Bordeaux, me disait : « Je ne vois qu'un
moyen d'atténuer l'effet de ses paroles pour notre élection, c'est de le faire attaquer par les journaux conservateurs. » D'un autre côté, Andral me disait quelques jours
après que M. Thiers, au lendemain de la séance, lui avait
dit en se frottant les mains : « Avec une déclaration
comme celle de Cazenove, nous sommes sûrs de vaincre
dans toutes les élections ; il suffira de dire ceci aux électeurs : « Le maréchal ne fera pas attendre le roi à la porte
du septennat. » Si nous allons jusqu'aux élections et qu'on
adopte le scrutin d'arrondissement, le danger sera immense à ce point de vue. Quand deux candidats seront en
présence, l'un bonapartiste, l'autre conservateur, celui-ci
sera inévitablement en butte aux accusations *d'ancien ré-*

1. Voir plus haut, p. 29, note.
2. Dahirel (1804-1875), représentant du Morbihan à l'Assemblée nationale. Il siégea à l'extrême droite.
Si M. Cazenove de Pradine se croyait obligé d'attendre la démission
volontaire du maréchal pour disposer du pouvoir, pour une autre partie
de la droite, l'Assemblée omnipotente était toujours libre de revenir sur
ses décisions et d'annuler le vote de la prorogation septennale. C'est pour
affirmer ce droit que, le 27 mars, M. Dahirel réclama l'urgence pour une
proposition de loi ainsi conçue :
« Au 1er juin prochain, l'Assemblée se prononcera sur la forme du gouvernement définitif de la France. »
Combattue par Audren de Kerdrel et le duc de Broglie, l'urgence fut
rejetée par 327 voix contre 242. *Ann. de l'Ass. nat.*, séance du 27 mars,
t. XXX, p. 658.
3. Jonhston (1836), représentant de la Gironde à l'Assemblée nationale ;
il prit place au centre droit.

gime, etc., accusations que non seulement le bonapartiste n'encourra pas, mais qu'il sera le premier à propager : pas de résistance possible contre cela. Avec le scrutin de liste, il serait impossible, au moins dans beaucoup de départements, que bonapartistes ou républicains modérés ne comptassent pas, pour la confection de la liste, avec les conservateurs, et les mêmes accusations deviendraient moins aisées contre une liste mélangée de diverses nuances. Mais ira-t-on régulièrement jusqu'aux élections ? Un Dahirel n'amènera-t-il pas une catastrophe provoquée par une coalition des gauches et de l'extrême droite ? Les élections partielles ne déplaceront-elles pas la majorité ?

Avril 1874

3 avril. — Vu hier M. Buffet assez longtemps. Il est plus attristé qu'il ne l'a jamais été et ne voit pas d'issue. Son avis était que, le 24 mai ou le 19 novembre, on affirmât le pouvoir avec énergie, de façon que chacun pût croire que s'il venait à le contester, il serait à l'instant arrêté. On a laissé croître toutes les résistances. Il voudrait qu'on fît le plus vite possible les lois constitutionnelles, que le gouvernement les apportât à la rentrée et mît la Chambre en demeure de les accepter, sauf changements de détail, ou de le renverser. On ne peut aller plus longtemps comme cela. Je pense exactement comme lui.

Je trouve à la Chambre Chesnelong, Tailhand, Tarteron. Tailhand est très net sur la nécessité d'imposer à tous le respect du septennat, à commencer par l'*Union*. Mais Chesnelong et Tarteron, tout en gémissant des fautes de l'extrême droite, se montrent prêts à voter avec elle, si elle propose la monarchie, dût celle-ci être complètement battue. Ne vaudrait-il pas mieux s'abstenir, et déclarer nettement qu'on ne consent pas à engager cette grande cause dans une aventure, sur l'initiative du premier venu?

5 avril. — Ce matin, en ouvrant le *Journal officiel*, je lis que Beulé vient de mourir. Quel coup soudain! Il s'était couché vendredi en bonne santé : on le trouve mort le lendemain matin. La vie est un tel champ de bataille, qu'on a à peine le temps de ramasser les morts et de leur donner une pensée de deuil. Mais cette mort m'afflige profondément. Beulé était vraiment aimable. Le ministère de l'intérieur, qui ne convenait pas à ses aptitudes, avait fait apprécier l'homme simple et charmant au pouvoir, admirablement égal et de bonne grâce dans la retraite. Je me rappelle qu'un jour que son successeur à l'intérieur, le duc de Broglie, avait à répondre à une interpellation de M. Lamy [1] sur l'état de siège, il était le premier à recueillir des notes et à recruter des idées ou des souvenirs pour les passer au ministre.

6 avril. — Vu M. Decazes aux Affaires étrangères. Nous causons de la situation. Il partage tout à fait mes impressions sur la nécessité urgente pour le gouvernement de se défendre, et me lit une lettre — que j'ai su plus tard être de Cumont, — où on lui dit : « Le gouver-« nement est comme une borne sur laquelle chacun, etc. « Un gouvernement qui en est là est condamné à mort. » Je dis à Decazes ce que j'ai dit une heure après au duc de Broglie : « Le gouvernement en est venu à ce point qu'il « n'a plus de politique à faire : il faut qu'il parle aux « membres d'extrême droite, comme un honnête homme « à d'honnêtes gens, et qu'il leur dise: Vous avez fondé ce

---

1. Lamy (1845), représentant du Jura à l'Assemblée nationale. Il siégea au centre gauche. Le 4 décembre 1873, il avait interpellé le duc de Broglie sur le maintien de l'état de siège dans trente-neuf départements.

« gouvernement pour sept ans ! Est-ce pour qu'il soit mis
« en question tous les jours ? Pourquoi alors lui avez-vous
« donné sept ans de durée ? Vous l'avez fondé pour vous
« défendre, pour défendre la société contre le radicalisme.
« Pensez-vous qu'il soit d'un intérêt conservateur, qu'il
« soit conforme à l'ordre social, qu'il soit patriotique de
« donner, vous conservateurs, ou de laisser vos journaux
« donner l'exemple de ces attaques contre le pouvoir
« institué par vous-mêmes ? Il est évident qu'à un tel
« langage beaucoup donneraient raison. Car il est irréfu-
« table, et il y a beaucoup de gens qui ne se rendent pas
« compte eux-mêmes de la noirceur de leurs procédés,
« mais qui, à la lumière d'une parole décidée et loyale,
« reconnaîtraient la justesse de ces observations. Il y a
« des moments où une parole cordiale, une parole
« d'honnête homme, surtout dans ce pays de suffrage
« universel, fait plus que toutes les habiletés. — Vous
« avez raison, me dit Decazes, le temps des habiletés est
« fini, je le dis sans cesse à Broglie. » J'ajoute que l'énergie est, à mon avis, le seul moyen d'arrêter les audaces et de rallier une majorité. « Mais, dût-on suc-
« comber, encore faut-il bien tomber. Les ménagements
« n'empêcheront pas votre chute, mais elle sera telle que
« personne ne vous plaindra et que les hommes seront
« atteints en même temps que le cabinet. Si, au contraire,
« vous tombez pour avoir défendu le septennat, le pays
« vous donnera raison, vous serez pour lui une réserve,
« et il n'aura pas assez de malédictions pour ceux qui
« vous auront renversés. Le sentiment même de cette
« responsabilité en arrêtera beaucoup au moment de
« voter. » — Decazes m'engage vivement à voir de suite
le duc de Broglie, que je vais trouver au ministère de
l'intérieur. Il est, au fond, dans les mêmes sentiments,

quoique cherchant, en apparence au moins, à se rattacher aux symptômes meilleurs qu'il croit démêler et qui ne sont guère visibles. Ce qui l'arrête, c'est la crainte de rompre avec la droite et d'entraîner dès maintenant une crise ministérielle. Larcy lève les bras et parle de s'en aller, quand on propose de frapper un journal légitimiste. Depeyre serait plus raisonnable, mais il n'oserait se séparer de Larcy. Une autre question préoccupe le duc : il prépare l'exposé des motifs du projet sur le Sénat, et il est bien décidé à affirmer, à cette occasion, le septennat; mais comment formuler ce qui touche à la transmission des pouvoirs? Les déclarations de Cazenove, de Dahirel et même de Kerdrel [1] ont ce résultat qu'on ne peut plus parler de la vacance du pouvoir sans éveiller l'idée d'une démission, et, dès lors, sans amener le centre gauche et même le centre droit à demander que, pendant sept ans, la forme actuelle soit garantie. Ce n'est plus le septennat personnel au maréchal, c'est le septennat impersonnel. Comment trouver une formule qui rallie toutes les nuances de la majorité?

8 avril. — Beulé a été enterré au milieu d'un grand concours. Sa sœur, une religieuse de Saint-Vincent de Paul, conduisait ses deux fils, l'un âgé de neuf ans, l'autre de seize. La vue de ces deux têtes blondes et pâles était bien touchante.

Après l'enterrement, Cumont, Maillé, Rességuier, Joubert et moi, nous nous retrouvons avec Broglie et Baragnon au ministère. Il s'agit de savoir si on frappera les

---

1. Dans la séance du 27 mars, M. de Kerdrel, en demandant à la Chambre de repousser la proposition de M. Dahirel, s'était déclaré pour l'inviolabilité du septennat à moins qu'il ne plût au maréchal de donner sa démission. Il avait repris la thèse soutenue par Cazenove de Pradine, le 17 mars. — *Ann. de l'Ass. nat.*, séance du 27 mars, t. XXX, p. 659.

feuilles d'extrême droite pour le cas où elles attaqueraient encore le septennat. Faut-il provoquer une crise pendant les vacances? Baragnon dit que Larcy, au fond, ne croit pas pouvoir, lui, frapper un journal légitimiste, il ne dit pas qu'on ait tort de le faire, mais lui ne le peut pas. Nous sommes assez unanimes pour croire que ni Larcy ni Depeyre ne veulent quitter le ministère et qu'en leur montrant une volonté ferme, on les entraînera; sans compter qu'ils sont trop honnêtes pour ne pas sentir que leur devoir leur commande de défendre contre qui que ce soit le pouvoir dont ils sont les ministres.

Broglie nous dit que, sur l'organisation du Sénat, il posera à ses collègues la question de cabinet. Il se demande si, sur une poursuite de journaux, cela vaut la peine. Mais, sur le Sénat, il demandera à ses collègues l'assurance qu'ils repousseront pendant sept ans toute proposition de monarchie, le maréchal étant au pouvoir. S'ils refusent, il se retirera : il ne veut pas être le ministre d'une autre coalition que de celle qui a fait le 24 mai. Mais il ne dit pas du tout qu'il n'engagera pas le maréchal à prendre une combinaison des deux centres et qu'il ne votera pas pour elle. Avant tout, il faut avoir un gouvernement et le faire vivre. En somme, Broglie est, selon moi, trop hésitant, trop impressionné des objections contraires que présente inévitablement tout parti à prendre. Mais on ne peut ne pas admirer sa droiture et son esprit de conciliation sous des formes si peu engageantes. Élevé dans l'habitude des répugnances contre l'extrême droite, n'ayant que trop de raisons de s'y associer, il est pour elle d'une patience, d'une mansuétude admirables. Il se croit lié par son origine envers elle, et il tient fidèlement ses engagements, tout en ayant à surmonter ses propres mécontentements et les plaintes de ses amis personnels.

C'est un honnête homme et un chrétien attaqué et méconnu par des hommes qui ne le valent pas.

9 avril. — Cumont me dit qu'il a passé la soirée d'hier avec Broglie et Decazes. Il a été décidé que le lendemain Broglie communiquerait au conseil les extraits des attaques publiées contre le gouvernement, et avertirait qu'il a prévenu les parquets de veiller et de poursuivre. C'est ce qu'il a fait. Larcy n'a pas bronché; mais il se réserve sans doute d'intervenir quand on en viendra à l'application contre un journal légitimiste. Broglie, revenu avec Ernoul, lui a paru abattu et sans espoir, luttant pour l'honneur, mais sans illusion. Cela est vrai : chaque jour les difficultés s'aggravent et l'horizon devient plus sombre. Mais l'imminence de ces périls peut encore rallier de droite et de gauche une majorité modérée, si l'on sait être ferme et net. Je perds difficilement confiance dans les affaires publiques et je n'ai pas encore un instant désespéré de la France.

10 avril. — La situation est toujours la même. On pressent une crise au retour. Le septennat est honteusement attaqué par les feuilles d'extrême droite. Le gouvernement fait donner des avertissements à l'*Union*, qui déclare qu'elle n'en tiendra aucun compte. L'Agence Havas publie des notes comminatoires dont on se rit impunément. Les audaces s'accroissent de tous ces ménagements et le gouvernement, à qui on n'en sait aucun gré, s'affaisse de jour en jour dans l'esprit du public. Tout semble tourner contre lui.... et contre nous, bien entendu. Voici Rochefort [1] évadé avec quelques autres. On lui a

---

1. Rochefort (marquis de Rochefort-Luçay, dit Henri) (1831). A la suite de la part qu'il avait prise à la Commune, le troisième conseil de guerre l'avait condamné à la déportation dans une enceinte fortifiée. Arrivé à Nouméa le 8 décembre 1873, il réussit à s'évader et à gagner au large un

fait quitter l'île de Ré, où l'on reprochait à Thiers de le détenir ; on l'a envoyé en Calédonie. Il va revenir en Belgique faire, sans doute, quelque *Lanterne*, que les conservateurs seront les premiers à rechercher, à lire et peut-être à applaudir.

12 avril. — Je devais partir hier soir samedi pour Clermont, lorsque, vers deux heures, M. Tailhand vient me dire qu'il a reçu une dépêche de Baragnon l'invitant à venir au ministère, avec quelques amis, pour causer avec le duc de Broglie. Il est probable qu'il s'agit de mesures à prendre contre les feuilles d'extrême droite et que Larcy résiste. Tailhand me presse de venir, et je remets mon voyage au lendemain. Je trouve à la gare Bigot, Aduet, tous deux du centre droit, Carron [1] et Tailhand, de la droite, qui sont au même rendez-vous. Arrivés au ministère, nous voyons d'abord Baragnon ; il nous dit que la crise est ouverte. Larcy veut se retirer si on frappe l'*Union*, et d'autres ministres, Fourtou entre autres, se retireront si on ne la frappe pas. Le duc de Broglie, que nous voyons ensuite, entre dans plus de détails. Maillé et Desseilligny, ministre de l'agriculture, arrivent pendant l'entretien. Le duc nous dit que jeudi soir, à la réception à la Présidence, il a été accueilli par des personnes qui lui ont dit : « Supporterez-vous l'article qui est dans l'*Union* de ce soir ? Cela n'est pas tolérable, etc. » Le lendemain, le procureur général est venu le trouver et lui demander de laisser poursuivre le journal, ajoutant qu'il ne croyait pas pouvoir rester à la tête du parquet si on laissait de pareils articles s'imprimer. « C'était une situation assez singulière pour

navire américain qui le débarqua à San Francisco (20 novembre 1874), d'où il se rendit à Londres, puis à Genève, où il reprit la publication de la *Lanterne*.

1. Carron (1832), représentant de l'Ille-et-Vilaine à l'Assemblée nationale ; il siégea à droite.

« le premier ministre d'un gouvernement, continue le
« duc, que de dire à un procureur général : « Ne défendez
« pas le gouvernement. » Je l'ai envoyé au maréchal, qui
« a approuvé les poursuites. La question a été portée le
« lendemain au conseil. Mais Larcy a déclaré qu'il ne
« pouvait laisser poursuivre, lui ministre, un journal
« légitimiste. Il ne trouve pas qu'on ait tort, mais il croit
« que sa situation lui interdit de laisser frapper des amis.
« — Voyez, lui ai-je dit, comme vous êtes cruel pour
« moi! J'ai tout supporté, depuis trois mois, de la part de
« l'extrême droite ; je n'ai opposé que le silence et les bons
« procédés aux calomnies de ces journaux. Eh bien! ces
« calomnies, vous allez les autoriser, leur donner créance,
« en vous retirant. — Non, a dit Larcy, je vous défen-
« drai. — Mais on dit cela les premiers jours, et puis
« les griefs particuliers, les dissidences de détail viennent,
« et, au bout de quelques jours, les ministres sortis du ca-
« binet trouvent des excuses faciles pour le combattre ou,
« du moins, cesser de le soutenir. Pour moi, je ne resterai
« pas au ministère si les ministres de droite me quittent
« sans être remplacés. Mais je ne pourrai que conseiller
« au maréchal de former un cabinet avec des éléments
« dans le centre droit et le centre gauche modéré; et ce
« gouvernement, dont je ne ferai pas partie, je l'appuierai
« parce qu'il faut que la France vive. » Quant à présent,
le duc voudrait qu'on tentât un dernier effort auprès de
Larcy. Depeyre arrive demain matin, mandé par le télégraphe, et il faudrait le voir pour qu'il raisonnât Larcy.
Nous sommes d'accord pour penser que Larcy n'est pas
aussi près de se retirer qu'il le croit lui-même; mais,
s'il partait, il serait difficile à Depeyre de rester. Carron,
Maillé et Tailhand conviennent de voir Larcy le soir même
et le lendemain Depeyre.

Aujourd'hui, avant de partir pour l'Auvergne, j'apprends le résultat de leurs démarches par les journaux : un *communiqué* est adressé à la *Liberté* [1] et à l'*Union*, et une circulaire adressée par Depeyre aux procureurs généraux pour la répression des attaques contre les pouvoirs du maréchal [2].

20 avril. — Arrivé à Clermont, les premières impressions que je constate sont pour une recrudescence marquée du bonapartisme. On n'entend parler que de ce flot montant ; le septennat n'est pas compris, ou, devant les attaques dont il est l'objet, regardé comme anéanti. On parle d'un prochain coup d'État à Paris, on est aussi inquiet que l'an dernier à pareille date. Quand on approfondit un peu plus, les nuances se démêlent. Il est certain que le bonapartisme a fait beaucoup de progrès ; mais ils tiennent surtout à l'idée que s'en fait le public, et aux exagérations bruyantes de ses partisans. On ne croit plus au septennat, mais parce qu'il n'est pas affirmé. S'il montre plus d'énergie, s'il s'organise, quoiqu'il soit tard, il peut se relever, et l'instinct général est pour .qu'il s'affermisse. On veut ce qui est, *pourvu qu'il soit.* Je constate parmi les légitimistes et dans le clergé bien des désapprobations de la ligne suivie par les ultras. MM. de Trarieux, de Guérines, celui-ci avec une vraie éloquence et une grande spontanéité, m'en parlent vivement. L'évêque, Mgr Féron, est très catégorique : il considère l'*Univers* comme un fléau et blâme l'*Union* au même titre. Le curé de la cathédrale, le vicaire général, abbé Beauregard, m'en disent autant. Le curé de Notre-Dame du Port est évidemment pour les

1. Feuille impérialiste.
2. *Journal officiel* du 14 avril.

ultras ; il me parle des manœuvres du duc de Broglie et des assurances de M. de Franclieu, avec une candeur qui m'anime et me fait bondir. Plus je vais, plus je suis convaincu qu'avec beaucoup d'énergie dès le début, le ministère aurait rallié dans la Chambre comme dans le pays une majorité, et enlevé bien des adhérents aux extrêmes. Le nouveau préfet, Michon, est actif, intelligent et, je le crois, très droit. Il est indigné contre les bonapartistes, mais je crains qu'il ne distingue pas assez dans ses allures la secte bonapartiste de cette masse de conservateurs qui se sont ralliés à l'Empire comme à un régime d'ordre. Il faut craindre d'irriter leur amour-propre par des attaques contre l'Empire qui sentent trop le parti pris. Il ne faut pas obliger les hommes à rougir de leurs opinions passées ; il faut entrer dans les motifs honnêtes qui les ont inspirées et leur montrer seulement que leurs vues ont été trompées.

Chappes (Haute-Loire), 25 avril. — L'application de la loi des maires suscite bien des difficultés. Les partis refoulés se vengeront aux élections. Cette loi est une arme à deux tranchants ; elle impose au gouvernement une responsabilité dangereuse, l'amène à prendre parti dans des luttes locales où il devrait demeurer arbitre, à subir des influences privées qui s'inspirent le plus souvent d'un intérêt particulier plus que de l'intérêt général, et risque d'engager dans de mauvaises passions politiques des amours-propres ou des sentiments de localité blessés. Plus je réfléchis, plus je crois à la nécessité d'une loi organique, qui, tout en réservant la nomination au pouvoir, fasse une part à la désignation par la commune ; et, jusqu'ici, c'est l'assemblée municipale formée des conseillers et des plus imposés en nombre égal, qui me paraît devoir présenter au préfet le vœu de la commune.

27 avril. Beaucoup, paysans, prêtres, bourgeois, me disent que les princes d'Orléans seraient bien accueillis au gouvernement. Je passe mon temps à prouver aux curés des environs que le duc de Broglie n'est pas un ennemi de l'Église ; sauf un, tous sont étonnés et un peu incrédules. Passez donc votre vie à défendre la religion, faites des livres pour glorifier l'Église dans le passé, soutenez contre l'Empire la cause du pouvoir temporel, exposez-vous chaque jour aux malédictions et aux calomnies de ceux qui, précisément à cause de vos sentiments religieux, vous attaquent, soyez chaque jour, par eux, dépopularisé comme clérical.... ; tout cela pour que les prêtres de cette même Église, conduits par un journal qui s'est agenouillé devant les vertus de Napoléon III, vous regardent comme leur ennemi et le plus dangereux des hommes !

Clermont, 28 avril. — Vu Michon, préfet. Il est découragé, très monté contre les bonapartistes. A Randan, au déjeuner du duc de Montpensier, deux maires seulement sur huit sont venus ; les autres, pense-t-il, retenus par les ordres des bonapartistes.

30 avril. — J'ai été hier à Riom. Ici le bonapartisme sévit. On se croirait, à entendre ce que chacun raconte, dans une ville infectée par le choléra. On ne voit que gens affolés. Je rencontre Roux, mon collègue, qui est tout frappé. « Nous ne ferons plus d'opposition ensemble « sous l'Empire, me dit-il, mais nous le verrons. Il « avance ! Il avance ! Dans les campagnes tout est pris ; « les paysans me disent : « Il faut marier la République « avec les Napoléon ! » Et cela, ajoute-t-il, parce que, « selon eux, la République n'est pas assez forte pour les « protéger contre l'ancien régime et le régime des prêtres. « Vous n'avez pas d'action sur les populations. Votre loi

« des maires n'y fait rien. » Il a raison, en ce sens que toutes les lois seront inutiles si on n'organise pas le gouvernement, si on ne le met pas au-dessus des contestations. Les ultras, en se refusant à cette organisation, peuvent vaincre le pays par la lassitude. Il est certain qu'à force de reculer cette organisation, on éveillera, on irritera dans le pays un désir si violent d'avoir un gouvernement définitif, que le septennat ne suffira plus à le satisfaire. Mais ce désir, ce n'est pas la monarchie qui en profitera, c'est l'Empire.

Mai 1874

7 mai. — Revenu depuis vendredi 1er mai. Impressions mélangées au retour. Je vois Tailhand assez rassuré, Châtelain [1], de Maine-et-Loire, effrayé de l'extrême droite. Tailhand croit que le comte de Chambord prépare quelque chose. Il voudrait que ce fût quelque chose d'énorme, pour que l'impossibilité frappât les plus exaltés.

Hier, j'ai été à Paris. Le duc de Broglie était en conférence avec Larcy et Depeyre pour l'examen du projet constitutionnel. Baragnon, que je vois un instant, me dit qu'on est très décidé à déposer le projet. — « Mais la dis-« cussion ? lui dis-je. — Ah ! ce sera à la commission des « Trente de la presser si elle le désire. » L'abbé Sauvage, intime de Larcy, que je rencontre, me confirme ce que je soupçonnais, en me disant qu'on a obtenu à grand'peine de la droite qu'on déposerait le projet, sauf à en ajourner indéfiniment la discussion. Le matin, en quittant Ver-

---

1. Châtelain (1815), représentant de Maine-et-Loire à l'Assemblée nationale ; il prit place au centre droit.

sailles, j'avais rencontré Merveilleux du Vignaux revenant de Poitiers : c'est l'ami et le miroir d'Ernoul. Il me
dit qu'Ernoul est d'avis de soutenir le maréchal, mais
qu'il faut ajourner la discussion des lois constitutionnelles,
il consent néanmoins au dépôt, faire d'abord la loi municipale, les lois de finances, militaires, d'instruction, etc. ;
autrement on précipite la dissolution. Je lui rappelle les
engagements pris par le gouvernement (au 20 novembre),
ratifiés par la droite, le langage même d'Ernoul. Il me
répond que la politique change avec les événements. Si
on suit cette politique, c'est la décomposition de l'Assemblée ; et le pays, dégoûté et écœuré du refus qu'on
oppose à son désir d'un régime défini, passera de plus en
plus à l'Empire.

Ce matin, je vois à la Chambre Tailhand, qui paraît
très effrayé des projets d'extrême droite : Merveilleux,
dans une conversation nouvelle, n'admettait même plus
le dépôt des lois constitutionnelles.

Après la commission de permanence, réunion au premier bureau de quelques membres avec le duc de Broglie, Depeyre et Baragnon, Bigot, Cumont, Châtelain,
Maillé, Rességuier, Adnet, Merveilleux du Vignaux, Gavardie [1], Mettetal, Maurice [2], Carron, Tailhand. Je ne vois
que Merveilleux qui fasse obstacle au dépôt des lois constitutionnelles et surtout à leur discussion. Il voudrait que
la loi électorale municipale primât la loi électorale politique
et il donne pour raison l'argument de M. Dufaure, qui a dit
à la commission des Trente qu'on ne pouvait discuter la
loi électorale isolément du titre sur la seconde Chambre

---

1. Gavardie (1823), député des Landes à l'Assemblée nationale. Il siégea
à l'extrême droite.

2. Maurice (1808-1876), député du Nord à l'Assemblée nationale ; il prit
place à droite.

et sur le pouvoir exécutif. « Ceci, dit Merveilleux, est la
« vérité logique, et il faut prendre garde à cet argu-
« ment. » Cumont et Bigot répondent qu'il faut avant
tout être pratique, et que c'est précisément parce que la
discussion en bloc de ces trois titres précipiterait les
questions irritantes, qu'il ne faut pas les réunir. Commen-
çons par la loi électorale politique, sur laquelle l'accord
est bien plus facile. Nous arriverons graduellement aux
autres. La réunion partage cet avis. Plusieurs, Maurice
notamment, parlent du cri du pays en faveur d'une organisation prompte du pouvoir, et applaudissent aux paroles que le duc de Broglie vient de prononcer sur ce
sujet à Broglie [1] même. Le duc répond qu'elles lui ont été
arrachées à la lettre par les personnes qu'il a vues dans
son département. Il est décidé, et Depeyre montre aussi
une grande résolution à déposer le projet d'organisation.
Ce projet sera purement personnel au maréchal.

Avant la réunion, j'ai une longue conversation avec
Merveilleux du Vignaux sur les lois constitutionnelles.
Mes raisons pour en hâter le dépôt et la discussion sont :
1° engagements pris le 20 novembre; 2° nécessité d'affirmer la portée du vote des sept ans. Si le gouvernement
avait, dès le lendemain du 20 novembre, fait énergiquement respecter ces votes, on aurait peut-être pu éviter ou
retarder ces lois; mais il ne l'a pas fait, il a par là
enhardi les attaques. Puis sont venues les motions Cazé-
nove et Dahirel, dont le résultat, comme celui des articles
de journaux, a été de jeter dans le pays le doute sur la
durée du pouvoir, doute qui ne profite qu'à l'Empire. Par
là même, nécessité d'accentuer sous la forme la plus énergique le maintien du septennat. Pour cela, faire une

---

[1] Broglie, chef-lieu de canton du département de l'Eure, arrondissement de Bernay.

Constitution monarchique, qui, appliquée par des hommes monarchiques, puisse, au terme des sept ans, faciliter la monarchie, et, si elle est encore impossible temporairement, maintenir l'intérim entre les mains des conservateurs. Si l'on ne fait rien et qu'on laisse une Assemblée unique en face du maréchal, tout est possible, excepté la Royauté.

9 mai. — Vu M. Buffet. Il est toujours très prononcé pour une politique ferme; il voudrait qu'au besoin le maréchal intervînt lui-même et dît : « Si vous ne m'accor-
« dez pas ces lois que je crois nécessaires, que vous
« m'aviez promises lorsque vous m'avez conféré le pou-
« voir, je demande à retourner à l'armée et je prie le mi-
« nistre de la guerre de me donner un commandement. »
Qui résisterait à un pareil langage, et qui, ayant refusé cette satisfaction si légitime, oserait se représenter dans son pays? La sécurité matérielle de ceux qui auraient opposé ce refus ne serait pas même assurée.

M. de Goulard serait pour qu'on donnât la priorité à la loi municipale; il croit qu'on obtiendrait plus vite la loi de la seconde Chambre avant la loi électorale politique. La droite extrême veut la loi municipale par un motif tout contraire, et l'on n'obtiendrait pas d'elle un vote plus rapide de la seconde Chambre.

Dimanche 10 mai. — Réunion du centre droit chez le duc Pasquier. Trente à trente-cinq personnes. Le duc est tout à fait revenu au programme du ministère. Il paraît que dans une réunion récente, il a félicité les ministres et s'est montré tout à fait acquis à leur ligne de conduite : nature généreuse et mobile, qui n'est jamais si près de s'adoucir que quand il vient de s'emporter; guide peu sûr, mais auxiliaire puissant et entraînant. Il se fait, ainsi que d'Haussonville, devant le centre droit, qui n'y sourit guère, l'avocat de la concession par laquelle on réduit à la personne du maréchal l'organisation du septennat, laissant aux deux Chambres réunies en congrès le soin de prononcer sur le sort du pays, en cas de vacance du pouvoir. En fait, une disposition différente n'ôterait guère au pouvoir des deux Chambres. Mais elle aurait l'avantage d'imprimer au pays le sentiment d'un répit assuré, quoi qu'il arrive pendant sept années, et d'éviter qu'aux élections prochaines la question se pose sur la Monarchie ou la République. La droite conspire contre elle-même en tenant si fort au caractère personnel de la loi. C'est l'habitude des partis en France : ils sont vaincus ou affaiblis par les précautions mêmes qu'ils ont prises pour s'assurer la victoire.

11 mai. — Je rencontre Ernoul, avec qui je cause quelque temps. Sa conversation me laisse une impression triste. Il me paraît très décidé à demander la priorité de la loi municipale, ne voulant pas, au fond, faire les lois constitutionnelles, quoique embarrassé, pour énoncer un refus, par le souvenir des paroles qu'il a dites le 18 novembre[1] devant l'Assemblée, mais éclatant soudain, et pour y revenir sans cesse, sur les arrière-pensées des ministres, Broglie, Decazes, qui ont voulu se passer de la droite, faire un septennat républicain.

Le soir, réunion aux Réservoirs. On convient, après quelque animation, de s'entendre avec le centre droit et le gouvernement pour quelque transaction. Ernoul préside bien, avec impartialité et esprit de conciliation. Brave cœur, chrétien, homme de conscience, toujours son brave cœur l'emporte.

---

1. Lors de la discussion de la loi de prorogation des pouvoirs du maréchal de Mac-Mahon, le 18 novembre 1873, Ernoul avait défendu l'amendement Bocher-Depeyre et assuré le concours de l'extrême droite.

12 mai. — Réunion de la Chambre ; les esprits sont agités, l'extrême droite menaçante, et, au fond, décontenancée. Si le gouvernement est ferme, je crois que la majorité le suivra, et il n'y a que ce moyen d'avoir une majorité.

A trois heures, les bureaux des deux réunions (Réservoirs et centre droit) se réunissent au onzième bureau. Pasquier préside. Il y a là : Ernoul, de Meaux, Kerdrel, Amédée Pontalis, Lucien Brun, Tailhand, la Bassetière, Chesnelong, Carron, etc., des Réservoirs ; Grivart, Lambert Sainte-Croix, d'Haussonville, Savary, Bigot, Cumont, Ségur, d'Harcourt, Delille [1], Goulard, moi, etc., du centre droit. Ernoul, L. Brun, Antonin Pontalis, la Bassetière, soutiennent la priorité de la loi municipale. D'un côté, ils disent que la question a peu d'importance et qu'ils ne comprennent pas que le gouvernement en fasse une question de gouvernement. D'un autre côté, sur cette question si peu importante, ils déclarent ne pouvoir céder au gouvernement. Bigot, Goulard, Savary, d'Haussonville, moi, nous répondons. Des deux parts, on s'exprime avec réserve, ménagements, grand soin de ne pas toucher la vraie question que chacun sent au fond du débat, mais avec l'accent contenu de gens résolus. Chesnelong propose que les deux présidents confèrent avec le duc de Broglie, déclarant que, quant à lui, quoique favorable à la priorité de la loi municipale, il ne risquera pas une crise ministérielle. En répondant à Brun, je dis : « Pour « nous, dans ce débat, avant tout, il y a une question « politique, la nécessité de donner satisfaction au senti- « ment public, qui réclame l'organisation du pouvoir. « Au 24 mai, le pays électoral était contre nous, mais les

---

1. Delille (1825), représentant de la Creuse à l'Assemblée nationale ; il fut un des membres du centre gauche qui inclinaient à droite.

« conservateurs étaient avec nous. Aujourd'hui, si nous
« ne donnons pas ce gage de nos intentions d'aborder
« l'œuvre politique, nous divisons et nous décourageons
« les conservateurs, et c'est alors que la dissolution
« devient redoutable. En 1850, la loi du 31 mai ne fit pas
« qu'on demandât la dissolution, parce que les conserva-
« teurs étaient avec l'Assemblée. En 1849, au contraire,
« la dissolution fut forcée parce que les conservateurs la
« réclamaient. » Brun a ajouté que ce serait une grande
responsabilité pour les ministres que de poser la question
de cabinet. « Assurément, mais si des ministres repré-
« sentant les diverses nuances de la majorité, ayant des
« moyens d'information que nous n'avons pas, viennent,
« au nom des convictions, des intérêts qui leur sont com-
« muns avec nous, nous dire qu'ils croient nécessaire la
« priorité de la loi politique, c'est sur ceux qui voteront
« contre que retombera la responsabilité. »

15 mai. — La Commission constitutionnelle s'est réunie aujourd'hui pour délibérer sur la priorité de la loi
électorale. Mais le duc de Broglie a fait demander l'ajournement à demain ; la question d'ordre du jour ne sera pas
posée ce soir à la Chambre ; la droite modérée propose
une transaction. C'est un véritable *tolle* dans le centre
droit, en apprenant cet ajournement. Cela n'amènera pas
une voix ; cela déconcerte les amis résolus du ministère et
ne peut qu'enhardir les extrêmes. En pareil cas, il faut
marcher vite et résolument. Le duc de Broglie nous dit
que Larcy et Depeyre auraient donné leur démission,
s'il n'avait pas accordé le délai. L'effet est un peu atténué par la lecture du projet de la deuxième Chambre,
précédé d'un très bel exposé des motifs [1]. Il me semble

1. Voici les principales dispositions de ce projet : Le pouvoir exécutif
pour sept années est maintenu au maréchal. — Le pouvoir législatif sera,

que la perspective de cette organisation ne peut qu'attirer le pays, en lui faisant espérer sous le gouvernement ainsi pondéré une amélioration de son sort. Nos travaux pourront en être accélérés.

Nous nous réunissons à l'issue de la séance, les bureaux du centre droit et de la droite. Ernoul expose le projet de transaction. Pasquier répond avec quelque impatience. La Bouillerie conteste l'interprétation d'Ernoul. Dans le projet de celui-ci, autant que je puis le saisir, on détacherait les deux premiers titres de la loi politique ; puis on discuterait successivement, en enchevêtrant les discussions les unes dans les autres, les autres chapitres de la loi politique et ceux de la loi municipale, la priorité restant à la loi politique. La Bouillerie veut la priorité pour la loi municipale. La Bouillerie et La Monneraie se retirent bientôt. Kerdrel, au nom de la droite modérée, soutient la transaction, et, comme il fait pour les thèses qu'il a adoptées, se passionne vite pour elle. Mauvaise séance ; mauvais ajournements, dont le seul effet est de mettre plus en relief les dissidences et de les aigrir.

à la séparation de l'Assemblée, exercé par deux Assemblées, une Chambre des représentants et un Grand Conseil. — C'est de celui-ci que le projet détermine : 1° *la composition* : trois catégories de membres : membres élus par les départements au suffrage restreint, membres de droit, membres élus par le Président de la République ; 2° *l'origine*, les électeurs, tous notables ; 3° *les attributions spéciales*, qui sont le droit de dissoudre, d'accord avec le Président de la République, la Chambre des représentants, le droit de haute justice sur le Président et les ministres, le droit, réuni à la Chambre en congrès, de transmettre le pouvoir exécutif, à l'expiration des pouvoirs du Président.

L'exposé des motifs porte principalement : 1° sur le caractère du projet qui ne vise qu'à compléter le pouvoir présidentiel et le septennat par des institutions qui conviennent à tout pays libre et qui sont également compatibles avec la monarchie ou la république ; — 2° sur la nécessité de fortifier le principe d'autorité, en donnant, par l'établissement d'une seconde Chambre, une représentation normale aux intérêts et aux valeurs intellectuelles, morales et sociales. *Ann. de l'Ass. nat.*, séance du 15 mai 1874, t. XXXI, p. 7, et *Souvenirs de M. de Meaux*, p. 214-220.

Samedi 16 mai. — Déjeuner chez de Meaux avec Ducrot, préfet de Lyon, Tailhand, Baragnon, Rességuier. Ils sont un peu préoccupés de l'attitude de l'extrême droite. Tailhand croit qu'il y a des ordres du comte de Chambord.

Commission constitutionnelle à midi et demi. Débat misérable et puéril, soulevé par Brun, avec le duc de Broglie, pour savoir dans quelles conditions le gouvernement demande la priorité de la loi politique. Broglie est très ferme et très doux. Nous votons la priorité de la loi politique à vingt-deux voix ; Brun et Combier seuls contre. Le centre gauche vote avec nous sur la fixation de l'ordre du jour à mercredi : sur la priorité, Dufaure et Waddington s'abstiennent. Celui-ci m'avait dit hier que le centre gauche voterait contre toute proposition du duc de Broglie.

On entre en séance publique [1], tribunes pleines ; sentiment d'attente sur tous les visages, avec ces intermittences de légèreté propres à la nature française.

Batbie demande la fixation à mercredi. Théry demande la priorité pour la loi municipale ; Raudot dit que, devant la question de confiance posée, dit-on, par le cabinet, il votera la priorité de la loi politique, en se réservant de voter comme amendement la loi municipale. Broglie maintient le sentiment du gouvernement avec fermeté et douceur. Brun vient déclarer qu'on votera contre, mais en

1. C'est la séance du 16 mai 1874, où tomba le ministère Broglie par la coalition de l'extrême droite et des gauches, sur la question de la priorité de la loi électorale politique sur la loi électorale municipale. Le gouvernement réclamait cette priorité, parce que la loi qui réglait l'électorat politique avait sur la loi municipale l'importance de l'affirmation d'un principe politique, et répondait ainsi, selon les paroles du duc de Broglie dans cette séance du 16 mai, « à un besoin urgent, à un appel pressant du pays » Et c'est précisément parce que cette loi était un commencement d'organisation politique que l'extrême droite voulait la retarder au profit de la loi municipale — Cf. *Ann. de l'Ass. nat.*, séance du 16 mai 1874, t. XXXI, p. 19

gardant confiance au ministère. Broglie dit très bien qu'il
ne saurait diminuer l'importance du vote.

317 voix pour la priorité contre 381. Mélange de stupeur et de joie à gauche. Bethmont dit : « C'est l'extrême
« droite qui est admirable. Ah ! voilà un parti qui chasse
« ses propres ministres ; ah ! ça, c'est superbe ! » Au centre droit, exaspération et douleur. Quelle conduite que
celle de l'extrême droite et de son chef dans la situation
de la France ! Risquer le chaos sans pouvoir soi-même
rien établir ! Voter avec Gambetta et Rouher contre ses
propres amis !

Il y a eu deux votes par assis et levé. Au premier,
Ernoul s'est abstenu ; au second, il se lève pour le gouvernement et il vote blanc : l'honnête homme l'a emporté !

Les ministres sont très dignes. Il fallait en venir là : ils
tombent, bien. Broglie me dit : « On m'a reproché mes
« ménagements pour l'extrême droite, on voit si je m'exa-
« gérais les difficultés. Nous allons avoir un ministère
« centre droit et centre gauche ; il durera quelques se-
« maines, mais le pays est perdu. »

Je ne l'envisage pas encore ainsi ; l'indomptable espérance survit en moi ; il ne m'est pas prouvé qu'un ministère où seraient réunis centre gauche modéré, centre
droit et droite modérée ne pourrait rallier une majorité.
Ni radicalisme ni Empire, cette ligne peut encore, je l'espère, grouper les honnêtes gens et les gens sensés [1].

Lundi 18 mai. — Les députés de l'extrême droite qui,
au dernier moment, ont voté avec le gouvernement, sont
tout fiers aujourd'hui de leur vote. Ceux qui ont voté

---

1. Sur les réunions préparatoires et sur cette séance du 16 mai 1874,
voir *Souvenirs de M. de Meaux*, p. 225-226. *Mémoires* de Vinols, p. 195-197.
Ch. Chesnelong, par M. de Marcey. *Université catholique* de septembre
1904, p. 43-47.

contre sont plus embarrassés ; quelques-uns cependant
portent la tête haute ; leur idée est de renverser successi-
vément tous les ministères jusqu'au mois de novembre,
époque où ils espèrent que la royauté reviendra.

M. Buffet, le premier mandé, a refusé. Il est accepté
par la Chambre comme président ; M. Dufaure serait élu
à sa place sans être nommé par la droite : ce serait une
cause de désunion qu'il ne veut pas favoriser, tout en
craignant, si la combinaison Goulard ne réussissait pas,
d'être obligé d'accepter. M. Buffet me fait grand éloge du
duc de Broglie : il possédait parfaitement la Chambre et
se rendait compte, avec une merveilleuse sagacité, des
conséquences de chaque décision.

Pasquier n'accepte pas le ministère. Il pense qu'il faut
laisser la place à un ministère de transition, et qu'il s'est
trop identifié au sort du cabinet pour lui succéder.

Réunion au centre droit. Pasquier explique les raisons
personnelles qui l'ont empêché d'accepter le ministère. Il
soulève une motion ardente contre tout élément bonapartiste dans le nouveau cabinet.

A quatre heures, réunion des bureaux du centre droit
et de la droite. Pasquier développe la thèse du septennat
impersonnel pour attirer les voix du centre gauche. Kerdrel s'engage vivement, et trop vivement, pour le septennat personnel. Broglie dit que le ministère nouveau ne
doit pas chercher à avoir un grand programme, mais à
vivoter, à faire des affaires, à mener l'Assemblée doucement, pour donner aux passions le temps de se calmer.
Pasquier insiste avec énergie, verve, éloquence, sur la
nécessité de faire un pas en avant après ce vote, qui nous
montre les cinquante-deux [1] engagés contre toute loi

1. Cinquante-deux membres de la droite et de l'extrême droite s'étaient
prononcés contre la priorité de la loi électorale.

constitutionnelle. Broglie croit qu'on aurait tort d'exiger
du maréchal le renvoi de M. Magne. «Il ne le pardonnera
« pas, dit-il; il ne peut pas considérer le parti bonapar-
« tiste au même point de vue que nous; il se croit tenu à
« la neutralité envers ce parti comme envers les autres.
« La présence de M. Magne répondait à ses scrupules.
« Quand j'avais une mesure à adopter contre les bona-
« partistes, je la faisais d'abord approuver par M. Magne.
« Si on retire M. Magne, le maréchal recevra Levert,
« Saint-Paul et autres agents bonapartistes. »

19 et 20 mai. — Kerdrel est appelé chez le maréchal;
il ne peut s'entendre avec Goulard sur cette malheureuse
question du septennat *impersonnel.* C'est là que nous en
sommes! Cumont, sondé par Decazes, hésite à accepter
avec Goulard dans un ministère spécial.

Casimir Périer en coquetterie avec Gambetta. Le centre gauche furieux qu'aucun de ses membres ne soit appelé. Il y a du bien fondé, sauf les misères personnelles,
dans cette colère.

Nous nous promenons dans le parc avec Chabrol, de
Meaux et Cumont. Je leur dis que, pour ma part, je ne
comprends pas les mièvreries de la droite. On arrivera
au septennat impersonnel contraint et forcé, et alors il ne
sera plus temps. Un grand parti doit savoir envisager
avec sang-froid la limite des concessions qu'il peut faire
et y aller résolument, afin de prendre la direction des
événements au lieu de se traîner à leur remorque. Au
point où l'on en est, on ne peut qu'achever la ruine des
conservateurs en inféodant de nouveau leur cause à celle
des chevau-légers. Il faudrait apporter un programme
déterminé à la tribune, dire quelles concessions l'on fait
au pays, provoquer les partis, à droite comme à gauche,
à s'expliquer et à dire pourquoi ils se refusent de s'asso-

cier à cette œuvre de salut. C'est par le pays conservateur qu'il faut peser sur l'Assemblée. C'est en groupant autour de soi les intérêts, les affaires, le sentiment conservateur du pays qu'on prendra force dans l'Assemblée. Si l'on échoue, on aura du moins donné au pays un signe de ralliement. Nous avons les inconvénients du pouvoir parlementaire, sans avoir ses avantages. Nous faisons de la politique de couloirs comme on fait dans le régime absolu de la politique d'antichambre, sans que rien s'explique devant le pays. L'avantage du régime parlementaire est de porter tout au grand jour, les bons comme les mauvais sentiments. Nous refusons, par notre silence, aux bonnes idées, aux bons sentiments, aux programmes honnêtes, cet avantage de la discussion publique, tandis que nous accordons le bienfait du silence à ces motifs inavouables, à ces corruptions folles, qui ne triomphent au vote que parce qu'on leur a épargné le souci ou la honte de se produire à la lumière.

21 mai. — Rien n'est fait encore. On parle de Tailhand et de Cumont Le soir, tout manque parce que Waddington entre : la droite modérée s'y refusait. Son programme n'était pas excessif : maintien du septennat sous sa forme actuelle ; nécessité de faire promptement les lois constitutionnelles ; le pays prononçant sur ses destinées en 1880, dans des formes réglées par les lois constitutionnelles ; exclusion de tout élément bonapartiste ; ni bonapartistes, ni radicaux. M. Dufaure s'engageait à appuyer ce ministère.

22 mai. — Rien n'est fait encore. On parle de Tailhand et de Cumont. Pasquier et Goulard se retirent devant le refus de la droite modérée. Depeyre et Brun appelés avec Kerdrel. Celui-ci engage le maréchal à reprendre l'ancien cabinet, moins le duc de Broglie et du Barail. Mais Tail-

hand et Cumont gardent le silence. Depeyre refuse. Le
maréchal décide qu'il nommera lui-même ses ministres.
La première impression à la Chambre est le sourire. Les
chefs sont malveillants, réunis dans une aigreur commune. Les chevau-légers mécontents. Le centre gauche
révolté et l'union avec lui désormais difficile.

Dans l'après-midi a été arrêtée la nouvelle combinaison. Le maréchal, après les négociations infructueuses
de M. de Goulard, a pris le parti de nommer lui-même le
ministère : général de Cissey, vice-président du conseil,
ministre de la guerre; Decazes, Fourtou, Cumont, Tailhand, Grivart, Montaignac, Caillaux, Magne [1]. Cumont
peut être l'homme du cabinet; s'il réussit, il ne réussira
pas à demi.

[1]. MM. le général de Cissey, guerre et vice-présidence du Conseil.
    le duc Decazes, Affaires étrangères.
    de Fourtou, Intérieur.
    de Cumont, Instruction publique et Cultes.
    Tailhand, Justice.
    Grivart, Agriculture et Commerce.
    Montaignac, Marine.
    Caillaux, Travaux publics.
    Magne, Finances.
Sur la formation de ce ministère, voir *Souvenirs de la présidence du maréchal de Mac-Mahon*, par Ernest Daudet, Paris, Dentu, 1880, 1 vol. in-12 ;
chapitre 1er, *Une crise ministérielle*, 16 mai-23 mai 1874, p. 1-37.

CHAPITRE IX

REJET DE LA PROPOSITION PÉRIER ET AJOURNEMENT
DES LOIS CONSTITUTIONNELLES

Sommaire : Tentatives de fusion des centres; incidents à la Chambre au sujet de la propagande bonapartiste; la proposition Périer; contre-proposition La Rochefoucauld-Bisaccia; manifeste du comte de Chambord; suspension de l'*Union*; interpellation Brun; message du maréchal de Mac-Mahon; chute de M. Magne; retraite de M. de Fourtou; modifications ministérielles; rejet de la proposition Périer; échec des motions dissolutionnistes; l'Assemblée se proroge jusqu'au 3o novembre.

Juin 1874

1er juin. — Un nouveau vote de l'extrême droite pour ajourner la loi électorale politique a augmenté les divisions [1].

Discours de d'Haussonville contre les bonapartistes et les ultras [2].

L'élection de M. de Bourgoing le 31 mai a produit parmi les républicains une grande impression; tentative de rapprochement de droite et de gauche [3].

---

1. Ce vote, émis le 31 mai, fixait ainsi l'ordre du jour du 1er juin : 1° projet de loi sur l'électorat municipal; 2° projet de loi sur l'organisation municipale; 3° projet de loi sur l'électorat politique. — Cf. *Ann. de l'Ass. nat.*, séance du 31 mai 1874, t. XXXI, p. 218.

2. *Ann. de l'Ass. nat.*, séance du 1er juin, t. XXXI, p. 224, et *Mémoires* de Vinols, p. 198.

3. Une élection avait eu lieu, le 31 mai, dans la Nièvre. Trois concurrents étaient en présence : M. de Bourgoing, ancien écuyer de Napoléon III, franchement impérialiste, M. Judin, franchement républicain,

La réunion du centre droit propose un programme qui n'est concerté ni avec le centre gauche ni avec la droite. Il me semble que des membres modérés des diverses nuances auraient pu officieusement causer ensemble des concessions à faire. L'idée de ce programme ne me va guère. Cependant je vois dans mes notes qu'il y a quelques jours j'étais d'avis d'un programme déterminé. Est-ce contradiction ? Je ne le crois pas. J'entendais d'abord que ce serait le centre droit et la droite modérée qui s'uniraient, et plutôt par la bouche de leurs orateurs que par un procès-verbal. De plus, je n'approuve pas la rédaction. Le centre droit semble se faire un programme de concessions que les événements lui imposent, mais qui ne représentent pas assez ses convictions pour qu'il les arbore ainsi. Je comprendrais qu'on dise : nous irons jusqu'à telles et telles concessions ; que chacun fasse de son côté les sacrifices compatibles avec ses principes. Mais prendre l'engagement de repousser telle ou telle proposition, quand on ne sait pas ce que seront les événements au moment où elle se produira, et quand cet engagement n'est pas lui-même le résultat d'un accord dans lequel les autres partis interviennent par des concessions analogues, cela me paraît imprudent, parce qu'on peut se séparer de ses amis et ne pas en rallier d'autres.

4 juin. — Le programme du centre droit a été arrêté hier. Je crains une impression fâcheuse. Je n'étais pas à cette réunion, ne voulant pas susciter d'obstacles à l'exé-

M. de Pazzis, nettement légitimiste. M. de Bourgoing fut élu par 37,600 suffrages, M. Judin en obtint 32,000, M. de Pazzis n'en réunit que 5,500. Le bonapartisme faisait des progrès. Au discours prononcé le 1ᵉʳ juin par M. d'Haussonville et qui était une avance au centre gauche, M. Lacaze répondit le 25 juin au nom de ce dernier groupe par des paroles conciliantes, et même cordiales. *Ann. de l'Ass. nat*, séance du 2 juin, t. XXXI, p. 200.

cution d'une résolution antérieurement prise, mais en déclinant la solidarité [1].

Discours de Gambetta vraiment éloquent [2].

Hier, Ledru-Rollin absolument fini; pas l'ombre de talent [3].

7 juin. — 116, surtout du centre gauche, opposent une déclaration [4] à la déclaration des 53 du centre droit; résultats : le centre droit, séparé même de la droite modérée, n'a pas rallié le centre gauche; l'isolement et la division des groupes sont accrus.

14 juin. — Semaine bien orageuse. A la suite d'une violence de Gambetta à la tribune contre les bonapartistes, rixes au chemin de fer [5]. Agitations de bonapartistes, dont les progrès alarment les radicaux. Ceux-ci pleins d'avances pour les modérés. Ils invoquent un peu tard les droits et la dignité des assemblées.

Vendredi, interpellation de Bethmont et Picard sur les mesures à prendre contre les bonapartistes. Ils la réduisent à une attaque contre Fourtou. Celui-ci se défend avec résolution et éloquence. Mais il n'a pas un mot de blâme contre les bonapartistes, et beaucoup d'entre nous hésitent à voter l'ordre du jour pur et simple. Il eût fallu au moins l'expliquer [6].

1. Appendice I.

2. *Ann. de l'Ass. nat.*, séance du 4 juin, t. XXXI, p. 302, et *Mémoires* de Vinois, p. 198.

3. *Ann. de l'Ass. nat.*, séance du 3 juin, t. XXXI, p. 280 et suiv.

4. Appendice II.

5. Dans la discussion de la question adressée par M. C. Girerd relativement à une note émanée d'un Comité central de l'Appel au peuple, M. Rouher avait accusé Gambetta de ne pas tenir sa promesse de répondre aux accusations de comimissions d'enquête. « Il est des hommes, répliqua Gambetta, à qui je ne reconnais ni titre ni qualité pour demander des comptes, ce sont *les misérables* qui ont perdu la France. » *Ann. de l'Ass. nationale*, séance du 9 juin, t. XXXI, p. 38 et suiv.

6. A la suite des troubles de la gare Saint-Lazare, une conférence se

Le centre gauche prépare une proposition faisant suite à son programme [1]. Elle est déposée par C. Périer. En réalité, il ne demande que ce que demande le centre droit, mais il tient à faire voter l'article 1er du projet Dufaure, consécration de la République. Pourquoi cette insistance, du moment qu'on lui donne la chose? Je crains une arrière-pensée politique et le désir de compromettre le centre droit, sans rompre avec les gauches. Le centre droit ne peut se séparer du gros de la droite modérée.

16 juin. — Hier, l'urgence de la proposition du centre gauche votée à une voix de majorité [2].

La Rochefoucauld-Bisaccia a présenté une proposition sur la monarchie [3] dont le renvoi à la commission cons-

tint entre les présidents de tous les groupes, celui de l'Appel au peuple excepté. Une interpellation fut résolue. On ne s'entendit pas sur les termes de l'ordre du jour où les droites voulaient insérer un blâme pour les emportements de Gambetta. L'interpellation fut posée et soutenue uniquement par les gauches. *Ann. de l'Ass. nat.,* séance du 12 juin, t. XXXI, p. 150. *Mém.* de Vinols, p. 204-205.

1. « L'Assemblée nationale, voulant mettre un terme aux inquiétudes du pays, vote la résolution suivante :

« La Commission des lois constitutionnelles prendra pour base de ses travaux sur l'organisation et la transmission des pouvoirs publics :

« 1° L'article 1er du projet de loi déposé le 19 mai 1873, ainsi conçu : « Le gouvernement de la République française se compose de deux Chambres et d'un président, chef du pouvoir exécutif ;

« 2° La loi du 20 novembre 1873, par laquelle la présidence de la République a été confiée à M. le maréchal de Mac-Mahon, jusqu'au 20 novembre 1880 ;

« 3° La consécration du droit de revision partielle ou totale de la constitution, dans les formes et à des époques que déterminera la loi constitutionnelle. » *Ann. de l'Ass. nat.,* t. XXXII, p. 190.

2. Elle obtint 345 voix contre 341, mais la majorité absolue était de 344 voix.

3. « Art. 1er. — Le gouvernement de la France est la monarchie. Le trône appartient au chef de la Maison de France.

« Art. 2. — Le maréchal de Mac-Mahon prend le titre de lieutenant général du royaume.

« Art. 3. — Les institutions politiques de la France seront réglées par l'accord du roi et des représentants de la nation. » *Ann. de l'Ass. nationale,* séance du 15 juin 1874, t. XXXII, p. 190 et suiv.

titutionnelle n'est pas prononcé. (J'étais parti avant cette proposition que rien ne faisait prévoir.)

Triste et faible discussion. Impossibilité pour la droite d'écouter sérieusement un tel débat : avec des plaisanteries, ils croient avoir paré à tout. L'ensemble des scrutins prouve non pas que l'Assemblée veut la République, mais qu'elle n'entend pas changer ce qui est.

Avant la séance, réunion au centre droit. Pasquier président, répondant à des insinuations de Mettetal sur ses avances au centre gauche, est admirable d'éloquence. C'est Mirabeau parlant de la grande trahison. Il s'est abstenu au vote : mauvaise attitude pour un chef. Nature emportée et généreuse, dont je comprends les dégoûts et les impatiences ; mais en politique, il faut contenir ses impressions et ne s'inspirer que des considérations du bien public.

19 juin. — Parlé à la commission des Trente avec succès. Dufaure me félicite et me dit qu'il faudrait tâcher d'arriver à une entente.

24 juin. — Article du *Times*, inspiré par Pasquier, sur les négociations antérieures à la lettre du 27 octobre 1873. Rôle du maréchal, qui a exprimé son opinion sur les dangers qu'entraînera le drapeau blanc. La commission des Neuf publie une rectification de détails qui ne fait que confirmer le fond. On aura beau tourner et retourner les choses, il ressort des faits que le comte de Chambord, en écrivant sa lettre du 27 octobre, a manqué aux engagements qu'il avait pris envers Chesnelong.

Bourg-d'Iré, 28 juin 1874.

Mon cher ami,

Je suis honteux de ne vous avoir pas encore félicité et remercié pour l'apparition des deux premiers volumes de *Berryer*. Avec les travaux de l'Assemblée et les entraves de votre santé, c'est un admirable tour de force dont nous ne pouvons vous être assez reconnaissants et dont, pour ma part, j'ai bien joui, à tous les titres. Je croyais trouver une première introduction de votre main, et j'espère qu'elle n'est qu'ajournée, car soit à une série, soit à une autre, il faut que nous vous entendions sur Berryer, vous qui l'avez si bien connu et si bien aimé. Je vous ai écrit, cet hiver, que je faisais copier mes lettres à votre intention. Cette copie est terminée, et si vous le souhaitez, je vous l'enverrai par la première occasion sûre. Je vous rappelle que de votre côté vous m'avez promis la copie du procès-verbal de Nantes, que Berryer lui-même m'envoya en 1832, et sur laquelle je ne puis plus remettre la main. J'y attache un grand prix et je vous serai infiniment obligé de réparer mon désordre, car cette pièce est indispensable pour l'intelligence de plusieurs lettres de Berryer et surtout pour la complète mesure de sa grandeur d'âme. On peut ne pas la publier, mais il faut la conserver en mains sûres, pour en appuyer ce qu'on devra affirmer et développer dans le tableau complet de cette incomparable vie de dévouement. Comme le P. Lacordaire et Montalembert grandissent aussi à chaque publication! Ah! mon ami, si la royauté et l'Église avaient bien senti le prix de telles âmes et avaient daigné s'en servir, vous n'auriez pas à gémir en ce moment sur tant de ruines et à vous épuiser en vous efforçant de les réparer — au lieu de vous consacrer utilement et glorieusement à la seconde moitié de ce siècle qui contenait et qui pouvait réaliser tant de magnifiques promesses.

En attendant, mon cher ami, croyez bien que ce qui me reste de force s'use en vœux et en pensées qui ne vous perdent pas un instant de vue.

....Laisserez-vous la tribune s'interrompre à vos

vacances, sans y avoir porté, les uns et les autres, des lumières, des vérités, des exemples, sans lesquels le pays achève de se démoraliser au profit de l'Empire ? Ce n'est pas seulement contre votre Assemblée, c'est contre toute Assemblée et contre tout régime parlementaire que l'on excite aujourd'hui, au nom de votre prétendue impuissance, les passions qu'on désespère d'entraîner à la démagogie pure. Partagez donc les efforts entre vous, jeunes, fermes et vaillants, hâtez-vous d'en faire un faisceau qui présente une vraie force et ranime l'espérance : vous n'avez plus de temps à perdre....

Je fais des vœux pour le succès de Léopold de Gaillard au Conseil d'État, quoique ce succès soit une menace pour le *Correspondant*.

Savez-vous quelles sont ses vues pour cet héritage encore intact ? Je ne le lui demande pas à lui-même, car je lui ai écrit trois ou quatre fois ce printemps sans avoir jamais de réponse. C'est aussi l'école de Janicot, mais ces messieurs répondent du moins à toutes plaintes de leurs amis, par de brillantes passes contre leurs ennemis, et les inutiles comme moi se rendent assez justice pour n'en pas demander davantage. Néanmoins l'intérêt et la curiosité subsistent.

Mille amitiés bien fidèles.   ALFRED.

28 juin. — Toujours désarroi et atonie dans la Chambre. Nous discutons, à la commission des Trente, la proposition Périer, sans arriver à une conclusion. La droite craint de ne pas être suivie par la droite de l'Assemblée. Il me semble pourtant que si les diverses nuances de la majorité arrivaient à se mettre d'accord sur une proposition raisonnable, il serait bien difficile qu'on ne les suivît pas à la Chambre. Le maréchal pourrait d'ailleurs intervenir.

Il ébranlerait les flottants du centre gauche et embarrasserait l'extrême droite, qui aujourd'hui prend le rôle de défenseur du maréchal, parlant de lui remettre, à un moment donné, à lui seul toute l'autorité.

29 juin. — La commission des Trente a rejeté par dix-huit voix contre six la proposition Périer. Elle a, sur la proposition de Lambert Sainte-Croix, nommé une sous-commission pour préparer des articles de loi, pouvant former, au lieu de bases vagues d'un projet futur, un projet définitif. M. Daru est nommé par dix-huit voix; Ventavon et moi par onze voix. J'avais vivement pressé la droite de nommer Lambert Sainte-Croix, et j'ai voté pour lui. Mais on prétend qu'il vaut mieux ne pas élire le rapporteur de tant de projets. En réalité, le centre droit voit dans l'absence de Lambert une exclusion calculée et cela fait mauvais effet. On sera, de ce côté, d'autant plus exigeant pour la sous-commission.

Juillet 1874

1er juillet. — La sous-commission s'est réunie hier ; Batbie président. Nouvelle réunion ce matin de neuf heures à onze heures. A une heure, nous apportons à la commission un projet en six articles, mais dont la rédaction n'est que provisoire. Notre principe est l'organisation du pouvoir du maréchal avec le maintien de son titre de président et, à l'expiration des pouvoirs, la réunion des deux Chambres en congrès statuant sur les résolutions à prendre. J'aurais préféré qu'on ne fît pas un article formel, tout en le maintenant. Ce sont les exigences du centre droit, représenté par Lambert, qui le font introduire. Je ne vote pas, d'un autre côté, pour le changement de titre, que je préférerais pourtant, parce que je suis certain que cela ne serait pas adopté et que, rejeté, cela ne fait que souligner la République.

A la commission, une discussion très vive entre Brun et Kerdrel. Celui-ci, avec trop de vivacité peut-être, mais un vrai courage, dit que la monarchie, dans la situation actuelle, est impossible en France et que ceux qui le nient se trompent grossièrement en trompant grossièrement les autres. Il se refuse à voter un article consacrant le titre de président de la République, mais il ne demande pas le changement du titre, et il croit que le demander pour ne pas réussir, c'est écrire à l'encre ce qui n'est écrit qu'au crayon. Brun, tout en affirmant qu'il respecte les pouvoirs du maréchal, dit que Kerdrel, disant que la monarchie est impossible en ce moment, a fait entendre par là même que la monarchie est perdue. Kerdrel s'emporte : « .... Ah ! monsieur Brun, parlons sérieusement et franchement. Vous commencez par dire que vous êtes de mon avis, et puis, pour soutenir une opinion contraire à la mienne, vous me prêtez des paroles, et vous prêtez à mes paroles un sens qui n'est pas dans ma pensée. Pouvez-vous faire la monarchie ? Êtes-vous liés pour les sept ans ? » Brun réplique, mais pour établir à la fois qu'il est pour le pouvoir du maréchal et qu'il peut à tout moment substituer le roi au maréchal ; il s'égare dans une casuistique impossible et douloureuse. On effacerait l'article 1er, si MM. du Vignaux, Chesnelong, Tarteron, Brun ne voulaient voir dans cet effacement le droit pour eux de faire changer le titre à tout moment.

Quand nous sortons de cette séance, nous apprenons que Chabrol a répondu admirablement à un abominable discours prononcé hier par Jouin [1] dans la question de

1. Ce discours, prononcé contre le projet de la Commission de décentralisation dont M. de Chabrol était rapporteur, peut se résumer ainsi : La

l'électorat municipal ; et, de fait, ce discours est achevé.
M. Dufournel [1], conservateur, qui a voté la proposition
Périer et qui compte la voter, me dit que le discours de
Jouin [2] a fait perdre beaucoup de voix à cette proposition. Victor Lefranc me confirme le fait : « Ce discours,
dit-il, décourage les adhésions au dedans et encourage
les passions au dehors. »

2 juillet. — Vu hier soir le maréchal à sa réception. Il
désire qu'on s'accorde, qu'on lui donne la deuxième
Chambre, dont il a besoin comme appui moral. « Que
ferai-je seul devant la Chambre des députés ? La dissoudre ? Et si on m'en renvoie une pareille ? » Il parle
mal, d'un ton insignifiant, mais avec bon sens et
comme un homme qui s'attache aux idées simples.

On dit la gauche épouvantée du progrès des bonapartistes. Elle irait peut-être, tant elle a peur, jusqu'à voter
le projet des trente, si la proposition Périer est rejetée.
En tout cas, l'extrême gauche, sauf trois ou quatre, votera cette proposition Périer. Emmanuel d'Harcourt me
montre à ce sujet une lettre curieuse de Périn à un
de ses correspondants, qui se trouve être un agent de
police.

3 juillet. — Paraît un manifeste du comte de Cham-

loi proposée viole un droit acquis en portant atteinte au suffrage universel par les conditions de domicile qu'elle exige de l'électeur. Et cette
violation du droit est aggravée encore par une procédure savante,
perfide, qui est tout entière dirigée contre les malheureux, contre les
pauvres.

Tout le discours est une accusation de pharisaïsme contre la droite, un
rappel à l'Évangile tour à tour ironique et véhément. *Ann. de l'Ass. nat.*,
séance du 30 juin, t. XXXII, p. 565 et suiv.

1. Dufournel (1808-1882). Député de la Haute-Saône sous Louis-Philippe
jusqu'au coup d'État. Il fut envoyé à l'Assemblée nationale par le même
département en 1871.

2. Jouin (1818-1885). Il fut élu à l'Assemblée nationale par l'Ille-et-Vilaine ;
il vota avec la gauche.

bord [1]. Plus rien sur le drapeau ; un passage contre le régime parlementaire. C'est le bonapartisme blanc, l'Empire de 1852, moins le drapeau tricolore et ces garanties que les Napoléon offrent aux intérêts modernes. Cependant le soir, Vingtain, orléaniste pur sang, ne paraît pas mal impressionné de ce manifeste. Il dit qu'au scrutin secret, la monarchie aurait peut-être la majorité.

4 juillet. — Grande irritation à droite. Kerdrel, Ressé guier, Dampierre, etc., sont furieux de ce manifeste. Mais voici qu'à midi on apprend que l'*Union* est suspendue pour l'avoir publié. J'étais dans le parc avec mon frère, quand Dupin de l'Hérault nous donne cette nouvelle. Nous sommes stupéfaits et, tout de suite, nous avons le pressentiment de la crise que cette mesure va provoquer. Mettre la droite en demeure de ratifier une mesure prise contre son roi directement, c'est lui imposer une trop dure épreuve, et pour moi, j'en suis tout ému : frapper le chef de cette grande maison de France, cela me déchire l'âme ; et, en même temps, comment se dissimuler qu'un vote contraire au ministère atteint directement le maréchal, c'est-à-dire le pouvoir établi, c'est-à-dire la France qu'une secousse de ce genre peut replonger dans les plus grands malheurs? On ne comprend pas pareille faute des ministres, quand il leur était si facile de frapper l'*Union* la veille, ou d'attendre au lendemain ses commentaires, qui eussent nécessairement justifié une mesure de rigueur.

L'orage est gros à la Chambre. Les plus doux, comme le marquis de Juigné, sont révoltés ; ils parlent de tout renverser. Pour ma part, j'évite les conversations, ne voulant ni approuver ni alimenter ce foyer de colères. Brun adresse une question à laquelle Fourtou répond

1. Voir Appendice III.

avec éloquence; mais en reconnaissant que le document était compris dans la mesure [1]. Il paraît même qu'on l'avait visé d'abord. C'est le général Ladmirault qui est venu dire qu'il ne pouvait le notifier ainsi. Comment cela ne les a-t-il pas éclairés?

Le soir, je dîne à Trianon chez Decazes avec Cumont. Malgré la délicatesse de la situation, je ne cache pas mon regret de la mesure et je réserve mon vote. Ils sont bien légers !

5 juillet (dimanche). — Vu Tailhand : il a frappé comme un magistrat qui condamne, au nom de la loi, sans prendre garde aux circonstances extérieures.

J'apprends par Cumont que c'est Tailhand qui a émis l'idée de la mesure. Magne l'a appuyée. Les autres ont peu parlé. Cumont a combattu la mesure et demandé que le maréchal envoyât un message pour demander l'organisation de son pouvoir. S'il en est ainsi, il a du mérite à ne pas révéler les faits, car on l'accable.

6 juillet (lundi). — Dîné le soir chez Cumont avec Decazes, Maillé, Sugny, Dampierre, Chabrol et Meaux. Plusieurs bien peu disposés à voter pour le ministère. Cependant un peu de détente; on parle d'une déclaration écrite précédant l'ordre du jour pur et simple. L'extrême gauche multiplie les douceurs à l'extrême droite. Challemel-Lacour veut prendre en main l'honneur du comte de Chambord.

Ce matin, enterrement de M. de Goulard : homme aima-

---

1. Lucien Brun demanda au ministère si la suspension de l'*Union* avait pour cause la publication du manifeste. M. de Fourtou répondit que la mesure avait été prise à raison de la polémique persistante de l'*Union* au sujet des pouvoirs du maréchal, et aussi, en une certaine mesure, à raison de la publication du manifeste. A la suite de cette réponse, L. Brun déposa une demande d'interpellation dont la discussion fut fixée au 8 juillet. *Ann. de l'Ass. nat.*, séance du 4 juillet 1874, t. XXXII, p. 695.

ble, doux, conciliant, qui, sans avoir de qualités éminentes, avait pris une grande situation par l'équilibre heureux de sa nature.

8 juillet (mercredi). — L'interpellation de Brun [1] a eu lieu aujourd'hui. La loi municipale avait traîné jusqu'à hier au soir et l'on espérait joindre ensemble les deux discussions de l'interpellation et de la proposition Bisaccia [2]. Mais la majorité formée des gauches et de l'extrême droite, en s'opposant à ce qu'on lise le rapport Daguenet [3] sur la proposition Bisaccia, a empêché cette combinaison.

Beaucoup de réunions de droite et du centre droit.

Hier, on croyait que le centre gauche voterait un ordre du jour ainsi conçu : « L'Assemblée nationale, résolue à « défendre *contre toutes les attaques* les pouvoirs du « maréchal président de la République, etc.... » La droite, par un sentiment de délicatesse, a demandé qu'on mette « soutenir énergiquement » au lieu de « défendre contre toute attaque, » pour ne pas paraître viser le comte de Chambord. On dispute là-dessus. Il semble que le centre gauche se rallie à cet ordre du jour.

Brun parle avec talent ; Fourtou sans émotion vraie, mais avec une argumentation qui plaira dans le pays. Ernoul faible de parole et d'attitude ; une personnalité inconsciente ; des explications mêlées de réserves, casuistique pénible. Depeyre, véhément contre les ministres,

---

1. Voir la page précédente.

2. Voir plus haut.

3. La demande du renvoi de cette proposition à la commission des Trente ayant été repoussée, la Commission d'initiative fut saisie, aux termes du règlement, de la question de la prise en considération. Le 7 juillet, M. Daguenet déposa son rapport qui concluait à ne pas prendre la proposition en considération. L'Assemblée décida qu'il ne serait pas lu en séance publique. *Ann. de l'Ass. nat.*, t. XXXII, annexe, p. 553, et séance du 7 juillet, id., p. 611.

Daguenet (1801). Élu à l'Assemblée nationale par les Basses-Pyrénées ; il siégea au centre droit.

mais agissant consciencieusement pour réparer les suites de leur faute, grandit beaucoup. Kerdrel lit la déclaration de la droite : acte de braves gens ; il y a des mots que je ne trouve pas législatifs : « fidélité, » et puis « la liberté que s'est réservée le maréchal »; en somme, c'est un noble document. Si l'ordre du jour Larcy [1] était venu, je me serais abstenu. Rejet de l'ordre du jour de l'extrême droite et de l'ordre Paris [2]. Le centre gauche en masse a voté contre. Depuis hier, M. Thiers travaille dans ce groupe. Il a eu hier une altercation avec Ricard, aujourd'hui avec Casimir Périer : mais tout cela ne les empêche pas de le suivre au dernier moment.

Je vais au général Changarnier, que j'aperçois dans la buvette, et je lui dis : « Général, si vous proposiez l'ordre « du jour pur et simple, nul mieux que vous ne pourrait « dire à la Chambre d'en finir au nom de l'intérêt du « pays. » Il accueille cette idée.... et l'ordre du jour pur et simple est voté sur sa demande [3]. C'est un non-sens parlementaire, mais cela finit le débat, et là est l'important. Les ministres paraissent voir dans cette fin une sorte de succès : ils ne sont pas difficiles. L'un d'eux, Montaignac, dit : « Et puis l'ordre du jour qui nous blâmait a été « repoussé : voilà ce qui ressort de ce débat. » On parle beaucoup de dissolution. Gare aux aventures !

---

1. « Regrettant..... qu'un document digne du respect de tous ait été indiqué comme l'un des motifs de la mesure..... »

2. « L'Assemblée nationale, résolue à soutenir énergiquement les pouvoirs confiés pour sept ans, etc..... »

3. Plusieurs ordres du jour restaient encore à mettre aux voix : celui de M. Christophe demandant l'organisation de la République, celui de M. Grévy critiquant l'usage fait de l'état de siège, celui de M. Dahirel visant la partialité de mesures prises contre la presse, lorsque le général Changarnier vint, tout à coup, réclamer l'ordre du jour pur et simple. Ayant la priorité, il fut mis immédiatement aux voix et l'emporta par 25 suffrages. *Ann. de l'Ass. nat.*, séance du 8 juillet 1874, t. XXXII; *Mém.* de Vinols, p. 210-222.

Le général de Cissey, parlant du comte de Chambord, dit dans la buvette à Sugny et à moi : « Pauvre prince, « s'il avait voulu accepter le drapeau et que j'eusse été au « ministère de la guerre, je me chargeais de l'affaire. « Mais avec le drapeau blanc, ce n'est pas possible. Peut- « être, si nous avions été victorieux, aurait-on obtenu « ce sacrifice de l'armée, mais le lui demander quand son « drapeau a été vaincu, humilié, c'est un affront.

9 juillet. — Cissey lit à la tribune un message du maréchal, raide dans la forme, peu concluant au fond. Ce ton, qui plaît au pays, on ne peut se le dissimuler, froisse la Chambre, surtout lorsqu'elle ne le voit appuyé ni sur des indications précises sur ce qu'on désire, ni par l'autorité personnelle du cabinet.

10 juillet. — Fourtou vient avec Cissey exposer les vœux du gouvernement à la commission [1]. Le centre gauche et l'extrême droite forment une majorité *contre*, avec quelques membres qui, sans hostilité politique, sont préoccupés des difficultés pratiques, comme Delsol, Daru, d'Andelarre, Talhouët, Pontalis : Kerdrel, lui, voit dans la tactique du ministère une pensée de dissolution, à laquelle il ne veut pas se prêter. Il est de fait que cette idée, l'idée de faire un coup décisif, d'emporter d'assaut la dissolution, a trotté quelque temps dans les têtes ministérielles ; mais ils sont bien faibles pour une telle aventure. On a, de plus, des défiances personnelles contre Fourtou, qu'on croit bonapartiste et qui n'est, selon moi, qu'indifférent.

Jeudi 16 juillet. — M. Magne battu sur les impôts [2].

---

1. Ils étaient au nombre de trois : l'établissement du scrutin d'arrondissement ; le droit de nommer pour une large part les membres de la Chambre haute ; le droit de dissolution avec ou sans le concours du Sénat.

2. M. Magne proposait, pour équilibrer le budget, de frapper d'un demi-décime un grand nombre d'impôts indirects. M. Volowski proposait de

J'ai voté pour son projet ; il est tombé dignement en défendant les vrais principes financiers. C'est la politique
qui le frappe, et je ne crois pas qu'on trouve à sa chute
les avantages qu'on en attend. Il était confiné dans les
affaires, et on s'enlève une force en l'écartant.

17 juillet. — Les événements se succèdent et le désarroi
est plus grand que jamais. Hier, Fourtou a donné sa
démission ; on ne l'a su qu'aujourd'hui. Des journaux
prétendent que c'est pour une dissidence avec Decazes,
qui aurait incliné vers la proposition Périer. Les amis de
Decazes soutiennent que non, et que c'est parce que
Fourtou voulait donner à M. Magne un successeur bonapartiste et obtenir la révocation de Renault, préfet de
police [1]. Ils ajoutent que Fourtou a reçu ou accueilli des
propositions d'entrer dans de grandes affaires indus-
trielles, patronnées par les bonapartistes.

Ceci complique la discussion des lois constitutionnelles.
M. de Ventavon a remis son rapport jeudi. Il aurait
dépendu de moi d'être nommé rapporteur : droite et
centre droit voulaient m'élire, surtout après le vote de
Ventavon avec les Chevau-légers le 8 juillet. Mais
M. Daru avait depuis longtemps dit à Ventavon qu'il
serait rapporteur et je ne veux pas lui ôter cette satisfaction ; sans compter que le projet adopté n'est pas assez
conforme à mes vues pour que je le défende dans tous les
détails. Il est vrai qu'il y aurait une manière d'en soutenir
la pensée générale, sans s'attacher à la lettre des articles.
Ventavon fait son rapport à un point de vue trop exclu-

réduire de 200 à 150 millions le remboursement annuel de l'État à la
Banque. Une majorité de 156 voix écarta la proposition de M. Magne. *Ann.
de l'Ass. nat.*, séance du 15 juillet, t. XXXIII, p. 139.

1. M. de Fourtou était en dissentiment avec M. Léon Renault au sujet
de l'enquête sur la propagande bonapartiste.

sivement *personnaliste* : c'est le septennat personnel trop
affirmé. On a, de plus, adopté des articles qui découvrent
encore l'arrière-pensée monarchique, comme la clause
donnant au maréchal le droit de demander la revision. Je
m'y suis vainement opposé dans la sous-commission ; nous
obtenons quelques changements de Ventavon, mais le
rapport fait mauvais effet, et Daru, qui a inspiré le projet,
déclare qu'il est mort-né. La droite, et surtout Kerdrel
qui a tenu à bien affirmer le septennat personnel, tiennent
le même langage. Ne valait-il pas mieux faire des transactions qui eussent rallié plus de voix au projet? On l'a
rédigé en vue de satisfaire l'extrême droite, qui ne le votera pas.

Réunion au centre droit. Je réponds à M. de Lavergne
qui soutient la proposition Périer. Mon discours a du
succès ; les journaux en parlent, en disant seulement que
j'ai répliqué avec beaucoup de vivacité, ce qui est faux.

On offre inutilement le portefeuille de l'intérieur à
Bocher, qui allègue sa santé. Le duc de Broglie, mandé
par le maréchal, ne peut s'entendre avec l'extrême droite,
qui ne veut pas d'organisation. En racontant ces détails
au centre droit, il dit, en parlant de lui : « Un homme
« considérable ne pouvait accepter dans ces conditions. »
En revanche, il est touchant en parlant du maréchal, qui
« détourne comme un calice l'idée de devenir président
« d'une république organisée et d'être le prisonnier des
« gauches.... » « Sa position est affreuse, dit-il, le parti
« conservateur l'a poussé au pouvoir, et le parti conser-
« vateur lui manque. » La maréchale est très découragée.
Elle conseillait dernièrement au maréchal de se retirer,
et celui-ci répondait : « Si je me retirais, on dirait dans
« quelques jours, et vous-même me diriez que j'ai fait
« comme le soldat qui a déserté son poste. »

20 juillet. — Nous avons eu hier une messe solennelle en musique au château et, le soir, l'illumination du bassin de Neptune; elle était superbe : les feux verts, roses, rouges coloraient successivement les jets d'eau et à la fin, s'élevant de toutes parts et comme rivalisant avec les jets d'eau, des gerbes de flammes montant du bassin. Sous cet appareil éphémère de fête, la triste politique poursuit sa marche obscure et dangereuse.

Le ministère n'est pas complété; demandera-t-il un ajournement, soit à quelques jours, soit après les vacances? On marche dans l'inconnu, c'est un gâchis sans pareil. Quelle tristesse pour ceux qui ne demandent qu'à faire le bien du pays et qui cherchent péniblement leur voie à travers ces obscurités! La proposition Périer paraît gagner des chances dans ce désarroi. Cependant, je crois que tout dépendra de la discussion. Il y a un certain nombre d'esprits flottants, nécessaires pour former la majorité, et qui ne se décideront qu'au dernier moment....

On apprend que le général de Chabaud-Latour est ministre de l'intérieur, avec de Witt sous-secrétaire d'État. Mathieu-Bodet va aux finances. L'impression est bonne; le nom de Chabaud-Latour s'impose au respect de tous. Ceux du centre gauche qui craignaient un retour aux bonapartistes sont rassurés par ce choix et plus disposés à voter la proposition Périer. On ajourne celle-ci à jeudi. D'autres la veulent ajourner après les vacances, et c'est le secret désir du gouvernement. Il me semble qu'à l'heure présente, il ferait mieux d'en finir; il aurait la majorité, je crois.

21 juillet. — Je ne serais pas étonné qu'au dernier moment l'ajournement ne prît le dessus. Ce sont maintenant les membres du centre gauche frontières, qui s'étant presque engagés à voter la proposition Périer et ne voulant pas cependant la voter à cause des nouveaux ministres, cherchent un moyen de s'éviter une contradiction. Cette façon de ne pas se prononcer plaît toujours aux indécis et elle a de grandes chances de prévaloir. Cependant, je ne la soutiens pas, et ne voterai l'ajournement que si le gouvernement en manifeste clairement le désir.

25 juillet. — Le défilé est passé. Jeudi, la proposition Périer a été repoussée, et, vendredi, la discussion des lois constitutionnelles ajournée au retour des vacances.

M. Thiers, venant l'autre jour en wagon avec Tréveneuc et Larcy, leur disait : « Je n'attends rien de cette proposi- « tion Périer, je connais les gâcheurs qui mènent l'affaire, « et cela ne me promet rien de bon. »

Jeudi, le duc de Broglie a fait un très beau discours, le plus beau peut-être qu'il ait prononcé [1]. Politiquement, c'est une tentative pour reformer la majorité du 24 mai, car les bonapartistes eux-mêmes ont été très ménagés. Mais s'il a eu l'intention d'étendre cette majorité, il n'y aura pas réussi, car il a été bien impertinent pour le centre gauche. L'extrême droite est restée froide malgré un très beau passage sur la monarchie. M. Dufaure répond. J'avais déjà entendu une partie de ses raisonnements à la commission des Trente. Il est faible, pour lui. Ensuite, le général de Cissey lit, au nom du gouvernement, une déclaration aussi mal écrite que mal débitée. Comment ne s'est-il pas trouvé au ministère un homme pour revoir ce style ? La déclaration n'est même pas combattue par la gauche, qui se sent battue. Après le vote, Malleville veut déposer une proposition de dissolution. Que les passions sont excitées ! Parce qu'on n'a pas ac-

---

1. *Souvenirs de M. de Meaux*, p. 232-240; *Ch. Chesnelong*, par M. de Marcey. *Université catholique* de septembre 1904, p. 56 *Mém.* de Vinois, p. 223-224.

cepté leur proposition, des hommes comme Casimir Périer, Thiers, Dufaure, unis à ce que l'extrême gauche a de plus violent, sans attendre la discussion des lois constitutionnelles, sans avoir une loi électorale, viennent provoquer des élections, sachant que c'est *un saut dans les ténèbres* ; que cela peut les mener à l'Empire ou à la démagogie ; mais préférant tout à leur défaite passagère. C'est la politique de l'émigration retournée. Comme celle-ci préférait Robespierre et Danton à Malouet ou Mounier, ils préfèrent Marcou ou Turigny à Broglie et à Pasquier ; ils auraient préféré Delescluzes à Berryer.

Je devais parler dans cette question Périer ; j'étais inscrit le troisième. Mais après le discours de Broglie, avec le désir de clore vite, il n'y avait plus place pour un discours. Je crois que j'aurais réussi, ayant éprouvé à la commission et au centre droit l'effet de mes paroles, et peut-être l'accent conciliant et chaleureux de mon langage aurait-il touché quelques membres du centre gauche. L'on a surtout réussi à se piquer les uns les autres. Mais quand on a fait tout ce qu'on pouvait, il faut laisser à Dieu le soin du reste, et je m'incline devant sa volonté. Le scénario était arrangé d'avance avec Broglie ; Emmanuel d'Harcourt nous avait annoncé, le matin, à mon frère et à moi, comment les choses se passeraient. Ce qui vraiment rend méritoire la patience envers Broglie, malgré ses qualités que j'ai maintes fois reconnues, c'est son extraordinaire absorption en lui-même ; les autres n'existent pas pour lui, il marche inconsciemment sur eux. Il avait décidé qu'il parlerait le second, sans s'être fait inscrire et sans avoir l'idée d'obtenir, par une simple démarche, que ceux qui s'étaient fait inscrire lui cédassent leur tour. Je lui dis avant la séance : « Vous savez « que Pontalis est inscrit le deuxième. — Je ne sais

« pas, reprend-il, je ne me suis pas fait inscrire. Mais
« Pontalis ne peut avoir la prétention de répondre à
« Dufaure ; et puis, vous êtes inscrit aussi ? Oh ! je
« m'arrangerai toujours...., » sans même supposer que je
pourrais tenir à garder mon tour. De fait, c'est Lorgeril
qui était inscrit ; il avait, sur le moment, cédé son tour à
Chesnelong ; mais Broglie, imperturbablement, a fait demander à Chesnelong de le lui céder ; ce que fit Chesnelong avec le consentement de Lorgeril.

Vendredi, sur la proposition de Castellane, appuyée par
le général Changarnier et non contestée par Chabaud-
Latour, qui, comme ministre, parle avec autorité, la discussion des lois constitutionnelles est ajournée. La gauche
est furieuse ; Arago dit dans la buvette : « Il y a des comé-
« diens politiques qui, après avoir inutilement essayé de
« faire la monarchie avec le comte de Chambord, vont
« employer ces cinq mois à essayer de faire de l'orléa-
« nisme. » En réalité, on ne sait ce qui se passera au retour. L'extrême droite va recommencer ses agitations
monarchiques, et il n'est pas probable qu'elle revienne
mieux disposée à voter les lois constitutionnelles. Le
centre gauche est bien engagé sur la dissolution ; il n'y a
guère de transaction à espérer avec lui. L'Assemblée, à
moins d'événements providentiels, échouera dans sa
tâche, et la dissolution s'imposera. Les conséquences peuvent en être atténuées si, d'ici au retour, le gouvernement
fait vivement sentir son action, s'il impose silence aux
agitations, et si le maréchal se montre beaucoup au pays.

27 juillet. — L'ajournement et, surtout, les motifs
qu'on a invoqués à l'appui, ont fait très mauvais effet [1].

1. M. de Castellane invoqua l'intérêt des affaires, la paix des esprits, la
fatigue d'une session de neuf mois par une température sénégalienne et
la nécessité de faire appel au temps, ce grand auxiliaire ; M. Changar-

La date du retour, fixé au 5 janvier dans la proposition de Malartre, semble l'indication d'un parti pris de ne pas organiser [1]. Je ne crois pas que ce soit dans l'intention de Malartre ; mais sa tendance est que, moins il y aura d'Assemblée, mieux ce sera ; et la majorité, qui eût trouvé des idées de ce genre détestables sous M. Thiers, y applaudit aujourd'hui. On se laisse aller à sa passion du moment sans le moindre souci de ce qu'on pensait hier ou de ce que pense autrui. Mais la réaction se fait, et aujourd'hui, après s'être mis en vacances jusqu'au 5 janvier, beaucoup peuvent se demander si la dissolution ne sera pas la réponse à ces prétentions. Les deux Commissions d'initiative, composées de membres de la gauche par suite de l'inexactitude des conservateurs dans leurs bureaux, ont conclu à la prise en considération des projets de dissolution. Max Richard est nommé rapporteur de l'une d'elles ; il avait voté contre l'urgence de la proposition Malleville ; mais il a changé depuis, sur l'ajournement voté. Il suffit de quinze voix pour déplacer la majorité. On télégraphiera de tous côtés pour rappeler les absents.

Samedi, Pasquier part en disant qu'il ne reviendra pas, qu'il s'est battu une fois (en 1872) contre la dissolution ; on ne lui en a su aucun gré : il s'en tient là. « Oh ! mon cher « duc, lui dis-je, vous ne pouvez pas faire cela ! » et je le poursuis dans le couloir qui avoisine le poste. « Soyez

nier le besoin de se recueillir, de consulter les électeurs, et de jouir d'un repos bien gagné,

> Nunc veterum libris, nunc somno et inertibus horis
> Ducere sollicitae jucunda oblivia vitae?

Ann. de l'Ass. nat., séance du 24 juillet, t. XXXIII, p. 335 ; *Mém.* de Vinols, p. 224-225.

1. A la suite des discours de MM. de Castellane et Changarnier, M. Malartre avait déposé une proposition tendant à ce que l'Assemblée se prorogeât à partir du vote réglant le budget jusqu'au 5 janvier 1875.

« tranquille, dit-il, j'ai un ami qui m'appellera. On sait
« bien que je ne suis pas un lâcheur.... » Mais le voilà,
devant Cumont qui survient, qui s'élève contre l'attitude
gardée vis-à-vis du centre gauche. « N'allez pas aux doc-
« trinaires ! lui dit-il ; mon vieux père me disait bien de
« me tenir en garde contre eux.... » Il fait entendre que
le discours de Broglie a été fatal, et ferme la porte à des
rapprochements avec beaucoup de ces hommes qui voudraient revenir et qu'on traite comme des radicaux. « Je
« ne comprends rien à la politique qu'on fait depuis deux
« mois, ajoute-t-il ; aussi je me tais, mon centre droit
« n'existe plus.... » Il exagère le mal, mais il y a du vrai
dans ce qu'il dit sur la politique à l'égard du centre
gauche. Combien d'hommes dans cette Chambre se croient
séparés et seraient faits pour s'entendre ! Ils le reconnaî-
tront quand il sera trop tard. Les rancunes des uns, la
légèreté des autres, un sarcasme de celui-ci, une imperti-
nence de celui-là et l'action fatale de ceux qui sont intéressés à perpétuer les discordes, ont amené ces divisions
dont la France souffre. La monarchie les eût dominées et
calmées, si celui qui la représente l'eût rendue possible.
Au contraire, il tient tout en échec.

Mardi 28 juillet. — Hier, on est arrivé en nombre du
côté droit. On a pressé la lecture des rapports sur la dissolution. La gauche est désorientée [1] ; elle ne s'attendait
pas à ce retour. La confiance renaît parmi les conservateurs. D'un autre côté, on dit que l'extrême droite ne veut
pas partir sans avoir fait entrer quelqu'un des siens au
ministère.

29 juillet. — La dissolution a été rejetée par quarante-

---

1. Elle comptait prendre sa revanche de l'ajournement en faisant voter
la dissolution.

trois voix de majorité. Leurent, Raoul Duval, Depeyre. Discussion faible et sans élévation. Je devais parler, j'étais inscrit le quatrième. Mais d'Haussonville, inscrit le premier, vint me prier instamment de prendre son tour ; c'était mardi, je ne veux pas promettre, un peu troublé par cette certitude d'avoir à parler immédiatement. A la Chambre, Mérode, Chabrol me disent : « Il paraît que « c'est vous qui commencez.... » Je le désire et je le crains. C'est Leurent qui parle ; j'en suis à la fois soulagé et au regret. Le soir, devant cette faiblesse de discussion, je le regrette encore plus. Mais, sur le moment, j'étais paralysé ; quelle terrible impression ! Et cependant il y a un cri d'union que personne ne pousse et que j'aurais fait entendre.

Après la séance, Pasquier me parle de cette discussion faible et de la mauvaise politique qu'on fait. Il pense que Broglie et Depeyre tâcheront, pendant les vacances, de reprendre le ministère ; on refera l'union avec l'extrême droite. Mais, au retour, quel parti prendre ? Il dit qu'il ne veut plus présider le centre droit, lequel, d'ailleurs, n'existe plus. Si on refait l'union avec l'extrême droite, il y a cinquante membres qui quittent le centre droit. — Je lui dis que cette union me semble irréalisable. Au retour, il faudra nécessairement prendre un parti sur les lois constitutionnelles ; si l'extrême droite les refuse, tout arrangement est impossible avec elle, et il faut chercher des appuis parmi les membres modérés du centre gauche. Si elle accepte, l'union est possible ; mais alors le programme est celui du centre droit : on fait les lois constitutionnelles.

3o juillet. — *L'Union* attaque vivement Depeyre, parce qu'il a rappelé l'engagement de l'Assemblée de faire les lois constitutionnelles.

On est préoccupé des affaires extérieures. Un mandement de l'archevêque de Paris sur l'Italie amène des demandes d'explications. On sera obligé de mettre au *Moniteur* une note qui exprime le regret de ce mandement. On dit que l'Allemagne veut occuper un port espagnol. Et c'est devant ce spectacle, provoqué par leurs fautes, que l'Empire et les radicaux relèvent la tête et veulent reprendre possession de la France.

31 juillet. — Discours de Gambetta à propos de la prorogation : voix fatiguée et parfois de mauvais ton; mais grande puissance oratoire et une certaine modération de forme.

Août 1874

1er août. — Altercation extrêmement violente entre Schœlcher et Galloni d'Istria [1].

Gavardie se jette bien imprudemment dans la mêlée.

Galloni debout, les bras croisés, à la tribune, la figure rougeaude et calme, tandis que MM. Testelin, Ordinaire, Lockroy se précipitent vers lui et frappent le marbre de la tribune. Buffet suspend la séance. On se retire dans la buvette; des groupes se forment : les radicaux pâles et sombres paraissent attendre que quelque bonapartiste dise un mot pour engager la lutte. Ceux-ci ne bougent pas. La majorité, qui ne veut ni des uns ni des autres, demeure calme et spectatrice. Cazot, les cheveux relevés, sa grosse figure pâlie, se promène en disant : « On ne devrait pas oublier que nous sommes des pros-

1. Au sujet des paroles que M. Galloni d'Istria avait prononcées la veille en répondant à Gambetta : « La République a succombé sous le coup du mépris et de l'horreur de tous les honnêtes gens. » *Ann. de l'Ass. nat.*, séance du 1er août, t. XXXIV, p. 124.

« crits du 2 décembre. » Challemel-Lacour, sans rien dire, marche obliquement. Testelin furieux, quoique ayant toujours quelque chose de farceur dans l'air, dit à ses amis : « Ah ! ça ! il faut penser aux choses sérieuses ; « sortons d'ici pour aviser. » Mais de cette scène il n'y a pas de suite ; il ne reste que la honte pour un Parlement.

2 août. — On dit qu'il pourrait y avoir demain ou mardi une discussion sur l'état de siège à Perpignan ; la gauche en demanderait la levée pour soustraire les accusés dans une affaire de meurtre et de violences populaires après le 4 septembre, aux tribunaux militaires. Je crois pourtant que nous éviterons une crise, mais que sera le retour ? C'est ce que chacun se demande sans pouvoir, à l'heure qu'il est, former autre chose que des conjectures assez vaines. Je partirai assez attristé et découragé de ma fin de session, regrettant vivement ma timidité de l'autre jour, timidité qui, j'en ai peur, se reproduira au retour — mais bien-heureux de retrouver les miens et de me retremper dans les joies de la famille.

5 août. — L'Assemblée se sépare demain ; les esprits sont plus calmes. Mais le retour est le point noir. Quelques-uns gardent l'espoir d'un accord ; je partage cette espérance.

CHAPITRE X

BERRYER ET LA SITUATION POLITIQUE
EN NOVEMBRE 1874

Chappes, 22 août. — Quitté Versailles, le 5 août au soir; parti le 6 de Clermont pour la Bourboule. Revenu ici le 22. Deux incidents pendant mon séjour à la Bourboule : l'évasion de Bazaine et l'élection de M. Le Provost de Launay dans le Calvados.

L'évasion de Bazaine, son voyage en Allemagne, ses lettres, le récit absolument invraisemblable qu'il imagine des circonstances de son évasion, la façon dont il décline, après l'avoir sollicité, un jugement, l'arrêt du tribunal militaire contre lui, tout cela achève d'abaisser l'homme et de mettre à nu sa vraie valeur morale qui est de peu [1].

---

1. C'est dans la nuit du 9 au 10 août que Bazaine s'échappa de l'île Sainte-Marguerite. La première version fut que, par un mistral violent, une mer furieuse, le captif était descendu du haut d'un rocher à plus de trente mètres d'élévation, le long d'une corde à nœuds fixée à une gargouille et qui avait été trouvée maculée de sang. Parvenu au bas de la corde, il se serait laissé tomber à la mer et aurait abordé à la nage un canot stationnant au pied de la forteresse.

La vérité était moins romanesque. Le soir, entre neuf et dix heures, Bazaine avait feint de rentrer dans ses appartements, mais était retourné sur la terrasse. A l'aide d'une corde maintenue par un ami, qui parta-

Mais, pour le gouvernement, cette évasion, succédant de quelques mois à celle de Rochefort, est un triste signe : cela indique une faiblesse, un laisser aller, un relâchement de tous les ressorts, qui ne sont guère propres à relever le prestige du pouvoir. Bazaine, dans son voyage, s'est arrêté à Arenenberg pour voir l'Impératrice, et les feuilles bonapartistes semblent le revendiquer comme leur homme : mauvaise tactique pour ce parti ! Quand le procès eut lieu, les campagnes voyaient dans les actes de Bazaine la confirmation de ce qu'elles avaient souvent dit, que l'Empereur avait été trahi. En accueillant ainsi l'homme que l'armée a si hautement condamné, les bonapartistes travaillent eux-mêmes contre cette croyance. Cependant, le bonapartisme se développe, et, comme toujours en France, ne jugeant de l'avenir que sur la minute présente, on le croit déjà revenu. Sa force tient plus à l'idée qu'on s'en fait qu'à ses progrès réels. Il est certain que l'ajournement des lois constitutionnelles ne profite qu'au bonapartisme, et si l'Assemblée, au retour, ne se décide pas, en les votant, à donner au pouvoir actuel une figure de gouvernement, les élections seront radicales ou bonapartistes, et plutôt bonapartistes que radicales. Mais tant que cette dernière faute n'aura pas été commise et jusqu'à ce qu'il soit avéré que ni à l'extrême droite ni au centre gauche il ne se trouve assez d'esprits sensés et de patriotes pour comprendre la nécessité d'un accord au prix de sacrifices mutuels, je ne désespérerai pas.

geait volontairement sa détention, il était descendu jusqu'à des saillies qui offraient un facile point d'appui, puis, de là, il avait gagné une barque louée par sa femme sous prétexte de promenade. Un petit steamer, qui croisait en vue des îles de Lerins, reçut les fugitifs et les déposa à Gênes dans la matinée du 10 août. De Gênes, l'ex-maréchal se rendit en Angleterre en traversant la Suisse, la Prusse Rhénane, la Belgique. Il se fixa à Londres.

Je remarque que, dans le Calvados, Le Provost de Launay[1] a dû, dans une seconde circulaire, affirmer son respect pour le septennat. Ce qui prouve que le septennat organisé aurait une vraie force. Ce qui résulte des discours adressés au maréchal pendant son voyage en Bretagne, c'est bien aussi cette pensée que le septennat doit être au plus tôt organisé. Ce qu'on demande avant tout, c'est un gouvernement. Pendant mon séjour aux eaux, je recueille le même vœu. MM. de Rioux, maire de Cournon, Féron, vice-président du tribunal de Clermont, etc., me tiennent le même langage : « Donnez-nous un gouver- « nement!.... Qu'un courant d'idées se forme autour des « pouvoirs organisés du maréchal, sinon nous allons à « l'Empire.... », et ceux qui me parlent ainsi ne me lais- sent pas ignorer que plutôt que de s'exposer au triomphe du radicalisme, ils iront à l'Empire. Je dis au maire de Cournon, dont les idées sont modérées et raisonnables : « Mais si nous avions voté pour la proposition Périer, « les conservateurs auraient-ils été satisfaits ? — Ils se « seraient crus définitivement perdus, » me répond-il vivement. C'est là ce que le centre gauche ne voit pas assez ; et quand je pense que M. de Malleville vient de faire dans la Haute-Garonne un discours où il affirme que l'union des trois gauches est indissoluble, et où il s'extasie sur la sérénité de langage de M. Gambetta !.... Il ne voit pas que cette perspective de l'union indissoluble du centre gauche avec l'extrême gauche est ce qu'il y a de mieux fait pour jeter les conservateurs dans l'Empire. L'Empire avait plus de clairvoyance : il favorisait sous main les candidats radicaux contre les candidats libéraux, parce qu'il savait bien que le moyen de s'affermir c'était

---

1. Ancien préfet de l'Empire à Orléans et à Caen.

de faire croire aux conservateurs qu'ils n'avaient qu'à choisir entre lui et le socialisme.

Vu à la Bourboule trois collègues : de Tarteron, de Lavergne, Soye. Tarteron est aux confins de la droite et de l'extrême droite ; il est extrême droite quand il pense à ses électeurs. C'est lui qui, un jour que Tailhand disait : « Dans mon département, il n'y a pas plus de cinq cents ultras, » lui répondit vivement : « Ah ! que vous êtes heureux de n'en avoir pas plus de cinq cents !... » Laissé à lui-même, il est modéré et très raisonnable ; il me dit avec une grande justesse : « Les partis ne sont que des minorités ; leur devoir est de s'agréger cette masse flottante qui n'appartient à aucun parti et qui fait la force de celui qu'elle adopte. » Mais il m'annonce qu'après avoir lutté contre ses amis de l'extrême droite, il ne pourra pas ne pas les suivre.

Lavergne, homme éminent sur beaucoup de points, est personnel, aigri, un peu étroit dans ses aperçus par suite de ce mécontentement qui se porte un peu sur toutes choses. Cependant il reconnaît qu'il faut, en retour, faire un suprême effort pour l'union. Il s'y ralliera, j'en suis sûr, tout en disant beaucoup de mots qui ne s'accorderont pas avec cette tentative ou laisseront trop présager l'insuccès.

M. Soye, du centre gauche. Je connaissais cette figure, sans y mettre un nom. Il est bien d'avis qu'on doit se faire des concessions mutuelles, et qu'il faut chercher à former un parti modéré ; mais il y a bien de la badauderie dans ses opinions et bien des illusions sur l'extrême gauche. Voilà cependant les éléments avec lesquels il faut faire une majorité ! Mais les circonstances sont souvent bien puissantes, et il suffit de quelques esprits résolus pour entraîner les autres.

Septembre 1874

Chappes, 11 septembre 1874.

.... J'ai été hier à Brioude, on y est fort calme. Les élections au Conseil-général y préoccupent fort peu les esprits. Il paraît cependant qu'à Auzon, tous mes anciens adversaires comptent remuer ciel et terre, si je me présente. Ils n'auront probablement pas cette peine, car je ne le ferais que sur des demandes très spontanées et très notoires, et il n'est pas à croire qu'avec l'apathie propre aux conservateurs ces manifestations se produisent. Le candidat conservateur vient pourtant de m'écrire pour me renouveler l'expression de son désir de me voir me porter à sa place ; il s'absente pour dix jours ; à son retour je prendrai mon parti, jusque-là je reste spectateur. A Brioude comme partout, on est effrayé de l'avenir ; mais la tendance bonapartiste n'est pas sensible comme dans le Puy-de-Dôme.

Voilà Rességuier qui a fait sa lettre [1]. M. de Falloux me l'avait annoncée et en a certainement dicté l'esprit et peut-être sur plus d'un point les expressions. Je n'aime pas ce mot de *noviciat* qui la termine, et la phrase sur les catastrophes de la révolution est de nature à soulever les royalistes, dans sa concision excessive, mais le fond est raisonnable....

13 septembre. — Les élections du Maine-et-Loire ont eu lieu ; le candidat républicain, Maillé : 45.000 voix ; Bruas, septennaliste : 26,000 ; Berger, bonapartiste :

---

1. Dans sa lettre aux électeurs du Gers, M. de Rességuier s'était montré disposé « à organiser le septennat, considéré comme le noviciat d'institutions monarchiques définitives. » Cette lettre fut très vivement attaquée par l'*Union*.

25,000 ; tous obligés d'invoquer le nom de Mac-Mahon, ce qui prouve que le pouvoir actuel est bien quelque chose. Les *ultras* accablent le septennat sous ses 26,000 voix, eux qui ont eu 4,000 voix avec M. de Pazzis et 8,000 avec M. de Fontette. Combien l'évocation de Henri V n'a-t-elle pas ôté de voix à M. Bruas ! Avec cela, chaque jour je sens mieux la nécessité de la monarchie, et l'imperfection du septennat que je juge pourtant nécessaire. Mais le prince et les partisans de sa politique, au lieu de triompher de cette nécessité, devraient être confus de l'impossibilité où leurs prétentions réduisent la France devant ce remède nécessaire.

Le renouvellement des conseils généraux a lieu le 6 octobre. M. Marchet, conseiller d'arrondissement à Auzon, m'écrit qu'il ne se portera que si je ne me présente pas. Les maires de Saint-Hilaire, Vézezoux, Azerat, etc., me demandent de me porter ; mais, après le vote d'il y a trois ans, je suis décidé à ne me porter que s'il y a en ma faveur un courant prononcé et indubitable d'opinion. Je ne veux ni dédaigner le canton s'il vient à moi, ni manquer à ma dignité en prenant les devants. Mes trois adversaires des autres luttes, Lagarde, Bardy et de Seauve, sont acharnés contre moi et décidés à tout faire pour m'écarter, si je me présente. Cela m'effraierait peu, si je retrouvais en ma faveur l'élan de 1864 et de 1867. Mais, avant tout, il faut assurer le succès du candidat de l'ordre, et M. Marchet n'excitant pas les mêmes animosités, ne se trouvant pas d'ailleurs obligé à ma réserve, il vaut mieux qu'il se présente.

Chappes, 18 septembre.

Depuis que j'ai écrit les lignes précédentes, j'ai été successivement à Clermont, Charbonnier et Chappes.

Visites à Riom pour le concours d'agriculture, à Issoire, à Brioude. Dans la Haute-Loire, l'opinion tourne moins au bonapartisme que dans le Puy-de-Dôme. Dans les deux départements, des lois constitutionnelles organisant le septennat rallieraient les esprits.

Un petit journal de Clermont, le *Dimanche des familles*, *Univers* au petit pied, m'attaque violemment comme le type du révolutionnaire. Pendant ce temps, on me présente dans les masses comme clérical, et je porte la responsabilité des idées de l'extrême droite que je repousse, mais qu'un sentiment de respect pour la cause qui est derrière m'empêche de répudier hautement et publiquement : triste et ordinaire situation des modérés, sans lesquels pourtant on ne fera rien !

20 septembre. — Le désistement de M. Berger favorisera peut-être M. Bruas ; cependant, je ne serais pas étonné que les bonapartistes sectaires votassent sous mains pour M. Maillé [1]. D'un autre côté, ce retour des voix bonapartistes sur le candidat septennaliste, s'il se fait sincèrement et avec succès, rendra plus délicate l'union parlementaire avec le centre gauche, union que je crois pourtant, dans la mesure convenable, vraiment nécessaire.

Jeudi 24 septembre. — Déjeuner à Randan chez le duc de Montpensier. Nous partons de Chappes mercredi matin, partis de Clermont le lendemain matin, rencontré au train : Michon, le colonel de Villers, Matharel, receveur général, et son fils. A Randan, des valets, échelonnés le long des allées couvertes, indiquent aux voitures le chemin à suivre dans le parc. Un jeune secrétaire espa-

---

1. M. Maillé fut élu le 27 septembre par 51,000 voix contre 48,000 à M. Bruas.

gnol et une dame d'honneur, Mme Pepita, reçoivent les invités. Avec les précédents : Chauvassaignes, comte de Bourbon-Busset, Guillaume de Chabrol, d'Hunolstein, M. Tardif, le curé de Randan, Boudet de Bardon, etc. Le duc et la duchesse arrivent avec leurs deux filles : la princesse Christine et la princesse Mercédès; celle-ci seulement âgée de quatorze ans, grande et forte, très belle personne, sa sœur très gracieuse. Le prince Antoine, enfant de huit ans, le duc de Nemours et son fils, le duc d'Alençon, à qui j'avais déjà été présenté à Versailles. Il paraît peu confiant dans l'œuvre de la Chambre, à la rentrée, accord bien difficile. Le duc de Nemours me rappelle aimablement qu'il m'a déjà vu à Versailles; Mme R....., gouvernante des princesses, très noire et figure décrépite, mais intelligente. La comtesse de Chambrun, femme du député, est là à demeure. Ce déjeuner, depuis M. de Bourbon-Busset jusqu'à Chauvassaignes, représente bien des nuances d'opinions et de situations sociales, image de ce que doit être l'accord, autour d'un gouvernement. La duchesse de Montpensier était seule en deuil : elle a perdu deux fils, elle porte la souffrance sur ses traits amaigris, ses cheveux, en longs bandeaux, grisonnent. Elle a l'air bon et triste; à chaque instant, elle regarde son fils, frais visage souriant. « Tonio, Tonio ! » lui dit-elle souvent.

3o septembre. — Rencontré au chemin de fer Mme de Revel, femme du préfet de la Haute-Loire. Elle me dit que le duc Decazes s'était engagé avec Guyot-Montpayroux [1] jusqu'à lui permettre de se présenter dans la

1. Guyot-Montpayroux (Antoine-Léonce), né à Brioude le 13 janvier 1839. Son droit achevé, il fut attaché au cabinet du ministre de l'intérieur. Congédié pour avoir affiché des idées libérales, il entra à la *Liberté* que dirigeait E. de Girardin. Puis il prit la direction de l'*In-

Haute-Loire comme l'ami du gouvernement, et que, sur l'observation de Revel que les députés de la Haute-Loire répudieraient ce patronage, il avait dit : « .... J'ai peut-être été trop loin.... Tâchez de vous débrouiller.... »

Octobre 1874

2 octobre. — Les journaux publient un discours prononcé à Vizille par M. Thiers et adressé à quelques délégués de Grenoble, mais destiné évidemment à influer sur les élections des conseils généraux [1].

Le discours de M. Thiers, habile comme toujours et d'apparence modérée, produira certainement grand effet. Au fond, c'est une guerre déclarée au maréchal en personne, et ce n'est pas pour rien que M. Thiers rappelle qu'il est descendu du pouvoir malgré la loi Rivet, aussi respectable que la loi du 20 novembre. Il veut faire entendre ainsi qu'il y a telle opposition dont le résultat victorieux commanderait au maréchal de se retirer. Il triomphe trop aisément, hélas ! des embarras dans lesquels se trouve la politique actuelle, embarras auxquels les fautes du gouvernement depuis le 24 mai ont certainement contribué, mais que n'ont fait qu'augmenter les coalitions de gauche et d'extrême droite, toujours secondées par M. Thiers. — Son assertion sur les origines de

dépendant de Brioude. Candidat de l'opposition au Corps législatif le 24 mai 1869, il fut élu, et prit place dans le groupe E. Ricard. Il échoua aux élections de 1871. Quelque temps consul de France à Pesth, il rentra en France pour défendre, dans le *Soir*, puis dans le *Courrier de France*, la politique de Thiers. Élu député le 21 mai 1876, réélu le 14 octobre 1877, il siégea au centre gauche. Il mourut fou, dans une maison de santé d'Ivry, le 18 avril 1884.

1. Voir le *Temps* du 1er octobre. La conclusion de ce discours était que puisque la monarchie était impossible, il fallait faire la république et la faire franchement, sincèrement.

la République, dont l'Assemblée lui aurait en quelque
sorte imposé le titre à Bordeaux, est absolument contraire
à la vérité, bien que, pour le public qui ne connaît pas le
détail des faits, elle puisse paraître fondée. Je me rappelle
nettement cette époque. M. Thiers avait eu, avant mon
arrivée, des conférences avec des monarchistes, dans lesquelles il s'était montré très disposé à favoriser le retour
de la monarchie. Rien dans son langage ne faisait supposer qu'il voulût favoriser la solution républicaine. Lorsque MM. de Malleville, Dufaure, Vitet, Grévy, Rivet pro-
posèrent de le nommer chef du pouvoir exécutif de la
République française, il y eut, à ces derniers mots, un
véritable trouble dans la majorité. Nous étions sortis
d'une réaction générale contre la République, que le
pays avait prise en horreur, en la voyant représentée
par la délégation de Tours, et M. Thiers, adversaire de
cette délégation, insulté par tous les journaux républicains, poussant lui-même à l'opposition contre Gambetta
avec l'ardeur habituelle de son caractère, n'avait été élu
que comme la personnification de cette opposition. Comment donc notre premier soin aurait-il été de mettre en
relief le nom du régime contre lequel nous étions élus?
J'allai aussitôt, la séance étant terminée ou interrompue,
vers M. Vitet qui était près de M. de Malleville. Je lui
dis : « Vous ne vous rendez pas compte de l'état des es-
« prits. Vous étiez à Paris, où l'attitude relativement
« modérée des journaux a rallié les esprits à la Répu-
« blique ; en province, c'est tout le contraire. On a
« en horreur la République qu'on ne connaît que par
« Gambetta. Vous nous mettez dans une situation intolé-
« rable en nous proposant de voter ce nom, et vous divi-
« sez la majorité. M. de Malleville, continuai-je, ne me
« connaît pas, mais vous savez que je suis un esprit mo-

« déré, et c'est dans la pensée la plus sérieuse de modé-
« ration et d'union que je vous dis ces choses. » M. Vitet
était très troublé, évidemment surpris d'un effet qu'il n'a-
vait pas prévu et au regret d'avoir contribué à le faire
naître. Dans le bureau, il insista pour faire mettre une
réserve qui atténuât la portée de la proposition. Je vis
plusieurs fois M. Thiers, avec qui j'étais alors si intimement lié. M. Thiers se défendait de toute participation
dans ce projet; il disait : « Qu'on vote sur mon nom, et
« qu'on vote à part sur la République !.... Je n'accep-
« terai le pouvoir que nommé par une immense majo-
« rité. » Quant à Barthelémy Saint-Hilaire, il ne répondait
qu'une chose : « Mais vous voulez donc la guerre ci-
« vile !.... » Aujourd'hui, et après ce que j'ai vu depuis,
je suis convaincu que M. Thiers était d'accord avec les
auteurs de la proposition. Il s'est conduit alors, comme il
s'est conduit depuis, lors de la proposition Rivet, comme,
d'après sa propre histoire du Consulat et de l'Empire, se
conduisait le Premier Consul feignant d'être étranger aux
propositions qui tendaient à le faire consul à vie ou empereur, les inspirant en réalité, s'irritant qu'on ne les fît pas,
affectant quelques objections quand on les formait, mais
en laissant comprendre qu'on n'eût pas à en tenir compte
et qu'il ne pardonnerait pas à ceux qui ne voteraient pas
ces propositions. L'Assemblée vota le titre, mais avec la
réserve, et elle ne se contenta de cette réserve que dans le
désir profond d'union dont elle était animée et sous l'empire de la confiance qu'elle avait alors pour M. Thiers.

M. Thiers dit de plus qu'on ne lui a fait opposition et
qu'on ne l'a renversé (expression impropre, puisqu'on
n'attaquait que son ministère) que parce qu'il ne faisait
pas la monarchie. C'est inexact. Que des membres se
soient tournés contre lui pour ce motif, oui ; mais ce n'est

pas là le motif qui dirigeait la grande majorité. On eût
voté avec lui les lois constitutionnelles, on lui eût donné la
présidence à vie, s'il se fût maintenu à la tête des conservateurs. Ce qu'on lui reprochait, c'était de rompre la trêve
des partis au profit du parti républicain, et de travailler à
l'union républicaine au lieu de faire, et au risque de la briser, l'union conservatrice. Dans la discussion de novembre, comme au mois de mai, Ernoul et Brun, celui-ci
dans les termes les plus forts, se sont défendus de toute
attaque contre la République, régime légal du pays ; et si
M. Thiers eût pris un ministère conservateur, il aurait eu
sans doute contre lui l'extrême droite, comme le maréchal de Mac-Mahon l'a lui-même, mais gardant sous son
influence le centre gauche qui certainement ne l'eût pas
abandonné, il aurait vu le centre droit et la droite
modérée le suivre et voter l'affermissement de son pouvoir. Je reconnais que l'extrême droite, par l'opposition
qu'elle fait aux lois constitutionnelles, justifie en apparence le dire de M. Thiers. Mais l'extrême droite, pas
plus qu'aujourd'hui, ne formait la majorité.

6 octobre. — Élections des conseils généraux ; elles
semblent généralement républicaines [1]. Dans le Puy de
Dôme, le courant républicain modéré et septennaliste domine. Ici, à Auzon, Marsal élu par plus de 3oo voix de
majorité. On croyait généralement à l'élection de Marchet.
Il est vrai que ce dernier n'a fait presque aucune démarche ; mais il y avait évidemment un courant opposé, qui
eût dominé, et ce courant est radical au fond. Haine sociale et surtout envie du bien d'autrui, la République, pour
cette population, signifie le triomphe de ces passions-là.

1. Sur 1,420 nominations, les républicains en emportèrent 666 ; les monarchistes 604 ; les bonapartistes 156.

Lettre du comte de Falloux à M. de Lacombe

13 octobre 1874.

Depuis votre entrée en vacances, la droite modérée, sauf Albert de Rességuier, a gardé un silence absolu et laisse exclusivement la parole à l'extrême droite, qui en use et en abuse à son aise, comme vous l'a prouvé l'élection de Maine-et-Loire, et comme en témoignent chaque matin ses trente ou quarante journaux. Il en résulte que le mensonge et la calomnie circulent partout à l'état de vérités incontestées et que l'influence des départements, qui devait s'exercer dans l'intérêt du bon sens, va tourner contre lui, par l'abandon dans lequel on l'a laissé. J'ai joint ma protestation à celle de Rességuier par le petit discours de Segré que vous traitez avec tant de bienveillance; mais je ne pouvais rien développer ni rien présenter sous une forme trop incisive, puisqu'il s'agissait de rallier des hésitants et des abstentionnistes qui m'entouraient au comice et dans tout l'arrondissement de Segré. Toutefois, le scrutin qui arrivait trois jours après m'a donné relativement gain de cause, et si j'avais pu parler huit ou dix jours plus tôt, peut-être le résultat eût-il été plus complet. Appliquez-vous cet enseignement les uns et les autres, mes chers amis, c'est-à-dire Kerdrel, de Meaux, M. de Chabrol, vous et tous ceux que vous pourriez déterminer à un vigoureux effort d'ensemble pour ramener l'opinion publique en dehors des chimères et de l'extravagante confiance dans le pessimisme. J'ai obtenu depuis quelques jours que le *Français* activât et développât sa lutte contre l'extrême droite, mais, à mon grand regret, sa publicité n'est pas assez étendue, et des lettres ou des discours de députés auraient un bien autre retentissement. J'écris dans le même sens à Monseigneur d'Or-

léans, qui paraissait tout disposé à parler. Si vous attendez le jour de votre rentrée, vous aurez mis les trois mois
de vacances contre vous, et ils pèseront terriblement,
soyez-en certains, sur vos premiers votes, qui décideront
peut-être des destinées de la malheureuse France.

A vous bien tristement et du fond du cœur.

ALFRED.

Novembre 1874

Clermont, 7 novembre 1874.

.... Je continue mon étude sur M. Berryer, mais quoiqu'elle soit bien avancée, la nécessité d'envoyer de bonne
heure la copie au *Correspondant* ne permettra peut-être
pas de la faire paraître le 25, d'autant que je ne suis pas
sans hésitations sur la publication; je voudrais la faire
lire à quelques juges graves. Certainement, elle amassera
contre moi, bien que j'évite toute apparence d'allusions
taquines, bien des colères. Mais j'en prendrais mon parti,
si je devais rendre un service public. Ce qui me préoccupe davantage, c'est la crainte de donner d'avance, par
cette étude, une apparence de polémique à mon histoire
de M. Berryer, si j'arrive à l'écrire. C'est aussi pour moi
un scrupule de faire en quelque sorte de M. Berryer un
signe de contradiction contre le comte de Chambord.
Autre chose est d'écrire un livre où l'on dit tout, autre
chose un article où les traits, étant isolés, deviennent bien
plus directs. Avec une pensée très arrêtée sur le fond des
choses : libertés, drapeau, entente de la société moderne,
M. Berryer était plein de ménagements extérieurs, et tout
en tenant à ce qu'après lui toute sa vie fût révélée, il entendait qu'elle le fût dans un livre plutôt que dans un
écrit de polémique. Je m'inspire du reste autant que je

le puis de ce sentiment en faisant mon travail, et, en même temps que j'écarte tout ce qui, en d'autres temps, aurait pu tenter mon humeur militante, je cherche à ne mettre en lumière que les enseignements utiles au pays et par là même à la monarchie.

12 novembre. — Je trouve la lettre de M. Laboulaye chimérique : il semble pour lui que tout soit dit, la République proclamée. Je suis convaincu du contraire : je comprends cependant son langage, il part du même mobile qui le portait, en 1870, à écrire pour le plébiscite, et je me rends très bien compte qu'il y a là une impression à laquelle il est naturel de céder. C'est ce qui fait qu'en 1870, je différais d'avec la *Gazette* qui voulait faire une protestation contre le plébiscite, et que j'ai même parlé, dans une réunion chez Janicot, pour engager à demeurer dans des termes qui permissent, suivant les tempéraments, l'abstention ou le vote négatif. Mais, de même que je n'aurais pas voté oui, tout en comprenant que d'autres le fissent, je ne voterai pas la proposition Périer, tout en me gardant de jeter la pierre à ceux qui la voteront. Je crois que M. Berryer aurait eu une attitude analogue; il demandait en 1851, combattant à la fois la candidature de Napoléon, celle du prince de Joinville et celle d'un républicain, un homme qui fût uniquement le représentant de l'ordre, et qui pût ainsi maintenir uni ce grand parti, dont l'union avait sauvé le pays, *grâce au silence des compétitions particulières.* C'est dans ces termes, qu'aurait réalisés Mac-Mahon, qu'il demeurerait, j'en suis persuadé, et je crois qu'il aurait eu des accents pathétiques pour dire aux partis : « Vous dites que vous « ferez un gouvernement, si l'on vous donne aux uns la « monarchie, aux autres la République, eh bien ! mettez-

« vous à l'œuvre tout de suite, et montrez-nous ce que
« vous seriez, si vous aviez la proclamation que vous
« réclamez. »

18 novembre. — J'ai un double but, également grave :
rendre la pensée de M. Berryer d'une manière qu'il eût
avouée, avec les conditions de mesure, de convenance et
de tact qu'il possédait à un si haut degré, et aussi *faire
du bien*, éclairer sans blesser. La pensée de ces devoirs à
remplir, dans les circonstances si graves où nous sommes,
me préoccupe infiniment. J'ai écarté bien des traits, que
dans d'autres temps je me serais laissé aller à conserver,
précisément parce qu'ils n'auraient pas été dans les
grandes et sereines habitudes de M. Berryer. Il ne faut
pas cependant se dissimuler que le développement de ses
opinions est la contradiction formelle et accusatrice, dans
le fond des choses, de la conduite tenue aujourd'hui par
le comte de Chambord ; quelque modération que l'on
observe, quelque généralité de termes que l'on tienne à
garder, cela résulte du simple énoncé des faits. J'écris à
M. de Falloux pour le prévenir de l'envoi de l'épreuve,
mais il est tellement désireux de voir paraître quelque
manifestation de la droite modérée que, malgré mes instances, il ne s'arrêtera peut-être pas à mes scrupules.

Lettre du comte de Falloux à M. de Lacombe

Bourg-d'Iré, 19 novembre 1874.

Mon cher ami,

Je me rends parfaitement compte, croyez-le bien, des
motifs de réserve et de délicatesse sous l'empire desquels
vous m'écrivez, et c'est en me plaçant de mon mieux sous
leur inspiration que je lirai jusqu'aux moindres lignes de
votre travail. Maintenant, laissez-moi vous avertir des
difficultés matérielles qui peuvent m'entraver et retarder,

malgré toute mon ardeur, le retour de votre épreuve en temps utile. Permettez-moi donc de vous dire d'avance et à tout événement que la date du 25 est précieuse à saisir. Elle appartient encore à la période calme durant laquelle on peut lire, et elle touche d'assez près à la période de l'action pour exercer sur cette action même une influence décisive, but que vous devez rechercher avant tout Ne vous laissez donc pas arrêter par des scrupules exagérés et veuillez avoir en vous-même la confiance que vos amis ont en vous. C'est par une foule de ménagements légitimes et honorables, mais secondaires, que l'Assemblée a laissé échapper les plus importantes occasions, et diminuer de session en session son autorité morale. Trop de conciliabules intimes et pas assez de tribune! Voilà par où vous avez langui et par où nous pouvons périr. Cette session est la crise suprême, il faut l'aborder vigoureusement ou vous déclarer impuissants et vous dissoudre. Le nom de M. Berryer est le plus grand secours que vous puissiez invoquer à cette heure-ci N'hésitez plus, n'hésitez pas !.... Consultez, mais ne subordonnez rien à vos consultations, et si elles n'arrivent pas à temps, n'en ayez ni souci ni remords. Marchez! paraissez! Soyez aussi ferme que mesuré, et recevez d'avance toutes les actions de grâces de mon cœur, bien profondément ému à la pensée que, grâce à vous, la France va revoir un instant son plus sûr guide et son plus patriotique ami. Courage! courage!

ALFRED.

Lettre du comte de Falloux à M. de Lacombe

20 novembre 1874.

Mon cher ami,

Une longue et trop éloquente expérience m'a appris qu'il n'y a absolument rien à attendre de celui avec

lequel on tente en ce moment une négociation *in extremis.*
La réponse ostensible fût-elle favorable, elle sera démentie par des instructions secrètes ou retirée le lendemain. Il n'y a rien à attendre, rien à chercher, rien à
espérer que du côté de l'opinion. C'est à l'opinion qu'il
faut parler et avec elle qu'il faut agir. Tant que ce parti
ne sera pas irrévocablement pris, proclamé, pratiqué par
la droite modérée, elle sera jouée, bernée, annulée. Pour
moi, tout cela est mathématiquement démontré. Vous
pouvez, cher ami, ne pas suivre mon avis, sans que je
me croie le moindre droit de m'en plaindre, bien entendu.
Mais, pour moi, je ne puis avoir un autre avis que celui-
ci. Beaucoup trop de temps a été perdu, beaucoup trop
de mensonges, de calomnies et de pièges de toute sorte
ont été tolérés. Maintenant la vérité et le combat au
grand jour, ou la plus pitoyable déroute. Selon moi, il n'y
a plus d'alternative; si vous publiez votre article après le
25, chacun s'écriera en le lisant : pourquoi n'a-t-il pas dit
cela plus tôt?

ALFRED.

Charles de Lacombe, député, Assemblée nationale

Versailles, de Segré, 21 nov. 1874, 8. h. 42 du matin.

Tout lu avec admiration; publiez, publiez, je vous en
supplie.

FALLOUX.

22 novembre 1874.

Mon cher ami,

Je ne pourrai que vous répéter ma dépêche télégra-
phique, en délayant le mot *admiration,* et j'aime mieux
le laisser dans sa précision et dans son expression sans
réserve. Je ne veux pas douter que vous ayez permis à
ce discours magistral de déployer ses ailes dans le *Cor-*
respondant, en attendant que vous déployiez les vôtres à

la tribune, où je vous supplie de monter comme je vous ai supplié d'écrire.

Maintenant, je passe sans transition aux moyens pratiques de votre succès. Ayant l'occasion d'écrire hier à l'hôtel de Broglie, j'ai demandé en mon nom, et sans aucune ombre d'intervention de votre part, que l'on vous demandât des épreuves de votre article qui devait paraître le 25 et qu'on en assurât la reproduction dans tous les journaux conservateurs dont on dispose. Ne négligez pas ce soin, cher ami. Il est de la dernière importance et le retour de l'Assemblée ne laisse pas de temps à perdre. Il ne faut pas que vous restiez cantonné dans le très petit nombre de journaux restés fidèles au bon sens et à la loyauté dans la droite. Il faut que l'extrême droite ne puisse pas affecter le dédain et que vous vous teniez vous-même prêt à confirmer votre thèse dès les premières réunions préparatoires, où je pense que de Meaux et Kerdrel seront pressés aussi d'entrer en lice.

Merci encore mille fois, cher ami ; je vous embrasse avec effusion et une bien vive reconnaissance.

ALFRED.

Bourg-d'Iré, 22 novembre 1874.

24 novembre. — .... Mon article paraîtra demain ; j'ai mis une note, de concert avec Mgr Dupanloup, sur les fleurs de lis. Gaillard, Falloux, de Meaux, Andral et mon frère me poussent également à faire paraître, tous d'accord pour ne rien trouver de blessant dans mon travail, ce à quoi je tenais essentiellement. Falloux est le plus ardent. Je m'attends à de violentes attaques et à des ressentiments qui ne pardonneront pas, mais si je puis faire réfléchir quelques-uns, je serai dédommagé....

25 novembre. — Vu hier M. Buffet. Il est préoccupé

commé tout le monde ; pourtant il voit des membres du centre gauche qui annoncent de bonnes dispositions : Germain, Martel, etc. ; il aurait désiré que le gouvernement et le maréchal vinssent avec un projet constitutionnel, mettant la Chambre en demeure de le voter, et après, bien entendu, un travail préalable qui aurait fourni des adhérents à ce projet. Rien n'ayant été préparé, il pense qu'on sera amené à laisser la commission défendre son projet et être battue probablement ; et qu'alors le maréchal pourra et devra intervenir avec un projet contenant le *minimum* de ce qui lui est nécessaire. M. Buffet me dit qu'en 1850, revenant en voiture de Neuilly avec M. Berryer, celui-ci lui dit en lui prenant les mains : « Vous êtes « jeune ; n'aliénez jamais votre liberté entre les mains « d'un parti. »

26 novembre. — Revenu à Versailles depuis quelques jours. Depuis deux mois on se préoccupe de la rentrée de la Chambre. C'est le point noir à l'horizon. Cependant rien de fait, aucun plan. A l'heure présente, les ministres ne savent pas comment ils se présenteront devant l'Assemblée. Ils attendent l'arrivée des députés conservateurs, qui ne viennent pas. Il semble, pour ceux-ci, que de n'arriver qu'au dernier moment sera un moyen d'éviter les questions difficiles. On veut en quelque sorte les subir pour éviter les réflexions et les délibérations sur le parti à prendre. On sent que nous sommes arrivés à un moment où il faut arrêter sa résolution, au risque de rompre avec ses amitiés, ou sacrifier au maintien de ses amitiés le sort du pays, et l'on recule devant l'une et l'autre responsabilité. Pendant ce temps, les députés de gauche se réunissent.

Les élections municipales ont eu lieu dimanche dernier ; effets de la loi nuls. Dans les villes, élections généra-

lement mauvaises, et, sur beaucoup de points, les radicaux ont exclu de leurs listes les modérés. Il devrait y
avoir là une occasion de rapprochement avec les modérés
du centre gauche.

Le *Correspondant* a publié un article de moi sur
M. Berryer et la situation présente (25 novembre). Je
pensais depuis longtemps à le faire. En lisant dans la
Revue des Deux Mondes du 1er octobre les *Conseils
d'un Constituant de 89* (Malouët), je me suis confirmé
dans cette pensée. Cependant, j'hésitais beaucoup : faire
du nom de M. Berryer un signe de contradiction, c'était
là pour moi un sujet de scrupule. Je n'aurais pas hésité,
dans un livre complet sur sa vie, à tout dire ; mais, dans
un article où je ne pouvais toucher nécessairement que les
points relatifs à la situation présente, le simple énoncé
des faits devenait pour le comte de Chambord une con-
damnation si accablante que j'hésitais à la prononcer par
la bouche de M. Berryer. D'un autre côté, dans la situation terrible où nous sommes, n'est-ce pas un devoir de
tout faire pour éclairer les esprits ? et peut-on regarder à
des considérations personnelles, quand la patrie se meurt ?
Je me suis attaché à écarter toute ligne, toute parole irri-
tante. J'ai cherché seulement à *faire réfléchir*. La gravité
du sujet, la mémoire de M. Berryer, le but que je me pro-
posais, tout me commandait de donner ce caractère à mon
travail. M. de Falloux m'envoyait dépêches et lettres pour
me conjurer de publier. Monseigneur d'Orléans, Gaillard,
de Meaux, Andral me poussaient aussi à publier.

27 novembre. — Attaque violente de l'*Union*, mais
qui, en réalité, ne nie pas la vérité des faits.

Vu Kerdrel, qui approuve beaucoup mon article. Il est
effrayé d'un rapprochement avec le centre gauche, et ne
veut pas un changement de politique. Buffet lui répond

avec raison que le fond de la majorité doit être l'union de la droite et du centre droit, mais il faut d'autres éléments pour en faire une majorité.

Vu aussi Giraud ; très effaré ; dit qu'il n'y a que la monarchie. Ce n'est que trop vrai : mais qui l'empêche ? Quand on presse la conclusion, il dit qu'il votera les lois constitutionnelles, mais à regret. Qui donc les votera avec enthousiasme ?

28 novembre. — J'ai été à la réunion du centre droit. On n'a rien décidé, il y avait peu d'entrain ; on est dans une phase d'observation et d'indécision. On dit que les gauches elles-mêmes sont d'accord pour ajourner au mois de janvier les grandes discussions. Pasquier assure qu'avec de la fermeté, on fera accepter au centre gauche le septennat impersonnel.

29 novembre. — Le *Français,* d'ailleurs fort aimable pour moi, a mis, dans son article d'introduction [1], des mots agressifs que j'ai regrettés, parce que j'avais évité de donner ce caractère à mon article. On me fait faire de M. Berryer le disciple de M. de Broglie et du *Français ;* il n'y a pas un mot de pareil dans mon article et, pour qui veut bien le lire, il y a l'indication d'une politique bien autrement large que celle qui a été suivie.

30 novembre. — Élections à la vice-présidence. Kerdrel est nommé, mais non Pasquier, qui manque de quelques voix.

Décembre 1874

1er décembre. — L'Assemblée est rentrée aujourd'hui. Les esprits sont inquiets, les impressions indécises, surtout dans la droite modérée ; on craint un dénoue-

1. Voir cet article, Appendice V

ment fatal et on oublie que, membres de l'Assemblée, on ne peut se réduire au rôle de simples observateurs et qu'on est tenu de tout faire pour préserver le pays des maux que l'on prévoit.

Le centre droit se réunit chez Lambert de Sainte-Croix ; Pasquier préside. On est d'avis de se prêter, sans le demander, à l'ajournement des lois constitutionnelles au mois de janvier. Deux courants : l'un, Lavergne, Savary, etc., pressé d'aller au centre gauche ; l'autre, quoique disposé aux concessions, voulant maintenir l'union avec la droite. On s'observe, on reste dans le vague ; comme dit Lambert : « Ça manque d'entrain.... » ; et à la fin de la réunion, il se met à jouer au piano une figure de quadrille pour animer les esprits....

La droite Colbert s'est aussi réunie, mais elle semble découragée et inerte. Kerdrel, qui s'est engagé par lettre pour le septennat personnel, tend à enchaîner la réunion dans son engagement. L'important serait que la droite modérée ne prît pas dès aujourd'hui une situation qui lui interdit toute concession ultérieure, et qu'elle ne donnât point ainsi aux membres du centre gauche le prétexte de dire que c'est elle qui a empêché l'accord ; responsabilité effroyable pour le parti qui l'assumera.

Plusieurs me parlent de mon étude sur Berryer. Jouvenel, qui l'a beaucoup et intimement connu, me dit que j'ai fait revivre Berryer. Il croit que cela peut faire réfléchir les indécis de l'extrême droite. Castellane l'a lu tout haut à Rochecotte ; sa mère, « très pure », disait : « Au moins, c'est un centre droit qui est resté monarchiste ; cela ne m'étonne pas de lui. » On a estimé la forme. *Union, Univers, Rappel, Siècle*, tous ceux qui ont été en désaccord ou en hostilité ouverte avec M. Berryer, me reprochent d'avoir manqué à sa mémoire. Les amis les plus in-

times me remercient et me disent, comme Jouvenel :
« Vous l'avez fait revivre.... » ; ainsi Moreau, Falloux,
Kerdrel, Andral.

2 décembre. — Le marquis de Vogüé me félicite chaudement de mon article. Ce témoignage m'est précieux ; il
connaissait beaucoup M. Berryer, et il est d'une susceptibilité d'honneur très vive.

Le comte de Chambord a écrit à M. de la Rochette une
lettre que Cazenove a lue aux Chevau-légers. Il recommande
de ne rien faire qui puisse retarder la monarchie. A quoi
M. de Vogüé me dit assez justement qu'il faudrait alors
ne rien faire de ce qu'a fait jusqu'ici l'extrême droite.

Pasquier élu ; fait très heureux [1]. Plusieurs membres
du centre gauche ont voté pour lui, malgré les conseils de
collègues de la gauche ou des radicaux. Vacherot, Foubert, Danelle-Bernardin disent qu'ils ne veulent pas se
soumettre aux consignes. Il y a dans tous les partis des
ébranlements d'où sortira peut-être une majorité nouvelle, dont le premier élément devrait rester bien entendu l'union de la droite modérée et du centre droit.

Jouvenel me dit qu'il s'est trouvé en wagon avec sept
ministres. Il a insisté sur l'intérêt qu'aurait le gouvernement à propager mon écrit. Tous, notamment Cissey,
Decazes, Chabaud-Latour, ont pris chaudement cette idée ;
un seul a fait des objections au point de vue de l'utilité, tout en approuvant l'écrit, c'est celui qui déjà avait
fait à la publication des objections sous prétexte qu'on
négociait de nouveau avec le comte de Chambord. Lallier
me raconte qu'il a appris la publication de mon article
par un juge de paix de Nantes qui est venu lui dire: « Eh

---

1. Le duc d'Audiffret-Pasquier, combattu par les bonapartistes, ne fut
élu qu'à un second tour de scrutin, vice-président de la Chambre, par
288 voix contre 251 au comte Rampon.

« bien ! je suis ravi, nous avons la solution. — Comment ?
« — Vous n'avez donc pas lu le *Correspondant*, l'article
« sur Berryer ; tout est là ; il n'est pas possible que nos
« amis n'écoutent pas Berryer. »

9 décembre. — Depuis mes dernières notes, grande
discussion sur l'enseignement supérieur ; scènes de la
Convention ; l'évêque d'Orléans très éloquent ; quelques
traits excessifs dans sa réplique, mais immense talent de
polémiste. Challemel-Lacour, un Saint-Just correct et im-
placable [1]. « C'est un rasoir », disent ses amis avec admiration.

10 décembre. — Réception à la présidence. Le maréchal me dit qu'il n'a pas lu encore ma brochure, qu'il sait
que c'est très intéressant ; il espère que cela fera réfléchir
quelques esprits. Il insiste sur la nécessité de la seconde
Chambre : « Voilà l'affaire, dit-il à plusieurs reprises : s'il
« n'y a qu'une Chambre, elle voudra constituer, et, tout
« en proclamant peut-être son respect pour mon pouvoir,
« elle me fera des institutions impossibles. Que voulez-
« vous que fasse un pauvre président tout seul ? L'armée
« hésitera entre les deux pouvoirs, tandis que si j'ai avec
« moi une seconde Chambre, l'armée se dira : « Ils sont
« deux contre un, et se tournera du côté du gouverne-
« ment. Ce n'est pas pour moi, dit-il avec une grande
« simplicité, c'est pour le pays.... » Je lui dis qu'à un
moment donné son intervention sera nécessaire pour
mettre en demeure les divers partis au nom du salut de la
patrie ; il faut qu'il fasse sentir à chacun la responsabilité
des résolutions dernières.

10 décembre. — Les conférences se succèdent entre
les bureaux de droite et d'extrême droite. Il est évident

---

1. *Ann. de l'Ass. nat.*, séance du 5 décembre, t. XXXV, p. 51.

qu'on n'obtiendra rien de l'extrême droite ; mais celle-ci voudrait traîner en longueur et elle accable les membres de la droite de caresses, tandis que ses journaux leur prodiguent des injures et leur dictent comme des ordres les volontés du roi.

M. de Falloux adresse au *Français* une lettre vigoureuse pour me soutenir, dans laquelle il publie sa correspondance de 1872 avec La Rochette [1].

Lettre de M. de Lacombe au comte de Falloux

Versailles, 10 décembre 1874.

Cher et bon ami,

J'étais bien loin de m'attendre au coup de tonnerre d'hier soir, et cependant je n'en ai pas été surpris. J'ai reconnu là celui dont M. Cousin disait : « Falloux ne voit que la cause. La cause ! Toujours la cause ! » Ce m'est un grand honneur de recevoir ainsi votre témoignage ; je ne doute pas qu'il ne jette un grand désarroi dans le camp ennemi, aussi grand que le courroux qu'il va exciter. Belcastel me disait tout à l'heure : Je ne connais pas encore votre brochure, mais je ne puis m'empêcher de m'étonner qu'on vous fasse un crime d'attribuer à M. Berryer les idées que les mêmes personnes lui reprochaient autrefois d'avoir. Au point où l'on en est, je crois qu'il n'y a que le grand jour qui puisse, je ne dis pas convaincre l'extrême droite, mais l'embarrasser en la contraignant à justifier tout haut une conduite qui ne s'était jusqu'ici développée que dans le silence. J'ai essayé de demeurer calme et modéré au milieu des injures de toutes sortes qu'on m'a adressées ; je me dis toujours qu'il faut prendre garde d'éteindre la mèche chez ceux

1. Voir ces lettres, Appendice VI.

où elle peut fumer encore, et, si je ne ramène personne de l'extrême droite, j'aurai contribué, je l'espère, à fortifier quelques modérés de la droite. Mais votre intervention achèvera de les relever. Beaucoup n'avaient pas encore lu votre lettre, mais tout le monde en parlait. La menace de publier les lettres de M. Berryer fera peut-être réfléchir ceux qui, lui mort, se parent de son nom. — La décision de la commission constitutionnelle, qui a fixé à mercredi l'examen de l'ordre dans lequel serait demandée la discussion des lois constitutionnelles, va obliger chacun à prendre parti. Il serait désirable de commencer par la seconde Chambre : mais la droite, qui voudra toujours reculer le moment d'une scission avec l'extrême droite, hésitera à prendre ce parti. Vous feriez bien d'écrire à Kerdrel, qui écrit lui-même des lettres très vigoureuses à Rennes. Les conférences avec l'extrême droite ont mis en lumière l'impossibilité de rien obtenir d'elle.

Adieu, cher ami, et merci pour moi, quoique ma personnalité disparaisse dans ce grand débat. Je prends ma part de la résolution que vous a inspirée votre dévouement pour la cause, et je vous renouvelle avec ma gratitude l'expression de mon tendre attachement.

Ch. DE LACOMBE.

11 décembre. — Article de Laurentie [1]. Violences de

---

1. Laurentie, né à Houga (Gers), le 21 janvier 1793. Ses études finies, il entra dans l'enseignement. Venu à Paris, il fit la rhétorique à Stanislas, enseigna les lettres et l'histoire à Polytechnique, et fut nommé sous-inspecteur. Il collabora en même temps à l'*Ami de la religion*, de Picot, et à la *Quotidienne*. Sa collaboration à ce dernier journal le fit destituer de ses fonctions d'inspecteur, le 5 novembre 1826. Il abandonna la *Quotidienne* en 1831, pour fonder le *Courrier de l'Europe*, puis le *Rénovateur*, que les lois de septembre firent disparaître. Laurentie revint alors à la *Quotidienne* qui, en 1845, fusionna avec la *France* et l'*Écho français* et devint l'*Union monarchique*, puis, en 1848, simplement l'*Union*, à la tête de

Maggiolo, qui compare M. de Falloux, moi et le *Français* au *Demi-monde* d'Alexandre Dumas fils.

Il y a quelques jours, Cumont me fait demander partout et, dès qu'il me voit : « Ah ! cher ami, je voulais vous « parler de votre brochure. Quel service vous nous « rendez ! Il faut que l'*Union de l'Ouest* la publie ; c'est « très important. »

12 décembre. — L'article de l'*Union* sur le « demi-monde » fait scandale à l'Assemblée ; les membres de l'extrême droite eux-mêmes, Cazenove, Bisaccia, en paraissent émus et attristés. Lambert de Sainte-Croix me dit : « Je vous félicite doublement en présence des injures « qui vous sont adressées. C'est un acte de courage : « vous leur avez vraiment porté un grand coup. » Je lui dis, ce qui est la vérité : « Je m'attendais à tout cela ; je « suis très timide dans la vie ordinaire, mais, en politique, « quand j'ai envisagé les conséquences d'un acte, toutes « les attaques me sont indifférentes. » Gambetta croit que je suis dans le vrai sur M. Berryer et, précisément pour cela, ne juge pas utile que la *République française* parle de mon article.

Les conférences de la droite et de l'extrême droite sont terminées. On a demandé un *minimum* à l'extrême droite ; elle n'accorde rien. — Bocher, président du centre droit, doit conférer demain avec La Rochette et La Bouillerie.

13 décembre. — Lettre de M. de Falloux à Laurentie dans le *Français* [1]. Chef-d'œuvre de précision et d'autorité. C'est le Falloux des grands jours.

14 décembre. — Vu Gigot, préfet du Doubs, qui me dit

laquelle il est resté jusqu'à sa mort, le 9 février 1876. — Laurentie, *Souvenirs inédits*, publiés par son petit-fils, J. Laurentie, Paris, Bloud et Barral, s. d., in-12 ; voir l'article, Appendice VII.

1. Voir Appendice IX.

qu'en province le gouvernement s'use chaque jour davantage. On ne croit plus au maréchal ; les préfets ne sont plus secondés ; chacun a le sentiment d'une situation précaire et d'un pouvoir chancelant.

Réunion de la droite Colbert. J'y vais pour la première fois. MM. de Kerdrel, de Mortemart, de Sugny rendent compte des conférences avec les membres de l'extrême droite. Ceux-ci ne veulent rien accorder, et, en même temps, ils ne veulent pas proposer la monarchie, parce qu'ils seraient battus, mais ils veulent pouvoir la proposer à tout instant. Vogüé, Dampierre, de Meaux, moi, très énergiques sur la nécessité d'une organisation et les engagements contractés. Depeyre, avec l'émotion d'un homme qui s'est longtemps contenu, raconte comment, au 20 novembre, c'est le gouvernement où étaient La Bouillerie et Ernoul et les membres de l'extrême droite, Brun, etc., qui l'ont décidé à prendre les engagements qu'il a pris à la tribune. On repoussait comme une injure alors l'idée qu'on ne ferait pas les lois constitutionnelles. Larcy, tout en affirmant l'entière exactitude du récit de Depeyre, voudrait qu'on patientât encore ; Amédée Pontalis, qu'on écartât les lois constitutionnelles pour ne s'occuper que des lois conservatrices. Ils ne réfléchissent pas que nous ne sommes pas maîtres de l'ordre du jour, et que la proposition Casimir Périer reviendra à la fin de janvier, si nous n'avons rien fait jusque-là. Bocher a eu une conférence absolument inutile avec l'extrême droite.

Procès d'Arnim en Allemagne ; publication de dépêches de Bismarck constatant que le moyen d'empêcher la France d'avoir des alliés, c'est de la maintenir en République. — Ah ! si le comte de Chambord ne rendait pas la monarchie impossible, comme la République serait frappée par de telles révélations !

16 décembre. — Discours à la commission constitu‑
tionnelle sur la mise à l'ordre du jour des lois constitu‑
tionnelles. Le matin, réunion de quelques membres de la
droite : Kerdrel, Daru, Sugny, de Meaux, Rességuier,
Depeyre, Chesnelong et moi. Chesnelong soutient d'abord
l'ajournement, puis, avec Sugny et Kerdrel, la loi élec‑
torale pour commencer, la loi sur le Sénat venant après
la deuxième délibération sur la loi électorale. Avec de
Meaux, Depeyre et Daru je soutiens la priorité pour la
loi du Sénat : 1° occasion pour les gauches de se séparer
sur cette question ; — 2° nous affirmons notre programme
d'organisation, tandis que jusqu'ici, au 16 mai et lors de
la proposition Périer, nous avons été ou muets ou réduits
à des votes négatifs : il faut que nous nous expliquions
devant le pays ; dussions-nous être vaincus, notre pro‑
gramme sera un point de ralliement pour le pays ; —
3° nous ne sommes pas maîtres des ajournements.

Dans la commission, M. Dufaure demande la priorité
pour la loi Ventavon. On espérait qu'il consentirait à dis‑
cuter d'abord le Sénat. Lefèvre-Pontalis, Lambert lui
répondent. L'extrême droite est favorable à la priorité
pour le Sénat ; elle pense que cette loi sera repoussée, et
que, le terrain déblayé, on reviendra à une alliance
entre les droites. Majorité pour la priorité en faveur du
Sénat. Mais le résultat à la Chambre est bien incertain.
Depeyre pense que tout sera repoussé et qu'on reviendra
à la situation du 24 mai. Peut-être l'espère-t-il autant
qu'il le pense ; il veut du moins pouvoir dire qu'il tient
son engagement en faveur des lois constitutionnelles.

Jouvenel, qui a fait sur mon étude, dans le *Figaro*, un
article très élogieux, me dit que M. Maxence de Damas,
revenu hier de Frohsdorf, lui a dit que le comte de Cham‑
bord en était très mécontent. Il blâme Jouvenel d'avoir

parlé de lui dans son article et blâme beaucoup mon écrit, qui ne représente pas, dit-il, Berryer tel qu'il était. Il sait pourtant mieux que personne quelles représentations Berryer lui a faites et comment il y a répondu.

17 décembre (jeudi). — Pas de séance. Nous dînons chez le maréchal : Pasquier, Kerdrel, M. et Mme de Meaux, M. et Mme Plichon, M. et Mme Duchâtel, M. et Mme Vaudier, M. et Mme Baragnon, Maillé, Lambert de Sainte-Croix, Hamille, Desjardins, Max Richard, Brun, Cazenove, Kerjégu, Passy, etc.

Lettre de M. de Lacombe au comte de Falloux

Versailles, 20 décembre 1874.

Cher ami,

Je ne sais comment je ne vous ai pas écrit, car je voulais le faire aussitôt après votre première lettre à l'*Union*. Mais j'avais toujours le désir de causer longuement avec vous, et mille détails m'en ont empêché. Vos deux lettres ont produit grand effet : la première était du Falloux extra, du Falloux des grands jours. Elle m'a fait penser à ce que me disait un jour le général Changarnier : « Falloux voit clair dans le péril, et c'est le moment où il sait le mieux dire ce qu'il faut dire. » Votre lettre avait bien ce mérite impossible de condenser ses pensées sous une forme plus brève et avec une autorité plus saisissante. La seconde, qui ne valait pas moins, a produit encore plus d'effet. On ne parlait hier, à la droite, que de votre fin, si terrible pour votre correspondant. Le silence de l'*Union* faisait encore ressortir vos avertissements. Il est évident qu'on n'est pas tenté de s'exposer aux pénibles aventures que vous annoncez; peut-être la même appréhension contiendra-t-elle au loin de nouveaux éclats; peut-être, surtout, cette attitude, prise plus tôt, aurait-elle conjuré ceux dont nous souffrons tant. En disant cela, vous comprenez bien que ce n'est pas à vous que mon regret s'adresse. Votre langage et le silence de l'*Union* fortifieront, je crois, les courages. Il ne faut pas se dissimuler pourtant qu'on fait bien des efforts pour les amollir. Il est évident pour moi que plus d'un, prévoyant que l'extrême droite restera rivée à son mot d'ordre, veut accuser d'avance le centre droit afin de pouvoir dire un jour : « Nous voulions tout organiser, mais c'est le centre droit qui, en dénaturant la loi du 20 novembre, a tout empêché. » Depeyre est très irrité de cette politique, seulement il ne croit pas à une entente sur le terrain des lois constitutionnelles, et autant il croit nécessaire de dégager sa parole en les votant, autant il repousse d'instinct l'idée d'un accord qui amènerait de nouveaux élémec;3 à la majorité. M. de Larcy, très tiraillé entre sa raison et ses sentiments, retarde autant qu'il peut une décision, et je ne serais pas étonné qu'il fût d'accord avec Janicot. Kerdrel est l'homme généreux et courageux que vous connaissez, écrivant à Rennes et disant ici les choses les plus fermes, mais hésitant au moment du vote. Il est bien utile que vous lui écriviez souvent. Il y a, dans la réunion Colbert, un groupe très ferme, mais qu'il faut soutenir et encourager. Ce que disent l'*Union* et la *Gazette* sur l'entente des droites est absolument faux. Sugny n'a proposé à la commission des Trente de commencer par la loi électorale que par ménagement pour l'extrême droite. Il a déclaré formellement qu'il voterait pour le Sénat ; la droite modérée est dans les mêmes sentiments, et quant à cette question de priorité, l'extrême droite elle-même n'entendait pas faire d'objection à ce qu'on commençât par le Sénat, estimant que la loi du Sénat serait repoussée au fond, et que, ce point vidé, l'accord se referait par des lois conservatrices. Mais les journaux d'extrême droite veulent créer une fausse notoriété en faveur de l'union des droites contre toute loi constitutionnelle afin de peser, au nom de cette rumeur publique, une fois établie, sur les membres de la droite. D'un autre côté, vous voyez que le centre gauche ne favorise guère, dans ses manifestations, une politique conciliante; on rencontre bien des membres qui, dans les couloirs, déplorent ces démonstrations officielles; en attendant, les démonstrations restent et les regrets s'évanouissent. Je ne désespère pas cependant qu'un accord se fasse dans l'Assemblée même; mais il faudrait, pour le provoquer, ou une voix pathétique interprétant le cri du pays, ou une déclaration énergique et fortement soutenue du maréchal. C'est en cherchant l'un ou l'autre de ces moyens de persuasion que les doutes et les craintes commencent. Et pourtant, il y a dans cette Chambre bien des bons vouloirs pour qui saurait les saisir et les rallier. Jouvenel a vu M. de Damas, revenu de Frohsdorf, qui lui a dit qu'on était très mécontent de son article sur ma brochure et encore plus de la brochure elle-même. Dans le sein de la Chambre elle a été bien accueillie, et même à l'extrême droite je vois des contradictions, mais nulle irritation. Je tenais beaucoup, vous le savez, à ne blesser personne.

Adieu, cher et bon ami, veuillez offrir mes hommages respectueux à Mmes de Falloux et à Mme de Caradeuc. Je suis à vous bien tendrement.   Ch. L....

23 décembre. — Débat sur l'élection Bourgoing et demande d'enquête parlementaire formée par le cinquième bureau chargé de vérifier l'élection. L'enquête a été votée par assis et levé; je me suis abstenu ; je trouve cette campagne déplorable. Ricard, qui a d'ailleurs parlé avec

talent, quoique vulgaire, a eu beau traiter de factieux quiconque crierait : Vive l'empereur ! il n'a réussi qu'à amener M. Rouher à la tribune et à lui fournir l'occasion
d'arborer le drapeau bonapartiste, et tout en disant qu'il
se soumettait à la déchéance, à prononcer ce mot, qui
fera le tour des journaux et qui, pour ceux qui admettent le principe de la souveraineté du peuple, est irréfu-
table : « Vous n'avez pas prononcé la déchéance de la
« nation; si elle veut ramener l'Empire, vous ne l'en em-
« pêcherez pas [1]. » Tout ceci entendu sans réplique et
presque en silence. Des votes et des débats de ce genre,
outre qu'ils constituent une tentative d'empiétement sur le
domaine judiciaire, offensante pour la magistrature, n'a-
boutissent qu'à mettre sur toutes les lèvres le nom de
l'Empire et à augmenter ainsi sa force. Ce n'est pas en
protestant contre lui qu'on en aura raison, mais en organisant un gouvernement qui montre réalisées en lui-même
les garanties que le pays croit trouver dans l'Empire.

24 décembre. — L'Assemblée en vacances. La droite
voulait un congé jusqu'au 11; on ne l'a voté que jusqu'au
5. M. Buffet me dit, quelques jours plus tard, que la
gauche, qui avait demandé le 6, était très ennuyée que la
droite n'eût pas obtenu la majorité pour le 11. Il pourrait
en arriver ainsi de la dissolution, qui serait votée par des
gens qui, au fond, auraient désiré être en minorité.

Un mois s'est écoulé depuis notre rentrée, et les choses
ne sont pas plus avancées, ou plutôt on s'est émietté

---

1. L'instruction judiciaire qui avait eu pour point de départ la manœuvre bonapartiste lors de l'élection de la Nièvre, quoique n'aboutis-
sant pas à un procès, avait réuni de nombreuses pièces dont le cinquième
bureau demandait la communication. — M. Tailhand la refusa comme contraire aux règles. Le cinquième bureau persista, porta le différend devant
l'Assemblée, et demanda une enquête parlementaire sur l'élection de la Nièvre. Elle fut votée par l'Assemblée. *Ann. de l'Ass. nat.*, t. XXXV, p. 209.

encore davantage. Il pourrait y avoir dans ce dernier désastre un côté avantageux ; chaque groupe est subdivisé ; les membres sont fatigués de ces tyrannies locales, ils reviennent à leur individualité, et, peut-être, dans une discussion publique, y aurait-il matière à former en un faisceau nouveau ces volontés éparses et errantes. C'est toujours sur cette discussion publique que repose mon reste d'espérance. Il me semble que devant l'imminence du péril, au grand jour du débat, devant des mises en demeure qui obligeraient à se dévoiler et à se justifier les raisons inavouables et injustifiables d'un refus systématique, bien des résistances pourraient fondre, et qu'un cri pathétique pourrait faire vibrer bien des cœurs. Mais c'est l'homme qui manque pour cette tâche. L'évêque d'Orléans, M. Buffet, sous des formes diverses, pourraient l'entreprendre ; avec M. de Falloux, je ne douterais presque pas du succès. Il a l'autorité suprême que demandent ces solennelles circonstances. Il a écrit à Laurentie une seconde lettre devant laquelle les écrivains de l'*Union* ont gardé le silence. Peut-être ce silence leur a-t-il même été ordonné de loin, tant on sent l'effet que produiraient les révélations annoncées par M. de Falloux. Celui-ci nous écrit, aux uns et aux autres, pour nous presser de parler et d'être fermes [1]. Sous son action puissante et pressante, s'il était à l'Assemblée, les grands résultats pourraient se produire ; mais il n'a pas son équivalent.

Lettre du comte de Falloux à M. de Lacombe

Bourg-d'Iré, 23 décembre 1874.

Mon cher ami,
Les lettres auxquelles vous faites un si bon accueil ne

1. Voir Appendice X.

sont absolument rien, si elles ne sont pas la préface de vos discours aux uns et aux autres. Je viens de l'écrire à Kerdrel et à Camille de Meaux, et je vous le répète à vous-même, quoique vous soyez celui qui a déjà payé le mieux son tribut et qui paraît le mieux disposé à poursuivre. J'osais vous écrire il y a un mois : N'attendez rien des négociations avec M. le comte de Chambord. J'ose vous écrire ce matin avec la même certitude : N'attendez rien des négociations avec l'extrême droite, parce que c'est tout un. Ou plutôt soyez sûr que la seule manière de négocier avec ce petit camp-là, c'est de lui prouver qu'on est résolu à marcher, non contre lui, mais sans lui. Alors, ils feront défection à la majorité? Peut-être. Ils y regarderont à deux fois, si vous les mettez au pied du mur, devant la France et devant Dieu. Ils demeureront intransigeants tant qu'ils garderont l'espoir de vous faire transiger, ou du moins de vous faire taire. D'ailleurs, vous n'avez pas à délibérer pour eux, vous n'avez à délibérer que pour vous-mêmes, et, à mon sens, votre devoir le plus manifeste, votre devoir le plus impérieux est de ne pas sacrifier la France à des chimères irréalisables, à des préoccupations de coterie et de salon, qu'on s'efforce vainement de baptiser du beau nom de point d'honneur. L'honneur est de ne pas fausser sa parole, l'honneur est de ne pas livrer sa patrie à tous les ennemis qui la guettent, l'honneur est de ne pas se jouer, par ordre, des intérêts sacrés qui vous ont été confiés par un peuple aux abois.

Courage, courage, cher ami, jamais l'expression de *monter à la tribune* n'a été plus juste, car il faut y monter comme à l'assaut, et vaincre ou périr.

ALFRED.

Broglie et Depeyre me paraissent avoir pris leur parti

du rejet des lois constitutionnelles. Ils voteront, peut-être ils parleront *pour ;* mais ils n'admettent pas, Depeyre surtout, la possibilité d'un succès, — ce qui, trop répété, est déjà une manière de l'empêcher, — et ils prévoient le lendemain de la lutte, en cherchant une combinaison qui amortisse l'effet du vote ; prévoyance dont je comprends la sagesse, et qui, cependant, en se manifestant trop clairement, est encore une manière d'empêcher les lois constitutionnelles ; car, si l'on montre d'avance à l'Assemblée une possibilité d'échapper, sans voter ces lois, à la dissolution, ce sera un allégement pour beaucoup de consciences, qui n'auraient pas assumé peut-être au dernier moment la responsabilité d'un vote négatif.

Ce qui ajoute aux motifs de crainte, c'est l'extrême faiblesse du ministère. Il est impossible qu'il soutienne avec autorité les projets de loi, et. sans l'intervention du gouvernement, presque impossible que ces projets soient votés.

28 décembre. — Vu hier M. Buffet. Nous sommes tout à fait du même avis sur la situation. Il aurait voulu de deux choses l'une : ou le maréchal, mettant à l'écart son ministère, serait venu lui-même dire à la Chambre : « Je « vous demande de faire les lois que vous m'avez promises, « je vous somme, au nom du pays, de tenir les engage-« ments que vous avez contractés, de me donner les moyens « de remplir la mission que vous m'avez imposée, et je « vous rends responsables devant le pays des conséquences « de votre refus.... » — et, en ce cas, M. Buffet ne doute pas que l'intervention du maréchal n'eût enlevé le vote ; — ou — et c'est la pensée que j'exprimais moi-même tous ces temps-ci — le maréchal ferait venir dans son cabinet les chefs de tous les groupes, depuis l'extrême droite jusqu'à M. Dufaure ; il les mettrait en demeure, ceux du moins qui voudraient organiser, de s'entendre sur un programme, de se réunir pour le faire appliquer, et il les préviendrait eux-mêmes qu'en cas de refus il les désignerait nominativement au pays comme ayant refusé de lui venir en aide. Je crois encore que cette mise en demeure réussirait, et les chefs de groupe, à leur tour, s'étant fait les uns aux autres, sur la demande du maréchal et dans l'intérêt du pays, toutes les concessions nécessaires, quelle ne serait pas leur force, s'ils venaient devant l'Assemblée, invoquant leur propre exemple, lui demander de faire à son tour les concessions qu'ils ont, en son nom, consenties les uns aux autres ! Et, comme me le dit M. Buffet, beaucoup à l'extrême droite sauraient gré, au fond du cœur, au maréchal de leur avoir fait une violence publique qui leur permettrait de secouer le joug d'une consigne qu'ils déplorent en la suivant.

31 décembre. — Le maréchal a provoqué une réunion des chefs ou notabilités des groupes conservateurs, depuis M. Chesnelong jusqu'à MM. Dufaure et Léon Say (Pasquier, Bocher, Broglie, Kerdrel, Depeyre, le président Buffet, les ministres Decazes et Chabaud-Latour) [1]. J'ai eu hier quelques détails par MM. Kerdrel et Buffet. La réunion s'est tenue à deux reprises, mercredi, et s'est ajournée à samedi. M. Buffet me dit qu'au commencement les dispositions paraissaient bonnes, mais à la fin il y avait de l'aigreur. Je crois bien comprendre que c'est du côté de la droite que les plus grandes difficultés sont venues. Les centre gauche, moins Dufaure et Léon Say, se contentaient du septennat impersonnel avec une clause de revision qu'il s'agirait de déterminer. M. Dufaure avait parlé d'une Constituante qui serait convoquée pour le cas où le congrès aurait décidé la revision, et qui ne fonction-

---

1. Sur cette réunion, voir *Charles Chesnelong*, par M. de Marcey, *Université catholique* d'octobre 1905, p. 225.

nerait que pour la Constitution, suivant le système américain, tandis que les autres Assemblées continueraient de siéger. C'est là, me dit Buffet, que j'ai vu une fois de plus l'impossibilité de la République dans ce pays; et je ne puis m'empêcher d'accuser plus énergiquement encore l'homme qui empêche cette monarchie si nécessaire. Il est évident que sans ce prince, sans ses prétentions, la monarchie se ferait, et ce serait le gouvernement vrai, normal de ce pays. La droite s'est maintenue sur le terrain du septennat personnel. M. de Kerdrel a allégué les sacrifices que faisaient déjà les royalistes modérés, la désobéissance aux instructions, la douleur de se séparer de ses amis, de membres mêmes de sa famille, etc. Tout cela est vrai, mais dans la vie politique, il faut, pour un grand devoir, affronter toutes ces souffrances, comme à la guerre on sacrifie ses proches sur le champ de bataille. Il a ajouté que si la droite quittait le septennat personnel, vrai terrain du 20 novembre, elle ne pourrait plus alléguer à l'extrême droite la rigueur des engagements, elle en aurait elle-même changé le caractère.

Ceci n'est pas exact, à mon sens. Si l'extrême droite voulait tenir les engagements du 20 novembre, on ferait avec elle le septennat personnel; mais ne voulant rien faire, elle ne peut se plaindre que le maréchal et ceux qui veulent donner à ce pays un gouvernement assuré fassent, dans la mesure légitime, les concessions nécessaires pour obtenir une majorité en faveur de cette organisation. L'extrême droite ne peut à la fois refuser son concours et faire un crime à ceux à qui elle le refuse de demander à d'autres l'appui qu'elle refuse.

M. Buffet me dit que le duc de Broglie a très bien parlé, dans un sens très conciliant, mais qu'il agit comme un homme qui ne croit pas au succès, et que cette disposition ôte à ses efforts l'âme nécessaire pour arriver au but. La première condition pour obtenir le succès, c'est d'y croire.

Le maréchal a été très bien ; il a dit : « Il y a une solution que beaucoup me conseilleraient, c'est d'envoyer à l'Assemblée quatre hommes et un caporal, mais jamais je ne ferai cela, jamais !.... » Il a dit cela avec beaucoup d'énergie. Il s'explique bien quand il se défend ; il appliquerait énergiquement la loi, pourvu qu'il lui fût bien démontré que c'est la loi. Mais il parle comme un homme qui craint de faire de la peine, et il n'a pas cette autorité, ce ton qui seraient nécessaires pour faire sentir à chacun que le pays est las, et qu'il faut tenir les engagements pris.

Je vois ensuite Kerdrel, qui est mécontent de la publicité que les journaux ont donnée à cette réunion, mécontent qu'on ait convoqué les membres de la droite sans les prévenir de ceux avec qui ils seraient, mécontent qu'on ait étendu les invitations au delà du centre droit, à cheval sur le septennat personnel, disant qu'aller plus loin c'est organiser la République, aller à M. Thiers, abandonner le 24 mai, etc.... Comme on se paie de mots en ce monde ! Quand on a dit : « Nous revenons à la politique de M. Thiers, » on croit avoir tout dit, et, malheureusement, pour beaucoup, on a tout dit. Ce serait si peu revenir à M. Thiers, que M. Thiers serait probablement très mécontent qu'un accord eût lieu sur le septennat impersonnel entre la droite et M. Dufaure. Nous organiserions la République, parce que nous réglerions la transmission du pouvoir ! Mais est-ce que nous ne l'avons pas organisée, à ce compte, en élisant le maréchal à la place de M. Thiers ? Il y a bien eu cette transmission qui constitue la République. Sera-t-elle moins faite parce que nous n'aurons rien réglé du tout ? Elle sera faite, déclarée, organisée contre nous. Supposons même qu'elle ne soit pas proclamée : est-ce qu'un régime qui établit une Assemblée unique, est-ce que le président révocable à volonté, tel que nous l'avions établi avec M. Thiers, ce n'était pas la République ? C'était-la République, et moins conservatrice qu'avec deux Chambres. Si ce n'était pas la République, mais bien un régime qui permettait aux uns de se croire en République, aux autres de croire qu'ils n'y étaient pas, pourquoi ne pas l'améliorer sous les mêmes conditions ? Et si c'était la République, pourquoi l'avons-nous faite ? Tout ceci, raisonnements de groupes, de salons, de coteries, auxquels le gros du pays ne comprend rien.

Je rencontre Depeyre, dans la matinée, dans la salle des Conférences. Il est au tragique, il se tient penché vers moi, l'œil fixe et grave, et d'un air sombre : « Eh bien ! « Lacombe ? — Eh bien ! lui dis-je, vous avez assisté à une « réunion bien importante. — Ceux qui l'ont conseillée au « maréchal l'ont bien mal conseillé. — Je vous avoue que « je n'ai eu pour ma part aucun conseil à donner, mais il y « a bien longtemps que je souhaitais qu'une démarche de « ce genre soit faite et je crois qu'elle honorera le maré- « chal devant le pays. — Le pays ! je suis sûr qu'à l'heure « qu'il est, tous les préfets sont dans l'anxiété, ne sachant « si le lendemain le gouvernement ne passera pas à « gauche. » Il y a du vrai dans cette réflexion, si l'on s'obstine à montrer dans un programme auquel adhére-raient des membres du centre gauche, le triomphe de la gauche. Il semble qu'il ait besoin de dire que c'est la gauche qui triomphe. « Je ne ferai pas la République, je ne me déshonorerai pas.... » C'est le mot qu'il oppose à toute idée de septennat impersonnel, comme la droite l'oppose à toute idée de septennat personnel. Il veut voter les lois constitutionnelles pour dégager sa parole, mais il ne veut pas de voix du centre gauche et il sait, d'un autre côté, que l'extrême droite ne les votera pas; c'est un engagement personnel à remplir, mais de façon, une fois la lutte terminée, à se retrouver d'accord avec l'extrême droite : tout ceci, convenances personnelles dont l'intérêt du pays souffre. Il est d'ailleurs très monté contre le procédé injustifiable, qui, alors que les membres de la réunion s'étaient promis le secret, a inséré dans les *Débats* un procès-verbal évidemment partial et suivi d'articles dirigés contre la droite. Il parle même de ne pas revenir à la réunion de samedi; ce qui ferait peser sur la droite un reproche de mauvais vouloir qu'on est déjà trop avide de lui imputer.

CHAPITRE XI

LE VOTE DES LOIS CONSTITUTIONNELLES

Janvier 1875

1ᵉʳ janvier. — Cette année s'ouvre sous de tristes auspices. Partout les vues étroites et partielles, les divisions, le découragement. J'ai toujours conservé une indomptable espérance et je la sens ébranlée. Cependant, à côté de grandes tristesses, il y a bien des bons vouloirs, bien des intentions droites qui appellent la bénédiction de Dieu.

A la réception du maréchal qui se passe sans incidents, le duc de Broglie prend Depeyre pour le calmer.

Pasquier, Kerdrel, Chesnelong se réunissent pour délibérer sur la réunion de demain. Que donnera-t-elle ? Il y a bien à craindre qu'elle ne produise pas de résultat. Le fractionnement des groupes est stérilisant ; on s'y perd en défiances, en susceptibilités, en protocoles.

2 janvier. — Nouvelle réunion chez le maréchal. Casimir Périer et Batbie s'y trouvaient. Pasquier s'était fait excuser pour cause de santé ; il paraît qu'il avait bien réellement un refroidissement.

Le maréchal a eu d'abord une conférence avec les membres du centre gauche. Kerdrel me dit qu'on leur a assuré que c'était uniquement parce que le maréchal voulait expliquer à ces messieurs le danger qu'aurait pour l'armée, à d'autres points de vue que le drapeau blanc, la proclamation de la République.

Dufaure, dans la conférence, a été, dit-on, très conciliant et je vois bien que Buffet déplore l'insistance avec laquelle la droite s'est placée sur le terrain du septennat personnel. Mais sur la question de l'organisation du pouvoir du maréchal, Depeyre et ses amis ont été énergiquement affirmatifs. On paraît s'être entendu sur un point : c'est qu'on consentirait à la priorité du vote sur le Sénat, moyennant une clause additionnelle stipulant que la loi sur le Sénat ne serait promulguée que lorsqu'il aurait été *pourvu* à la transmission des pouvoirs. C'est Depeyre qui propose à M. Dufaure *pourvu* au lieu de statué, qui n'eût pas impliqué le vote d'une loi. La clause additionnelle a été rédigée en commun, m'affirme M. de Broglie, par MM. Dufaure et Batbie. Au moment de se séparer, le maréchal dit : « Enfin, Messieurs, il me semble qu'on est d'accord sur un point, c'est qu'il convient de donner la priorité à la loi du Sénat ? » Casimir Périer fait des objections, le duc de Broglie lui dit : « Dans ce cas, vous n'êtes pas d'accord avec MM. Dufaure et Léon Say qui ont consenti ? »

3 janvier. — .... Nous voici bien près de rentrer en session et les choses ne vont pas mieux. La réunion d'hier s'est terminée dans des formes très courtoises, mais chacun, et surtout la droite, est resté dans ses positions. On me dit que M. Dufaure, à la différence de Say et de Périer, s'est montré très conciliant. Malheureusement, Kerdrel et Depeyre se sont mis à cheval sur le septennat personnel, ils n'en démordent pas. Le dernier surtout travaille à créer autour de lui une opinion en ce sens et à enchaîner la droite au point d'honneur qu'il s'en fait à lui-même. Je suis, pour ma part, très indifférent à l'une et à l'autre des solutions, et je voudrais que d'aucun côté on ne s'engageât. Le débat sur le Sénat, auquel on paraît donner la priorité, amènera peut-être des rapprochements qui en faciliteraient d'autres. Le fractionnement des groupes est devenu un fléau et s'il y a une ressource, elle n'est plus que dans un débat public où les individus, se trouvant face à face, arriveraient peut-être, en dehors des programmes officiels, à se confondre dans un même sentiment patriotique.

De Meaux me dit que le correspondant du *Times* écrit à ce journal que, dans la visite qu'il a faite à Alphonse XII, il a trouvé sur sa table mon *Henri IV*, couvert d'annotations de sa main. Je n'ai pu mettre la main sur cette correspondance que je n'aurais pas été fâché de lire. Le fait est que ma dernière page résume bien l'idée que je me suis toujours faite des devoirs d'un roi à cette époque. Cumont donne un bal demain, il est bien probable qu'il n'aura plus beaucoup de réceptions ministérielles. Cependant.... les choses les plus fragiles dureront peut-être plus qu'on ne pense.

4 janvier. — Au bal chez Cumont. On dit que la gauche ne suivra pas Dufaure et Léon Say ; on doute même que ceux-ci restent fidèles à l'engagement.

Lettre du comte de Falloux à M. de Lacombe

5 janvier 1875.

Mon cher ami,

Lors même qu'il s'agirait de persuader, je me croirais encore moins apte à persuader que vous et plusieurs de nos amis qui connaissent à la fois le dessus et le dessous des cartes. Mais, ce n'est point de persuasion qu'il s'agit. X., Y. et leurs analogues pensent absolument comme vous et moi ; mais ils ont une faiblesse ou des faiblesses qui les feront reculer, tant que la tribune ne mettra pas leur conscience au pied du mur. La tribune ! La tribune ! Le scrutin ! Le scrutin ! et si ces deux degrés de juridiction échouent, la dissolution ! La dissolution ! Si j'étais à Versailles, je ne tiendrais pas un autre langage. On me dirait alors que j'apporte des théories et des niaiseries de solitaire, et on ne m'écouterait plus dès le second jour. Je n'en partirais pas moins si j'avais des forces, car quelques discours perdus ne seraient ni un grand malheur, ni une grande nouveauté dans ma vie.... Mais, les forces, je ne les ai pas, et il faut bien prendre pour la volonté de Dieu un état aussi persévérant. Je vais mieux, mais au prix d'un genre de vie incompatible avec l'action de Versailles, par exemple à la condition de me coucher comme les poules sans me lever comme elles — et tout le reste à l'avenant.

Quant au septennat impersonnel, demandez à Rességuier ce que j'en pense ; il vous dira que j'ai fait, l'année dernière, une campagne près de lui-même, pour démontrer que le septennat personnel était le comble de l'imprudence, une prime à l'assassinat, une loterie folle sur un seul numéro, etc., etc. La réponse était : Vous avez peut-être raison en principe, mais en fait !.... Eh bien ! cher ami, je ne puis raisonner qu'en principe, et le fait c'est vous seuls qui en êtes juges, et on m'arrêtera toujours du premier coup par ce triste mot. Luttez donc, luttez corps à corps, luttez en bataille rangée, et, si vous êtes vaincus, mettez du moins le courage et l'honneur du côté du patriotisme. Mille vœux du fond de l'âme.

ALFRED.

5 janvier. — Rentrée de la Chambre. La commission constitutionnelle se réunit. Batbie propose la clause additionnelle qui, combattue par Tallon et Laboulaye, défendue par Waddington, votée par Dufaure, est acceptée.

6 janvier. — On annonce tout à coup un message. Pourquoi ? Sur la priorité ? Quelle combinaison y a-t-il là-dessous ? Grivart lit le message, il le lit très bien.

Ce message est digne, conciliant, le bon sens même. Il déplaît à droite et à gauche. Tout de suite la coalition se prépare et l'on va faire battre le maréchal sur une question de priorité, sans que les responsabilités aient pu se dégager par des explications sur le fond.

Batbie fait donc la proposition au nom de la commission constitutionnelle ; Laboulaye, Castellane, J. Simon la combattent. Pendant le discours de J. Simon, Gambetta demande la parole. Stupeur à droite, à gauche et au banc de Rouher : va-t-il faire échouer la coalition ? Les bonapartistes se retirent un à un pour aller conférer dans les couloirs. La Bouillerie se joint à eux. Dans la salle des séances, Antonin Lefèvre-Pontalis défend la proposition sans être écouté. Chabaud-Latour parle noblement. Au vote, l'absence de scrutin, qui ne peut avoir lieu sur les questions d'ordre du jour, favorise les défaillances : une majorité d'environ cent voix se lève contre la proposition, et Dufaure et Say se lèvent contre ! Larcy vote avec les gauches et Rouher. Kerdrel, auprès de lui, lève les épaules en le voyant voter, Larcy détourne la tête. Je passe devant son banc sans avoir le courage de lui parler ; il a sur le visage la pâleur et le tourment d'une conscience troublée !

Versailles, 7 janvier 1875. — Nous voici rejetés dans des circonstances bien tristes. Tout manque à la fois après des engagements formels ; après avoir voté dans la commission avec nous, M. Dufaure (comme Léon Say, etc.), hier vote contre nous en séance publique. Waddington, Béranger et les quelques autres qui nous sont restés fidèles en étaient consternés. Cela coupe bras et jambes à ceux qui espéraient un accord, et ne réjouit que les intransigeants de toutes nuances. On se demande si on abordera seulement les lois constitutionnelles qui sont mortes hier. Les idées de dissolution et de septennalisation s'agitent parallèlement, mais l'état de l'Assemblée semble plutôt favorable aux premières, bien qu'à gauche même, je le crois, on n'en ait guère envie. Le maréchal a réuni les ministres à trois heures pour prendre un parti ; on ne sait ce qu'on fera. S'il était moins honnête homme, si M. Thiers le savait capable d'un coup d'État et l'extrême droite capable d'une démission, on en abuserait moins. On exploite indignement contre lui sa propre vertu. Il n'en sera pas moins vrai que de pareils incidents développent, dans le pays, le tempérament propice aux coups d'État, et on peut se demander si le moment ne viendra pas où, comme en Espagne, un *pronunciamiento* pourra se faire, en dehors même du pouvoir, contre l'Assemblée et le maréchal qu'on délivrera, tout en le renversant.

Carayon-Latour et Bisaccia sont allés trouver le maréchal pour lui dire que le vote n'avait rien de personnel contre lui. Le maréchal les a reçus un peu militairement et leur a dit : « Je veux les lois constitutionnelles, trouvez-moi un cabinet pour les soutenir. — Mais, ça n'est pas possible, Monsieur le maréchal. — Eh bien ! je m'adresserai à M. de Larcy, puis à M. Dufaure et, si on me refuse, je sais ce que je ferai. » Il leur a ensuite beaucoup parlé de la dissolution. A la fin, ils lui ont dit : « Monsieur le maréchal, permettez-nous de vous donner un conseil d'ami : débarrassez-vous de M. Decazes qui est le mauvais génie de votre gouvernement. » Le maréchal a dit qu'il lui était indispensable pour la paix de l'Europe. Ils ont répondu en riant : « Croyez-vous que le duc de Broglie ne la maintiendrait pas ? » En sortant, ils se demandent si le maréchal n'a pas voulu leur faire peur et se moquer d'eux.

Dîné chez Buffet avec l'ambassadeur d'Allemagne, Broglie, Decazes, etc.... Il se confirme que le maréchal, probablement d'après le conseil de Broglie, va faire appeler successivement Larcy et Dufaure. On suppose qu'ils déclineront la mission de former le nouveau cabinet. Broglie, qui est très excité, pense évidemment rentrer ; son programme serait de dire à la Chambre que le maréchal ne compte plus sur les lois constitutionnelles ; qu'il la rend responsable des difficultés de son gouvernement et qu'il fera les affaires du pays. Le ministère nouveau resterait, fût-il en minorité. Double situation bien délicate pour Broglie dont le nom est synonyme de responsabilité ministérielle et qui a présenté les lois constitutionnelles.

8 janvier. — Larcy et Dufaure ont refusé : le premier en disant qu'il avait entendu voter contre toutes les lois constitutionnelles et qu'il n'avait pas même été favorable à celles que le ministère, dont il faisait partie, avait présentées. Dufaure aurait dit qu'il était obligé de faire déclarer la République et qu'il n'aurait pas de majorité.

9 janvier. — A la réunion Colbert, Depeyre ayant proposé de renouveler la déclaration sur le septennat personnel, j'ai fait mes réserves, sans élever de discussion, ajoutant que l'année précédente, au centre droit, j'avais de même refusé de m'engager sur l'impersonnel, ces questions étant, selon moi, de circonstances et non de principe. Depeyre s'anime. Delpit et Rességuier m'appuient. La réunion, qui semblait unanime pour le personnel, est évidemment partagée. Il suffirait qu'un doute fût énoncé tout haut.

Plus je vois, plus je déplore qu'il n'y ait pas une grande réunion conservatrice ; le fractionnement est un fléau ; des hommes qui, réunis, confondraient leurs nuances, s'habituent dans leurs groupes séparés à les isoler ; ils prennent, sans tenir compte de ce qui se passe à côté d'eux, des engagements qui entravent leur marche ; ils substituent de faux points d'honneur à la vérité des situations générales.

10 janvier. — Messe au château. Il paraît qu'hier matin Broglie était extrêmement abattu. Il reconnaît son programme de jeudi impraticable. Il a dit à Thureau-Dangin que Pasquier et Decazes subordonnaient leur concours à une condition, impossible et qu'il ne peut dire. On croit que c'est la destitution de quatre généraux soupçonnés de bonapartisme : Bourbaki [1], Clin-

---

1. Bourbaki (1816-1897), fut nommé général de brigade en 1854. Il se signala pendant la campagne de Crimée et devint général de division en 1857. Il obtint, en 1869, les fonctions d'aide de camp de Napoléon III. Appelé en 1870 au commandement de la garde impériale, il prit part à la défense de Metz. A la suite des intrigues nouées entre Bazaine et l'état-major allemand, Bourbaki accepta la mission de se rendre à Londres auprès de l'impératrice, et sortit de Metz en médecin de la Société internationale. A son retour de Londres, le général se rendit à Tours et fut chargé par Gambetta d'organiser l'armée du Nord. Puis il fut appelé au commandement de la 2ᵉ armée de la Loire, qu'il conduisit dans l'Est pour débloquer

chant [1], Lacretelle [2], peut-être Lebrun [3]; ou une situation supérieure donnée à Paris au duc d'Aumale.

Le ministère reste donc décidément aux affaires jusqu'à la discussion des lois constitutionnelles.

Pour abréger la crise, Depeyre parle de demander l'urgence et de forcer ainsi les partis à émettre, dans une délibération unique, un avis catégorique sur les questions pendantes.

La république pourrait bien sortir de ce débat.

Les affaires publiques sont dans une phase des plus graves, le duc de Broglie se trouve en face de difficultés qu'il ne prévoyait pas jeudi soir. Il devient probable que le cabinet restera jusqu'au débat sur les lois constitutionnelles ; il se retirerait après leur chute, et alors peut-être

Belfort. D'abord vainqueur à Villersexel, il échoua devant les positions de la Lizaine et dut battre en retraite. Acculé à la frontière suisse, il tenta de se suicider. Envoyé à Lyon en 1871, il fut nommé gouverneur de cette place en 1873 et commandant du 14ᵉ corps d'armée. Il y fut remplacé en 1879 et passa en 1881 au cadre de réserve.

1. Clinchant (1820-1881). Il fit avec distinction les campagnes d'Italie et du Mexique. Il fut nommé général de brigade en 1866. Il s'échappa de Metz et vint se mettre à la disposition du gouvernement de la Défense nationale qui l'envoya commander une division de l'armée de l'Est. Appelé au commandement de cette armée après la tentative de suicide de Bourbaki, il fut obligé de se réfugier en Suisse avec ses troupes. En 1871, il commanda le 5ᵉ corps de l'armée de Versailles, de 1871 à 1879 le 1ᵉʳ corps d'armée à Lille, de 1879 à 1880 le 8ᵉ corps à Bourges. En 1879 il fut nommé président du comité d'infanterie, et en 1880 gouverneur de Paris.!

2. Lacretelle (1822-1891). Il prit part à la guerre d'Italie, devint général de brigade le 13 août 1865, général de division le 23 août 1870. Il coopéra en 1871 au second siège de Paris, et, après sa mise à la retraite (oct. 1887), fut envoyé à la Chambre des députés par le département du Maine-et-Loire (févr. 1888). Il s'associa généralement aux votes de la droite monarchiste.

3. Lebrun (1809). Il fit avec distinction les campagnes d'Afrique, de Crimée, d'Italie. Général de brigade en 1859, chef d'état-major de la garde impériale en 1860, général de division en 1866, aide de camp de l'empereur en 1869, il commanda le 12ᵉ corps pendant la guerre de 1870. Prisonnier de septembre 1870 à mars 1871, il prit part au second siège de Paris, puis il commanda le 3ᵉ corps d'armée à Rouen de 1873 à 1879, époque où il prit sa retraite.

le duc de Broglie rentrerait. On n'a que le choix entre les difficultés ; car reconstituer la majorité du 24 mai paraît impossible, à moins de donner à l'extrême droite, dans le ministère, une place inconciliable avec la nécessité où elle est de prendre des mots d'ordre au dehors ; et d'un autre côté, les hommes du centre gauche se sont présentement mis à l'écart. Je ne serais pas surpris que la dissolution sortît de ce chaos, mais sans qu'on y soit prêt, et le centre gauche est aussi menacé que les autres entre les listes radicales et bonapartistes. La proposition Périer, remise sur le tapis, opérera peut-être, si elle est adoptée, les effets qu'on semble en attendre ; mais il me paraissait politique aux hommes du centre gauche de saisir l'occasion qui leur était offerte de réaliser sur le terrain de la loi du 20 novembre les garanties qu'ils veulent obtenir et qu'ils cherchent vainement dans les alliances avec les radicaux. Ils n'ont, comme nous, que le choix entre les alliances et par là même, entre les concessions. Le septennat impersonnel, auquel on serait venu, était une transaction, qui n'eût pas empêché en 1880 la république de s'enraciner si, ce que je ne crois pas, elle peut s'acclimater en France. Aujourd'hui les modérés de tous les camps, vaincus ou vainqueurs, sont voués au même désastre et cette lueur de conciliation qui avait un instant paru à l'horizon s'est évanouie, sans qu'on voie comment elle pourra revivre. Je dîne à Paris ce soir, je verrai auparavant d'Harcourt qui m'a envoyé une dépêche pour me prier de venir le voir. Je pense qu'il veut avoir mes impressions, mais elles sont bien obscures.

Versailles, 11 janvier 1875. — ....La situation est toujours la même, et plutôt chaque jour plus triste. La loi des cadres tiendra probablement toute la semaine, et la discussion constitutionnelle ne viendra que le 25. C'est

une longue attente et, en mon particulier, bien fait pour
énerver les dispositions que je pouvais porter à la tribune.
Car, au milieu des découragements de chacun, dans l'inconnu qui s'épaissit devant nous, sans aucune perspective
ou aucun homme qui inspire confiance, le courage tombe
et tout espoir décroît, mais ce n'est qu'un petit côté de
cette grande crise. L'absence de ce ministère, sensible
dans l'Assemblée où les discussions vont à l'abandon
comme les esprits, peut, en se prolongeant, précipiter la
décomposition du système administratif. Les préfets n'ont
plus de direction, et, cherchant eux-mêmes quelle politique triomphera demain, ils ne peuvent en imprimer une
à leurs départements. L'Empire profite de ce relâchement
universel. Il n'y a malheureusement personne à l'Assemblée qui puisse rallier les esprits. Le duc de Broglie est le
seul homme en vue dans la majorité, et il n'aura qu'une
minorité. Il a contribué à ce message, dont l'heure était
inopportune, quoique le fond en fût irréprochable, et il
n'a pas le tempérament de poursuivre la campagne qu'il
a commencée. Pasquier, qui aurait pu se réserver un rôle,
est d'une intempérance déplorable ; on s'efforce d'aigrir
ses relations avec la majorité, en isolant les propos qu'il
a tenus ; mais, dans ce qu'il a dit, il y avait autant pour
le brouiller avec le centre gauche qu'avec la droite. La
Gazette me prête, dans le dessein de brouiller la droite et
le centre droit, des paroles que je n'ai pas tenues. J'ai dit
au contraire au centre droit, comme je l'avais dit à la
droite, que je n'attachais aucune importance à la distinction du personnel et de l'impersonnel. C'est surtout sur
les questions de mesure que je diffère d'avec Pasquier,
avec qui j'ai les meilleurs rapports. Maintenant, le langage, au milieu d'une assemblée aussi impressionnable,
est semé de difficultés, et quoique je n'aille pas aussi loin

que certains voudraient peut-être, je ne sais si, à droite,
on ne m'interrompra pas plus qu'à gauche. Il paraît que
le maréchal est décidé à se retirer si la République est
proclamée.

12 janvier. — On accuse beaucoup Decazes du message
et d'avoir voulu découvrir le maréchal pour amener son
renversement et le faire remplacer par le duc d'Aumale.
On le suppose plus profond qu'il n'est.

Pour moi, d'autres ont connu le message, peut-être
Buffet, certainement Broglie. Dimanche (11 janvier),
comme j'exprimais à d'Harcourt mon regret que le message, bon en soi, portât sur la priorité, il me dit : « Oh !
j'étais bien d'avis de supprimer ce qui l'indiquait, mais
c'est le duc de Broglie qui a dit : Si vous supprimez cela,
l'effet est manqué. » Je me demande si Broglie, prévoyant
et désirant peut-être l'échec de l'union des centres, n'a
pas voulu précipiter le coup pour arriver plus vite à la
politique qu'il croit bonne.

Les impressions, d'ailleurs, ont déjà bien changé. Au
centre gauche on a des regrets dans lesquels entre surtout
la peur du bonapartisme; l'extrême droite, qui a amené
cet état de choses, est aujourd'hui désolée. Après avoir
tant dit : monarchie ou dissolution, elle voudrait n'avoir
ni à proposer l'une ni à subir l'autre. Lambert de Sainte-
Croix qui proposait, il y a quelques jours, la démission
en masse de la commission, ne veut plus entendre parler
du retrait des lois constitutionnelles. La droite craint
maintenant les suites d'un éclat avec l'extrême droite.
Le centre droit (Pasquier) est moins monté contre le
centre gauche (Lambert-Sainte-Croix), mais un peu aigri
contre la droite et l'extrême droite. Bocher paraît bien
décidé pour les trois lectures, il dit froidement à Depeyre
qui le pressait en faveur de l'urgence : « Certes, il faut

éviter toute irritation quoiqu'elle soit trop légitime, mais il faut maintenir notre terrain et le défendre. »

Le dérivatif produit par la discussion détournera peut-être les aigus du centre droit de voter la République ; puis le centre gauche se rabattant sur l'impersonnel comme subsidiaire, l'impersonnel sera peut-être voté ; le tout sera d'amener la droite à voter l'ensemble du projet. Il y a aussi, je le soupçonne, dans cette partie du centre droit, des hostilités contre Broglie qui ne dissimule pas assez sa certitude de former le cabinet. « Je ne suis pas pressé », dit-il, quand on lui parle de l'urgence. Et on me raconte qu'il disait récemment à Cumont : « Pendant « que vous êtes encore ministre, pouvez-vous prêter « votre loge à mon fils ? »

On affirme, et à droite on répète trop que, si la République était votée, le maréchal se retirerait. Ce serait une grande faute, il faudrait rester plus que jamais au gouvernement.

Aujourd'hui, discussion de la loi des cadres de l'armée, discours charmant du duc d'Harcourt, délicat et fin, mêlé d'un peu de malice [1].

13 janvier. — La discussion sur les cadres traînera probablement jusqu'à la fin de la semaine ; tout le monde est effrayé d'une telle prolongation de la crise ministérielle : c'est le trouble et la décomposition dans les administrations.

Réunion du centre droit. Pasquier, avec son éloquence chaleureuse, résume les faits depuis un an, mais il charge tellement la gauche et la droite qu'il y aurait de quoi le brouiller avec tous. Chabrol parle en très bons termes

---

1. Il y raillait la minutie des questions soulevées par le projet, et soumises à la souveraineté de la Chambre. *Annales de l'Assemblée nationale,* t. XXXVI, p. 44.

pour l'urgence, qui semble d'avance repoussée, et que Broglie combat à ce titre, bien qu'elle fût peut-être désirée par la majorité. Quelques mots de Pasquier sur la manière de défendre l'institution républicaine pendant six ans m'amènent à dire que je ne pourrais confondre à ce point, dans la même loi, le principe de la République et le gouvernement légal du maréchal, lequel doit être défendu en tout état de cause. Mon discours est accueilli avec une vive sympathie par la majorité.

Le *Journal de Paris* développait ces jours-ci une idée que je crois juste. Il préconisait un ministère très fort : Broglie, Pasquier, Depeyre, Fourtou. Il y faudrait des nuances avoisinant le centre droit et les derniers confins de la droite modérée. Ce serait une grande union conservatrice, dans le sens le plus large. Les rivalités et les étroitesses de parti empêcheront toute combinaison de ce genre.

.... Nous voici à la veille d'entrer dans une phase bien grave. On avait d'abord pensé qu'on aurait l'urgence, mais elle n'obtiendrait pas la majorité. Une partie du centre droit, la moins nombreuse, il est vrai, tient aux trois lectures, dans l'espoir de trouver dans ces discussions espacées un moyen d'accord avec le centre gauche et aussi, autant au moins, pour empêcher le duc de Broglie de former le cabinet. Il y a contre lui bien des rivalités et peut-être ne prend-il pas assez la peine de les prévenir, en affichant trop haut sa certitude d'arriver au pouvoir. Toujours est-il que ce débat s'ouvre sans direction, sans chefs, au milieu d'une mêlée obscure et orageuse. Je crois bien que je parlerai dès le premier jour. Je serais prêt, autant qu'on peut l'être dans une si redoutable crise. J'ai été amené aujourd'hui à dire au centre droit le thème très résumé de mon discours, il a été bien accueilli. C'est un appel aux conservateurs et aux constitutionnels sur le terrain légal; les votes précédents ayant constaté l'impossibilité de faire un gouvernement définitif, et le refus de s'entendre ne pouvant servir ni les républicains modérés ni les monarchistes. J'espère n'être blessant pour personne, tout en étant très libre, et me placer en dehors des partis, sans déserter aucune de mes convictions. Il est possible, au reste, que la discussion ne vienne pas lundi, la loi des cadres paraissant devoir prendre toute la semaine. Si quelque union peut se faire, elle se fera peut-être sur le terrain du septennat impersonnel, et il est à désirer que la droite ne travaille pas trop d'avance à décrier cette combinaison.

Dimanche 17 janvier. — La discussion sur les cadres tiendra peut-être encore toute la semaine prochaine et il n'y a pas de gouvernement! Cette discussion se traîne péniblement. Le ministre défend et abandonne ses opinions. Tout va au hasard [1].

M. de Melun me dit, et le duc de Broglie répète officiellement que si la République est proclamée le maréchal quittera le pouvoir. Ce serait une grande faute; il faudrait rester plus que jamais au gouvernement.

Versailles, 20 janvier. — ....J'ai vu hier l'évêque

---

1. Le rapport du général Charton établissait que le bataillon avait perdu beaucoup de son importance à mesure que, par suite du progrès de l'artillerie, l'ordre dispersé avait dû être substitué à l'ordre profond dans la disposition des troupes sur le champ de bataille. Les compagnies étant ainsi devenues les véritables unités tactiques de l'armée, il importait d'en augmenter l'effectif, sauf à en diminuer le nombre, et de relever la situation du capitaine. La commission demandait donc que les compagnies fussent réduites de six à quatre par bataillon. Le général de Cissey opposait la difficulté de trouver un grand nombre de capitaines pouvant conduire au feu des compagnies de 250 hommes et la crainte de jeter une perturbation profonde dans une armée ébranlée. La Chambre ayant donné raison à la commission, le ministre accepta. Voir *Annales de l'Assemblée nationale*, t. XXXVI, séances des 12, 13, 14, 15 et 16 janvier.

d'Orléans, il vient d'être assez malade et garde encore la chambre. Il songeait à aller s'établir à Paris pour être plus près de Xavier Gouraud qui est son médecin. Il tousse et souffre d'un point de côté. Je lui ai dit le thème de mon discours, il m'a beaucoup encouragé à le prononcer. Peut-être la discussion s'ouvrira-t-elle vendredi.... De Meaux vient de recevoir une lettre de Falloux bien énergique et qui, au fond, me semble désirer que Pasquier casse les vitres. L'élection Cazeaux a vivement impressionné tous les partis. Je ne crois pas qu'elle donne des voix à la République; mais je ne crois pas qu'elle en donne davantage à l'impersonnel, quoique la gauche soit très effrayée d'un retour du bonapartisme. Le syndic des agents de change, M. Moreau, me montrait, avant-hier, une dépêche où on lui disait que le bruit que le centre droit passait à la République avait fait baisser les fonds.

Le centre droit lui-même, sauf une minorité, ne suivrait pas les orateurs qui s'engageraient sur ce terrain, et comment alors engager une campagne où le gros de votre armée vous abandonne?

21 janvier, le matin. — Aujourd'hui s'ouvre le débat constitutionnel. J'y dois prendre la parole. Depuis deux jours je suis très ému. L*** me joue du piano, ce qui dissipe instantanément ma fièvre [1].

---

1. La discussion s'ouvrit d'abord sur le projet de loi relatif à l'organisation et à la transmission du pouvoir exécutif. Voici le texte du projet de la commission :

« Art. 1ᵉʳ. — Le maréchal de Mac-Mahon, président de la République, continue d'exercer avec ce titre le pouvoir exécutif dont il est investi par la loi du 20 novembre 1873.

« Art. 2. — Il n'est responsable que dans le cas de haute trahison.

« Les ministres sont solidairement responsables devant les Chambres de la politique générale du gouvernement et individuellement de leurs actes personnels.

« Art. 3. — Le pouvoir législatif s'exerce par deux Assemblées : la Chambre des députés et le Sénat.

21 janvier, le soir. — A mon banc, pendant que Ventavon et Lenoël parlent, je suis plus calme, mais comme un condamné qui a pris son parti et ne fixe pas son sort, tout en s'y résignant. Une fois à la tribune, plus maître de moi. Auditoire sympathique, mais d'abord un peu froid ; peu à peu l'attention se fixe et s'émeut. Quand je descends, très entouré : Chabrol, d'Harcourt, Broglie, d'Haussonville, Depeyre, Grivart, Lambert de Sainte-Croix, Kerdrel (très tendre), Vogüé. L'extrême droite, nullement irritée, m'a félicité. Carayon, Belcastel, Juigné, Boyer. Léopold de Gaillard, qui est dans une tribune, entend Blacas dire, quand Carayon, qui parle après moi, m'adresse un mot aimable : « Il a raison, Lacombe a dit d'excellentes choses ; c'est un homme qu'il faut ramener. »

22 janvier. — Casimir Périer me dit : « Vous avez fait un excellent discours, mais c'est nous qui pourrions vous adresser l'appel que vous nous avez fait. » Rampont, Delorme, Bertauld, Lafayette, Lamy, Lanfrey, etc., me disent que je leur ai fait grand plaisir. Vacherot me dit : « Vous n'avez ni insulté, ni flatté, vous avez dit la vérité à votre parti, ce qui est rare. » Dufaure, à la commission des Trente : « Je vous ai beaucoup écouté et avec le plus

« La Chambre des députés est nommée par le suffrage universel, dans les conditions déterminées par la loi électorale.

« Le Sénat se compose de membres élus ou nommés, dans les proportions et aux conditions qui seront réglées par une loi spéciale.

« Art. 4. — Le maréchal président est investi du droit de dissoudre la Chambre des députés. Il sera procédé, en ce cas, à l'élection d'une nouvelle Chambre dans le délai de six mois.

« Art. 5. — A l'expiration du terme fixé par la loi du 20 novembre 1873, comme en cas de vacance du pouvoir présidentiel, le Conseil des ministres convoque immédiatement les deux Assemblées qui, réunies en congrès, statuent sur les résolutions à prendre.

« Pendant la durée des pouvoirs confiés au maréchal de Mac-Mahon, la revision des lois constitutionnelles ne peut être faite que sur sa proposition. »

grand plaisir; vous travaillez vos sujets, ce que peu font. »
Le lendemain, J. Favre [1], dans son discours, dont la fin
est d'ailleurs détestable, m'a adressé un éloge très flat-
teur.

Ce qui m'a le plus touché dans ces éloges, c'est qu'on a
rendu hommage à ma sincérité, à la force de ma conviction, et que cet appel à la conciliation a trouvé au moins
un instant un écho dans les esprits [2]. Tout ceci rappelé
ici, pour que mes enfants le lisent plus tard.

23 janvier. — Le discours de Jules Favre a consterné
le centre gauche, et peut-être alors une motion, même
monarchique, si elle avait pu se produire, l'eût-elle emporté [1]. »

26 janvier. — Les partis se reforment, ou plutôt les
groupes. Mais parmi les conservateurs règne un grand
abattement; nulle direction, nulle cohésion, aucune supériorité qui s'impose, et tout à l'abandon.

Lettre du comte de Falloux à M. de Lacombe

Mon cher ami,

Votre discours est une des rares jouissances qui soient
venues charmer et consoler ma solitude. Tout votre auditoire du Bourg-d'Iré a reçu avec la même vivacité la
même impression, et M. de Bertou, arrivé de la veille,

---

1. « Cette doctrine (que la France ne demande pas autre chose que l'organisation du pouvoir du maréchal), elle a été soutenue par M. de Lacombe, avec une éloquence, une émotion, un appel à la conciliation qui
ont mérité vos légitimes applaudissements. » J. Favre, discours du 22 janvier 1875, *Annales de l'Assemblée nationale*, t. XXXVI, p. 248, colonne 2.

2. Le 22 janvier, M. le vicomte de Meaux, le duc de Broglie, reprirent la
thèse de M. de Lacombe; Lucien Brun celle de Carayon-Latour; Bérenger (de la Drome) celle de Lenoël; le général du Temple insulta Broglie,
Decazes, le maréchal, et se fit désavouer par l'extrême droite. C'est alors
que J. Favre monta à la tribune, et négligeant bientôt la question actuelle, fit le procès de la royauté et glorifia la Révolution.

doit y être bien chaleureusement compris. On ne comprendrait pas que d'honnêtes gens résistassent à une démonstration à la fois si lumineuse et si calme. L'émotion, comme la conviction, naissent précisément de tout ce que vous avez si courageusement soutenu, tout en le faisant si parfaitement entendre. M. de Rességuier m'écrit, comme l'*Officiel*, que votre succès a été complet, et je ne doute pas que le duc de Broglie n'ait été le premier à vous remercier d'un secours et d'un talent qui lui viennent si puissamment en aide. Puissent le vote et les événements achever bientôt de donner au discours et à l'orateur sa véritable place.

Je vous quitte maintenant pour écouter M. de Carayon-Latour [1], qui va me rendre à la tristesse et à l'inquiétude, mais qui n'effacera certainement rien, cher ami, de tous les sentiments si tendres et si reconnaissants avec lesquels je vous embrasse.

ALFRED.

28 janvier. — Jeudi, l'ouverture de la deuxième délibération sur le projet de loi relatif à l'organisation des pouvoirs publics.

Laboulaye présente et appuie un amendement à l'article 1er, amendement qui proclame la République [2]. Discours habile et très modéré, mais bien réfutable. Malheureusement, c'est un orateur d'extrême droite, La Bassetière, qui répond. Personne ne l'écoute, et la gauche, sa-

---

1. M. de Carayon-Latour, qui monta à la tribune après M. de Lacombe, parla de la monarchie comme un amant et comme un preux, mais de manière à donner bien du mal à ceux qui cherchaient à prendre pied sur la terre ferme des réalités présentes.

2. Au paragraphe 1er de l'article 1er du projet Ventavon, ainsi conçu : Le pouvoir législatif s'exerce par deux Assemblées : la Chambre des députés et le Sénat, Laboulaye proposait de substituer : Le gouvernement de la République se compose de deux Chambres et d'un Président.

tisfaite de l'effet produit, demande la clôture et le vote immédiat à la tribune. Peut-être lui eût-il été favorable, si Louis Blanc n'était venu protester contre la manière dont la question était posée. C'est un véritable déchaînement de la gauche contre lui. Il renverse l'échafaudage de leurs espérances. Scrutin renvoyé au lendemain.

29 janvier. — Vote sur la République. Tribunes pleines. Assemblée nombreuse et très agitée. Des deux côtés on fait venir les malades. Buisson (gauche), qui ne vient jamais, arrive appuyé sur deux collègues. Kergariou, malade de la goutte, se fait porter. On vote à la tribune. Louis Blanc, Madier de Montjau, Quinet, qui ne devaient pas voter hier, s'exécutent. A leur vue, l'extrême gauche éclate en applaudissements qui donnent au vote un caractère sinistre. Luro, qui a voté blanc, me dit : « Si j'avais prévu une pareille manifestation j'aurais voté bleu. » On suppute les voix, d'après les billets qu'on a vus entre les mains des votants. A certains moments on croit la victoire aux républicains. Cependant on parle de cinq à six voix contre la proposition. L'anxiété est grande, et dans le silence de cette scène elle se peint sur les visages et dans les ondulations de cette Assemblée.

Le centre droit se réunit au quatrième bureau pour délibérer sur une nouvelle proposition de M. Wallon, que Pasquier et d'Haussonville appuient. On vient nous y annoncer qu'il y a vingt-trois voix contre la proposition.

Le prince de Joinville voulait s'abstenir, on l'a décidé à voter bleu : « Je le ferai, dit-il, mais c'est mon exil que je vote. »

Le discours de Boyer contre les deux Chambres. Personne ne l'écoute. L'article est voté sans débat. On vote donc le premier paragraphe de l'article 1er du projet Ventavon : Le pouvoir législatif s'exerce par deux Assemblées : la Chambre des députés et le Sénat ; puis le paragraphe 2 : la Chambre des députés est nommée par le suffrage universel dans les conditions déterminées par la loi électorale, enfin le paragraphe 3, mais dans les termes proposés par Marcel Barthe : la composition, le mode de nomination et les attributions du Sénat seront réglés par une loi spéciale [1].

Le président donne alors lecture de l'article additionnel proposé par M. Wallon et destiné à prendre place dans le projet de loi après l'article 1er.

C'est la réouverture du débat sur la République [2].

L'article Wallon a été renvoyé à la commission.

3o janvier, le matin. — Aujourd'hui nous allons délibérer sur la proposition Wallon. Bien entendu, ceux qui ne veulent rien faire jettent feu et flamme contre et l'impatience que cause cette négation tranchante et absolue pousserait au premier moment à adopter la proposition. D'un autre côté, la droite modérée, en masse, la repousse et même une bonne partie du centre droit. Grande torture, sur des questions qui, après tout, ne sont pas de principes, de rompre avec le gros de ses amis. Telle qu'elle est, la proposition ne peut être votée, parce qu'elle se compose de différentes parties qui ne peuvent être séparées. Elle est mal rédigée. Mais si quelque proposition

---

1. Le paragraphe 3 de l'article 1er du projet Ventavon était ainsi conçu : Le Sénat se compose de membres élus ou nommés dans les proportions et aux conditions qui seront réglées par une loi spéciale.

2. M. Wallon demandait, en effet, à la Chambre, de voter ce texte :

Le Président de la République est élu à la majorité des suffrages par le Sénat et par la Chambre des députés réunis en Assemblée nationale.

Il est nommé pour sept ans. Il est rééligible.

Sur les origines de l'article Wallon, voir l'article du duc de Broglie : Revision de la Constitution, dans la *Revue des Deux Mondes* du 15 avril 1894 ; les *Souvenirs politiques du vicomte de Meaux*, p. 211 ; de Marcère, *l'Assemblée nationale*, t. II, p. 188-207.

pouvait rallier à gauche un nombre de voix suffisant pour voter une organisation, il ne faudrait pas aller contre.

3o janvier, le soir. — A la commission, la proposition Wallon a été repoussée, M. Wallon ayant refusé toutes modifications.

A la Chambre, l'amendement Desjardins à l'article additionnel Wallon, amendement qui subordonnait l'article Wallon à l'expiration des pouvoirs conférés au maréchal et à la non-revision, a été repoussé [1]. Je me suis abstenu. J'aurais voulu que cet amendement fût reporté à l'article 4, afin qu'on pût voter à la fois sur la revision et la transmission.

Avant que le scrutin soit proclamé, bien du temps s'écoule, et on croit tour à tour que la victoire est pour les conservateurs et pour les républicains. Dans cette attente, l'éventualité d'une dissolution se présente aux esprits. Je m'approche de Bisaccia qui cause avec Amédée Lefèvre-Pontalis et je leur dis : « Brun disait l'autre jour que la proposition de donner le droit de dissolution au maréchal était prématurée, je crois qu'aujourd'hui le moment est venu et qu'il faudrait engager vos amis à le voter. — Oh ! me dit-il, si cette proposition Wallon passe, nous n'aurons plus à prendre part aux travaux de l'Assemblée. » Émigration à l'intérieur, c'est toujours leur politique.

Quand on annonce le résultat, 353 voix pour l'article Wallon et 352 contre, silence dans la Chambre ; ni la

1. M. Desjardins proposait de faire précéder l'article additionnel Wallon de ce préambule :

A l'expiration des pouvoirs conférés à M. le maréchal de Mac-Mahon, par la loi du 20 novembre 1873, et s'il n'est procédé à la revision des lois constitutionnelles, conformément aux articles ci-dessous, le président est élu...., le reste comme à l'article additionnel de M. Wallon. *Annales de l'Assemblée nationale*, t. XXXVI, p. 364, col. 2.

gauche ne triomphe, ni la droite ne raille cette voix unique. Au fond, on sent que ce résultat est acquis. Cette voix en appellera d'autres. Pour beaucoup, elle crée une situation qu'ils n'auraient pas provoquée, mais que faute de mieux, une fois faite malgré eux, ils acceptent [1].

Dîné le soir chez Savary, avec Delacour, Flotard, Lamy ; ils croient à une conciliation sérieuse. Nous verrons bien. Pour moi, mon parti est pris : ne pas cesser de réclamer les institutions et les garanties que je jugeais bonnes hier ; si on les refuse, rejeter l'ensemble ; si on les donne, les voter. En tout cas, ne pas assumer la responsabilité d'avoir de parti pris refusé au pays des garanties dans le présent, sous prétexte qu'on établirait une clause pour l'avenir, clause que le droit de revision permet de changer. En effet, le projet Ventavon pourrait se définir ainsi : Le régime actuel cesse en 1880, à moins qu'il ne soit maintenu ; le projet Wallon : le régime actuel continue après 1880, à moins qu'il ne soit changé. D'un côté, la présomption était la neutralité de l'avenir, de l'autre c'était la République, mais avec la faculté de la changer. La proposition Laboulaye était bien plus une déclaration de principes.

Février 1875

1ᵉʳ *février.* — A la réunion Colbert, Depeyre très monté contre toute organisation. Il parle, à propos de la proposition Desjardins, des journaux, de l'intrigue. C'est le langage de l'*Union* appliqué au centre droit. Kerdrel,

---

1. A la séance du 1ᵉʳ février, M. Ganault déclara à la tribune que, s'il avait été présent, il aurait voté pour ; MM. Laurent et Mallevergne déclarèrent qu'ils auraient voté contre. Le résultat aurait été 354 contre 354. L'article eût été rejeté. *Annales de l'Assemblée nationale*, t. XXXVI, p. 383.

plus politique, plus conciliant. Il est partagé entre les vues de sa raison et sa situation personnelle. Il me le dit à la commission des Trente : « Au fond, je suis de votre avis, mais comme président de la réunion Colbert, j'ai des considérations à ménager. »

A la commission des Trente : Keller, Bisaccia, Combier, qui hier votaient contre nos propositions, sont aujourd'hui de feu pour elles ; ils disent qu'il faut les maintenir, que notre honneur nous le commande, etc.... Je ne puis m'empêcher, en répondant à Keller, de le faire observer et je pose ma ligne de conduite : la question de forme du gouvernement n'empêche pas nos devoirs envers la société, et, sous prétexte d'un avenir inconnu, je ne veux pas compromettre le présent, en refusant au maréchal les pouvoirs dont il a besoin. Dans cette première réunion on décide que la commission ne s'opposera pas à ce qu'on remplace dans l'article 4 de la loi les mots de maréchal-président par ceux de président de la République.

Dans une seconde réunion, tenue à quatre heures, la commission, contradictoirement avec ce qu'elle a décidé le matin, accorde au maréchal seul le droit de dissolution.

Je vote pour le droit accordé au président, en général ; seul moyen de le faire accorder au maréchal, et parce qu'on ne peut pas ne pas tenir compte dans la loi du vote de la veille.

Nous sommes sept votant ainsi. De Meaux, Kerdrel, Rességuier s'abstiennent. Le reste de la droite vote contre.

Quel drame ! C'est l'heure des résolutions pénibles et pourtant nécessaires. Il faut rompre les liens d'amitié, braver les jugements de salons. Il s'agit de savoir si nous pouvons faire souffrir la France, et lui refuser toute institution sous prétexte qu'elle est en République.

2 février. — Le trouble continue et aussi la défaite. A la réunion Colbert, Depeyre, très cassant, reprenant, contre ceux qui consentent à organiser dans un sens conservateur, le langage de ceux qui repoussaient contre lui le septennat personnel. On se décide à présenter d'abord à la Chambre le droit de dissolution donné au maréchal seul. De Meaux soutient cette thèse en termes excellents et avec une argumentation forte. M. Dufaure parle contre et insiste avec âpreté sur le caractère du vote de samedi. Bisaccia prie ses amis de donner au maréchal ce témoignage de confiance : bonne inspiration, mais bien tardive. Au scrutin, la priorité pour cet amendement est repoussée par huit voix ; et douze de l'extrême droite se sont abstenus. Le droit de dissolution au président avec le concours du Sénat est voté à une majorité de 182 voix [1]. J'ai voté par assis et levé pour le droit au président, sans Sénat ; je crois l'intervention du Sénat dangereuse, et je m'abstiens. Broglie, qui jusqu'au dernier moment voulait s'abstenir, finit par voter blanc. Dans sa situation, il eût peut-être mieux fait de s'abstenir. Un instant auparavant, il me disait : « Je m'abstiens. Après mon discours du 23 juillet contre la République, je ne veux pas que le parti conservateur, qui peut avoir les yeux fixés sur moi, croie que je suis pressé d'entrer dans les rangs des vainqueurs du jour. » Bertauld, qui avait préparé un amendement sur le droit de dissolution personnel, le retire. C'est M. Thiers qui est venu le lui demander pendant qu'il corrigeait ses épreuves. C'est un

---

1. Voir les *Annales de l'Assemblée nationale*, t. XXXVI, p. 391, séance du 2 février 1875.

triste spectacle, aux différents votes par assis et levé, de voir les rangs des conservateurs s'éclaircissant de plus en plus : aucune direction parmi eux, aucun chef reconnu, tandis que leurs adversaires marchent comme un seul homme !

3 février. — On a voté la loi des pouvoirs publics en deuxième lecture.

La clause de la revision, admise par M. Dufaure lui-même et votée par les gauches, est aussi large que la clause des projets Ventavon.

C'est une chose étonnante que les gauches l'aient votée. Gambetta, en séance publique, a fait des réserves, en annonçant qu'il demanderait la réunion d'une Assemblée constituante. Mais on ne la votera pas. On dit que les gauches ont une telle peur du bonapartisme qu'elles feront toutes les concessions [1]. *Initium sapientiæ « timor Cæsaris. »*

11 février. — La loi du Sénat est discutée en deuxième lecture. Un amendement de Pascal Duprat, proposant le suffrage universel (ou plus exactement les mêmes électeurs que pour les députés), est voté. On s'y attendait si peu que le rapporteur, Lefèvre-Pontalis, annonce qu'il répondra sur l'amendement Bardoux, qui propose également le suffrage universel avec catégories d'éligibles. Au premier vote par assis et levé, indécision ; une grande partie de l'extrême droite s'abstient; quelques bonapartistes se lèvent ; Rouher et son banc s'abstiennent. Au deuxième tour, Rouher et son banc se lèvent. Ils votent au scrutin *pour*. Leur vote et l'abstention de l'extrême droite déterminent la majorité. Quelques-uns de l'extrême

---

1. Voir les *Annales de l'Assemblée nationale*, t. XXXVI, p. 419, séance du 3 février.

droite ont hésité et fini par voter *bleu*, comme Amédée Pontalis, Tarteron, Bisaccia. Grande sensation après ce vote. La commission demande le renvoi et la séance est levée. La gauche est inquiète, le centre gauche consterné. Ils sentent, un peu tard, qu'ils ont trop tendu la corde, et, pour avoir voulu tout enlever, ils pourront ne rien garder. Les bonapartistes triomphent. L'extrême droite est satisfaite avec moins de sérénité. Ils disent que le centre droit va leur revenir et qu'ils ont rompu le lien qui le rattachait au centre gauche.

Au milieu de ces mouvements, des individualités curieuses à observer. Certains ont, sans qu'ils s'en doutent, un visage radieux. Ils rougiraient d'en convenir et même de s'en apercevoir. Mais, par une impression plus forte que leur volonté, le portefeuille a lui de nouveau devant leurs yeux et y a mis de la joie. Il n'est cependant pas probable que la même combinaison les réunisse. Pasquier est indigné contre le centre gauche. Que sera-t-il demain ? Broglie voudrait que le maréchal s'expliquât de suite et prit un parti. Les membres de la gauche et du centre gauche annoncent qu'ils vont offrir toutes sortes de concessions. Les catégories multipliées : pure illusion ! Des articles transitoires donnent au maréchal toutes sortes de droits. Nous verrons demain. Le fait est que leur œuvre est bien menacée. Malheureusement, nous sommes tous entraînés dans ce désastre, et je ne vois pas comment ceux qui rêvent un ministère de minorité ou le retour de la majorité du 24 mai pourront mener à bien leur entreprise.

12 février. — Les membres de la commission constitutionnelle se réunissent au 11ᵉ bureau ; tous sont d'accord pour que demain la commission déclare se désintéresser du débat, son projet étant renversé de fond en comble par l'Assemblée.

La Chambre s'était mise en vacance pour les jours gras, du samedi au jeudi. Pendant ces jours, les gauches s'étaient réunies presque chaque jour. Les droites étaient dispersées et chacun dans son isolement ou à ses plaisirs. Image du parti conservateur à l'heure présente !

13 février. — Hier, séance des plus tristes [1]. Un amendement de Bardoux, faisant corps avec l'amendement Duprat, est adopté. On met aux voix l'ensemble de l'article et c'est pour l'Assemblée un moyen de revenir sur le vote d'hier et de trouver un terrain d'accord pour faire le Sénat. Mais le centre gauche refuse de s'abstenir, sachant pourtant que l'extrême droite et les bonapartistes vont recommencer leur manœuvre. Bien plus, plusieurs de droite s'abstiennent, qui avaient voté hier, et d'autres de l'extrême droite votent *blanc* pour tirer le bien de l'excès du mal.

Il n'y a pas de moyen révolutionnaire que ce parti n'emploie, et il faut voir comme il juge ses adversaires ! Castellane s'abstient et se congratule avec Rouher. Il est même au moment de voter blanc et n'y renonce qu'en voyant que son bulletin n'est pas nécessaire. En effet, une majorité énorme est acquise au vote d'ensemble. La suite des articles est votée par assis et levé, au milieu des plaisanteries de la droite sur la gratuité. Bardoux annonce un amendement qui est hué par la droite. Un sténographe placé près de moi me dit : « Depuis 1846 que j'assiste aux séances, je n'ai jamais vu une séance plus comique, dans des circonstances plus graves. » Arrive le vote sur la troisième lecture : le projet est rejeté ; nouveau triomphe pour les intransigeants et pour le groupe Ernoul-Depeyre qui se prépare à exhumer ses projets.

---

1. Voir les *Annales de l'Assemblée nationale*, t. XXXVI, p. 483, séance du 12 février.

Castellane, qui en a eu vent, s'empresse, en répondant à Brisson qui demande la dissolution, de les divulguer à la tribune, afin de paraître en avoir l'initiative.

Le centre gauche avait une occasion de faire l'union avec les modérés et de rompre avec les radicaux. Il l'a laissée à deux reprises échapper et nous place, nous qui voudrions des institutions, dans l'impossibilité de le suivre. L'empire, un moment abattu par l'espoir d'une organisation, va renaître de notre impuissance, et le régime parlementaire périra sous le spectacle qu'offre une partie de ceux qui le représentent.

Gambetta parle à la fin de la séance avec une vraie puissance. Je regrette de n'avoir pas osé demander la parole. Chabaud-Latour, ministre de l'intérieur, répond avec une dignité et une honnêteté qui suppléent au talent.

Dans la matinée, commission des Trente. Lambert Sainte-Croix et moi nous discutons avec M. Dufaure pour son projet. On nous félicite de tous côtés; après la séance, on me dit que j'ai très bien parlé. Il faut le croire, puisque cela revient de toutes parts. Kerdrel me le dit avec une animation bien affectueuse; mais à moi, il semblait que je ne parlais même pas français. Cela devrait m'encourager; le feu remplace, fait passer et rend plus saisissantes bien des choses.

14 février. — Vu à la Chambre Depeyre, au fond très gai, étonné seulement de n'être pas appelé. Il avait vu la veille le maréchal qui, dit-il, était très soulagé par l'issue de la séance, et qui aurait dit au duc de Broglie : « La nuit, je rêvais de tout cela ; je me disais : le centre droit va à gauche ; et, pour moi, c'était pénible. » Dufeuille, reflétant les impressions de M. Buffet, me dit que tout est perdu, qu'il n'y a plus de majorité pour rien. Lambert

me raconte que le duc de Broglie est venu le réveiller
le matin pour lui demander son avis sur sa rentrée.
Lambert ne la croit pas possible. Le concours des bonapartistes préparant sous son ministère leur triomphe, la défiance de l'extrême droite, le mécontentement
d'une partie du centre droit, les princes eux-mêmes qui
disent : « Surtout ne préparez pas notre exil en favo-
risant le bonapartisme », autant de raisons pour s'écarter.
Broglie est de cet avis et supplie Lambert de l'accompa-
gner chez Buffet pour lui demander de prendre le pouvoir. C'est ainsi qu'ils sont venus tous deux ; Broglie a
beaucoup insisté sur les raisons qui l'empêchaient de
prendre le gouvernement. Il ne veut pas être le Serrano
d'un coup d'État bonapartiste. Il a pleuré devant Buffet
et Lambert en parlant de sa situation.

Le soir, de Meaux m'écrit un mot pour me demander
d'aller chez Depeyre de la part de ce dernier qui réunit
quelques amis : de Meaux, Kerdrel, Chesnelong, Vidal,
Chabrol et moi.

Depeyre a été mandé, vers trois heures, chez le maréchal, où se trouvaient Buffet et Broglie. Bisaccia était
déjà venu, souriant, demandant deux portefeuilles, dont
l'un pour Chesnelong. Le maréchal, en racontant l'entretien à Depeyre et Broglie, leur dit : « L'autre, il ne l'a
pas nommé, mais il l'a laissé voir. » C'était lui-même. En
revanche, il promet beaucoup.... dans l'avenir.... ; « mais
rien n'est pressé, dit-il; on verra. » Depeyre a vu, en
effet, que les choses n'allaient pas aussi facilement qu'il
l'avait pensé. M. Buffet pense qu'il faut tenter encore un
effort pour les lois constitutionnelles. Depeyre dit que
c'est une illusion, mais lui-même ne peut arriver à trouver une majorité pour les garanties au maréchal. Le duc
de Broglie ne voudrait admettre dans le cabinet aucun

membre de l'extrême droite, parce qu'ils obéissent à un mot d'ordre, et, comme la Bouillerie, se disent tout à coup, au sein du conseil, dans l'impossibilité de discuter tel point, parce qu'ils ont des ordres. D'un autre côté, si l'on n'a pas de représentant de l'extrême droite, il faut renoncer à leurs votes et chercher ailleurs. Depeyre ne refuse plus, comme jadis, d'envisager cette éventualité, et il nous pose même ces questions : le projet du Sénat étant repris, admettrions-nous que les membres du centre droit puissent figurer dans un ministère qui voterait pour le projet le plus conservateur, et qui ferait de l'article de Wallon une question ouverte? Je dis *oui* sur cette question, l'ayant toujours jugé ainsi. Mais Kerdrel et Chesnelong disent *non*. Il faut avouer qu'ils sont conséquents avec leur ligne passée, et qu'ils peuvent s'étonner que Depeyre admette le doute sur ce point qu'il tranchait si récemment avec plus de netteté qu'aucun d'eux. « Alors, rien ne peut se faire », dit Depeyre, en voyant leur attitude. Il est certain que personne ne peut lui donner de conseils précis sur une situation où manquent tant d'éléments d'information.

Vendredi, au moment où le général de Cissey montait à la tribune pour lire la déclaration du gouvernement, M. Dufaure, placé derrière le banc des ministres, a dit à demi-voix : « Voici M. de Cissey qui se prépare à devenir un général du 2 Décembre ! » M. de Cissey l'a entendu, et, se retournant, lui a dit : « Si vous n'aviez pas des cheveux blancs, monsieur, je vous répondrais comme un soldat à un homme qui l'insulte ! »

Décidément, il n'y a pas de nouveau cabinet, le duc de Broglie ne voulant pas accepter dans les circonstances actuelles.

Lundi 15 février. — Réunion des bureaux des Réservoirs; bureau bien diminué depuis un an. Ernoul y développe en très bons termes, me dit-on, sa proposition pour donner le droit de dissolution et le *velo* au président. D'un autre côté, Méplain, Leurent et une vingtaine de membres du centre droit vont chez le maréchal pour lui demander d'appuyer un projet analogue. Le maréchal dit qu'il faut attendre que l'Assemblée ait statué définitivement sur les lois constitutionnelles.

Kerdrel me rencontre vers midi et demi, quand je me rendais à la Chambre, et m'emmène à la réunion Colbert, où je ne comptais point aller, craignant de n'être pas dans le courant de la réunion. En effet, on y est très porté pour la proposition Méplain, Ernoul, etc. Comme on ne sait qu'accuser les hommes qui diffèrent d'avec vous, on accuse beaucoup M. Buffet qui, dit-on, pèse en sens contraire sur la présidence. On ne réfléchit pas que les accusations ne détruisent pas l'importance des faits, et que le fait seul de la dissidence de M. Buffet est un symptôme considérable, par là même que l'homme est une autorité et qu'il est légion. Or, la proposition nouvelle qu'on introduit n'est bonne que si elle a une majorité. Cette majorité, comment l'amener, quand le centre droit est divisé et que l'extrême droite ne se prononce pas encore? Pour ma part, membre de la commission, laquelle a été saisie par l'Assemblée des nouveaux projets, je crois que la commission doit porter ce projet nouveau à l'Assemblée, en laissant à celle-ci la responsabilité de l'échec. Et si la question se présente aujourd'hui à la commission dans des termes qui obligent à prendre un parti, je ne puis prendre l'engagement de me taire ni de m'abstenir. Je fais cette déclaration à la réunion Colbert, après hésitations et avec peine, parce qu'il est toujours douloureux de faire entendre une note dissonante dans une réunion où tous semblent du même avis, oubliant trop souvent qu'ils ne sont pas seuls et que ce qu'ils ont décidé à l'unanimité n'est, au sortir de leur salle, que l'avis d'une minorité.

16 février. — Broglie, décidé à ne pas entrer au pouvoir tant que nous n'aurons pas tenté le nouvel essai du Sénat. « Quand je vois comment le 24 mai a mal tourné, « dit-il, je n'ai la conscience tranquille que parce que je « puis me rendre ce témoignage que dans la commission « des Trente, j'avais fait avec vous, de Meaux, d'autres, « l'impossible pour ramener M. Thiers. Nous avions fait « toutes les concessions possibles, au risque de nous « aliéner la droite. Aujourd'hui, si je me présentais de-« vant cette échéance terrible de la dissolution, sans avoir « tout fait pour arriver à une organisation, si je pouvais « me dire que je n'ai pas attendu que tout fût tenté pour « cela, et que j'ai mieux aimé aller au-devant de la disso-« lution, je ne me le pardonnerais pas sur mon lit de « mort.... » On sent une grande droiture sous cette parole.

Je crois de plus en plus à l'impossibilité de faire passer, en ce moment, la proposition Méplain ou autres analogues.

L'extrême droite et même la droite compromettent d'avance cette campagne déjà si chanceuse. A la Chambre, une partie de la droite se rue sur une initiative prise par l'amiral Saisset et Lorgeril, pour faire décider que M. Buffet n'aurait pas dû admettre les nouveaux projets sur le Sénat, après le rejet de la troisième lecture. On voit dans les applaudissements que reçoit cette motion l'animosité contre M. Buffet, et il ne faut pas plus pour éloigner bon nombre de conservateurs d'une proposition dont les promoteurs annoncent de tels sentiments contre le président. « Vous sacrifiez tous vos hommes les uns

« après les autres », dis-je à Bisaccia. — « Ils sont tous
« contre nous,», répond-il. — « Dites plutôt que vous, ou
« plutôt vos amis, sont contre tout le monde. »

17 février. — A la commission constitutionnelle, où
Waddington et Cézanne avaient lundi exposé leurs projets
en termes très conciliants et très honnêtes, Kerdrel propose d'ajourner les discussions sur le Sénat, en indiquant
qu'il tient beaucoup à ce qu'on en fasse, mais qu'il croit
le moment peu favorable. Chesnelong appuie la motion,
en disant qu'il ne veut à aucun prix organiser le fait
républicain; et par là même, contre le gré de Kerdrel, il
écarte absolument le Sénat. Lambert de Sainte-Croix,
Cézanne, combattent la motion. Je la combats aussi,
quoique peiné d'être en dissidence avec Kerdrel. Mais il
n'est vraiment pas possible d'accepter des propositions
qui partent comme des fusées sans aucune vue sur leurs
suites, et dont tout l'effet est de discréditer d'avance les
projets qu'on pourrait ensuite présenter. Kerdrel, finalement, retire sa motion. Mais voilà un soupçon de mauvais
vouloir désormais imprimé sur le front de la droite.

L'Assemblée s'est ajournée du 16 au 19.

Le 17, nous travaillons à la commission constitutionnelle.

Nous arrivons à voter un projet tel quel : corps électoral composé des députés, des conseillers généraux, des
délégués de chaque commune élus par l'assemblée municipale formée du conseil municipal et des plus imposés;
un tiers à la disposition du maréchal, et, pour l'avenir,
nommé par le président sur une liste triple dressée par
le Sénat.

Pendant ce temps, des réunions ont eu lieu aux Réservoirs. Bisaccia déclare qu'aux Chevau-légers la majorité
se rallie à la proposition Méplain. Mais Carayon demande

deux portefeuilles pour l'extrême droite, et l'*Union*, l'*Univers*, les correspondants des princes répètent que l'extrême droite n'a pris aucun engagement. Il n'y a donc rien de fait de ce côté. On ajoute que Leurent, un de ceux qui ont été avec Méplain présenter la proposition au maréchal, n'a entendu la présenter que dans le cas où toute proposition sur le Sénat serait rejetée; tandis que dans la pensée d'un grand nombre et de Méplain, c'était un moyen d'enterrer tout projet de Sénat. L'inconsistance de cette campagne prouve son inopportunité.

18 février. — Hier, nouvelle alerte. Nous étions en délibération sur la suite du projet, lorsque le président Batbie reçoit une dépêche du ministre de l'intérieur Chabaud-Latour, annonçant son arrivée pour quatre heures. Il arrive, en effet, inopinément, au moment où M. Dufaure parlait contre la gratuité du mandat de sénateur. Le général nous annonce, dans des termes hésitants et avec un visage triste, que le gouvernement a su qu'une entente s'était faite entre des groupes de l'Assemblée; que les délégués de ces groupes, qu'il nomme bientôt : centre gauche, centre droit et réunion Lavergne, étaient venus en faire part au cabinet et donner une promesse ferme d'accord; qu'un point seulement soulevait des difficultés, la nomination par le maréchal, et que celui-ci, préoccupé de n'empêcher l'accord par aucune prétention personnelle, renonçait à cette prérogative, en consentant à ce qu'elle fût transférée à l'Assemblée. On rendrait au pouvoir la nomination des conseillers d'État.

Cette singulière communication jette un froid dans la réunion; tout le monde, quelle que soit la nuance, en est embarrassé. Car on sent que la chose, admissible d'ailleurs, est présentée de la façon la plus maladroite et la plus dangereuse. Venir dire à une grande commission qui travaille consciencieusement et dans un esprit de conciliation qu'on s'est entendu avec des groupes qui n'ont pas d'existence officielle à la Chambre, et qu'on a défait avec eux ce qu'elle avait fait elle-même, c'est intéresser forcément la dignité de cette commission au rejet des propositions qu'on apporte. Parler de l'entente avec les groupes, quand on n'a pas consulté un groupe important, la réunion Colbert, dont tant de membres siègent dans la commission, c'est fournir un prétexte à ceux qui en cherchent pour tout refuser, et placer les autres dans la situation la plus délicate. Négocier cet accord avec le centre gauche, à l'exclusion de la droite et à l'insu de bon nombre du centre droit, c'est donner à la concession une couleur politique qui montrera au pays le pouvoir passant à gauche, et bouleversera l'administration. Enfin, c'est se désarmer vis-à-vis de la gauche en faisant dès aujourd'hui toutes les concessions. Beaucoup de membres se disent : « C'est Louis XVI »; et, en effet, cette figure si honnête mais si troublée du loyal général donne l'idée des ministres et du roi captifs de la Révolution. Bisaccia vient à son tour répéter ce mot devant moi : « Ce sont les mêmes événements que sous Louis XVI ! — Oui, monsieur le duc, lui dis-je, avec les mêmes circonstances : l'abandon du maréchal par une partie de ses amis, comme de Louis XVI par une partie des royalistes. »

Pendant que le général parle des groupes, Bisaccia lui dit d'un ton assez impertinent : « M. Gambetta approuve-t-il ? » Le général répond avec calme et tristesse : « Nous n'avons pas consulté la gauche ni l'extrême gauche. »

La commission se sépare sur cette motion. Ceux qui ne voulaient rien faire avant sont à présent les plus exaspérés. Ils trouvaient tout mauvais et s'étonnent qu'on ne s'y tienne pas. Daru, qui n'est pas de ceux-là, mais qui s'émeut vite, me dit : « Tout est fini ! » De Meaux lui-même est très animé. Kerdrel, qui a fait en très bons termes ses réserves devant le ministre, lui dit : « Il ne faut pas casser les vitres ! »

Le soir, réception chez les deux présidents. Cumont, très entouré, tout en exprimant ses regrets de la mesure, paraît y avoir consenti. Il s'est amoindri dans ce ministère. Desjardins me dit qu'il ignorait tout et blâme hautement. Tailhand me dit que, seul, il s'est opposé dans le conseil. Le maréchal est ému. Il dit à Chabrol : « Il y a de l'émotion, mais j'espère que cela se calmera ; qu'on soit bien sûr que jamais je n'irai à gauche. » On accuse beaucoup Decazes ; il a peut-être inspiré la démarche d'aujourd'hui ; mais il est sûr que la concession était conseillée et trop annoncée par d'autres, d'Harcourt, le duc de Broglie, étonnamment perméable aux impressions d'autrui, et qui se met, dans les sentiments les plus honnêtes d'ailleurs, à la remorque d'autres pensées, au lieu de dominer la situation par une politique arrêtée.

Vendredi 19 février. — Réunions diverses. Au centre droit, j'ai une explication avec Bocher et Pasquier qui paraissent étonnés du mécontentement de la droite et de la commission. Au fond, le langage de Pasquier me prouve que tout cela a été fait sciemment, en dehors de la droite, non contre elle, mais parce qu'on désespérait de son consentement. Pasquier, en séance de la réunion, explique sa conduite, non sans quelques reproches à la droite en me regardant, et parle d'une séparation momentanée d'avec elle, sauf à se retrouver plus tard. Je réponds en disant d'abord que les susceptibilités, même les plus légitimes, ne doivent pas influer sur la conduite politique. J'explique l'émotion de la droite, et je fais appel aux sentiments d'union, appel bien accueilli.

A la commission des Trente, on maintient le texte de la commission. Des membres bien modérés, même Delsol, Talhouët, sont de cet avis. Mais Keller, Bisaccia, etc., ont une telle ardeur pour faire de ce maintien du texte l'occasion d'un conflit et du désastre des lois, que je ne puis m'empêcher de dire : « Si l'on veut donner un tel caractère à la décision de la commission, je ne prendrai pas la responsabilité de repousser ainsi la pensée conciliante du maréchal. Je ne choisis pas depuis longtemps ce que je crois le meilleur; entre deux maux, je cherche le moindre. Si l'on craint que le maréchal ne devienne prisonnier des gauches, c'est une raison de plus pour nous de nous serrer autour de lui et de ne pas l'abandonner.... » Au vote, quatorze voix environ contre la nomination par l'Assemblée ; huit *pour;* des abstentions. Au deuxième tour, je suis des *huit*, poussé par cette double pensée de ne pas jeter sur la commission la responsabilité d'un conflit, et de permettre par voie d'amendement de se compter, en séance publique, sur la nomination par le maréchal, tandis que, de cette manière, la proposition Wallon venant la première, on ne pourra faire sa réserve par un vote préalable.

Mais chacune de ces décisions ou de ces déclarations m'est extrêmement douloureuse. J'ai regret de me séparer d'amis, qui voient, selon moi, les choses à un point de vue trop restreint, et je ne parle que pressé par la nécessité de ne pas accepter la solidarité d'idées que je ne puis admettre.

La séance de l'Assemblée est courte. Les groupes se réunissent dans les bureaux. Dans un de ces bureaux, Grévy combat le projet contre la gauche. Ricard lui répond avec beaucoup d'éloquence, dit-on. Au centre droit, Bocher est très éloquent lorsque, répondant à ceux qui critiquent le projet, il leur dit : « Que nous opposez-vous à la place? »

20 février. — Chabrol et de Meaux viennent me trouver le matin, préoccupés de la réunion Colbert qui va avoir lieu. Ils seraient d'avis que le maréchal fît venir Kerdrel et parlât à quelques membres de la droite pour calmer les irritations. Nous allons, Chabrol et moi, chez d'Harcourt, qui malheureusement est absent, et de là chez Kerdrel que nous prions d'empêcher que la réunion ne vote aujourd'hui, afin de donner aux esprits le temps de se calmer.

A la réunion, Kerdrel a de très bonnes paroles, mais Depeyre est très amer pour le centre droit, dénonçant les intrigues, lisant des articles de journaux irritants, disant que tout est fait contre la droite, que nous sommes des vaincus, etc.... Après un incident entre Malartre, Chabrol et de Meaux sur le refus de concours de l'extrême droite, Depeyre, malgré de bonnes paroles de Kerdrel, ayant recommencé sa tirade contre le centre droit, je ne puis m'empêcher de lui répondre, et, m'animant peu à peu, je m'élève contre cette tendance à toujours supposer des motifs intéressés ou coupables aux hommes qui sont en dissidence passagère avec nous, et je supplie la réunion de songer au lendemain, à l'union nécessaire avec le centre droit, au besoin qu'aura de nous le maréchal et au concours que nous lui devrons, précisément pour l'arracher aux périls que nous prévoyons. Au fond, mes paroles ne sont pas mal prises, et plusieurs en paraissent frappés. Kergorlay, dans un brouillard de paroles au fond duquel on sent une âme généreuse, me dit que ces sentiments sont ceux de la réunion. M. Bourgeois me demande ce que je ferai sur l'article Wallon relatif à la République. Je réponds que je ne le voterai pas plus en troisième lecture qu'en deuxième; mais que, élu comme conservateur avant tout, bien qu'on me sût monarchiste, sous quelque régime que ce soit, je maintiendrai et chercherai à faire prévaloir mes idées conservatrices; que c'est ainsi qu'agirent toujours les royalistes parlementaires depuis 1830. Benoît d'Azy parle très bien et clôt le débat. Chabról me dit : « Vous avez été bien courageux, mais vous vous animez trop pour de si petites réunions. » Cela est vrai, mais tous ces jours me sont si pénibles qu'une certaine force dominatrice des nerfs me manque.

21 février. — Souffrant toute la journée, je reçois le soir la visite de Chabrol, qui me raconte ce qui s'est passé. Il a été, dans la journée, chez d'Harcourt; Broglie et Cumont y étaient. Ils ont accueilli l'idée de faire convoquer Kerdrel pour lui demander de faire le projet de déclaration, et l'obtenir ainsi plus conciliant que s'il émanait de Depeyre. Ils ont tenu à ce que Chabrol vît le maréchal dont on craint une démission inopinée. Chabrol l'a vu et a, en effet, été frappé du renversement de ses traits. « C'est tout à fait, me dit-il, ce que devait être Louis XVI dans les crises de la Révolution ». Le président lui a dit qu'il ne voulait pas se séparer de la droite, qu'elle l'avait appelé au pouvoir, que si elle l'abandonnait il se retirerait, que jamais il n'irait à gauche. Chabrol lui a dit : « Monsieur le maréchal, je suis trop franc pour ne pas vous dire qu'il y a en ce moment un dissentiment entre vous et la droite. Mais je puis vous assurer que ce dissentiment n'altère en rien les sentiments de respect, de dévouement, de reconnaissance qu'elle vous a voués. La droite sait que c'est elle qui vous a demandé de prendre le pouvoir et elle n'oublie pas ce qu'elle vous doit. » A mesure qu'il parlait, il voyait les yeux de ce pauvre maréchal se remplir de larmes.

D'Harcourt lui dit ensuite qu'on a trompé le maréchal en lui laissant croire que l'entente se faisait d'accord avec la droite et que la nouvelle du mécontentement de celle-ci l'a consterné. Il est convenu qu'on fera venir Kerdrel. En effet, Chabrol était avec celui-ci à la salle des conférences, lorsqu'on apporte un pli à Kerdrel qui se retire. Au bout de deux heures il revient, prend à part de Meaux et Chabrol, auxquels se joint bientôt Depeyre. Il dit que le maréchal l'a fait appeler sans qu'il sache pourquoi. Il parle de son état d'esprit, dit qu'il l'a assuré qu'il ne prendrait jamais un ministère à gauche : « La preuve, dit le maréchal, c'est que j'ai chargé le duc de Broglie de composer mon cabinet. » Situation bien étrange que celle du duc de Broglie! Est-il possible de croire qu'il veuille, au lendemain de cette crise, reprendre le gouvernement? De ce que rapporte Kerdrel, il ressort que le maréchal a oublié de lui parler de la déclaration pour laquelle il était appelé.

22 février. — Triste journée. Je vais un instant à la réunion Colbert, qui est courte, parce qu'on croit que la discussion viendra demain, et qu'on pourra demain arrêter ses résolutions.

Mais voici qu'à peine en séance, on dit qu'on va demander la discussion immédiate ; et, en effet, après le rapport peu écouté, Wallon demande l'urgence et la discussion immédiate. Explosion à droite. Vivacités inconvenantes de Lorgeril, qui est rappelé à l'ordre par le président et applaudi par une bonne partie de la droite. Celle-ci, ou du moins l'extrême droite augmentée d'une bonne partie de la droite, met au profit d'une politique surannée un esprit vraiment révolutionnaire. Dès que son intérêt ou sa passion est en jeu, il n'y a plus ni règle, ni discipline, ni convenances.

La discussion immédiate est votée. Aussitôt on se disperse. C'est une colère violente. Le centre droit et le centre gauche paraissent embarrassés et au regret. Plusieurs disent qu'on leur a assuré que tout était convenu et qu'il fallait presser les choses pour éviter un éclat du maréchal. Depeyre est de plus en plus monté ; Kerdrel, Chabrol lui-même, très animés. Ce dernier me dit : « Il est impossible que vous votiez après ce procédé. » Je m'en exprime moi-même très vivement avec Target, Savary, etc. Mais, au fond de l'âme, je ne puis m'empêcher de trouver qu'au 24 mai on a agi avec la même précipitation, et que tous les partis emploient et condamnent tour à tour les mêmes procédés, suivant qu'ils les servent ou leur nuisent. Cependant, on rend ainsi plus difficile le rôle des pacificateurs, et on oblige à voter *contre* ou à s'abstenir ceux qui peut-être se seraient abstenus ou auraient voté *pour*.

La discussion commence enfin. Discours de Castellane. Beaucoup de talent. Il trouve moyen dans son discours de louer la monarchie constitutionnelle dans un langage qui plaira également à l'extrême droite et au bonapartisme.

L'extrême droite et une partie de la droite rangées derrière les bonapartistes, dont la fureur cherche à exploiter leurs mécontentements et n'y réussit que trop. Raoul Duval et Abbatucci deviennent les porte-consignes de cette lutte contre Pasquier, Bocher et Broglie.

Je ne disconviens pas que Broglie eût dû s'abstenir, et qu'en se mettant à la remorque d'une politique qu'il a tant combattue, il s'amoindrit. Quand on a fait le 24 mai, on est tenu à une certaine réserve. Au milieu de ces troubles, je cherche à garder une vue claire des choses et de mon devoir. Mais j'hésite entre deux déterminations : l'abstention et le vote *pour*. Voter *contre*, je ne le puis. Car, en conscience, ce qui se fait est encore préférable au néant que poursuivent les factions extrêmes de la droite et qui amènerait la dissolution dans le chaos. Mais voter *pour*, quand tant de mes amis votent *contre*, et sous l'impression des scènes d'aujourd'hui, cela me déchire l'âme. Aujourd'hui, je m'abstiendrai. Sur l'ensemble, je voterai probablement *pour*, après avoir essayé, dans les votes sur les articles, d'améliorer la loi.

23 février. — La discussion hier a été renvoyée à aujourd'hui ; et aujourd'hui encore elle ne se termine pas, grâce à un amendement sur lequel la commission aura à délibérer. Mais les votes se succèdent. La gauche est admirablement disciplinée ; les droites railleuses, enfantines, sans aucune politique suivie, que l'opposition à tout. Il y a parmi elles une faction absolument ingouvernable. En réalité, la gauche fait des sacrifices énormes, et si les conservateurs savaient les mettre en relief, ils pourraient triompher de ce qui se passe. Reconnaissance du pouvoir constituant de l'Assemblée, les deux Chambres admises, le suffrage universel direct écarté, les communes rurales mises sur le même pied que les plus grandes communes urbaines, le double vote admis pour les députés, que de choses contre lesquelles les gauches protestaient hier et qu'elles admettent ! Mais les droites ne veulent rien voir, et, rivées à l'extrême droite qui n'a rien voulu accorder, elles perdent tout.

Bisaccia raconte que Grévy a fait une scène à plusieurs membres de la gauche, en leur disant que la façon précipitée dont ils faisaient voter était indigne, que c'était déshonorer la République que l'établir par de tels procédés.

A la commission constitutionnelle, Ventavon nous dit qu'on l'a prévenu qu'on présenterait une proposition pour le rétablissement de la monarchie, et qu'il voulait dans ce cas être autorisé à demander le renvoi ; sinon, qu'il donnerait sa démission de rapporteur. La commission n'accorde pas l'autorisation. Je m'abstiens. Je n'admets pas qu'il dépende du premier venu de nous obliger à compromettre ainsi dans une déroute la cause de la monarchie. Ventavon donne sa démission. Il est remplacé par Paris.

24 février. — Aujourd'hui a été votée la loi du Sénat ; mais demain seulement aura lieu le vote sur l'ensemble des lois constitutionnelles. J'ai voté pour l'ensemble de la loi du Sénat. Il m'a paru que préférant un Sénat, même défectueux, à une Chambre unique, très probablement radicale, je ne pouvais hésiter. Mais ce vote m'a beaucoup coûté, parce que mes plus chers amis agissent autrement. J'ai tenu longtemps mon bulletin blanc dans la main avant de le déposer. Arthur de Chabaud-Latour et Vinay attendaient ma résolution pour prendre la leur. Tréveneuc m'avait dit de le prévenir ; mais je n'ai pu le joindre. Quand j'ai déposé mon bulletin, j'ai entendu la voix sardonique de C. dire : « Tout est consommé !... — Votre tâche est plus facile à vous, ai-je répondu, qui n'avez cherché que le chaos ! » Dans les couloirs, je rencontre Cézanne. Il ignorait mon vote : il me prend la main et me dit avec un accent convaincu : « Mon digne, mon vaillant collègue. » Je sens des larmes dans mes yeux pendant qu'il me parle, car ces votes sont pour moi autant de souffrances, bien que ma conscience soit tranquille.

Lorgeril, Larochejacquelein (le fils du sénateur) viennent déclamer sur la royauté : rôle commode et peu méritoire.

De Colombet propose un amendement pour exclure les princes de la présidence : il réunit quarante-trois voix ! C'est chose curieuse que cette République. Les radicaux, en repoussant cet amendement, adressent aux princes une véritable invite pour qu'ils prennent un jour le pouvoir. Le prince de Joinville est encore en séance aujourd'hui, 24 février ! Il aurait bien pu s'absenter en un tel jour !

M. Buffet a été appelé par dépêche auprès de sa mère malade. C'est Kerdrel qui préside. Élégant, distingué, le visage éclairé par sa cravate blanche, il préside avec grâce et convenance. C'est une étrange fortune pour lui, royaliste, que d'avoir à présider cette séance où la République sera peut-être faite. Il a une dignité noble, et sa loyale figure domine cette œuvre dont les auteurs vont bientôt se combattre et dans laquelle ils ne s'unissent un instant qu'en se préparant des armes les uns contre les autres.

Ernoul cause avec moi de la situation. Il est de plus en plus monté, et c'est au duc de Broglie qu'il en veut surtout. Il combattra tout ministère que celui-ci présiderait et se séparera de la droite, si elle l'appuie. Pour le moment, on dit beaucoup que Buffet fera le ministère. Hier d'Harcourt me parlait de Renault et Andral comme ministres de transition. Son frère Bernard me dit qu'il a vu ce matin le maréchal, lequel est désolé de l'abandon de la droite. Il l'a priée de voter pour les lois, et trouve d'ailleurs le Sénat meilleur que tout ce qu'on proposait. C'est aussi l'avis de Belcastel, bien qu'il ait voté *contre*. « J'admire, me dit-il, que ce soient des membres de l'Institut qui se donnent un démenti à eux-mêmes en préparant ce projet. Je l'aime mieux que celui du duc de Broglie. Au moins, dans ce collège électoral, il y aura des paysans, des hommes qui vont à la messe. »

25 février. — Les lois constitutionnelles ont été votées. Moment grave et douloureux. Déclaration de la Rochette avec une phrase à l'adresse « des défaillances dans des régions élevées » que Cissey relève vivement, la croyant adressée au maréchal. Il dit pour s'excuser que c'est des princes qu'il voulait parler. La déclaration fait un tel effet que plusieurs, qui voulaient voter bleu, pensent à s'abstenir pour ne pas être confondus avec l'extrême droite. Belcastel parle ensuite avec noblesse, convenance et une vraie élévation de langage. Il est ému, et sa tête ascétique, ses longs bras étendus, sa voix solennelle, malgré un filet aigre, ont quelque chose de dramatique. Mais vraiment, pour une telle constitution si peu républicaine, bien qu'elle en ait le nom, qui, dans cette séance même, établit à Versailles le siège du pouvoir, y a-t-il lieu à de tels effets ? Le duc de Broglie me dit le lendemain : « On aurait dit vraiment que nous venions de voter la mort du roi ! » Il est fâcheux que le centre droit, que Bocher par exemple, dans une déclaration préparée d'avance, n'ait pas exposé les motifs de la conduite de ce groupe, et ôté ainsi un prétexte à ces déclarations des ultras, qui, ayant au fond toutes les grandes responsabilités, se drapent si facilement dans une sorte de grandeur morale, à laquelle beaucoup se laissent prendre. Je me suis abstenu dans ce vote ; il m'est impossible de voter contre ces lois quand je n'ai rien à offrir au pays et quand je sais que leur chute nous exposerait aux plus grandes catastrophes.

Après la proclamation du vote, Savary monte à la tribune pour lire son rapport au nom de la commission d'enquête sur l'élection de la Nièvre. Heure mal choisie :

il semble que c'est le tribunal révolutionnaire qui se dresse immédiatement après la proclamation de la République. Rapport rédigé avec talent, mais d'une partialité trop visible et mettant systématiquement en accusation le garde des sceaux Tailhand. Les bonapartistes sont exaspérés ; leurs interruptions s'entre-croisent avec fureur.

Réception le soir chez le maréchal. Il paraît soulagé du résultat. Il a été très touché d'une visite que sont venus lui faire une soixantaine de membres ayant voté *contre*. Il vient d'envoyer aux préfets une dépêche pour les assurer du maintien de la politique conservatrice et leur annoncer que Buffet formerait le cabinet.

L'idée de nommer Kerdrel président se propage. C'est Chabrol qui l'a mise en train. Decazes y fait opposition. Mais c'est par lui qu'on pourra agir sur le centre gauche, et Chabrol conseille avec raison à d'Harcourt de lui faire parler par le maréchal.

26 février. — Je vais voir M. de Falloux, arrivé depuis quelques jours. Je trouve chez lui Cumont, qui paraît embarrassé de me voir. Il a la figure chargée et changée. Il a voté pour toutes ces lois. On dit qu'il a été des plus ardents à conseiller la communication que Chabaud-Latour est venu si précipitamment faire à la commission constitutionnelle, qu'il s'est presque élancé, dans le conseil, sur Tailhand, qui seul était d'un avis contraire. Sa situation est évidemment très diminuée, et ce qui rend son attitude très délicate pour la droite, c'est qu'il est entré au ministère comme membre de la rue Colbert et alors que celle-ci ne voulait pas admettre autre chose que le septennat personnel, et qu'il est arrivé, étant ministre, jusque sur le terrain de la République. Le voilà aujourd'hui qui part avec une nouvelle ardeur pour la politique conservatrice et qui semble croire qu'il n'y a plus qu'à gouverner avec la minorité résolument et carrément. M. de Falloux et moi nous lui faisons des objections auxquelles il ne répond guère. Un ministère de minorité ne peut être que la dernière extrémité, et il faut, au moins, songer d'abord à une loi électorale. Or, quand vous avez contre vous l'extrême droite et les bonapartistes, c'est-à-dire près de cent membres de l'ancienne majorité du 24 mai, il faut tâcher de les retrouver ailleurs, et, si l'on ne voit pas de possibilité de les avoir, ce n'était vraiment pas la peine de faire l'évolution qu'on vient d'opérer.

Broglie vient aussi et je sors avec lui. Il me dit : « Je sens bien que ma situation est ridicule; elle est détruite, je ne peux plus rien. Cependant je n'ai pas cru pouvoir agir autrement. » Il dit cela avec une sérénité triste. Je crois qu'il aurait pu et dû s'abstenir, lui l'homme du 24 mai, même quand il aurait conseillé à ses amis de voter *pour*. Mais je suis persuadé qu'il n'a agi que pour des motifs élevés, et, quoique sa personne soit peu sympathique, il y a en lui un grand sentiment chrétien, une grande droiture que je n'ai jamais méconnus, et qui, malgré son goût légitime du pouvoir, le mettent bien au-dessus des ambitions vulgaires dont nous sommes environnés.

Le soir, Falloux est à Versailles chez Rosséguier. Kerdrel, Depeyre, de Meaux et moi. Falloux prêche Depeyre et Kerdrel, pour qu'ils engagent la droite dans une politique conservatrice, donnant son concours à ce qui est, dans la mesure des intérêts du pays, et protestant contre toute idée d'émigration à l'intérieur. Il est tour à tour familier, gracieux, éloquent, enflammé. « Il faut, dit-il, « que vous fassiez quelque chose. Le pays n'aime pas les

« impuissants ; il veut qu'on lui fasse des enfants ; il se
« détourne de ceux qui lui disent qu'on n'a plus rien pour
« lui. Il ne veut pas qu'on lui dise : « Nous vous avons
« laissé mourir dans toutes les règles. » Il veut qu'on le
« sauve et qu'on lui dise : « Nous revenons accablés de
« fatigues, couverts de blessures et de cicatrices, ayant
« essuyé bien des désastres ; mais nous avons obtenu
« tel avantage, mais nous avons conjuré tel péril. » Dire
« que vous laisserez à ceux qui ont fait les lois constitu-
« tionnelles la responsabilité de leur politique, et que
« vous vous en lavez les mains, c'est la dernière des
« politiques.... Prenez garde que ce qui se passe dans
« l'Assemblée ne vous empêche de voir ce qui se passe
« dans le pays. »

Il raconte, sous une forme bien émouvante, comment il
est entré au ministère en 48. Il ne voulait pas y entrer ; il
avait résisté à Montalembert et au P. de Ravignan ; il
avait répondu fermement à M. Molé qui lui avait écrit :
« Vous ne pouvez, à votre âge, méconnaître les conseils
d'hommes de mon âge.... » Pour éviter les obsessions, il
alla s'enfermer chez Mme Swetchine, en recommandant
qu'on ne découvrît pas sa retraite. A neuf heures du soir,
il voit entrer l'abbé Dupanloup ; il dit à Mme Swetchine :
« Je suis perdu ! » et il fond en larmes. L'abbé lui conte
qu'il s'est installé chez lui, et qu'au bout de trois heures
son domestique, voyant sa persistance, lui a découvert sa
retraite. Il ajoute que le président, informé du refus, a
dit : « M. de Falloux refuse, c'est-à-dire que la droite
m'abandonne. Eh bien ! j'ai besoin d'être soutenu par
quelqu'un ; j'irai à gauche et je nommerai Jules Favre
ministre de l'instruction publique. » Il (l'abbé Dupanloup)
l'emmène chez M. Thiers qui avait du monde ; on le fait
sortir et M. de Falloux, s'asseyant sur une petite table de

la salle à manger, lui dit : « Thiers, les prêtres m'envoient vers vous. Mais je n'accepterai le ministère que si vous me donnez votre parole de faire avec moi la loi d'enseignement et l'expédition de Rome. Autrement je n'accepterai pas, même quand les prêtres me l'ordonneraient. » M. Thiers le promit et le conjura d'accepter.

CHAPITRE XII

FORMATION DU MINISTÈRE BUFFET ET NOMINATION D'UNE NOUVELLE COMMISSION DES TRENTE

Sommaire : M. Buffet est chargé de former un cabinet et offre un porte-feuille à M. de Lacombe; alternatives de ruptures et de reprises des négociations; le cabinet du 11 mars; bruits de guerre; suspension des élections partielles; dépôt par M. Dufaure des lois constitutionnelles complémentaires; renvoi à une commission spéciale; nomination d'une nouvelle commission des Trente; triomphe des gauches.

Mars 1875

Ier mars. — Buffet doit arriver ce matin. On est toujours incertain de son acceptation. Et cependant, son nom paraît celui de la situation. Kerdrel qui ne s'en soucie pas, je ne sais pourquoi, va trouver le maréchal pour l'en dissuader, — chose d'autant plus dangereuse que le maréchal n'est venu qu'à grand'peine à l'idée de Buffet : il avait toujours cru à la possibilité du retour du duc de Broglie. Il lui a parlé d'un ministère pris en dehors de l'Assemblée. « Mais, dit le maréchal, je n'aurai que des bonapartistes. Je n'en avais dans la Chambre qu'un bon, M. de Fourtou; on l'a déclaré impossible. » Kerdrel lui indique M. Limbourg, préfet de Versailles. Cela ne me paraît pas sérieux. Andral ou Léon Renault, Andral surtout, iraient bien mieux. Dufeuille me parlait hier soir d'une combinaison : Buffet, Broglie, Dufaure, Depeyre, sans Decazes. Broglie soulèvera bien des colères ; mais la combinaison sera forte.

3 mars. — M. Buffet est arrivé hier. Lundi, Dufeuille avait reçu de lui une lettre très belle, dans laquelle s'interrogeant, disait-il, devant Dieu et devant le corps de sa mère, il exposait les objections à son entrée au ministère.

Cumont, très monté pour une politique conservatrice : « Il faut, dit-il, changer son fusil d'épaule. Hier nous avons cru pouvoir manœuvrer avec la gauche pour faire les lois constitutionnelles ; aujourd'hui il faut résolument engager la guerre avec elle et avoir un programme énergique. » Tout cela est aisé à dire, mais on n'opère pas avec cette facilité de telles évolutions, et je ne partage pas, pour ma part, ce désir de faire un programme tel qu'il ne puisse être accepté par les hommes du centre gauche. Il faut, au contraire, chercher à les séparer des radicaux. Eux en dehors et l'extrême droite opposante, la minorité conservatrice est impuissante.

On nous a distribué, comme annexe au rapport de Savary sur l'enquête de la Nièvre, une série de photographies bonapartistes. C'est ridicule et d'une maladresse humiliante. Les bonapartistes ne méritent pas que leurs adversaires fassent de telles sottises.

4 mars. — Les négociations se poursuivent pour le ministère, tour à tour interrompues ou reprises. Une des difficultés était la part faite à la minorité, ayant voté contre les lois constitutionnelles. Le maréchal et M. Buffet exigeaient cette part ; le centre gauche la refusait, croyant que c'était une idée personnelle au maréchal. Mais M. Buffet, qui avait eu dès le début la même opinion très arrêtée, a remis son pouvoir au maréchal. Grand émoi au centre gauche ; réunion de quelques membres du centre gauche et du centre droit. On arrive à l'idée d'admettre dans le ministère un *abstenant*, et mon nom est prononcé, ainsi que celui de Chabrol [1], lequel a voté contre. En descendant de la salle des conférences où j'écrivais des lettres, je suis accueilli par cette nouvelle. M. Beau, du groupe Lavergne, me dit : « Les gauches vous acceptent. » Savary, d'Haussonville, Jaubert, etc., tout le monde m'en parle. Je suis avec de Meaux, et je lui fais de suite mes objections. En dehors des raisons personnelles, je ne puis représenter la minorité dans le cabinet, m'étant abstenu sur les lois constitutionnelles et ayant voté pour le Sénat. Du moment surtout qu'on n'admet qu'un membre de la minorité, il faut que ce soit un membre ayant voté *contre*. Mon abstention serait diffamée, par là même qu'elle paraîtrait avoir été un moyen de réserver ma situation pour un ministère. Cela m'affaiblirait dès le début et je ne saurais accepter dans de telles conditions. Je n'entrerais dans un ministère que mon caractère et mon honneur absolument saufs, non seulement en réalité mais en apparence.

Je ne me sens pas d'ailleurs en état d'accepter un ministère : ma santé, mon impressionnabilité, mon expérience insuffisante et le sentiment si profond que j'en ai, m'écraseraient, et je ne rendrais pas les services que peut-être, Dieu aidant et si ma vie politique doit se prolonger, je pourrai rendre plus tard. Mais je suis vivement touché des sympathies que mon nom excite. J'ai conscience de ma faiblesse, et, pendant les deux jours qui suivent, à mesure que paraît plus probable mon appel dans le gouvernement, je sens monter en moi l'émotion et l'effroi, présage de ce que je serais, si j'assumais cette

---

1. Le comte de Chabrol refusa aussitôt pour des raisons personnelles.

responsabilité. Je fais des observations analogues à Rességuier et le lendemain à Chabrol. Sur la question de
l'abstention, ils conviennent que j'ai raison, ou ne font
que de faibles objections. Pour le reste, ils sont d'avis que
je ne refuse pas d'abord, et que j'essaie, tout au moins,
d'obtenir deux portefeuilles pour la minorité.

Vu M. Buffet. Il a d'abord approuvé mon refus, motivé
par mon abstention dans le vote des lois constitutionnelles. Puis il me remet sur la liste avec le portefeuille
de l'instruction publique. Les journaux qui donnent la
combinaison sont sympathiques à mon nom.

5 mars. — Ce matin, tout paraît défait. Le soir, tout
se renoue, et Broglie me dit : « Vous allez entrer. » Je lui
dis que je ne puis pas. Il me dit : « Mais vous ne pouvez
pas laisser tout rompre sur votre nom ; c'est impossible. »
Je lui donne mes raisons, et surtout ma raison sur l'abstention, qu'il traite de *miévrerie*. Avec son adresse habituelle, il ajoute : « C'est un ministère qui ne peut être que
transitoire ; mais un ministère de minorité ne sera possible qu'après ; je ne pourrais entrer maintenant. » Broglie ajoute que ce n'est pas mon abstention, c'est mon discours qui m'a fait désigner par le centre gauche et la
gauche. Le centre gauche a gardé un souvenir reconnaissant de mon discours, des avances courtoises que je lui
faisais. « Vous aviez, me dit Broglie, comme le pressentiment de ce qui allait se faire. »

Du reste, on ne sait encore ce matin si les choses
s'arrangent. Bocher a été mandé à Versailles, mais il
refuse toujours. Broglie dit : « Faire marcher une négociation avec deux mulets comme Dufaure et Buffet, c'est
bien difficile. »

6 mars. — Ce matin je vais à Paris, chez M. de Falloux,
que je trouve avec Broglie. Celui-ci me dit : « Vous

croyez trouver des amis, vous trouvez des exécuteurs. »
Et tous deux me pressent d'accepter. Broglie parti,
Falloux me reprend encore devant Rességuier, et me
presse d'entrer : « Si vous êtes seul dans ce cabinet, vous
y serez un Falloux. » Je suis touché des éloges de Falloux,
quoique, avec une grande sincérité, je lui dise qu'il s'abuse.
Je le décide, moi étant hors de cause, à écrire à Kerdrel,
pour qu'il engage à entrer le membre de la droite qui
serait désigné, et je supplie Rességuier, qui enverra la
lettre, d'ajouter un mot pour dire que, de moi, il ne peut
être question.

En revenant à Versailles, je trouve à la gare de Paris
Ravinel qui me dit : « Léon Say revient à Versailles; il
est appelé ; vous allez être mandé. » Cette pensée réveille
toutes mes inquiétudes; je suis dans le même tourment
que lorsque je vais monter à la tribune. Heureusement
c'était une fausse alerte.

Chabrol vient le soir. Il a eu, vers deux heures, la
visite de M. Buffet, qui lui a offert avec de grandes instances de prendre un portefeuille. Il a refusé, pour des
raisons personnelles : la santé de sa femme qu'il va retrouver dans le Midi. Il ne me cache pas que l'attitude de
la droite a levé ses scrupules. Il eût peut-être hésité à
refuser, si elle l'avait poussé à accepter. Buffet lui ayant
demandé de réfléchir encore, il est venu vers cinq heures
lui donner sa réponse définitive, et, en descendant le
grand escalier, il a trouvé X., avec Cazenove et d'autres
membres de l'extrême droite. X. s'est élancé sur moi
« comme une orfraie sur la viande qu'on lui donne à
dévorer, et m'a dit : « Eh bien ! vous êtes ministre », d'un
ton qui promettait peu de sympathies en cas d'acceptation.
D'ailleurs, me dit Chabrol, j'aurais demandé, si j'avais
abordé la question politique, à ne pas entrer seul de mon

opinion, et je l'ai déclaré à Buffet dans ma seconde conversation.

7 mars. — Je causais avec Peltereau-Villeneuve, lorsque de Meaux arrive et me dit : « Venez, j'ai à vous parler. Buffet est venu ce matin. » Et il me raconte la visite
de ce dernier qui lui a tenu le même langage qu'à Chabrol. De Meaux a d'abord refusé. Mais, Buffet lui disant
avec l'air d'un homme à qui tout échappe : « Vous ne
voulez pas, vous m'abandonnez! » de Meaux lui a dit
qu'il prenait pour arbitre Kerdrel, président de la droite.

Je rentre avec de Meaux, qui attend chez lui M. Daru.
Celui-ci, homme excellent, aux yeux fixes, à voix solennelle, aux gestes prophétiques, faible et mobile sous des
allures dogmatiques, lui conseille en ces termes d'accepter : « Je viens de chez Buffet, je lui ai dit : « Vous allez
« vous trouver dans la situation la plus difficile : ancien
« ministre de l'Empire, vous pouvez avoir à persécuter
« les bonapartistes, vous pouvez vous déshonorer; c'est
« une situation dont je ne voudrais à aucun prix.... Vous
« ne pouvez pas refuser. » Et vous de même, dit-il à de
« Meaux, vous ne pouvez pas refuser. Très probable-
« ment, cela ne tiendra pas ; je ne puis pas tout vous dire,
« mais je vois des exigences qui feront tout avorter. Il
« ne faut pas que l'échec paraisse venir de vous. »

De Meaux écoute avec des expressions diverses dans
les yeux : « J'ai fait à peu près ce que vous désirez, je
« n'ai pas refusé, j'ai dit que je prenais pour arbitre
« M. de Kerdrel comme président de la rue Colbert. »
De Meaux est une âme essentiellement vertueuse et chrétienne, sacrifiant avec sérénité ses désirs ou ses regrets
à son devoir. Quand Cumont a été nommé ministre, il
avait certes autant et plus de titres à l'être. Il a été excellent pour lui, sans l'ombre d'amertume personnelle. Ces

jours derniers, soit avec moi, soit avec Chabrol, son attitude a été la même, et dans le cours de ces négociations qui l'ont porté au ministère et dont je ne puis dire que quelques traits, il a été irréprochable.

Il paraît que le comte de Paris a écrit deux lettres à Bocher pour le supplier d'accepter.

Exigences du centre gauche qui veut Ricard, si c'est Bocher ou Buffet qui a l'intérieur.

Bocher résiste ; Pasquier également.

8 mars. — A la réunion Colbert, Kerdrel fait le récit des négociations ; il a un mot aimable pour moi : « M. de Lacombe, dit-il, par une délicatesse qui lui ressemble, a refusé un ministère, son abstention ne lui permettant pas, selon lui, de représenter la minorité qui avait voté *contre*. Sa conduite n'étonnera aucun de ceux qui le connaissent et ne pourra qu'ajouter à l'idée qu'ils ont de lui. »

Les journaux disent faussement que M. Dufaure s'est opposé à mon entrée dans le cabinet. Teisserenc de Bort me raconte qu'il tient de M. Dufaure que c'est lui, au contraire, qui m'a proposé à M. Buffet. « J'ai été enchanté, a-t-il dit à Teisserenc, de l'attitude excellente de M. de Lacombe à la commission des Trente et, de plus, il parle bien. » Quelques jours après, Teisserenc me répète que M. Dufaure dément énergiquement les journaux, et qu'il lui a dit : « Si M. de Lacombe veut savoir ce que je pense de lui, il n'a qu'à le demander à M. Buffet. » Barthélemy Saint-Hilaire me dit aussi que la gauche me regrette dans le ministère et qu'elle se souvient du ton conciliant de mon discours.

Dans la soirée du lundi, de nouvelles combinaisons sont essayées. Decazes et Pasquier, qui est revenu sur son refus, proposent à de Meaux d'entrer dans la combinaison. De Meaux leur dit de s'adresser à Kerdrel qui préside en ce moment la séance. Il est question de donner l'agriculture à Lavergne et le commerce à de Meaux. Kerdrel, peu favorable à cette combinaison, engage de Meaux à lier son sort à celui de Buffet. De Meaux va trouver Buffet et lui dit noblement : « C'est l'extrême « droite qui a été la première cause de nos échecs. Je « n'oublie pas non plus ce que la droite doit au maréchal, « et, si les négociations échouent, je vous supplie de faire « en sorte que la responsabilité ne retombe pas sur la « droite. » Il me raconte, mardi matin, ces nouveaux incidents et garde une attitude très digne pendant la journée où tout va se décider.

9 mars. — Tout semble de nouveau abandonné. Pasquier, qui a accepté l'intérieur, est appelé chez le maréchal, qui lui offre l'instruction publique, Buffet étant à l'intérieur : grand émoi à gauche et au centre gauche. Est-ce Buffet, est-ce le maréchal qui ont exclu Pasquier? Peut-être les deux. D'un autre côté, on parle d'un ministère extraparlementaire, et les gauches sont très effrayées.

Les chefs des groupes de gauche se réunissent avec Bocher et quelques autres dans un bureau. Au bout de quelque temps, assis au-dessous de l'escalier de la salle des conférences avec Chabrol et Thureau-Dangin, nous voyons sortir Bocher d'un des bureaux. Il a l'air d'un homme qui porte avec lui une solution. Bientôt passent Gambetta, Schérer, Brisson, etc. L'air est embarrassé ; les figures sont piteuses et la démarche lente. Nous en concluons qu'ils ont, au prix de sacrifices, accepté une combinaison.

En effet, Bocher a été prévenir Buffet, qui préside, qu'on le mettait à l'intérieur vice-président du conseil, et que la combinaison était adoptée avec de Meaux au portefeuille entier de l'agriculture et du commerce. Buffet a la figure d'un crucifié pendant le reste de la séance. Elle est promptement terminée. Les groupes se forment dans la buvette et les figures sont curieuses à observer ; à gauche, incertitude et satisfaction mêlées ; à droite, tous ceux qui annonçaient que rien, au fond, ne se ferait, et qui le désiraient, visiblement désappointés : ils cherchent dans les regards de leurs collègues une impression qui leur permette d'exprimer leurs sentiments ; mais on ne voit que trop les leurs dans leurs traits contractés et leur amer sourire.

10 mars. — Je dîne chez M. Daru. Il y avait là MM. Plichon, Chesnelong, Delsol, d'Andelarre, Tailhand, Kerdrel, etc. On était peu favorable au nouveau ministère, attendant la nouvelle de sa formation, et, au fond, souhaitant qu'elle ne se fît pas, sans trop savoir ce qu'on mettrait à la place. Il n'y avait là pourtant que des hommes modérés, mais s'attardant sur une route où ils demeurent seuls, et ne se résignant pas à envisager d'un œil ferme la voie nouvelle que les événements leur imposent. M. Plichon, parlant des anxiétés de M. Buffet et de son regret de prendre le pouvoir, disait : « C'est l'expiation qui commence pour lui. » Expiation de quoi ? d'avoir voté les lois constitutionnelles.

11 mars. — Les décrets annonçant le nouveau ministère sont à l'*Officiel* [1].

---

1. Le nouveau cabinet était ainsi composé :
Vice-présidence du conseil et intérieur,   MM. Buffet.
Justice,   Dufaure.
Affaires étrangères,   duc Decazes.
Finances,   Léon Say.
Instruction publique, cultes, beaux-arts,   Wallon.
Travaux publics,   Caillaux.
Agriculture et commerce,   de Meaux.
Guerre,   général de Cissey.
Marine et colonies,   amiral de Montaignac.
Sur ce ministère, voir *M. Buffet*, par le duc de Broglie, Paris, 1899.

12 mars. — M. Buffet lit son programme [1], étonnamment conservateur; la voix et le geste fortement scandés

p. 54-57 ; — *Notice sur la vie et les travaux de M. Buffet,* par le baron de Courcel, Paris, 1902, p. 82.

1. Voici le texte de cette déclaration ministérielle :

« Messieurs, le nouveau ministère investi de la confiance de M. le ma-
« réchal président de la République ne serait pas capable de remplir la
« tâche qu'il a acceptée, s'il ne trouvait dans l'Assemblée nationale l'ap-
« pui d'une majorité approuvant sa politique et résolue à s'y associer.
« Son premier devoir est donc de vous faire connaître cette politique.

« Très nettement conservatrice, elle sera dénuée de tout caractère de
« provocation comme de faiblesse.

« Cette déclaration, qui ne sera démentie par aucun acte du ministère,
« pourrait paraître superflue si les interprétations auxquelles a donné
« lieu le vote des lois constitutionnelles et les conséquences que l'on a
« tirées de ce vote n'avaient jeté quelque indécision dans l'opinion pu-
« blique et, nous devons l'avouer, certaines inquiétudes dans des esprits
« qu'il importe de rassurer. (*Très bien! très bien! à droite.*)

« Il faut, avant tout, détruire l'équivoque et faire pénétrer dans chaque
« commune de France cette conviction : que la population honnête, pai-
« sible, laborieuse, attachée à l'ordre par ses sentiments et par ses inté-
« rêts, a le gouvernement de son côté et qu'elle peut compter sur nous
« pour la protéger contre les attaques et les passions subversives.
(*Vives marques d'approbation à droite et au centre.*)

« Nous serons d'ailleurs secondés dans cette tâche, nous n'en doutons
« pas, par une administration intelligente et dévouée, qui a su maintenir
« l'ordre dans les circonstances difficiles que nous avons traversées et qui
« peut compter sur notre constant appui. (*Nouveau mouvement approba-
tif sur les mêmes bancs.*)

« Tant que la question de l'organisation des pouvoirs publics est de-
« meurée ouverte, elle a divisé des hommes parfaitement d'accord sur la
« direction à donner au gouvernement. Cette question résolue, la division
« qu'elle avait créée doit disparaître.

« Ceux qui ont trouvé dans cette organisation des pouvoirs publics une
« satisfaction plus ou moins complète de leurs vues voudront prouver,
« par leur adhésion à la seule politique capable de rassurer le pays, que
« l'ordre de choses actuel n'est point incompatible avec la sécurité pu-
« blique. Quant à ceux qui eussent voulu résoudre différemment la ques-
« tion constitutionnelle, le patriotisme ne leur conseillera-t-il pas d'unir
« leurs efforts aux nôtres pour défendre les principes d'ordre et de con-
« servation sociale? (*Très bien! au centre.*)

« C'est donc avec confiance que nous renouvelons l'appel patriotique
« adressé par M. le président de la République aux hommes modérés
« de tous les partis, et c'est avec instance que nous réclamons leur
« concours.

« Nous avons le devoir d'assurer aux lois constitutionnelles que l'As-

ajoutant encore à la signification du document, que la gauche reçoit en silence et que la droite aurait dû acclamer, si ses meneurs n'avaient intérêt à être mécontents. Après la lecture du programme on se disperse. Dans la buvette : à gauche, les figures sont consternées, mornes, effarées, furieuses ; Gambetta, adossé contre les casiers

« semblée nationale a adoptées l'obéissance et le respect de tous. (*Très bien! très bien! à gauche.*)

« En France, où les changements dans les institutions et dans les dy-« nasties ont été si fréquents, et où chacune de ces destructions a laissé « dans le cœur d'un grand nombre de bons citoyens des regrets et des « convictions dignes de respect lorsqu'ils ne se manifestent par aucun « acte répréhensible, toute autre conduite ne serait conforme ni à la jus-« tice, ni à la bonne politique. (*Assentiment et approbation au centre.*)

« Bien loin d'affermir le gouvernement actuel, l'esprit de suspicion le « priverait d'un concours nécessaire et perpétuerait, en les envenimant, « des divisions que les efforts de toute administration doivent tendre à « effacer.

« Cette conduite ferme et conciliante, nous l'eussions trouvée bonne « dans tous les temps ; aujourd'hui, c'est la seule qui convienne à la si-« tuation née de nos malheurs. Qui pourrait penser que ce soit le mo-« ment de nous déchirer entre nous et de donner au monde le spectacle « de nos dissensions intérieures ? Ne serait-ce pas porter de nos propres « mains le dernier coup à la puissance de la France ? (*Sensation.*) De-« vant cette considération suprême, toute hésitation, il nous le semble « du moins, doit cesser.

« Le gouvernement a l'intention de vous soumettre des modifications « aux lois qui régissent actuellement la presse. Il importe, en effet, d'as-« surer d'une manière normale une répression efficace d'excès qui finiraient « par discréditer dans l'esprit des hommes les plus modérés l'usage légi-« time de la libre discussion.

« Tant que cette loi n'aura pas été votée, le gouvernement ne saurait « renoncer aux pouvoirs exceptionnels que lui confère l'état de siège « dans un certain nombre de départements. (*Mouvement.*)

« Nous demandons aussi le maintien, pour une période déterminée, de « la législation actuelle, en ce qui concerne la nomination des maires, qui « seront pris d'ailleurs, autant que possible, dans le sein des conseils « municipaux.

« Si l'Assemblée nationale ne partageait pas les vues que nous avons eu « l'honneur de lui exposer sur la direction que nous nous proposons de « donner à la politique du gouvernement, nous lui demanderions de le « témoigner immédiatement, et nous ne méconnaîtrions pas l'obligation « que ce refus de concours nous imposerait. » (*Très bien! très bien! —
Applaudissements.*) (Voir les *Annales de l'Assemblée nationale*, t. XXXVII. p. 190-191.)

de bois, reçoit les remontrances des Rémusat père et fils, qui lui disent : « Voilà où votre politique nous a conduits ! » Gambetta, assez embarrassé, cherche à faire contenance : « Eh bien, quoi ! dit-il, c'est un article du « *Français !....* Que voulez-vous ? Cela prouve qu'ils sont « incapables, qu'ils restent dans la vieille ornière ; mais « la force des choses travaille pour nous. » Un peu plus tard il dit : « C'est égal, c'est b.... ennuyeux de penser qu'on va afficher dans toutes les communes de France que, cette fois encore, nous avons été dupés. » Langlois, agitant plus que jamais ses bras, s'écrie : « Voilà plus d'un mois que je suis *perinde ac cadaver;* j'en ai assez, je donne ma démission de Père Jésuite ! » Dans un autre groupe, Challemel-Lacour dit : « Mais, du moins, on pouvait obtenir qu'il ne dise rien; c'était bien facile. » D'autres membres du centre gauche sont satisfaits, mais en petit nombre.

Le centre droit est content. D'Haussonville dit : « On n'a parlé de République que pour dire : « Le maréchal président de la République »; le maréchal fait l'office de feuille de vigne. »

A droite on observe, on s'amuse des colères de la gauche, mais on ne se prononce pas. Il y a là des hommes qui ont prédit tant de mal, qu'il leur en coûte de reconnaître le bien. Demain, parce que Bardoux sera sous-secrétaire d'État de la justice, ou parce qu'on aura révoqué un chef de personnel aux finances, M. Leclerc, ils reviendront à leurs prophéties et à leurs griefs; aujourd'hui, comme il faudrait louer, ils se taisent. Ils n'avaient qu'une crainte avant cette séance, c'était qu'on leur demandât un vote de confiance. M. Buffet y tenait beaucoup; sa fin est une invitation fière à l'Assemblée de manifester ses sentiments pour le cas où elle refuserait son concours ; mais il voulait plus, il voulait dans tous les cas un vote, et c'est par condescendance qu'il a renoncé à le demander. Je crois que la droite n'aurait pu le refuser, car sa conscience lui en aurait fait un devoir ; mais elle repoussait d'avance la proposition, pour n'avoir pas à dominer la passion de parti. Et cependant, quelle occasion ce vote lui aurait fournie de reprendre sa position ! Elle pouvait reformer sa majorité avec une partie de la gauche séparée des radicaux.

Le soir, dîner chez Cumont : duc de Broglie, Falloux, Rességuier, Benoît d'Azy, Chabrol. Broglie est enchanté. On a dit qu'il avait dicté sa déclaration à M. Buffet. « J'avoue, dit-il, que je n'aurais pas osé en faire autant, j'y aurais mis plus d'art. » Il parle gaiement et avec esprit de la nouvelle Constitution. Il rappelle le mot de Mérode disant « que la Constitution était la seule qui échappât à l'Encyclique, parce qu'elle ne repose sur aucun principe. » « On ne dira pas, continue-t-il, que nous périrons par la logique. »

15 mars. — Pasquier a été élu président [1]. Les bonapartistes et une partie de la droite ont mis des bulletins blancs. Dans son discours il ne prononce pas le nom de la République, et glorifie le régime parlementaire. Cela n'empêche pas les journaux républicains de l'applaudir et les royalistes de le dénigrer. Toujours même empressement de ces derniers à diminuer leurs propres rangs.

16 mars. — Duclerc, très sympathique d'ailleurs, mais membre de la gauche, est candidat à la vice-présidence. Ricard a fait exclure Benoît d'Azy. Le général Chabaud-Latour, qu'on voulait porter, s'est désisté, et la droite

1. Le duc d'Audiffret-Pasquier fut élu par 418 voix contre 3o pour Martel et 17 voix perdues. *Ann. de l'Ass. nat.*, t. XXXVII, p. 243, col. 1.

voit dans ce désistement un moyen déguisé pour le centre droit d'accorder à la gauche l'élection de Duclerc, en échange de la nomination de Pasquier. Delsol et Lucien Brun sont opposés par les conservateurs à Duclerc.

J'ai voté pour Delsol [1]. Ce qui m'effraie, c'est moins la force des gauches que la désunion et les reproches mutuels des droites.

20 mars. — Avant notre départ s'agite la question des élections partielles. La proposition Courcelle, qui avait pour objet de les supprimer, est remise à l'ordre du jour sous l'inspiration du ministère. Là encore, l'extrême droite s'allie aux gauches. Dans mon bureau, Lepère, radical, invite publiquement ses amis à reporter leurs voix sur le duc de Bisaccia pour être commissaire. Dans un autre bureau, Tolain et ses amis votent pour Lucien Brun. La commission est en majorité contraire au projet. Cependant la gauche redoute les élections partielles, dont quelques-unes pourraient être bonapartistes, mais elle ne voudrait les suspendre que si la date de la dissolution est entrevue. Ce à quoi Buffet se refuse absolument. Dans une réunion où se trouvait Bocher avec les principaux membres de la gauche, on était sur le point de s'entendre sur une résolution suspendant les élections partielles jusqu'à ce qu'il eût été statué sur la proposition Courcelle, lorsque le président Pasquier, ne voyant plus rien à l'ordre du jour, a prononcé la clôture de la session. Aussitôt, grand désappointement à gauche : le ministère est ennuyé, mais la gauche au moins autant, car elle voit poindre dans le Lot un Bonaparte ou un Murat. Gambetta parle de supprimer d'autorité les élections, sauf à deman-

---

1. Duclerc fut élu par 301 voix contre 159 pour Delsol. 107 pour L. Brun et 15 voix perdues. *Ann. de l'Ass. nat.*, t. XXXVII, p. 238, col. 1.

der au retour de la Chambre un bill d'indemnité; il voudrait, tout au moins, que l'Assemblée fût convoquée quelques jours avant le 10 mai pour empêcher ces élections.
Il répondrait cependant de l'élection du Lot, si on le char-
geait de la diriger. « L'important, dit-il, est qu'on fasse
bien comprendre aux campagnes que le Bonaparte n'est
pas l'*ancien* ressuscité, car ils en sont là! » Et c'est à un
suffrage aussi éclairé qu'on livre le sort du pays!

Pendant la séance de ce jour, le duc de Bisaccia est
venu dire à M. Buffet que son groupe ne voterait pas pour
le gouvernement dans la question Courcelle. « Monsieur,
lui répondit Buffet un peu impatienté, je n'entends pas
faire de cette question une question de cabinet; mais le
jour où ma conscience et mon devoir me commanderont
de demander un vote de confiance, ce que pense votre
groupe ne pèsera en rien sur ma résolution. »

La Chambre part en vacances.

Mai 1875

7 mai. — Souffrant, condamné au silence, j'ai vu peu
de monde et je n'ai presque rien pu écrire depuis un mois.

Je reprends ces notes avec répugnance. Je ne veux
pas oublier une visite qu'Hilaire a faite à M. Thiers.
Il ne l'avait pas vu depuis les jours qui ont suivi le 24 mai,
quoiqu'ayant été pour le voir plusieurs fois. A cette
époque, M. Thiers lui avait parlé de moi avec une certaine amertume. Mon frère lui dit que la pensée qu'il préférait ne pas me voir m'avait empêché de lui faire visite.
Il dit qu'au contraire il me verra avec plaisir, que je n'ai
jamais eu de mauvais procédés pour lui. « Il a parlé der-
« nièrement, dit-il, avec talent et convenance; il n'a pas
« dit tout ce qu'il fallait dire, mais il a dit de bonnes

« choses et dans un bon langage. Je l'ai dit à mes amis,
« dès qu'il a été question de prendre un ministre dans la
« minorité : « Il n'y en a qu'un qu'on puisse prendre,
« c'est M. de Lacombe. » Il dit qu'il connaît tous les
partis et qu'il les méprise tous. Il est d'ailleurs serein et
libre d'esprit.

Mes impressions dernières étaient celles-ci. A droite et
chez un certain nombre de conservateurs règne l'idée que
le ministère actuel ne peut durer; et cette idée existe non
pas seulement à l'état de prévision, mais plus ou moins
sciemment à l'état de désir dont il faut préparer la réalisation. Cumont m'en a parlé ouvertement dans les premiers jours d'avril. D'après ce qu'il m'a dit, Tailhand
serait dans ces vues; Broglie peut-être n'y ferait pas trop
d'opposition. On aurait, après ce cabinet, un ministère
de minorité avec lequel on ferait les élections.

Tout cela me semble bien vain et bien peu réfléchi. On
ne fait pas comme on veut un ministère de minorité, et
surtout on ne le fait pas vivre à son gré. Il faut, pour
qu'il puisse se former et se soutenir, qu'il soit justifié par
le bon droit de la minorité, par la correction de son attitude autant que par les torts évidents de la majorité; il
faut qu'à défaut de la majorité parlementaire, il s'appuie
sur un grand intérêt fortement compris dans le pays.
Parler de ministère de minorité sans avoir préparé et
réuni ces éléments, c'est une politique enfantine qui peut
mener aux abîmes. Quelle serait, à l'heure présente, la
situation d'un ministère de minorité? Je le suppose présidé par le duc de Broglie. Il aurait contre lui toutes les
gauches, plus la partie centre droit ralliée à Pasquier,
plus un certain nombre de conservateurs qui, n'ayant pas
voté pour les lois constitutionnelles, entendent aujour-
d'hui en tirer le meilleur parti possible. Il n'aurait, et

sans ardeur, qu'une portion du centre droit et de la droite. Resteraient les bonapartistes et l'extrême droite, dont il n'obtiendrait le concours qu'en se mettant à leur merci. Dans le pays, même abandon. Car il n'y a pas à se dissimuler que la combinaison actuelle, tendant à réunir les esprits modérés de tous les partis, répond à l'instinct profond du pays. C'est l'union conservatrice ou libérale, — ce qui revient au même, — dans la bonne acception du mot.

Je verrais avec grand regret la droite s'engager dans cette campagne. Ce serait renouveler contre la politique actuelle la politique de l'extrême droite contre le septennat. Ce serait donner encore au parti conservateur les allures d'un parti révolutionnaire, impatient de détruire ce qui est ; et, en maintenant contre ces tentatives la coalition des gauches, ce serait fournir à celles-ci l'occasion de se donner une fois de plus pour les défenseurs des institutions et de la stabilité. Je crois que la majorité du 24 février ne peut pas durer : il faut évidemment chercher à en faire une autre, non pas contre cette majorité du 24 février, mais avec tout ce qu'elle contenait d'éléments conservateurs réunis à ceux ou du moins à la portion modérée de ceux qui ont formé alors la minorité.

La tactique de la gauche est de séparer M. Dufaure de M. Buffet ; encore, par sagesse ou par crainte du pire, supportera-t-elle encore longtemps M. Buffet. La tactique de la droite doit être de soutenir le ministère tout entier, tant qu'il marchera dans le sens conservateur, et, comme il est certain que le jour où il s'en éloignerait, M. Buffet n'en ferait plus partie, la droite n'a qu'à se grouper derrière lui.

De deux choses l'une : ou M. Dufaure restera d'accord avec M. Buffet, et la scission se fera à gauche, une partie de ses membres ne voulant plus suivre le cabinet; dans ce cas, la situation est excellente, et c'est une grande force pour les conservateurs d'avoir pour défenseurs M. Dufaure et M. Buffet, ou M. Dufaure se séparera sur une question conservatrice de M. Buffet; dans ce cas, celui-ci exposera sa pensée devant la Chambre et le pays, il l'exposera avec l'autorité d'un homme qui ne tient à aucun parti, et qui, par là, répond d'autant plus à la pensée du pays. Il y a là un grief sérieux, un intérêt saisissable pour le pays. Une minorité qui se forme pour la défense de cet intérêt, et qui n'a laissé voir aucune arrière-pensée de parti, a chance alors de former un ministère que l'opinion accepte et suive. Ainsi, en novembre 1872, lors du vote des 335, il y avait une minorité compacte, unie sur le terrain conservateur, défendant des idées et des intérêts puissants dans le pays. On aurait pu gouverner avec cette minorité. Si M. Thiers avait voulu adhérer à ses vues, elle fût devenue rapidement une majorité. Mais tant que les conservateurs resteront désunis, ayant chacun des visées différentes, poursuivant des intérêts de parti au lieu de s'attacher aux questions nationales, battant en brèche les lois constitutionnelles au lieu d'en rechercher l'application la plus utile au pays, ils ne pourront rien, et cet état de division et de turbulence chez plusieurs m'inquiète bien plus que les progrès des radicaux; ou plutôt la force de ceux-ci ne tient qu'au manque de sagesse de ceux-là.

Les journaux ont entamé une polémique sur la revision de la Constitution. Les journaux républicains disent qu'elle n'est revisable que dans le sens républicain; les journaux légitimistes, qu'elle est absolument revisable, et que cette revision totale doit même être le but des conservateurs. Il est certain que la Constitution est revisable en totalité, mais ce serait une grande faute de porter le débat électoral et l'action politique sur ce terrain. L'important n'est pas de bien établir qu'on doit reviser la Constitution, c'est d'être en mesure de le faire, lorsque l'occasion s'en présentera. Que les légitimistes, qui n'ont pu faire la royauté, qui déjà ont perdu le septennat personnel et précipité l'avènement de la République par leur insistance à proclamer la royauté sans pouvoir la faire, que les légitimistes veuillent encore aujourd'hui suivre une politique exclusivement royaliste, ils ne réussiront qu'à fortifier la République, et, en écartant ainsi leurs amis du scrutin, ils rendront impossible, dans leur sens, le moment venu, cette revision qu'ils auront exclusivement réclamée. Qui sait si, alors, ils ne seront pas les premiers à repousser cette revision, faute de pouvoir la faire dans la forme monarchique, comme ils ont été les plus ardents à repousser les lois constitutionnelles, après avoir tout sacrifié pendant trois ans au souci de proclamer l'Assemblée constituante! Déjà, en 1871, une partie d'entre eux s'est opposée à la revision, parce qu'ils sentaient qu'elle ne pourrait se faire qu'au profit du président. Qui sait si, en 1880, quelque crainte du même genre n'éteindra pas leur ardeur pour la revision? En France, on aime mieux revendiquer un droit que de se mettre en mesure de l'exercer. On s'enivre de formules et l'on s'ôte les moyens de les réaliser. On proteste contre sa propre défaite, sans rechercher quelles circonstances l'ont amenée, examen d'où l'on tirerait, avec la connaissance de ses fautes, les lumières nécessaires pour les éviter.

Il y a une force des choses qui se dégage des événements; elle demeure longtemps latente et méconnue, mais il suffit d'un incident en apparence minime pour la faire éclater, et c'est cet incident que les partis peuvent précipiter en leur faveur s'ils ont été sages, contre eux-mêmes s'ils ont manqué de prudence ou de justice.

Ainsi, au 24 mai, il s'en est fallu de bien peu qu'on n'eût pas la majorité. Qui l'a donnée? Les seize voix des républicains conservateurs. Et d'où sont-elles venues? De l'empire exercé par le mouvement d'opinion qu'avait créé, d'autre part, la sagesse des conservateurs réunis sur le seul terrain de la défense sociale, et d'autre part, l'impatience des radicaux se croyant maîtres du pouvoir et repoussant M. de Rémusat pour élire Barodet.

De même cette année, l'amendement Wallon n'a eu d'abord qu'une voix de majorité. Il semblait que ce fût bien peu. Comment cette voix s'est-elle si vite multipliée? C'est qu'il y avait dans le pays le désir passionné d'une solution; c'est que bon nombre de députés, préoccupés de ce vœu public, n'attendaient qu'un signal pour y répondre; ce signal, la voix unique le leur a donné, et il a été suivi d'autant plus que l'ancienne majorité divisée, impuissante, partagée en fractions qui s'accusaient les unes les autres, n'offrait aucune combinaison, aucun programme possible. Il en sera de même à l'avenir. Vous avez beau protester contre les lois constitutionnelles, poursuivre la chimère d'un ministère de minorité; si vous ne commencez pas par vous unir, si, dépouillant toute vue de parti, vous ne vous placez pas au cœur du pays, vous inspirant uniquement de ses vœux présents, si vous n'attendez pas dans cette situation irréprochable les fautes, les divisions de vos adversaires, vous demeurerez impuissants, et le pays n'ira point à vous.

Chappes, le 12 mai. — Grande alerte au dehors! Articles des journaux anglais et allemands faisant craindre un éclat de la Prusse contre nous. La visite de l'empereur Alexandre à Berlin a, dit-on, conjuré le péril.

Mais, hélas ! il plane toujours sur nous et nous serons longtemps à la merci du vainqueur [1].

Chappes, le 14 mai. — L'Assemblée s'est réunie le 11. J'étais trop fatigué pour retourner aux séances. Depuis ce moment, je vis loin des événements, ne connaissant l'état des esprits que par de rares lettres ou par les journaux qui en donnent souvent une idée inexacte ou même mensongère.

L'Assemblée a adopté la loi qui suspend les élections partielles [2]. Le ministère n'est pas intervenu et aucune date n'a été fixée pour la dissolution. On en conclut qu'elle pourra être ajournée au printemps. Quand je suis parti, le courant était au contraire pour la dissolution en octobre. La loi adoptée supprime même les élections du Lot et du Cher pour lesquelles la convocation était déjà faite. C'est exorbitant ! Les républicains ont voté contre cette loi, mais presque sans discussion, bien aises au fond d'une décision contre laquelle ils veulent pouvoir dire qu'ils ont protesté. Sur ces points, la majorité du 25 février s'est disloquée.

20 mai. — Les conservateurs des deux camps se sont

1. Bismarck, voyant notre relèvement rapide et voulant l'arrêter, avait prétexté que la création des quatrièmes bataillons, l'accroissement numérique de l'armée et l'entente qui avait amené le vote de la Constitution étaient la preuve des désirs de vengeance à bref délai que nourrissait la France. Le devoir de la Prusse était donc d'attaquer la première. Tel fut le thème que développa le 19 avril un article fameux de la *Post*. On ne prit pas d'abord au sérieux cette campagne. La mission de M. de Radowitz à Saint-Pétersbourg, certaines conversations de M. de Bismarck, montrèrent qu'elle était sérieuse. On nous cherchait bien une querelle d'Allemand. Le duc Decazes sut intéresser l'Angleterre et la Russie au maintien de la paix : elles prirent parti pour nous, et la manœuvre de Bismarck échoua.

2. Proposée par Courcelle, elle était ainsi conçue :

« A partir de la promulgation de la présente loi jusqu'aux prochaines élections, il ne sera procédé à aucune élection partielle. »

Elle fut votée par 345 voix contre 279. *Annales de l'Ass. nat.*, XXXVIII, séances des 11, 12 et 13 mai 1875.

retrouvés ensemble pour le renvoi des lois organiques à la commission des Trente, renvoi demandé, bien mollement d'ailleurs, par M. Dufaure. Les gauches ont triomphé, mais grâce à l'appui de vingt-cinq chevau-légers [1].

Je me rappelle avoir dit, avant les vacances, à la commission d'initiative qui repoussait aussi ce renvoi, qu'elle

[1]. *Annales de l'Ass. nat.*, t. XXXVIII, séance du 18 mai. Le garde des sceaux ayant déposé deux projets de loi, l'un relatif aux pouvoirs publics, l'autre à l'élection des sénateurs, il demanda que ces projets fussent renvoyés à la commission des Trente. L'Assemblée refusa et décida, par 320 voix contre 301, que ces deux projets seraient renvoyés à une commission spéciale. Voici les principales dispositions du premier projet dit loi des pouvoirs publics :

Art. 1er. — Le Sénat et la Chambre se réunissent chaque année, cinq mois au moins et simultanément.

Art. 2. — Le président de la République prononce la clôture de la session. Il a droit de convoquer extraordinairement les Chambres. Il le devra si la demande en est faite par la moitié plus un du nombre des membres composant chaque Chambre.

Le président peut ajourner les Chambres, toutefois l'ajournement ne peut excéder le terme d'un mois, ni avoir lieu plus de deux fois dans la même session.

Art. 3. — Toute assemblée tenue hors du temps de la séance est nulle de plein droit.

Art. 5. — Le président communique avec les Chambres par des messages.

Art. 6. — Le président promulgue les lois ordinairement dans le mois qui suit la transmission au gouvernement, dans trois jours si la loi a été déclarée urgente.

Art. 7. — Le Président négocie et ratifie les traités.

Art. 10. — Le président ne peut être mis en accusation que par la Chambre, et ne peut être jugé que par le Sénat.

Voici les principales dispositions du second projet, dit loi du Sénat :

Art. 2. — Chaque conseil municipal élit un délégué. L'élection se fait sans débat, au scrutin secret, à la majorité absolue. Après deux tours, la majorité relative suffit; en cas d'égalité de suffrages, le plus âgé est élu.

Art. 8. — Les députés, les membres des conseils généraux et d'arrondissement sont électeurs.

Art. 10. — Le collège électoral est présidé, au chef-lieu du département, par le président du tribunal.

Art. 20. — L'élection des sénateurs par l'Assemblée est faite en séance publique, au scrutin de liste.

Ann. de l'Ass. nat., t. XXXVIII, Annexes. p. 107.

aurait pour alliés ceux qui voulaient traîner en longueur, et que le renvoi à la commission des Trente serait le moyen de marcher plus rapidement. L'événement justifie ces paroles; les chevau-légers appuient la gauche, et, grâce à ces votes, voici l'Assemblée engagée, avant de commencer l'examen des lois organiques, dans une série de complications, sans compter l'ébranlement que donne cet échec au cabinet du 10 mars, que la gauche bien avisée devrait maintenir.

Les journaux parlent d'un projet pour l'élection des soixante-quinze sénateurs que doit élire l'Assemblée : on nommerait tous les anciens ministres depuis le 4 septembre. Il paraît que c'est sérieux. C'est un moyen de faire passer le duc de Broglie et tant d'autres ministres qui n'auraient pas de chances dans leurs départements. J'avoue qu'en songeant surtout aux mobiles de ses promoteurs, cette combinaison paraît bien misérable. Pour les anciens ministres importants qui demeurent *quelqu'un*, même sans être ministres, s'abriter ainsi derrière sa fonction, se déguiser pour qu'on ne puisse vous reconnaître et qu'on vous nomme, en quelque sorte, sans vous regarder, c'est piteux; pour les autres, c'est naturel, sans être plus glorieux. Et pour l'Assemblée, quelle situation ! En réalité, c'est la suppression de l'élection. Mieux vaudrait un article additionnel ainsi conçu : « Seront sénateurs de droit tous les anciens ministres. » A ce compte, ni Berryer ni Montalembert n'auraient pu être nommés sénateurs par l'Assemblée en 1850; mais on aurait dû nommer Recurt, Trélat et autres illustrations. Dans l'Assemblée actuelle on ne nommerait ni Bocher, ni Lavergne, ni Changarnier, ni Mgr Dupanloup, mais on devrait nommer Glais-Bizoin, etc., mieux vaut ne pas écrire les noms de ces grands hommes.

Une question qui menace de tout brouiller, c'est la forme du scrutin. Sera-ce le scrutin de liste ou le scrutin d'arrondissement? Les radicaux soutiennent énergiquement le scrutin de liste, les conservateurs inclinent pour le scrutin d'arrondissement; et, à mesure qu'on approche du jour de la discussion, la lutte, comme toujours dans notre pays, a pris un caractère tel, qu'on n'est plus réputé républicain si l'on n'est pas pour le scrutin de liste, ni conservateur si l'on n'est pas pour le scrutin d'arrondissement. Les partis pourraient bien, comme cela leur est arrivé tant de fois, se tromper chacun sur son intérêt vrai. Ce sont les républicains, dit-on, qui ont inventé le scrutin de liste, soit! Mais ni en 1848, ni en 1849, ni en 1871, le scrutin de liste n'a donné les résultats qu'ils espéraient. M. de Tocqueville, après 1852, était pour le scrutin de liste. J'ai vu, il n'y a pas deux ans, MM. de Broglie, Cumont, bien d'autres aussi chauds pour ce scrutin qu'ils sont chauds aujourd'hui pour le scrutin d'arrondissement. Par contre, on dit que M. Thiers, qui a proposé le scrutin d'arrondissement, est passé aujourd'hui au scrutin de liste. Pour moi, mes tendances seraient pour le scrutin de liste, sans que je voie là une question de principe. Mais le ministère est unanime pour le scrutin d'arrondissement. D'un autre côté, les conservateurs, généralement, ont confiance dans ce mode d'élection, et ils se croient perdus avec le scrutin de liste. Il n'est pas possible de ne pas tenir compte de telles circonstances. Une crise gouvernementale doit-elle être provoquée sur une question où l'on n'a pas une certitude absolue, ni des principes engagés? Faut-il imposer aux conservateurs une arme en laquelle ils n'ont pas confiance, et l'effet moral de cette contrainte ne détruirait-il pas le résultat que, selon moi, l'on pourrait espérer du scrutin de liste? Autant de sujets de réflexion. Peut-être arrivera-t-on à une transaction : de petites listes ou des circonscriptions restreintes.

24 mai. — Reçu une lettre de Falloux qui, comme moi, a été malade. « La France et l'Assemblée, me dit-il, me paraissent encore plus malades que nous deux, et j'en suis inconsolable. »

27 mai. — La commission des Trente a donné sa démission. Je suis porté par les conservateurs au nombre des candidats à la nouvelle commission des Trente chargée de l'étude des lois constitutionnelles complémentaires. Je ne suis pas élu. Carayon-Latour montre à Rességuier son nom et le mien et généralement tous ceux de la droite modérée effacés par l'extrême droite. Vingt-cinq républicains et cinq membres de la droite sont élus [1].

---

1. Duclerc, Laboulaye, L. de Lavergne, Delorme, Cézanne, Krantz, Humbert, Ricard, Bethmont, Ferry, Picard, Voisin, Beau, Waddington, Le Royer, Rampon, Baze, Christophle, Schérer, Grévy, Luro, J. Simon, Vacherot, Cazot, de Marcère, républicains; Delsol, de Sugny, Sacazé, Adnet, A. Léon, de la droite et du centre droit.

CHAPITRE XIII

LOIS SUR LES POUVOIRS PUBLICS ET LES ÉLECTIONS SÉNATORIALES

Juin 1875

15 juin. — En arrivant à Paris, je trouve un courant différent de celui que j'avais supposé d'après les journaux. Je croyais qu'on était pour la dissolution prochaine; il me semble, au contraire, qu'on veut l'ajourner au printemps, tant à gauche qu'à droite. Les gauches font grand bruit de sa nécessité, mais elles consentent volontiers, au fond, à ce que les droites prennent la responsabilité de l'ajournement. Le gouvernement serait favorable à la dissolution cette année; M. Buffet croit qu'il aurait un Sénat meilleur, et que les élections à la Chambre des députés elle-même seraient moins mauvaises, surtout si l'on venait peu auparavant d'obtenir contre les gauches le vote du scrutin d'arrondissement. Mais il ne voudrait pas faire prononcer la dissolution par une majorité de gauche. Il est de fait que si la dissolution prenait le caractère d'une victoire des radicaux, ce serait, pour les élections elles-mêmes, la plus dangereuse présomption.

Une autre considération qui fait hésiter, c'est la question extérieure. Beaucoup sont persuadés que si les élections sont mauvaises, la guerre suivra immédiatement; et ils voudraient gagner du temps, parce que chaque jour nous permet d'ajouter quelque chose à notre organisation militaire.

La question du Sénat occupe beaucoup les têtes. On prononce encore peu de noms propres, mais les ambitions sont extraordinairement allumées. On me cite, en tête, un nom que je vois à regret se signaler par cette âpreté naïve et ardente. Le centre droit a nommé neuf délégués : Bocher, Lambert-Sainte-Croix, Delsol, d'Haussonville, Chabaud-Latour, de Witt, Batbie, Joubert, Charreyron. La droite a élu Kerdrel et Depeyre; l'extrême droite Bisaccia et Carayon; l'Appel au peuple Murat et Legrand. Mais une motion formée au centre droit par le groupe de Clercq, pour que le centre droit entrât en communication même avec les délégués de l'Appel au peuple, a failli scinder la réunion. Adnet, à une séance ultérieure, a retiré la motion, et d'une manière générale on est convenu que les neuf recevraient les communications de tous les groupes conservateurs. C'est là, du reste, le vrai rôle du centre droit, réunion de tous ceux qui mettent l'intérêt social avant l'intérêt de parti, et qui, sous quelque régime que ce soit, veulent un ordre constitutionnel; il ne doit pas connaître ces classifications tranchées dans lesquelles les partis se cantonnent, mais admettre, dans chacun d'eux, ce qui répond à ses vues principales. Je crains seulement que le mirage de la majorité du 24 mai n'abuse plusieurs et notamment les anciens chefs de cette majorité. Partant de ce point qui est juste que le 16 mai 1874 a été un malheur, ils voudraient revenir au delà, et ne réfléchissent pas que, de quelque façon qu'on les juge, les événements accomplis le 16 mai, puis le 25 février, ont modifié les situations. C'était déjà, selon moi, une erreur que de dire avant ces événements : la majorité du 24 mai, car, dès le 25, cette majorité aurait dû, sinon se modifier, du moins s'étendre, et ce n'était pas en rappelant sans cesse une journée qui, pour beaucoup qu'il s'agissait de ramener, avait été une défaite et une blessure, qu'on pouvait les rallier. Cette majorité conservatrice, qu'il faut reconstituer avant de lui donner un nom et une date, il conviendrait de fixer le terrain sur lequel on peut la réunir, et de savoir préalablement si ce terrain, toutes les nuances de l'ancienne majorité du 24 mai l'acceptent. Ce terrain ne peut être que le terrain légal. Il faut partir des lois faites pour en tirer le meilleur parti possible et en diriger les applications. Est-on d'accord sur ce point? Au cas où l'on aurait, comme au 24 mai, brisé la combinaison actuelle, retrouverait-on le lendemain les éléments d'un ministère homogène parmi les nuances qui auraient formé la majorité du combat? Première question dont il serait bon de se préoccuper avant de songer à changer ce qui est.

Le centre gauche reproche aux droites leur alliance avec les bonapartistes; les droites reprochent au centre gauche son alliance avec les radicaux. Les droites peuvent ramener le centre gauche en acceptant franchement le terrain légal; le centre gauche éloigner les droites des bonapartistes en se séparant lui-même des radicaux. Demander au centre gauche de quitter l'extrême gauche sans lui offrir un terrain d'union; aux droites de quitter les bonapartistes sans leur offrir des garanties conservatrices, égale illusion!

L'affaire Bourgoing traîne toujours ; c'est un boulet que les gauches ont voulu mettre aux pieds des bonapartistes, et qu'elles traînent à leur tour. Les choses ont été si maladroitement conduites, qu'elles intéressent en faveur de M. de Bourgoing, et jettent sur les gauches les préventions qui s'attachent aux mauvais procédés. Dans le dossier que la commission a déféré à la questure, elle a laissé l'analyse des notes de police d'un sieur Roufflé, agent de M. Rouher, lequel diffame le maréchal et la maréchale, la duchesse Decazes et M. de Turenne, le général du Barrail et le duc d'Aumale, etc. Les députés bonapartistes ont copié ces notes et les font circuler. Quelle lutte ! Et quelles gens !

Chabrol m'assure tenir de Depeyre, à qui Larcy l'avait confié, que M. Thiers lui aurait envoyé M. de Neuville, gendre de M. de Villèle, pour lui proposer une entente des gauches et de la droite modérée, excluant le centre droit et surtout le groupe Lavergne. Cela me paraît bien fort et peu vraisemblable.

16 juin. — Pose de la première pierre de l'église du Sacré-Cœur. La cérémonie s'est accomplie avec calme, recueillement et dignité [1]. J'ai tenu, quoique arrivé de la veille au soir, à y assister. Je me serais tenu à l'écart des mises en scène qu'annonçaient certains exaltés ; mais du moment que la cérémonie gardait son caractère purement religieux, je me faisais un devoir d'affirmer ma foi.

17 juin. — La loi sur l'enseignement supérieur a été votée en deuxième lecture [2] ; grand triomphe de l'évêque d'Orléans qui a su, tout à la fois, imposer la discussion

---

1. Paguelle de Follenay, *Vie de S. Ém. le cardinal Guibert,* 2 vol. in-8. Paris, Poussielgue.
2. *Ann. de l'Ass. nat.,* t. XXXVIII, séance du 16 juin, p. 594.

de la loi à ses adversaires, et les transactions nécessaires à ses amis. Si les droites avaient porté la même tactique dans la politique constitutionnelle, nous serions plus avancés.

22 juin. — Discussion de la loi sur les pouvoirs publics. Hier, Louis Blanc et Madier-Montjau, intransigeants de gauche ; aujourd'hui Buffet, Laboulaye, du Temple [1] (que l'*Union* et l'*Univers* trouvent le courage de louer).

Dès hier 21, je disais à de Meaux, à Dufeuille, qu'il était bien important que M. Buffet saisît cette occasion de s'affirmer et de prendre devant le pays la tête du cabinet. Il le fait avec une grande hauteur et met ses adversaires en demeure de l'interpeller, et tout cela avec gravité, résolution, netteté. Un fond d'ironie sous ce masque austère. Je voudrais seulement une note plus douce pour les modérés de gauche, et qui les amène à comprendre la nécessité de se séparer des radicaux. M. Buffet doit former un grand parti modéré. L'effet de ce discours est grand ; la droite, d'abord froide, finit par applaudir énergiquement ; la gauche est mécontente, mais se domine. « Nous n'interpellerons pas, dit Picard ; dût-il nous provoquer cent fois, nous dévorerons tous les outrages. »

25 juin. — Discussion sur l'élection de Kerjégu [2], dans

---

1. *Ann. de l'Ass. nat.*, t. XXXIX, séance du 21 juin, p. 69 ; séance du 22 juin, p. 84.

Le général du Temple, au nom de la légitimité et de la foi, fit le procès de la Constitution, de l'Assemblée, du ministre et du président, en des termes tels que l'Assemblée lui retira la parole.

Le passage de la loi des pouvoirs publics à une seconde lecture fut voté par une énorme majorité.

2. *Ann. de l'Ass. nat.*, t. XXXIX, séance du 24 juin, p. 135 ; du 25 juin, p. 159.

Kerjégu (Jules-Marie-Auguste Monjaret de), né à Moncontour le 6 ocles Côtes-du-Nord; exécution de Foucher de Careil; Tailhand, très attaqué pour son rôle de garde des sceaux dans cette élection, il se défend très honnêtement : mais il lui manque ce nerf qui fait que l'on répond de haut et catégoriquement à ses accusateurs. Gambetta, très violent, parle des prévarications du garde des sceaux. La droite, indignée du silence de Dufaure. C'est aller un peu loin que de dire qu'un ministre doit couvrir son prédécesseur; mais il y avait à défendre ici le respect général de la justice et de la magistrature. Après la séance, Dufaure, embarrassé de son attitude. — De Meaux me dit que le soir, à l'ambassade de Turquie, il lui parle avec une ouverture de cœur peu habituelle de la nécessité de défendre énergiquement et absolument le projet du gouvernement sur la loi des pouvoirs publics, et que ce souci semble être un effet du regret qu'il éprouve de n'avoir rien dit aujourd'hui.

27 juin. — Hier, la commission des Trente est revenue sur l'article 1ᵉʳ de la loi électorale. Elle repousse l'application de la loi municipale à la politique, et se contente de six mois de domicile. De plus, elle écarte les petites listes et n'admet de sectionnement que pour les départements ayant plus de neuf députés à élire, c'est-à-dire six départements seulement. Beau et Lavergne, qui m'annon-

tobre 1816, mort à Paris le 23 mars 1880, élève de l'École navale, fit les campagnes de la Baltique, de Chine, de Cochinchine, et fut promu contre-amiral le 9 septembre 1872. Il fut élu représentant des Côtes-du-Nord à l'Assemblée nationale. Il siégea à l'extrême droite et devint sénateur des Côtes-du-Nord le 30 janvier 1876.

Lors de l'élection de M. de Kerjégu, tout en concluant à la validation, M. Pelletan, rapporteur, blâma l'administration d'avoir pratiqué la candidature officielle. Ainsi, un procès pour cause de fausses nouvelles, intenté par le préfet à Foucher de Careil, ne s'était terminé par une ordonnance de non-lieu que la veille du scrutin, et des lettres de M. Tailhand, garde des sceaux, semblaient démontrer le caractère intentionnel du retard.

cent ces résultats, sont mécontents de ces dispositions de la gauche; elle obéit évidemment à une pression extérieure, et les discours de Louis Blanc et de Madier-Montjau, bien accueillis des radicaux en dehors de la Chambre, obligent le parti à cesser ses concessions et à hausser le ton dans l'Assemblée.

28 juin. — Réunion Colbert. Kerdrel et Depeyre parlent très bien sur la nécessité de soutenir le projet du gouvernement dans la loi des pouvoirs publics, et de voter la loi si le projet passe. Merveilleux du Vignaux propose l'abstention. Je lui réponds, et Amédée Pontalis me réplique. Mais ils sont isolés.

3o juin. — Bisaccia dit à de Meaux que si Buffet se prononce contre la dissolution, une grande partie de l'extrême droite votera pour le scrutin d'arrondissement; sinon, non. Quelle politique! C'est le même parti dont les journaux nous menaçaient sans cesse, il y a un an, de la dissolution. Aujourd'hui, ils n'ont qu'une crainte, c'est de s'en aller; et ils voteront le scrutin de liste ou d'arrondissement, suivant qu'on ne leur donnera pas ou qu'on leur donnera satisfaction sur ce point.

Juillet 1875

1er juillet. — Causé avec Vacherot. Il dit que le centre gauche est lié aux radicaux, que les modérés sont accusés de trahison et ne sont plus écoutés. Ricard lui-même, qui inclinerait à la conciliation, est considéré comme passant à droite. Vacherot craint une coalition des gauches avec l'extrême droite, soit pour la nomination des sénateurs, soit pour la loi électorale. « M. Thiers, me dit-il, y pousse beaucoup. Déjà il était contraire au vote des lois constitutionnelles; dernièrement, il m'a presque fait une scène à cette occasion. Je lui disais que le vote des lois constitutionnelles était le moyen d'empêcher ou de retarder l'Empire. « Non, reprenait-il, vous n'avez qu'une chose à faire : la dissolution. » La dissolution, c'est son idée fixe.

2 juillet. — Réunion des gauches pour délibérer sur la dissolution. Elles adoptent un texte vague qui, tout en proclamant la nécessité de la dissolution, la laisse dans le brouillard. Mérode dit que cela lui rappelle M. de Hübner à Milan ou Venise en 1848, lors de la Révolution. On l'avait reconnu et on voulait l'arrêter. Un homme, armé d'un poignard, lui fit traverser la ville en voiture ; de temps en temps, il lui mettait le poignard sur la poitrine en criant : « A mort le barbare ! » puis tout bas : *Excellenza, non avete paura, è solamente per la demonstrazione.* Une fois aux portes de la ville, on le mit dans une autre voiture qui l'emmena sain et sauf. Les gauches aussi parlent de dissolution pour la *demonstrazione.* Au fond, très peu s'en soucient et dans les conversations particulières, ils confessent presque tous qu'elle est matériellement impossible.

A la réunion Colbert, on continue la discussion sur les lois constitutionnelles. Depeyre, Baragnon, Sugny parlent très bien pour le vote encore combattu par M. Merveilleux du Vignaux. Je retrouve dans la bouche de Depeyre les arguments tirés de la conduite des royalistes depuis 1830, que je lui opposais à lui-même avant le 25 février, alors qu'il prenait l'attitude de l'extrême droite. Larcy hésite entre son bon sens et l'influence du Gard et des salons. Au fond il sent bien que l'abstention serait contraire à tout son passé, mais les chevau-légers l'adoptant, il n'ose aller contre.

3 juillet. — Hier et aujourd'hui, incidents sur l'élection de la Nièvre [1]. Savary parle ; figure troublée ; il s'exprime avec une rare correction, mais sans grâce. Sa situation est difficile : autour de moi on le traite de misérable. Cette affaire a été menée aussi maladroitement que possible. La gauche a mis contre elle tous les procédés et donné dans la forme une apparence de bon droit et un certain intérêt à la cause de M. de Bourgoing, avantage dont le bonapartisme ne peut que bénéficier. La haine est pour tous les partis une mauvaise conseillère.

7 juillet. — .... Aujourd'hui va venir la deuxième lecture de la loi des pouvoirs publics ; on ne croit pas qu'elle donne lieu à de longs débats, la gauche n'insistant pas sur ses amendements. La droite modérée est très raisonnable sur cette question ; j'ai assisté à l'une de ses réunions où Kerdrel, Depeyre, Baragnon ont tenu un excellent langage. Malgré cela, le rapprochement des partis ne se fait pas. Les obstacles sont partout. J'ai eu ces jours derniers une conversation instructive et attristante sur ce point avec Vacherot, qui gémit de ce qu'il voit autour de lui. Ce qu'il raconte de M. Thiers est affligeant. Je n'en tire qu'une conclusion, c'est que les modérés, dans tous les partis, sont en petit nombre, et que leur jour n'est point venu, quoique leurs efforts ne doivent pas cesser.

8 juillet. — Les présidents des divers groupes, sauf La Rochette, se sont réunis sur la demande de la gauche pour délibérer de la dissolution. Les groupes eux-mêmes ont examiné la question. L'impossibilité matérielle de terminer dans cette session les travaux nécessaires est réelle, et les gauches, dans les conversations privées, ne le contestent guère. D'ailleurs les lenteurs sont venues de

1. *Ann. de l'Ass. nat.,* t. XXXIX, séance du 2 juillet, p. 355, col. 1; séance du 3 juillet, p. 386, col. 1.

son côté autant au moins que des autres rangs. Le centre droit, sur l'avis de Bocher et de Broglie, donne surtout pour raison qu'il voudrait, avant de se décider pour la dissolution, être fixé sur les conditions dans lesquelles elle se fera, et, par conséquent, connaître auparavant la décision de l'Assemblée sur la loi électorale. Le vote du scrutin de liste peut amener une crise ministérielle et des complications qui rendent nécessaire l'ajournement de la dissolution ; le scrutin d'arrondissement au contraire, s'il est voté, permettrait de l'opérer plus tôt. Une autre raison fort grave et sur laquelle Chaper, ancien chef d'escadron d'artillerie, insiste devant le centre droit d'une manière saisissante, c'est la nécessité pour la France d'avoir achevé ses préparatifs militaires avant d'ouvrir une crise qui pourrait fournir prétexte aux agressions de l'étranger. Les travaux de fortification peuvent être poussés d'ici à six mois de façon à mettre la France en état d'opposer une résistance sérieuse. Avant ce temps, elle ne serait pas prête, et un échec, essuyé faute de fortifications suffisantes et dès le début, aurait pour effet d'abattre immédiatement le moral d'une armée que peut déjà impressionner le souvenir de ses récentes défaites. Chaper se sert d'une comparaison ingénieuse : « L'écrevisse, dit-il, traverse chaque année une phase pendant laquelle elle est très difficile à prendre : c'est le moment où elle change de carapace. Elle se sent alors désarmée, impuissante contre les attaques des autres animaux, et elle se cantonne dans les pierres comme dans une sorte de forteresse ; quand elle a repris sa carapace, elle reparaît parce qu'elle est armée. Eh bien ! la France change en ce moment de carapace ; si elle était attaquée maintenant, elle serait hors d'état de résister. »

Hier a eu lieu la deuxième lecture de la loi sur les pouvoirs publics [1]. Discours de Marcou ; ses vœux trop explicables pour la longue vie du comte de Chambord. Discours de M. Buffet, qu'on est un peu étonné de voir répondre à Marcou. Il donne des lois constitutionnelles un commentaire sensé, auquel la gauche, bien qu'elle y trouve plus d'un trait contre elle, a l'habileté d'applaudir. La droite, qui devrait s'emparer de la thèse du ministre, l'écoute avec froideur et déplaisir. A gauche, ce sont les extrêmes qui deviennent rares, et les politiques qui sont écoutés. A droite, c'est le contraire : les extrêmes prennent la tête du parti, commandés par le roi lui-même ; les politiques sont abandonnés ou intimidés.

Cependant la réunion Colbert a eu hier matin une bonne séance. Il s'agissait d'un projet de déclaration pour expliquer le vote de la troisième lecture ; déclaration bien inutile selon moi, mais qui, étant donné le tempérament de la droite, était nécessaire. Kerdrel avait proposé un projet fort long, dans lequel, se préoccupant surtout de ne pas rester en arrière des chevau-légers et de se faire pardonner, comme il le disait lui-même, son vote, il insistait beaucoup sur les dangers de la République et l'espoir de revenir légalement à la royauté. Rességuier, Dampierre et moi, nous faisions des objections contre cette insistance. Dompierre d'Hornoy, Gavardie, Sugny, insistent au contraire pour un long exposé de la foi monarchique.

Depeyre, sur l'invitation de Kerdrel, lit un projet qu'il vient de griffonner et qui est infiniment plus politique. Kerdrel, avec une bonne grâce charmante, est le premier à le dire, et ce texte nouveau est adopté. C'est Kerdrel qui le lit à la Chambre.

[1] *Ann. de l'Ass. nat.*, t. XXXIX, p. 462, col. 2.

A l'Assemblée, Belcastel demande un article pour établir chaque année les prières publiques au début des sessions. L'Assemblée le vote. La Rochette s'abstient sur cette question, parce que voter serait prendre part à la Constitution [1]. Le roi passe avant le bon Dieu !

Bisaccia propose un amendement pour que le maréchal ait seul le droit de déclarer la guerre. Le gouvernement a le tort de ne pas parler ; mais les ministres votent contre et disent à ceux qui les interrogent que le vote, en laissant croire qu'on a pendant les six ans de pouvoir du maréchal une pensée de guerre, pourrait amener des demandes d'explication de la part de la Prusse [2].

Aujourd'hui, salut en musique au château pour les inondés ; un morceau de Stradella, musique large et saine, aux ondes puissantes et pleines, avec des nuances simples et des délicatesses qui n'ont rien d'efféminé. On sent sous cette harmonie, où luit parfois un enjouement grave, quelque chose de robuste et de fier, comme le temps d'où elle vient.

12 juillet. — La loi d'enseignement supérieur est votée. Belle discussion, Brun, Baragnon, surtout Grivart, mais on veut un peu forcer le triomphe du côté des catholiques, ce qui a causé une réaction : les majorités sont allées en diminuant. Sur l'ensemble, tout reprend heureusement, et cinquante voix de majorité couronnent l'œuvre [3].

---

1. *Ann. de l'Ass. nat.*, t. XXXIX, séance du 7 juillet, p. 472, col. 1. L'amendement Belcastel fut voté par 328 voix contre 248.

2. *Ann. de l'Ass. nat.*, t. XXXIX, séance du 7 juillet 1875, p. 477, col. 2. L'amendement Bisaccia fut rejeté par 425 voix contre 123.

3. M. le comte Jaubert avait déposé, dès le 31 juillet 1871, une proposition sur la liberté d'enseignement. L'urgence ne fut pas déclarée et la proposition fut renvoyée à la sixième commission d'initiative parlementaire, dont M. Fournier déposa le rapport le 16 août. Le 26 août 1871, le projet fut pris en considération et renvoyé à une commission dont M. Laboulaye

13 juillet. — Enquête sur l'élection de Bourgoing. Quelle malheureuse campagne! Les partis se prennent toujours au piège de leur colère. On a obéi, en votant cette enquête, à un mouvement de haine contre le bonapartisme et on risque aujourd'hui de lui faire une occasion de mise en scène. On voudrait à tout prix écarter ce débat qu'on a provoqué. On ne combat un gouvernement qu'en le remplaçant; on ne vient à bout d'un parti qu'en donnant satisfaction au mobile légitime sous lequel il s'abrite et qui lui vaut des adhésions. Or, ce qui peut rallier, malgré tant de leçons, trop de conservateurs au bonapartisme, c'est la crainte des radicaux. S'unir à ceux-ci pour frapper exclusivement le bonapartisme, c'est confirmer les craintes des conservateurs et leur montrer dans les bonapartistes les seuls ennemis des radicaux. Au centre droit, une portion (Pasquier, Bocher, Savary même) ne veut pas se rendre compte de ce péril; d'autres, à droite, ne répugnent pas au bonapartisme, et ces tendances opposées menacent de renouveler les dissidences que la déclaration Kerdrel avait atténuées.

Vu plusieurs fois Buffet. J'insiste auprès de lui pour qu'il parle et fournisse lui-même le terrain de l'ordre du jour, en montrant le gouvernement attentif au double péril que peuvent faire courir au projet la faction bonapartiste et la faction radicale. Il est tout à fait dans ces idées et déclare qu'il repousserait un ordre du jour où les bonapartistes seraient seuls frappés, parce que ce

ne déposa le rapport que le 15 juillet 1873. La première délibération s'ouvrit le 4 décembre 1874 et continua le 5 et le 6. La deuxième dura du 3 au 13 juin 1875. La troisième eut lieu les 8-12 juillet 1875. *Vie de Mgr Dupanloup*, par l'abbé Lagrange, 4e édit. Paris, Poussielgue, 1884, in-8, t. III, p. 305-314; *Chesnelong*, par de Marcey, *Université catholique* du 15 novembre 1904, p. 403-430; *L'Enseignement supérieur en France*, par L. Liard, Paris, Hachette, 1888-1894, 2 vol. in-8.

serait, me dit-il, un trompe-l'œil pour le pays. Les rapports de police lui montrent les radicaux bien plus violents contre les lois constitutionnelles, dans leurs réunions, qu'aucun autre parti.

L'élection de Bourgoing est annulée. Goblet parle avec talent contre l'élection ; mais les procédés de la commission, le retard de quinze mois, la suppression des élections partielles, tout cela crée une situation dont on est obligé de tenir compte. C'est ce qui me décide à voter la validation, quoique je reconnaisse que M. de Bourgoing a trompé ses électeurs en leur disant que le maréchal avait approuvé sa profession de foi, et que je ne me dissimule pas d'ailleurs que si à gauche et dans une partie du centre droit l'on me reproche mon vote, les bonapartistes ne m'en sauront aucun gré.

Après le vote et pendant qu'on en calcule les résultats, Rouher demande à s'expliquer sur l'enquête. M. Buffet désire ardemment que la discussion s'arrête là, et, pour lui complaire, on vote la continuation de la séance, dans la pensée que tout finira ce soir. Mais c'est une illusion. Rouher, appuyé contre la colonne de droite, près du premier banc où je suis assis à côté du duc d'Harcourt, nous dit : « Je resterai, si l'on veut, jusqu'à onze heures ce soir, et je parlerai avec la modération d'une hyène. » Au fond, il ne se soucie pas plus du débat que ses adversaires ; mais la force des choses l'y amène.

Je sors avec Buffet, qui est bien mécontent et préoccupé de cette continuation du débat. Les incidents de la discussion peuvent amener une crise ministérielle. Le garde des sceaux a fait à la commission des communications abusives : papiers saisis, notes de police compromettant des tiers, etc. ; cela est difficile à défendre, et au fond M. Dufaure en est seul responsable. Il y a, à droite, contre lui de violentes animosités, et il est à craindre qu'on ne cherche à mettre en opposition Dufaure et Buffet.

14 juillet. — De Meaux vient me voir le matin, pour me demander ce que je pense de la conduite à tenir. Je lui répète ce que j'ai dit à Buffet : c'est lui, Buffet, qui peut fixer l'issue du débat par les paroles qu'il prononcera. Il veut l'ordre du jour pur et simple : lui seul peut le rendre possible et lui donner d'avance un sens par la déclaration qu'il aura faite.

De Meaux, que je revois plus tard, me dit que Buffet désire parler après Rouher pour couvrir immédiatement le préfet de police, et laisser ensuite Dufaure défendre seul sa conduite ; puis, à la fin, Buffet interviendrait encore pour donner le dernier mot de la discussion.

On se réunit au centre droit ; on incline pour l'ordre du jour pur et simple, ou un ordre motivé d'accord avec le gouvernement. Tallon seul, qui s'est abstenu hier et que j'ai vu tant de fois incliner vers les bonapartistes, réclame un ordre du jour véhément contre les bonapartistes. On charge Bocher, Broglie et moi de suivre la discussion et de s'entendre avec le gouvernement sur l'ordre du jour.

Rouher a tenu toute la séance. On l'a écouté longtemps en silence. Il discutait la communication des pièces saisies et des notes de police. La thèse était juste, ou le sentait ; et, en même temps, on songeait au passé de celui qui la soutenait et qui avait tant de fois violé les principes qu'il invoquait. Cette double impression jetait comme une sorte de stupeur muette dans l'Assemblée : parfois seulement des magistrats, oubliant trop qui parlait et ne songeant qu'aux principes invoqués, se prenaient à applaudir. Les bonapartistes, dispersés sur les différents bancs de la droite, faisaient croire aussi, par leurs interruptions échelonnées, à une approbation de la droite, qui est généralement restée digne. Dans la suite du discours Rouher défend son parti et alors l'Assemblée devient plus houleuse ; les interruptions éclatent. A un moment, comme Rouher parle de Charles X exilé, Franclieu s'écrie : « Il n'y a pas de comparaison ! » et la gauche applaudit à outrance ; beaucoup disent : « Bravo ! marquis. » Puis c'est le tour de Bocher qui, pâle, frémissant, indigné, lance, les bras tendus, sa protestation à l'orateur. La gauche l'enveloppe de ses bravos enthousiastes ; placé alors au centre, j'en entends plusieurs dire : « Au moins, c'étaient d'honnêtes gens. » Dans la buvette, Peyrat, d'autres radicaux disent qu'on ne devrait pas laisser parler cet homme : procédé de la Convention qui serait en effet le leur, s'ils étaient maîtres.

15 juillet. — Une des séances les plus extraordinaires dont j'aie été témoin. Savary parle le premier ; — exorde rapide et agressif ; — souvenir de la haute cour ; un peu long dans les détails, mais, à la lecture, le tout vigoureusement conduit ; fin très belle dite avec une émotion grave et sourde. L'Assemblée est fortement remuée ; Rouher a la tête dans ses mains. Les bonapartistes, jusque-là batailleurs, n'interrompent plus ; ils sentent l'effet produit. La droite, pleine de préventions contre l'orateur, est elle-même impressionnée ; elle ne s'associe pas cependant aux applaudissements donnés par les gauches.

Pendant la suspension de séance, les conversations dénotent la sensation produite. On a l'idée d'un grand talent et, sous sa parole, la mémoire des désastres de l'Empire, la prévision des malheurs qu'il ramènerait se

sont dressées devant beaucoup d'esprits, trop portés à les
perdre de vue. Pendant cet intervalle, on se demande
quel sera l'ordre du jour. Le gouvernement demande
l'ordre du jour pur et simple. Je trouve seulement, et
c'est une impression générale, que l'effet produit par
Savary devra obliger M. Buffet, tout en mettant en lumière les menées radicales, à accentuer la note contre les
bonapartistes. J'en parle à Dufeuille et à de Meaux.
Scherer, à qui je demande ce que se propose la gauche, me
dit qu'on veut, avant tout, demeurer en accord avec le
gouvernement; il trouve qu'après le discours de Savary
l'ordre du jour pur et simple serait bien pâle. Je lui dis
que ce qui pourrait en donner la signification, ce serait
une déclaration préalable du gouvernement, interprétant
d'avance l'ordre du jour pur et simple. Une belle déclaration, affichée dans les communes, ferait bien plus
d'effet qu'un ordre du jour motivé, toujours un peu
obscur pour le public. Il adhère tout à fait à cet avis. Un
peu plus tard Bocher, alléguant l'opinion de Casimir
Périer, des principaux du centre gauche et de M. Dufaure,
me dit qu'il serait bon de faire un ordre du jour motivé.
Il a toujours le texte de celui qu'il a lu hier au centre
droit, conçu en ces termes : « L'Assemblée, confiante
dans la fermeté du gouvernement pour faire respecter les
résolutions de l'Assemblée et les lois du pays, passe à
l'ordre du jour. » Nous convenons avec le duc de Broglie
de nous trouver à un endroit fixé après le discours de
Dufaure pour prendre une décision. Mais voici qu'après
le discours d'Haentjens, M. Buffet monte à la tribune.
Grande vigueur, comme toujours, mais dédain étrange
pour le rapport de la commission d'enquête qu'il n'a pas
eu le temps de lire; phrase sur les sentiments de ceux
qui vont prier pour l'Empereur, « sentiments qui sont les

miens » (ceci supprimé au *Journal officiel*) ; pas un mot contre les bonapartistes, sauf la partie des citations de Renault qui les concerne. La droite est enchantée ; les bonapartistes n'en croient pas leurs oreilles. Les gauches et une partie du centre droit sont ou furieuses, ou étonnées, ou attristées.

Dufaure parle ensuite pour le procureur général et sans disparate avec Buffet. Il fait néanmoins sentir son hostilité profonde contre les bonapartistes. Grande émotion partout. Je m'approche du banc des ministres ; Dufaure tout désorienté, Léon Say, le regard fixe et la bouche muette, Buffet étonné de l'étonnement qu'il a causé. Dufaure et Buffet me disent qu'ils veulent toujours l'ordre du jour pur et simple ; mais Dufaure ajoute : « Que ce ne soit pas Raoul Duval qui le demande ! » Celui-ci monte à la tribune, mais Gambetta y monte de son côté et y reste. Charge à fond contre Buffet. Il s'enivre de ses paroles et son langage, mis en relief par un accent enroué et comme aviné, est de plus en plus violent. Buffet se lève à plusieurs reprises pour protester. De Meaux, à sa droite, agite les bras et la tête avec indignation. Wallon, entre Buffet et Dufaure, regarde l'orateur avec stupeur ; il ne bouge pas, mais on sent qu'il est partagé entre la réprobation des paroles de Gambetta et le regret que Buffet n'en ait pas dit davantage contre les bonapartistes. Dufaure a le regard absolument abattu ; il frappe languissamment des mains sur son portefeuille, comme une dernière forme de protestation contre un orage qu'on ne peut plus éviter. Léon Say a toujours son regard immobile. A gauche, les regards sont consternés : on a le sentiment d'une faute immense, détruisant en un instant l'œuvre d'une longue patience.

Mais voici Buffet qui remonte à la tribune, il a l'occa-

sion qu'il avait souvent cherchée de rompre avec les radicaux ; il demande, il impose une déclaration explicite ; il
somme Gambetta de déposer un ordre du jour de non-
confiance. Vainement Gambetta se dérobe ; il le poursuit,
il le traque ; cette fois, il n'échappera point.

Cependant, je cherche Broglie et Bocher, comme il
avait été convenu. Mais aucun d'eux ne vient au rendez-
vous. Bocher reste à son banc, mêlé aux gauches. Broglie
combine quelque ordre du jour avec Baragnon, et celui-ci
apporte son texte à la tribune [1]. Buffet l'accepte. Quand il
parle des attaques dont le ministère a été l'objet, la
gauche l'interrompt furieuse, en criant : « Vous, vous
seul ! » L'attitude des ministres est piteuse et misérable ;
Dufaure et Léon Say n'osent désavouer Buffet, mais ils
n'osent pas non plus s'unir à lui et, pas une fois, ils ne se
lèvent pour protester contre cet isolement, dans lequel on
prétend réduire leur collègue qui, hautain et fixe, demeure à la tribune.

La gauche propose l'ordre du jour pur et simple qui,
une heure avant, ne lui suffisait pas. Il est repoussé ; et
cela fait, cet échec bien assuré, Dufaure vient enfin déclarer que, comme Buffet, il accepte l'ordre du jour Baragnon, qui est voté à une grande majorité. Gambetta a dis-
loqué l'union des gauches.

Après Dufaure, Bocher monte à la tribune ; il commence par rappeler l'objet principal du débat et l'éloquent
discours du rapporteur. A ces mots, des hurlements
partent de la droite, qui croit qu'il va proposer un autre
ordre du jour. « C'est indigne, c'est criminel ! » lui crie-
t-on. « La succession n'est pas ouverte ! » profère Cas-

---

1. « L'Assemblée, confiante dans les déclarations du gouvernement,
passe à l'ordre du jour. » *Ann. de l'Ass. nat.*, t. XL, p. 100.

tellane, devenu tout à coup un défenseur du ministère.
« Il fallait accepter un ministère le 10 mars, il est trop
tard maintenant ! » disent d'autres voix. Bocher, troublé
devant cette tempête, balbutie et conclut, en termes embarrassés, pour l'ordre du jour Baragnon. Que voulait-il ?
Je pense qu'il voulait rallier ses amis à l'ordre du jour,
en lui donnant une signification antibonapartiste, qui
leur permît de le voter. Mais d'autres affirment qu'un ministère était déjà préparé, qu'on voulait renverser Buffet,
et que le coup monté allait éclater par l'ordre du jour
que devait présenter Bocher. Je ne le pense pas.

Pendant qu'on vote sur l'ordre du jour Baragnon [1], je
passe derrière Depeyre qui cause avec Rouher. « Je crains,
lui dit-il, que la majorité ne soit trop forte. » Rouher
semble le craindre aussi. « Ce que je crains, dis-je à
Depeyre, c'est que M. Rouher n'en soit. — Et croyez-
vous, me dit-il, que je ne pense pas à lui, en disant cela ? »

20 juillet. — On est enchanté à droite ; on voit déjà
reconstituée la majorité du 24 mai ; on s'étonne que
Dufaure ne soit pas déjà parti.

Cependant, pour beaucoup d'esprits plus attentifs, les
choses sont loin d'en être là. Cette majorité du 15 juillet,
formée d'éléments si divers, n'est pas durable. Il y a, au
centre droit, bien des blessures qui s'élargiront si on ne
se hâte de les adoucir et de les fermer. Beaucoup, même à
droite, regrettent le langage insuffisant de M. Buffet à
l'égard du bonapartisme. Ce parti, qui par l'entremise
non désavouée de Jules Amigues a une main dans la main
des communards, méritait un langage sévère. Ce qui est
vrai, c'est que M. Buffet a pris une situation immense ;

____

1. L'ordre du jour Baragnon fut adopté par 445 contre 2. La gauche radicale s'abstint, ainsi que quelques membres du centre et de la droite.

on l'a vu dominer ses collègues et mener Dufaure à la tribune; on sent que l'énergie de celui-ci n'est qu'un fantôme, et pour les ennemis comme pour les amis, M. Buffet est l'homme du cabinet. La gauche comprend de plus qu'elle a en lui un lutteur redoutable auquel il est dangereux de se mesurer. La droite sent le prix de son concours. Enfin, dans le pays, dans l'administration, on a l'idée d'une force avec laquelle il faut compter, derrière laquelle il faut se ranger. Voilà le grand et heureux résultat de cette séance. Mais il ne faut pas que ce résultat tourne au profit du bonapartisme. Cette situation prépondérante doit être une arme pour M. Buffet; il s'agit aujourd'hui de bien la diriger. Il faut, comme dit Mérode, « qu'il rectifie son tir ». Il faut qu'il fasse sentir aux bonapartistes que, prêt à les protéger comme tous les citoyens contre les violences, il n'est pas leur homme, et qu'il leur imposera le respect de la loi. Il faut qu'il agisse sur le centre droit et sur le centre gauche, et qu'il couronne la rupture de celui-ci avec les radicaux, en lui donnant, au point de vue constitutionnel, des satisfactions qui lui permettent de voir dans son pouvoir un abri pour lui. S'il suit cette politique, il peut opérer entre les partis modérés des rapprochements bien désirables, et préparer, par cette grande pacification, des élections rassurantes.

21 juillet. — Rapport de la proposition de Malartre pour les vacances. La gauche alléguait que le désir de la prorogation n'était, au fond, que le désir d'enterrer les lois constitutionnelles. Ceci peut être l'espoir de quelques-uns, mais n'est pas la pensée générale. Toutefois, la commission répond singulièrement à ce reproche en proposant de rentrer le 16 novembre, quand le gouvernement lui-même indiquait la fin d'octobre, et en choisissant pour rapporteur Amédée Pontalis (qui, me dit-on depuis, l'avait sollicité), lequel est la personnification de l'hostilité aux lois constitutionnelles.

Le soir, revenant d'une soirée au ministère de la guerre avec de Meaux, je l'engage vivement à conseiller au gouvernement de proposer le 4 novembre, parce que le maintien de la date du 16 pourra, par réaction, faire voter le 19 octobre.

22 juillet. — C'est décidément le 4 qui est adopté. La commission s'y rallie. La maréchale dit le soir à Kerdrel qu'elle a cru le matin à une crise ; son mari lui disait qu'il n'irait pas à Paris dans la journée, parce qu'il craignait que tout ne cassât. M. Dufaure s'est rangé à la date du 4 novembre, mais il avait déclaré que si les deux Chambres n'étaient pas installées le second mardi de janvier, il se retirerait.

La discussion est faible. Raoul Duval propose un amendement impliquant la dissolution. Les bonapartistes sont très embarrassés de ce coup, qui, dit-on, a été comploté la veille chez la princesse Troubetzkoï, en compagnie, ajoute-t-on, de M. Thiers, lequel est venu à la séance. Galloni, de Valon sont très ennuyés de voter cette proposition. Mais Rouher la vote avec dix-huit des siens ; les autres votent contre ou s'abstiennent. Grand courant à droite contre ces bonapartistes, pour qui on a d'ordinaire tant de condescendance. — On leur pardonnera plus vite qu'à Bocher et à Pasquier. — J. Simon veut provoquer Dufaure à parler ; il est faible. Dufaure, tout en y mettant un autre accent que Buffet, se renferme dans les mêmes termes généraux. A gauche, grand désarroi ; les uns s'abstiennent, les autres votent contre, d'autres pour le 4 novembre. Gambetta a des altercations avec ses amis ; il est, cette fois, des violents. « Si l'on ne veut pas la dissolution, qu'on le dise ! » s'écrie-t-il en entrant dans la buvette. Pelletan, à qui il s'adresse, lui réplique : « Tout cela vient de ce que les bureaux se chargent de nous donner les mots d'ordre, et qu'ils les donnent tout de travers. » Et la dispute continue; trois partis : Madier-Montjau, Gambetta, J. Simon, sans parler des autres.

23 juillet. — Le lendemain, 23, c'est bien plus fort, Madier-Montjau dépose une proposition pour la dissolution et demande l'urgence. On va au scrutin, malgré la gauche. A gauche, on vote pour d'abord, puis Madier, sur les instances des siens, ayant retiré l'urgence, les gauches mettent des bleus pour annuler leurs blancs, ce qui donne au dépouillement 1,200 votants. Les reproches réciproques se multiplient. La présence de Dufaure au ministère favorise cette désagrégation; s'il faisait place à un membre de droite ou du centre droit, l'union se referait dans les trois gauches et la majorité passerait de leur côté.

24 juillet. — Discussion de la loi sénatoriale. Buffet maintient sur les réunions l'article du projet du gouvernement. Il discute avec un nerf et une précision admirables. Mais vraiment il va un peu loin, et le sentiment de cet excès se répand même dans les rangs de la droite. Ne pas admettre les candidats aux réunions où ils peuvent être attaqués et déchirés, c'est raide. Le tout est de chercher des garanties sérieuses pour n'avoir que des candidats sérieux.

On s'occupe de la loi sur la vérification des pouvoirs des conseils généraux. Il y a trois ans, pas une voix ne s'élevait pour défendre les conseils de préfecture; aujourd'hui, on y veut revenir. Abattre et exalter sans mesure, c'est toujours entre les deux extrémités que s'agite l'opinion publique en France. Pour moi, j'inclinerais à confier cette vérification à la magistrature, ou, tout au moins, selon la proposition Rivet en 1871, aux conseils de préfecture fortifiés par l'élément judiciaire.

25 juillet. — La commission des conseils généraux a adopté la juridiction unique du conseil d'État. C'est un juge bien éloigné et qui sera bien chargé de détails. Mais on n'aurait pu faire admettre les conseils de préfecture par la Chambre.

26 juillet. — Discussion sur l'article de la loi sénatoriale relatif aux sièges vacants et à leur renouvellement. M. Buffet combat le projet de la commission avec son âpreté habituelle. Il n'a qu'une majorité de trois voix. On trouve, même à droite, qu'il tend trop la corde.

Discours sur la gratuité du mandat sénatorial. Saint-Pierre parle au milieu du bruit. Beaucoup sont hostiles à cette gratuité, qui n'osent le dire ; d'autres sont intérieurement blessés, comme le général d'Aurelles qui dit en passant devant moi : « On exclut ainsi les trois quarts de l'Assemblée actuelle. » Il est certain qu'il y a là un appel à une fausse popularité, analogue à celui que lui adressent sous la monarchie les hommes qui critiquent la liste civile, ou, dans les campagnes, le casuel des curés. On ne peut demander dans notre société moyenne à des hommes qui quittent leur cabinet d'avocat, leurs propriétés, leurs affaires, de venir faire cette brèche à une fortune souvent modeste, sans aucune indemnité. On va d'ailleurs directement contre les intérêts conservateurs, parce que les radicaux trouveront des comités pour payer leurs candidats, tandis que les conservateurs qui, en matière de charité ou de religion, sont souvent généreux, ne donnent pas un centime, quand il s'agit de la politique. Au surplus, la gratuité n'a presque jamais existé en fait : pensions aux députés et aux pairs sous la Restauration ; fonctions compatibles avec le mandat. Je m'abstiens avec Féligonde, Vimal, Chabrol, de ma députation.

27 juillet. — Amendement sur le droit de réunion. La commission se rallie au projet du gouvernement. Mais Christophle, rapporteur, en l'annonçant, accompagne cette déclaration de commentaires inconvenants pour M. Buffet. Celui-ci répond avec une hauteur accablante. Tout le monde condamne Christophle, et cette carrure de Buffet lui vaut décidément beaucoup d'adhésions. Ce pays aime les allures crânes, et il y a dans la Chambre comme au dehors bien des esprits indécis, qu'enlève et qu'attire cette apparence de force. Je commence à croire qu'on a raison de dire que le centre gauche, pour se rallier, a besoin d'être mené rondement. C'est par des procédés de ce genre que M. Thiers l'a conquis. Hélas ! c'est un peu le tempérament de la France d'aimer ceux qui la frappent.

31 juillet. — Mon frère et moi nous rencontrons, au foyer du Français, Mérode et Broglie. Celui-ci engage avec mon frère une conversation pour se plaindre du centre gauche, dire que la situation ne pouvait se prolonger, qu'il n'y avait de majorité que celle du 24 mai, que l'annexion de M. Dufaure n'avait rapporté au gouvernement que trois voix douteuses. Quelques jours après, Broglie me parle de cet entretien et me dit en riant : « Il me semble que votre frère a des tendances vers les régions sinistres, vers la gauche. Ce sont des illusions généreuses, mais des illusions ; on ne ralliera jamais les gauches. » Je lui dis que je crains qu'il n'y ait une autre illusion, celle de la reconstitution de la majorité du 24 mai, qui, dans les conditions anciennes, me paraît impossible, étant données l'attitude militante des bonapartistes et les prétentions exclusives de l'extrême droite. J'ajoute que la présence de M. Dufaure a un effet négatif, sans doute, mais pourtant digne d'estime, celui de commencer la désagrégation des gauches. Broglie en convient et me dit : « Je sors de chez le maréchal, et je viens de lui dire : Surtout ne vous séparez pas de M. Dufaure. »

Comme il me parle de l'impossibilité de former le Sénat avec la gauche, même celle-ci accordant quarante membres au centre droit, je lui dis que c'est sans doute une extrémité qu'il ne faut envisager qu'en dernier lieu, que, de plus, tout dépend de ce qu'on entend par les gauches; de ce qu'elles offriraient pour le contingent et de la limite à laquelle elles arrêteraient leur choix (serait-ce, par exemple, le nom de Duclerc ou celui de Naquet, deux situations fort différentes ?) ; qu'il faut tout faire pour rapprocher les droites, sans pourtant exclure les modérés de gauche; mais qu'enfin, si l'extrême droite persiste dans son attitude, plutôt que de se river à une alliance qu'elle repousse elle-même et qui n'aboutirait qu'à ne faire passer que des candidats de gauche, comme cela s'est vu pour la commission des Trente, il y a deux mois, mieux vaudrait peut-être examiner une combinaison qui assurerait dans des conditions acceptables quarante sièges aux conservateurs. Il finit par convenir à peu près de tout cela, et, en pareil cas, il agirait certainement comme il a fait au 25 février.

Août 1875

4 août. — Quitté Versailles. Aujourd'hui, clôture de la session. La loi sur la vérification des élections aux conseils généraux est votée. La discussion est faible. L'attribution au conseil d'État est un expédient, parce qu'on sait que l'Assemblée n'accepterait pas le premier degré des conseils de préfecture. Cependant, plusieurs que j'ai vus enragés pour la décentralisation, il y a trois ans, sont les premiers à les réclamer.

6 août. — Je vois, le jour de mon départ, Buffet ; je lui répète ce que je ne cesse de dire à Dufeuille, que je le considère comme devant être l'arbitre de l'opinion modérée ; qu'il a conquis ce que je lui souhaitais, cette situation prédominante qui lui permet d'imposer son programme ; mais qu'aujourd'hui qu'il a donné aux conservateurs toute garantie, c'est à rapprocher les constitutionnels sincères qu'il doit tourner son effort, afin de réunir ainsi les deux grandes fractions de l'opinion modérée. Il me paraît bien dans ces vues ; mais la nature de son esprit et de son caractère ne lui donne pas, je le crains, un sentiment suffisant des égards et des ménagements que réclame une telle mission. Il est la droiture même, et se sent trop au-dessus des soupçons sur sa vraie pensée pour se croire obligé de les dissiper. Il me dit cependant qu'il aurait voulu trouver une occasion d'exposer dans son ensemble sa politique, et d'avoir sur toute chose une explication à fond. Il n'a eu, au lieu de cela, que des incidents imprévus, ne donnant place qu'à des explications partielles qui ne laissaient voir qu'un côté de sa politique et fournissaient par là même prétextes à méconnaître les autres. Il pense trouver l'occasion qu'il souhaite dans la discussion de la loi électorale.

Discours de Laboulaye au centre gauche, avertissements comminatoires au gouvernement. A peine l'Assemblée séparée, il parle. C'est la seconde fois que le centre gauche agit de la sorte : il se lève pour le combat quand l'arène est fermée et l'adversaire absent. Il proclame l'union des gauches jusqu'à la dissolution et pour la dissolution. Mais la dissolution n'est pas un programme, c'est une page sur laquelle on peut écrire les choses les plus contradictoires : il s'agit de s'entendre sur ce qu'on y mettra. A ce compte, il pourrait aussi bien proclamer l'union des gauches avec les bonapartistes, qui demandent aussi la dissolution.

Clermont, 22 août. — Le conseil général tient sa session. Bardoux a été nommé président. On avait demandé à M. de s'effacer pour porter Bardoux contre Ledru, dont on ne prévoyait pas le désistement. Il n'a d'abord pas voulu, et ce n'est que devant une défaite certaine qu'il s'est retiré, *in extremis*. Voilà un honnête homme, un conservateur décidé, personnage considérable dans le département, et qui, avec une fortune immense, beaucoup de relations, toutes facilités pour grouper autour de lui les honnêtes gens, n'a fait aucun sacrifice, tenté aucun effort, et s'étonne de l'abandon où il est laissé. Image trop fidèle de ce que sont, presque partout, les conservateurs.

La nomination de Bardoux aurait pu être une combinaison heureuse si elle avait été accompagnée d'élections conservatrices. Mais, élu au lendemain d'un discours au lycée Henri IV, dirigé contre la loi d'enseignement, d'accord avec Ledru qui se désiste, à la tête d'un bureau dans lequel Barante, seul conservateur avoué, n'a été élu qu'au second tour, en société constante avec les gauches, quoique plein de bonnes paroles pour leurs adversaires, Bardoux ne représente que la gauche au bureau, et le gouvernement ne tire aucun avantage de cette nomination.

L'élection de la commission départementale achève de caractériser cette situation. L'objectif de la gauche est de nommer M. Ledru président de cette commission comme doyen d'âge. Les conservateurs ne s'avisent de cette éventualité que la veille et le matin de l'élection : préfet et conseillers n'y avaient pas pensé jusque-là. Ils cherchent, par la multiplicité des démarches et contre-démarchos, à réparer le temps perdu ; mais ils n'arrivent qu'à augmenter dans leurs rangs la confusion, et le scrutin donne le spectacle de trois ou quatre candidats portés par eux contre un seul porté par les gauches et tous battus par lui. Il faut bien le dire, nulle part plus que parmi les conservateurs les rancunes, les susceptibilités, les compétitions personnelles, les obstinations égoïstes ne se rencontrent. Parmi les bonapartistes, il y a quelque obscurité. Trois ou quatre d'entre eux n'ont-ils pas fait faux bond aux conservateurs ? On le dit. Le malheur est que parmi les conservateurs, il n'y a que des expédients sans programme. Ceux-ci vont tantôt à gauche, tantôt du côté bonapartiste, uniquement d'après des calculs personnels, mais sans avoir l'idée d'une politique qui puisse rallier des deux côtés, tout en demeurant ferme dans son principe. Bardoux, avec des opinions modérées, manque de caractère. On ne peut jamais se confier dans les assurances, que pourtant il n'épargne pas.

Septembre 1875

3 septembre. — Les journaux publient le discours du duc de Broglie à Évreux, et celui de M. Magne à Périgueux, pour la clôture des travaux des conseils généraux. Combien je regrette que le discours de M. Magne n'ait pas été prononcé par le duc de Broglie ! Celui-ci se livre à une apologie aussi enthousiaste qu'inattendue de Pouyer-Quertier, qu'il appelle presque, tout en s'en défendant, le libérateur du territoire, uniquement pour refuser ce titre à M. Thiers et diriger contre lui une épigramme par omission. C'est de la petite et mesquine politique, et qui déprécie elle-même les blâmes qu'elle laisse entrevoir par le choix des héros qu'elle encense.

M. Magne, au contraire, obéissant à je ne sais quel mobile, mais traduisant une pensée de justice qui est au fond de ce pays, honore successivement M. Thiers et le maréchal, et déplore hautement la manière dont les partis se méconnaissent les uns les autres. C'est vrai et habile, et la France se rendrait à ce langage, si ceux qui ont mission pour lui parler le lui faisaient plus souvent entendre.

8 septembre. — Les journaux légitimistes célèbrent les hommages rendus à Chateaubriand à l'occasion de l'inauguration de la statue de Saint-Malo (5 septembre), et veulent s'en approprier l'honneur. Ce sont les mêmes qui attaquent toutes les idées préconisées par Chateaubriand et vantent ou subissent une politique qu'il n'a cessé de désavouer et de déplorer. M. de Larcy, dans la *Gazette*, fait remarquer qu'on a rendu cette année les plus grands hommages à Berryer et à Chateaubriand, précisément alors qu'on s'écartait de la forme de gouvernement à laquelle ils étaient demeurés fidèles. Le courage lui manque pour ajouter que, si l'on s'est ainsi éloigné de la monarchie, c'est, pour une grande part, parce que la monarchie, représentée par son chef et ceux qui suivent ses ordres, s'éloigne de plus en plus de la politique recommandée et pratiquée par Chateaubriand et par Berryer. On suit la politique de M. de Polignac et l'on se pare du nom de Chateaubriand.

10 septembre. — Nouvelle complication pour la politique conservatrice. L'amiral de la Roncière, qui paraissait, avant tout, conservateur, et qui avait accepté le commandement de l'escadre de la Méditerranée, a écrit de son vaisseau-amiral, le *Magenta*, une lettre pour s'excuser de ne pouvoir assister au banquet d'Évreux, organisé par R. Duval et Janvier de la Motte. Il attaque directement ceux qui ont voté la loi du 25 février, se porte comme bonapartiste, et dit que la formule actuelle du gouvernement interdit à la France de reprendre son rang dans le monde [1]. Les républicains demandent la destitution. Le banquet, où le duc de Broglie est attaqué violemment par Raoul Duval, aggrave la partie dissolvante de cette lettre. Il est certain qu'un amiral, investi d'un commandement, ne peut écrire de la sorte sur le gouvernement qu'il sert.

Pendant ce temps, M. Thiers, en Suisse, M. Thiers, dont les amis appelaient *conspirateur* quiconque faisait, même sous la forme la plus réservée, de l'opposition contre son gouvernement, M. Thiers attaque en Suisse le gouvernement existant. Il se fait présenter les Français par un ancien préfet, Jeannerod [2], compromis même parmi les gauches.

De quelque côté qu'on regarde, on ne rencontre pas un homme. Tous manquent par quelque endroit. M. Thiers renie tout ce qu'il m'a enseigné à défendre. Broglie s'enfonce dans une politique de plus en plus mesquine et étroite. Buffet, qui a le sentiment de l'union nécessaire, affecte en quelque sorte de n'en rien laisser paraître. Pasquier, qui en a l'intuition, la précipite, la compromet, en exagère l'idée par son ardeur, comme il a fait autrefois de la monarchie. Je ne parle pas de celui qui, par la force de son principe, aurait pu relever la France, et qui, de cette arme de salut, ne sait faire qu'un obstacle au salut du pays.

L'amiral de la Roncière a été privé de son commandement. A. de G.... m'écrit que le maréchal a *bondi* à Paris

---

1. L'ordre du 8 septembre.

2. Georges Jeannerod (1832-1890), après avoir été officier, puis collaborateur militaire du *Temps*, avait été nommé, au lendemain du 4 septembre, préfet de l'Oise, d'où le chassa l'invasion; il fut chargé, en 1871, de l'organisation du camp de Saint-Omer.

à la lecture de cette lettre, et a été le plus résolu à prendre cette mesure, qui était nécessaire, et qui, si promptement décidée, a fait bon effet.

23 septembre. — Discours de M. Buffet dans les Vosges, et du duc de Broglie dans l'Eure [1]. Celui-ci a réparé son discours de l'autre jour ; cette fois, son langage est habile et élevé. Buffet a très bien parlé pour ceux qui connaissent le fond de sa pensée ; mais j'aurais voulu plus d'expansion dans son appel à la conciliation et à l'union des modérés.

Polémique déplorable de l'*Union* contre les princes d'Orléans.

27 septembre. — Les journaux annoncent que le ministère est unanime à poser la question de confiance sur le scrutin d'arrondissement. Fureur des journaux de gauche, qui déclarent rompre avec MM. Dufaure, Say, etc. Il se peut que cette décision ait pour résultat de grouper autour du ministère une majorité conservatrice, ou, sinon une majorité, une minorité dans laquelle les éléments du centre gauche, ralliés au cabinet, entreraient pour une part. On aurait pu choisir un autre terrain pour opérer cette réunion, et je persiste à croire qu'une interpellation, dans laquelle le ministère eût largement et cordialement exposé sa mission conciliatrice, en mettant chaque parti en demeure de dire nettement ce qu'il avait à lui opposer, en obligeant, sous la loyauté de ses paroles, toutes les coalitions malsaines, tous les mobiles honteux, toutes les passions haineuses ou mesquines à se dévoiler ou à se dissoudre, eût pu atteindre ce résultat. Mais le ministère, je le reconnais, aura justifié sa tactique s'il lui donne le succès.

1. Le 19 septembre, à Dompaire, M. Buffet avait repoussé toute politique qui, sans être révolutionnaire, fraierait la voie à celle-ci, lui servirait de préparation et de transition, c'est-à-dire la politique du centre gauche.

CHAPITRE XIV

LA QUESTION ÉLECTORALE ET L'ÉLECTION DES SÉNATEURS INAMOVIBLES

SOMMAIRE : Deuxième et troisième lectures de la loi électorale; adoption du scrutin d'arrondissement; élection de soixante-quinze sénateurs inamovibles; négociations; alliance des gauches avec une partie de l'extrême droite; concours donné à cette alliance par les bonapartistes; triomphe de la liste républicaine; défaite du centre droit; discussion de la loi sur l'état de siège; l'Assemblée nationale se dissout.

Novembre 1875

8 novembre. — L'Assemblée est rentrée depuis le 4. Toute l'attention est concentrée sur le débat électoral qui va s'ouvrir aujourd'hui. M. Buffet a déclaré à la commission de permanence que le gouvernement entendait demander la mise à l'ordre du jour immédiate de la loi électorale. Cela a jeté le désarroi à gauche; grandes luttes depuis ce temps dans ses rangs, pour savoir s'il faut interpeller d'abord le ministère ou accepter le rendez-vous qu'il donne. La tactique de Gambetta, qui était pour le dernier avis, a prévalu. Plusieurs croient qu'après cette discussion, le ministère sera renversé. Si M. Buffet triomphe sur le scrutin d'arrondissement, il me semble qu'il sera bien fort. Il avait un grand rôle à remplir, celui de médiateur entre les constitutionnels susceptibles de devenir conservateurs, et les conservateurs acceptant les lois constitutionnelles. Je suis convaincu qu'il en a l'intuition; mais ses actes n'y ont pas répondu. Je souhaite d'autant plus qu'il y réussisse, que je ne vois nul homme mieux en situation qu'il ne l'était d'y parvenir.

On croit généralement au succès du scrutin d'arrondissement. Cependant, lorsqu'on arrive au pointage, les doutes commencent. Ce qui donne à cette créance le plus de force, c'est l'appréhension que témoignent les gauches. A droite et même au centre droit, beaucoup ne voteront le scrutin d'arrondissement que parce que le ministère le demande, et en regrettant qu'il fasse de cette question une question de cabinet. Il y a aussi bien des aigreurs causées par l'attitude de M. Buffet. Au centre gauche, elles sont naturelles, car il lui a toujours fait visage de bois. Le centre droit, — voisin du centre gauche, — participe de ses dispositions. M. de Witt, qui déplore d'ailleurs ces impressions, me dit : « Je ne demande à M. Buffet que de paraître *tout ce qu'il est.* » C'est exactement ma formule. A l'extrême droite, on semble se calmer. L'ambition du Sénat chez les uns, l'approche de la lutte électorale chez les autres et l'idée de ce que pensent les électeurs, monde fort différent de celui des salons dont on savourait depuis trois ans les félicitations, rendent à bon nombre un certain sens des réalités. Ils vont jusqu'à s'irriter contre les récalcitrants et à les traiter ironiquement *d'hommes à principes;* sagesse bien tardive, mais dont il faut les remercier pourtant, sans leur faire sentir qu'ils auraient dû l'avoir plus tôt.

9 novembre. — La discussion de la loi électorale a commencé hier. Séance ennuyeuse. Longue élucubration de Franclieu. C'est à lui que, maintenant, le comte de Chambord écrit ses lettres de félicitations. En 1851, c'était à M. Berryer ! Tout le changement accompli est dans ces deux noms.

Scrutin sur l'article 1er relatif au domicile. M. Dufaure fait modifier l'article relatif aux six mois, mais de manière à entraîner le retrait de l'amendement Delsol, qui s'en tenait à la loi électorale municipale. Fourtou me dit qu'il vote les six mois : « Cela n'a pas d'importance! » En voilà un qui porte avec une grande aisance ses variations.

La Chambre a voté les six mois de domicile. Je me suis abstenu, ne voulant pas paraître adopter le principe que l'on n'a pas le droit de demander des garanties aux électeurs. Beaucoup, à droite, ont voté *blanc*. L'approche des élections agit d'une manière évidente sur un grand nombre, même des *purs*. Un député qui a toujours été fantaisiste, mais qui, jusqu'ici, a trouvé moyen de rentrer en grâce auprès des feuilles *ultra* de Clermont, me dit, après avoir voté *blanc :* « Voyez-vous, mon cher, il faut se faire gaucher maintenant; il faut se mettre du côté du manche; il n'y a rien à faire de ce côté » (en me montrant la droite).

12 novembre. — On est inquiet du résultat sur le scrutin d'arrondissement. Le débat a commencé hier. Lefèvre-Pontalis a parlé le premier : rien d'oratoire ni d'original, mais discussion bien conduite et bien nourrie. Avec cela, tout ce qu'il dit en faveur du scrutin d'arrondissement, — et il le défend par les meilleures raisons, — me fait valoir le scrutin de liste. Je sens vibrer en moi les réponses à mesure qu'il formule ses objections. Mais la question politique est là qui domine tout.

On dit que la gauche va demander le scrutin secret. L'extrême droite est divisée. Cependant on affirme que l'immense majorité votera le scrutin d'arrondissement. Les bonapartistes, au contraire, voteront le scrutin de liste, sur l'ordre de l'impératrice, impatiente, dit-on, de revenir et espérant, dans le trouble produit par la chute de M. Buffet, trouver une chance.

Publication bien curieuse des lettres de M. d'Arnim, attestant l'intérêt que prenait M. de Bismarck au maintien du gouvernement de M. Thiers pour affaiblir la France. Je n'aime pas, du reste, en aucun sens, cette invocation à l'opinion de l'étranger, que se renvoient tous les partis.

Séance d'hier terminée à dix heures et demie du soir. Scrutin secret demandé par la gauche; vote uninominal adopté par 357 voix contre 326. Ricard très long, puissant, vulgaire, et sans émotion vraie. Dufaure très serré, ironique, honnête et vigoureux, bien que, sur le fond, il y ait de l'argumentation de l'avocat; fin très nette et courageuse sur la séparation d'avec les radicaux. Gambetta, d'abord lourd et embarrassé, mais se débrouille peu à peu; la phrase ample, verve, ironie naturelle et sans aigreur, esprit fin sous forme triviale et souvent, malgré cette forme, la phrase attique, mais surtout grande puissance, le grand souffle de l'orateur. Pendant qu'il attaque les orléanistes, à droite on est agréablement chatouillé; il seut bien qu'il n'y a qu'au centre droit qu'on ait une vraie passion pour le scrutin d'arrondissement, et il le fustige sans réserve, ménageant bonapartistes et droite, où il espère des recrues.

Au moment du vote secret, M. Thiers, qui était malade, enveloppé dans un grand paletot, la figure fatiguée, se tient au pied de la tribune, prêt à monter le premier renverser le cabinet!

Pendant la suspension de séance, Pasquier très animé contre Buffet : « C'est une jean-f.... de ne nous avoir pas défendus ! » et il va promenant ainsi sa fureur qui, çà et là, anime les uns et laisse indifférents le plus grand nombre. Il veut un prétexte, évidemment. Mais il serait

étrange de renverser Buffet comme bonapartiste, parce
qu'il a trop ménagé Gambetta.

Maintenant, le scrutin d'arrondissement donnera-t-il
au gouvernement ce qu'il en attend? J'en doute, et je
crois que si les journaux, si M. Buffet avaient tenu dès le
principe le langage fermement constitutionnel mais anti-
radical de M. Dufaure, la désagrégation des gauches
serait plus avancée, et le scrutin de liste, dans de meilleures conditions, porterait plus de fruits.

16 novembre. — Hier, loi municipale ajournée. Buffet
un peu froid et traînant. Mais peut-être est-ce un calcul
pour amortir les passions et maintenir la majorité compacte. Évidemment les gauches sont abattues, et le vent
du succès est dans les voiles du gouvernement. Le discours de Gambetta a ulcéré le centre droit et l'union paraît se reformer entre les groupes de l'ancienne majorité.
On espère qu'elle aidera à faire la liste des sénateurs.

17 novembre. — Les délégués des groupes vont se
réunir pour conférer de la liste des sénateurs. Cette préoccupation causait hier une agitation sourde dans tous les
rangs de l'Assemblée. Chacun songe ou à se faire élire ou
à faire élire un membre de sa députation qui laisse une
place libre aux élections prochaines. Les délégués sont
très ennuyés ; assaillis d'avis divers, ils sentent leur responsabilité et ont la triste perspective de faire, quoi qu'ils
décident, des mécontents.

27 novembre. — Hier, nouveau débat sur le scrutin de
liste ; Gambetta lime ses griffes, mais un peu traînant et
la voix éraillée. Très heureuse réplique de Buffet, tour à
tour spirituel, ironique, politique, élevé, sous son air in-
variablement grave. L'extrême droite est enchantée de ce
discours où il lui parle raison avec ménagement, sans
rien sacrifier de ses opinions. « Voilà un discours

d'homme d'État, le seul que nous ayons depuis cinq ans, me dit Mornay ; jusqu'ici on n'avait fait que danser sur la corde raide. » On regrette seulement que M. Buffet n'ait pas trouvé le moyen de placer un mot contre le discours prononcé avant-hier à Belleville par Cassagnac ; discours. programme de l'alliance de la démagogie et du césarisme.

Ce discours est saisi après plusieurs délibérations du conseil des ministres.

Avant-hier, dans la' galerie des tombeaux, Challemel-Lacour vint à moi. Avec ce frémissement froid qui est dans sa manière, il me dit : « Eh bien ! Monsieur de La- « combe, que pensez-vous du discours de M. de Cassa- « gnac ? — Je le trouve détestable. — Ne croyez-vous pas « qu'il est criminel, scélérat ? qu'il appelle des mesures « sévères ? — Peut-être, mais ce n'est pas le seul dis- « cours qui depuis six mois en ait mérité ? — Ah ! vous « trouvez qu'il y a d'autres discours aussi coupables ? — « Je trouve que les discours de MM. Naquet et Lockroy « attaquaient également la constitution et les lois. — « Mais il y a là une apologie de la Commune ! — Mais « dites-moi de quel discours vous parlez ; est-ce de l'ana- « lyse publiée hier par les *Débats?* — Non, c'est du dis- « cours lui-même, publié ce matin dans le *Gaulois.* — « Ah ! je ne l'ai pas lu, je réserve ma réponse. » Il me dit alors qu'il n'est pas un intransigeant. « Non, lui dis-je, « excepté sur la liberté d'enseignement. » Alors il me refait son discours ; discours dont la conclusion est toujours de supprimer ce qui nous contredit.

Les négociations pour les sénateurs traînent ; le groupe Lavergne se coupe en deux ; le groupe Pradié se reforme uniquement pour fournir des candidats. Que de misères !

Les membres de plusieurs groupes étant appelés à

opter pour l'un d'eux, j'opte pour le centre droit, sur le conseil même des chefs de la droite modérée.

Au centre droit, les chefs, quoique bien disposés, sont froids pour moi, et ce qui m'agace un peu, c'est qu'il y a là des hommes qui, à peu près maîtres de la liste de présentation du centre droit, seraient peut-être beaucoup moins assurés que moi d'être élus par l'Assemblée. Au reste, *le populaire* du groupe, comme de la droite modérée, paraît porté pour moi, si bien que son action rendrait impossible l'exclusion, les chefs voulussent-ils la prononcer. En tout cela, ne jamais oublier l'incomparable amitié de Chabrol, ami vrai, ami rare.

30 novembre. — La loi électorale a été votée. Grand émoi sur l'amendement de Plœuc relatif aux colonies [1]. On en a fait, bien mal à propos, mais avec cette ardeur intolérante qu'on porte en toutes choses, une question de parti, bien que, pour défendre cet amendement, il n'ait paru à la tribune que des conservateurs : Plœuc, Richemont, Fourichon. L'amendement adopté, les colères éclatent à droite et je ne serais pas étonné que plusieurs, à cause de mon abstention, ne me rayassent sur la liste du Sénat. J'ai envisagé, en m'abstenant, cette éventualité.

L'urgence est votée sur les projets relatifs à la dissolution, celui que Bardoux a présenté en sourdine samedi soir et celui que de Clercq a déposé hier. Quelques membres regimbent contre cette extrémité. La masse se sent arrivée au moment suprême.

En attendant, les intrigues continuent pour le Sénat, et l'on voit des membres qui parlaient hautement de leur désir de retourner à leur repos, du poids insupportable

---

1. « Les quatre colonies auxquelles il a été accordé des sénateurs par la loi du 24 février 1875, relative à l'organisation du Sénat, nommeront chacune un député. » *Ann. de l'Ass. nat.*, t. XLII, p. 450.

de la vie publique, recourir aux derniers moyens pour se faire nommer. Le groupe Pradié est le refuge de ceux qui, n'ayant pas de chances ailleurs, veulent s'en faire une. Quelques-uns s'inscrivent à ce groupe, tout en demeurant dans un autre.

Après beaucoup d'ajournements et d'atermoiements, le groupe Lavergne s'était scindé et la majorité avait opté pour les droites. M. Mathieu-Bodet, vice-président, avait dit : « Les conditions des droites sont trop rigoureuses ; je le déplore, mais je ne me sépare pas d'elles. » Dans une réunion tenue chez Bisaccia entre les délégués pour arrêter le chiffre à donner à chaque groupe, Brun fait une scène imprévue à Mathieu-Bodet en disant que le groupe Lavergne *veut se faire acheter*, Pourquoi cet éclat dont M. Bodet conjure l'effet par son calme ?

L'extrême droite se fait donner treize sièges, un de plus que la droite, et il sera établi pourtant au scrutin qu'elle n'assure pas plus de quarante-neuf suffrages à la liste. On en annonçait soixante.

Décembre 1875

9 décembre. — Hier les groupes se sont réunis pour élire leurs candidats. Le groupe Lavergne exclut son président, M. de Lavergne ! Le groupe Pradié élit Pradié et Brunet à côté de Changarnier ! Le centre droit élit dix-sept candidats dans l'ordre suivant : Broglie, 84 voix sur 85 votants ; Chabaud-Latour, 81 ; Pasquier, 79 ; Batbie, 78 ; de Lacombe, 76 ; Buffet, 74 ; Decazes, 72 ; Grivart, 64 ; de Witt, 58 ; Paris, 54 ; Lambert Sainte-Croix, 54 ; d'Hespel, 49 ; la Germonière, 48 ; d'Andelarre, 48 ; Piou, 43 ; Bondy, 43 ; Collet, au second tour, 49.

Aujourd'hui, jour de l'élection. Liste de droite trop

exclusivement chargée de noms d'extrême droite ; liste de gauche faible et terne : elle a été faite par les délégués et n'est communiquée aux gauches qu'au moment du vote. Il y a des mécontentements, mais la discipline domine tout. A peine commence-t-on à dépouiller le scrutin que, du côté de la droite, les visages changent, les figures s'allongent ; on s'aborde avec inquiétude. « Cela va très mal : » on entend ce mot à tout instant. On annonce d'abord que la gauche passera en masse ; puis on ne cite que quelques noms. En réalité, Pasquier et Martel passent seuls, mais les gauches ont l'avance sur la droite. Broglie, Witt sont d'avis qu'il faut continuer demain ; on verra demain soir.

10 décembre. — Pendant la nuit, on ajoute aux soixante-quinze noms restant treize noms de centre gauche et quelques-uns de droite.

Pendant cette même nuit, La Rochette et Gouvello ont une entrevue avec J. Simon et stipulent que seize sièges seront donnés à des chevau-légers, en échange du vote qu'émettra chacun de ceux-ci : Gouvello, La Rochette, Bois-Boissel, Larochejacquelein, de Douhet, Bourgeois, de Saisy, Franclieu, Lorgeril, de Tréville, de Cornulier-Lucinière, Dumon, Théry, Pajot, etc. ; de Plœuc aussi est inscrit. On répand cette nouvelle au centre droit, avant la séance, mais on a peine à y croire. Arrivés à la Chambre, nous voyons en effet ces noms inscrits sur la liste de gauche. C'est une stupeur indignée, on se montre les listes ; les mains se lèvent, les paroles indignées s'échangent, et si quelqu'un des coupables apparaît, il est accablé de reproches. Mais, quoique embarrassés de leur rôle, ils supportent les affronts en gens décidés à conquérir leurs sièges. Pour les gauches, c'est une sorte de revanche de voir ces hommes, qui avaient sans cesse à la bouche les noms d'église et de roi, se ravaler à ce point. Ils peuvent dire : Les voilà semblables à nous !....

Bois-Boissel, qui, dit-on, avait demandé à être inscrit sur la liste des gauches, se décide à protester. Bourgeois se défend faiblement à la tribune ; quelques instants auparavant il disait dans un groupe : « Je n'ai rien demandé, mais je ne vois pas pourquoi je refuserais. » C'est le même qui a quitté la réunion Colbert parce qu'elle n'était pas assez royaliste. De Douhet avait d'abord demandé à être inscrit au groupe Pradié, puis aux chevau-légers. « Je ne vois pas, disait-il, pourquoi les orléanistes ne me nommeraient pas, car mon grand-père était page d'un prince d'Or-léans. » Tout cela ayant échoué, il est allé s'inscrire aux gauches. « Je ne voterai, disait-il publiquement, que pour la liste où je serai. » Larochejacquelein proteste : on raconte que c'est la Bouillerie, inscrit sur notre liste, qui l'a fait inscrire sur la liste de gauche. Paulin-Gillon, également inscrit, proteste énergiquement ; ce langage l'honore. Au moment où il est à la tribune, je me trouve près de M. Thiers ; je lui dis : « On trouvait ces gens-là incorri-« gibles, on s'allie aujourd'hui aux plus incorrigibles « d'entre eux. — On ne blâme certaines alliances, me « dit-il d'un ton sec, que quand elles sont faites contre « vous. — Ce qui se passe prouve bien la vérité de ce « que vous dites, monsieur Thiers ; car ceux qui font les « alliances dont nous sommes témoins en auraient été « révoltés, si elles avaient été faites contre eux. — On ne « fait, reprend-il avec force et à deux fois, que des « alliances qu'on puisse avouer. — Oh ! monsieur Thiers, « je ne veux pas continuer l'entretien sur ce ton en public, « car je désirerais vous parler avec ma liberté habituelle « et je ne voudrais pas manquer au respect que je vous « ai toujours gardé. — Vous êtes bien près d'y manquer,

« — Non, mais je vous réponds librement, et je tiens
« d'autant plus à garder cette liberté avec vous que je
« garde toujours le respect quand vous n'y êtes pas. »
Pendant ce temps, des membres des gauches qui nous entourent me crient : « Et le 24 mai ! et le 16 mai ! — Le
24 mai, dis-je, n'a rien à faire ici. A la veille du 24 mai,
j'ai été trouver M. Thiers, dont je n'ai jamais oublié la
bienveillance pour moi, pour lui dire mon regret de me
séparer de lui et lui annoncer les événements qui allaient
se passer. C'était un acte politique dans lequel n'entrait
rien de comparable au marché que nous voyons aujourd'hui. Et vous qui m'interpellez, dis-je à Ferry, vous
savez bien que je serais incapable de pareilles choses. »
J'ai été frappé et attristé du regard de M. Thiers. Son but,
c'est le renversement du maréchal.

20 décembre. — Les soixante-quinze sont élus, moins
deux, et, parmi eux, cinq ou six candidats de droite ; tout
le reste appartient aux listes de gauche. J'étais loin de
prévoir un tel résultat ; mais j'avais, jusqu'au jour du
scrutin, de grandes appréhensions, et lorsque dans la
réunion préparatoire du centre droit, la veille de l'élection, on me félicitait de la place que le groupe m'avait
donnée sur sa liste, je répondais toujours : « Attendez à
demain, rien n'est fait encore. » Ce n'était point de ma
part une formule banale : c'était la crainte réelle que l'on
échouât, précisément pour avoir trop exigé. J'avais toujours résumé ma pensée dans cette formule : « Faire une
liste assez équitablement composée pour qu'elle réponde
à ces instincts de justice qui sont à la Chambre dans les
membres flottants, au dehors dans la masse du public. »
On oublie toujours que nos majorités ne tiennent qu'à
quelques voix et que ces quelques voix se décident d'ordinaire sous l'espèce de pression morale qu'exerce sur

elles l'opinion publique. La liste qu'on a faite était absolument exclusive ; on y avait mis soixante-deux noms, réservant pour le lendemain les noms à donner à la gauche, et encore, à mesure qu'on approchait du scrutin, à droite comme au centre droit, chacun croyant tenir la victoire diminuait la part à faire aux gauches. Bientôt on ne leur en eût donné aucune. Hélas ! elles les ont toutes prises. Les gauches avaient proposé de donner tantôt quarante, tantôt trente-sept noms aux droites ; elles prenaient le reste, en admettant, me dit-on, que l'on pût faire un choix parmi leurs noms. La grosse difficulté était d'admettre l'extrême gauche. A mes yeux, la difficulté eût été amoindrie si l'on avait pu choisir les noms ; il y a, même à l'extrême gauche, tels noms qu'on pouvait prendre. Eût-on pu arriver même à un accord fondé sur d'autres conditions ? La négative ne m'est pas prouvée ; mais il est trop évident que la personnalité du duc de Broglie a joué un rôle funeste dans ces négociations et que toutes les combinaisons ont été formées en vue de sa candidature. C'est pour elle qu'on a essayé de reformer cette majorité chimérique du 24 mai, et qu'on a rendu plus difficile la conciliation avec des groupes où il craignait de rencontrer des animosités irréconciliables.

21 décembre. — Hier, demande d'amnistie par Naquet [1] ; lutte entre lui et ses coreligionnaires ; image de ce que serait une Chambre composée de républicains. Paroles abominables de Naquet préférant les insurgés à

1. Art. 1er. — Une amnistie pleine et entière est accordée aux auteurs de tous les crimes et délits politiques commis depuis le 4 septembre 1870.

Art. 2. — Les procès des condamnés pour des crimes de droit commun, connexes avec des crimes politiques, seront revisés dans les six mois qui suivront la promulgation de la présente loi.

La question préalable fut prononcée par l'Assemblée. Cf. *Ann. de l'Ass. nat.*, t. XLIII, p. 34.

l'armée. Évidemment Pasquier ne les a pas entendues; elles méritaient la censure.

Buffet, tout entier au discours qu'il prépare, est sans aucune action : les préfets se plaignent de n'avoir aucune instruction. Dans mon département, X. contrecarre, par le vagabondage maladif de ses propos et de ses lettres, toute entente électorale.

24 décembre. — Loi sur l'état de siège. Très beau discours de Buffet, le plus oratoire peut-être qu'il ait prononcé, mais ironie trop fine pour le suffrage universel : avec ce dernier, il faut appeler les choses par leur nom, poser nettement le respect de la constitution votée, et accuser, en les nommant, les bonapartistes factieux qu'il faut distinguer de la faction conservatrice du parti. Dufaure, à un point de vue plus restreint, parle dans le même sens que Buffet. 376 voix contre la disjonction des deux lois de la presse et de l'état de siège, disjonction réclamée par la commission.

De Meaux me dit qu'il a causé avec Buffet de la nécessité de modifier le ministère. Buffet dit que le maréchal ne se décide pas, et engage de Meaux à aller le voir. Aux premières paroles de de Meaux, le maréchal lui dit : « Vous nous parlez de la retraite de M. Léon Say, vous pouvez la considérer comme faite. Mais il faut manœuvrer pour garder M. Dufaure. Voyez-vous, M. Dufaure convient aux bourgeois, il faut le conserver. Et, en tout cas, s'il y avait d'autres changements à faire, il vaudrait mieux attendre la prorogation. » Depeyre, Tailhand très violents contre Dufaure, dont évidemment ils désignent en eux-mêmes le successeur. Je crois et je soutiens que son départ serait une faiblesse pour les conservateurs. Même pour un ministère de résistance, il faut des noms laïques qui ne soient pas classés à droite.

Discours venimeux de Raoul Duval contre le centre droit. Le duc de Broglie, arrivé à la fin, répond brièvement et honnêtement; mais la réponse est insuffisante, et il est regrettable qu'un de ceux qui ont mené le centre droit ne vienne pas hautement le défendre. M. Dufaure, en répondant à Duval, commence par dire qu'il respecte les nouveaux sénateurs comme expression de la légalité, et, avec l'emphase de l'avocat, il leur prodigue des protestations de respect, dont l'effet politique, en contraste avec le dernier discours de Buffet, est déplorable.

28 décembre. — On est très mal monté à droite contre le ministère, et on demande à grands cris une modification, sans savoir, bien entendu, sauf ceux qui se désignent eux-mêmes, comment remplacer les membres évincés.

Amendement Janzé [1], pour rendre aux journaux la libre distribution sur la voie publique, adopté par sept voix de majorité. Cet amendement, assez naturel en temps régulier, est très grave aujourd'hui. C'est la majorité ministérielle encore une fois brisée, et les journaux reparaissant partout contre le gré du pouvoir à la veille des élections. Buffet dit que c'est l'union dévastatrice qui a émis ce vote. Il a, malheureusement, bien rétréci lui-même le terrain de l'union conservatrice.

Chaudordy propose que, la loi une fois adoptée, le maréchal demande, aux termes de la loi constitutionnelle, une seconde délibération. L'avis est digne d'attention. D'autres parlent de rejeter la loi au vote d'ensemble. J'aimerais mieux l'avis de Chaudordy. En réalité, jamais je n'ai vu une situation plus grave, et l'on ne perdrait rien

---

1. « L'interdiction de vente et de distribution des journaux sur la voie publique ne pourra plus être édictée par l'autorité administrative, comme mesure particulière, contre un journal déterminé. » Cf. *Ann. de l'Ass. nat.*, t. XLIII, p. 216.

à retarder les élections, à moins qu'on les fit faire sous une impulsion très énergique.

29 décembre. — Séance à une heure. Très peu de monde au commencement. Buffet arrive dans la salle. Nous lui demandons ce que le gouvernement désire que l'on fasse sur l'ensemble de la loi. Il dit qu'il faut attendre la suite des débats, qu'il pourrait y avoir lieu d'ailleurs pour le gouvernement à réclamer une seconde délibération, que l'amendement Janzé n'ôte pas au gouvernement le droit d'autoriser les colporteurs, et de subordonner cette autorisation à la condition qu'ils ne vendront pas tels ou tels journaux.

Discours de Challemel-Lacour contre l'état de siège. Parole admirablement correcte, mais trop longue et trop redondante : le lettré domine l'orateur. Buffet répond admirablement. Il dit, sur l'indifférence avec laquelle le pays a accueilli, en 1852, la ruine des libertés publiques, des choses très justes, mais pas assez ménagées. La gauche éclate en fureurs et en hurlements. Pasquier cherche à établir que l'orateur n'a pas excédé son droit, et qu'il n'a point à le blâmer, alors que ce seraient les vociférateurs qu'il devrait blâmer et rappeler à l'ordre. La droite est indignée de son attitude, et Buffet, à la tribune, laisse voir, tout en la contenant, l'impression qu'elle lui cause. La séance finit tard, après un chassé-croisé d'interruptions, de cris, de propositions contradictoires, au milieu desquelles on est d'autant plus ahuri que le président est lui-même submergé : dernières agitations d'une Assemblée agonisante, mais chez qui la vie est tenace.

Versailles, 31 décembre 1875. — Nous partons demain soir. Je vais, pour ma part, à Clermont, sans illusion, je n'entrevois pas, dans un si court délai, de possibilité de succès, et je ne sais même si la réunion préparatoire, en ne me désignant pas, ne mettra pas fin, dès le principe, à tout essai de lutte. Je ferai cependant, dès mon arrivée, tous les efforts nécessaires.

En entrant aujourd'hui à l'Assemblée, je me dis que c'est peut-être la dernière fois que j'y parais; j'en éprouve quelque tristesse que je ne dissimule point; mais je n'ai même pas à retenir une plainte, et j'ai confiance dans la Providence, à qui je recommande tous les miens.

J'ai vu hier M. Buffet, il s'est beaucoup défendu d'avoir arrêté ou même indiqué aucune combinaison, ne recommandant, dit-il, qu'une chose : la réunion d'un comité conservateur qui devrait, dans chaque département, faire les désignations. Mais il ne se rend pas assez compte que, dans ces réunions, les esprits ont besoin d'être un peu dirigés — nos élections, même à l'Assemblée, l'ont prouvé. Et avec un talent qui grandit chaque fois à la tribune, il reste bien théoricien quand il s'agit de moyens d'action.

CHAPITRE XV

LE 16 MAI

Février 1876

Lettre du comte de Falloux à M. de Lacombe

2 février 1876.

Mon cher ami,

J'ai toujours suivi avec la plus tendre sollicitude les moindres renseignements qui me venaient du Puy-de-Dôme, et je m'étais flatté d'un tout autre résultat. Je suis donc profondément affligé et, quoique je vous reconnaisse toutes les conditions d'une prompte revanche, je ne puis être sensible pour aujourd'hui à cette consolation. C'est demain, c'est tout de suite que votre jeune autorité et que votre raison persuasive étaient nécessaires. Ceux qui vous ont refusé cette justice ne tarderont pas à vous la rendre, et les occasions ne manqueront pas. Le Sénat, dans son ensemble, fait bien peu de plaisir, mais il ne me paraît cependant pas de nature à causer de l'inquiétude. C'est un fils qui ressemble trop à son père, mais qui ne sera pas dénaturé, et laissera honnêtement le temps faire son œuvre. Ce sont surtout les gens pressés qui ont été mis à l'écart, les radicaux, les bonapartistes et les monarchistes ultra. C'est bien là le sentiment du pays, ce n'est pas héroïque, mais c'est sensé, et si le maréchal de Mac-Mahon se donne un gouvernement qui sache manier les hommes, il réduira en bien peu de temps les intransigeants à un petit nombre. C'était justement dans cette œuvre de sang-froid et de clairvoyance que votre place était marquée, cher ami, et c'est là que je ne puis calmer mon regret présent, malgré ma très ferme et très sincère espérance pour l'avenir. En attendant, dites-moi bientôt que votre santé n'a pas souffert d'un séjour en Auvergne, dans le cœur de l'hiver et dans une épreuve que vous avez le droit de trouver douloureuse, car votre intérêt personnel y est bien étroitement uni à celui du pays tout entier.

Et Hilaire, combien il va souffrir aussi pour vous dont il était si justement fier! Et Mme de Lacombe, et Mlle Jeanne, se gardent-elles bien du découragement? Je leur demande la permission de les embrasser en même temps que vous!

ALFRED.

24 février. — Arrivé ce matin à Paris. Impression de frayeur et d'inquiétude à Paris causée par les élections [1]. Buffet part ce soir pour les Vosges, de Meaux donne sa démission; il paraît que c'est le duc de Broglie qui l'a amené à la donner. Buffet (me dit Beslay) avait pensé d'abord à la résistance; il avait proposé à Broglie de prendre le ministère. Broglie est d'avis de laisser faire le ministère centre gauche. Il pense que (me dit plus tard Nervo), dans dix-huit mois, le pouvoir lui reviendra. Je

---

1. Aux élections sénatoriales du 3o janvier, 149 républicains avaient été élus contre 94 royalistes et 4o bonapartistes; aux élections législatives du 20 février et du 5 mars, sur 53o sièges les républicains en obtinrent 34o contre 8o aux royalistes et 75 aux bonapartistes.

dis à Beslay que je n'approuve pas le ton narquois du *Français* pour le centre gauche, c'est le duc de Broglie qui l'inspire. Il ne s'agit pas de dire : « Comment allez-vous vous en tirer? Il s'agit de s'aider les uns les autres à franchir la crise. La gauche arrivera à rompre avec ce ministère, Dufaure deviendra le Buffet des gauches ; il faut que les conservateurs n'aient donné aucun prétexte de dire qu'ils ont contribué à la chute du ministère. Nervo me dit que Pasquier trouve que tout va bien, que ces républicains ne sont pas dangereux ! Rouher exploite ce péril qu'il a contribué à créer, pour jeter les conservateurs dans les bras du bonapartisme.

27 février. — Hier, vu d'Harcourt très effrayé, il croit à une majorité socialiste dans la Chambre des députés, tout l'espoir est dans le Sénat et une pression de l'opinion qui, au bout d'un certain temps, permette de dissoudre la Chambre des députés. M. Dufaure ne veut pas rester à l'intérieur, mais peut-être sera-t-il amené à le garder. Le maréchal ne veut pas de Léon Renault; d'Harcourt aimerait mieux Duclerc que Casimir Périer ; Dufaure sera ferme en paroles, mais faible en actions et avec un entourage détestable; d'Harcourt dit que le danger, si cela dure trop, est la division dans l'armée; une fraction devenant de plus en plus impérialiste, une autre gambettiste. Blowitz, le correspondant du *Times*, me dit qu'on exagère la frayeur; il croit à une majorité modérée. Gambetta, Thiers, Jules Simon prêcheront la sagesse, on destituera moins de préfets qu'on n'en a changé au 24 mai.

Mars 1876

1ᵉʳ mars. — Revenu hier à Clermont ; j'ai vu avant mon départ : Broglie, Daru, etc. Broglie me dit que Buffet, après l'élection du 20 février, était pour une politique de résistance, il avait calculé qu'on aurait au Sénat huit voix de majorité, en comprenant, bien entendu, les bonapartistes et les légitimistes arrivés au Sénat par leur défection. De Meaux était très fort de cet avis, et le maréchal l'eût probablement adopté sans Broglie, qui a fait prévaloir l'idée de prendre un ministère républicain dans la nuance la plus modérée. Broglie, ne croit pas d'ailleurs à une longue durée de ce cabinet, et il est probable qu'il considère que son jour viendra après : mais son langage est raisonnable, seulement il ne croit pas que Dufaure arrive facilement à constituer un ministère : « Lui demander de négocier, dit-il, c'est demander au renard de manger dans l'aiguière et à la cigogne de manger dans l'assiette. »

Daru, que je vois le lendemain, aurait été porté vers l'idée que le maréchal fît afficher dans toutes les communes une déclaration dans laquelle, exposant la situation que lui faisaient les élections, il aurait donné sa démission. Cela, dit il, eût excité un tel effroi, que les Chambres eussent été obligées de lui demander de rester, et qu'il leur eût fait ses conditions. Je ne crois pas à ce résultat. La démission eût été acceptée et la succession livrée aux disputes des ambitions et des partis. L'avis qui a prévalu est le meilleur. Si l'on est amené à la résistance, il faut qu'elle soit justifiée par les événements et par un certain état de l'opinion publique. Un ministère républicain, dont l'orthodoxie ne puisse être soupçonnée, bientôt attaqué par les républicains, voilà ce qu'on peut prévoir. Il importe que les conservateurs ne puissent à aucun degré être accusés d'avoir provoqué la chute de ce ministère et qu'ils le soutiennent dans toutes les mesures légitimes qu'il proposera. Si la Chambre des députés excite les inquiétudes par ses extravagances, les intérêts alarmés se grouperont autour des conservateurs et du Sénat, si les conservateurs arrivent à y former une majorité. Mais, à mon avis, cette majorité ne doit pas se chercher exclusivement dans les régions où fut formée la majorité du 24 mai. Placée sur le terrain constitutionnel, elle ne doit prêter la main à aucune entreprise contre les lois établies, et ne pas se mettre à la merci des deux factions extrêmes : bonapartiste et ultra-légitimiste, qui ont fait tant de mal à la précédente Assemblée. Le centre gauche, satisfait dans ses ambitions électorales, n'ayant plus au sein du Sénat ce groupe de l'extrême gauche auquel il était rivé, effrayé du progrès de cette opinion dans la Chambre des députés et de la réaction bonapartiste qu'elle pourrait produire, se trouvera vraisemblablement amené à se rapprocher des conservateurs. Les droites, à leur tour, n'auront plus à se diviser sur la question de forme du gouvernement, puisqu'elle est, quant à présent, réglée ; elles devront accepter le terrain légal, pour y établir leurs moyens de défense sociale, et l'extrême droite ne sera plus là pour paralyser leur conduite. Il n'y aura guère pour la représenter que les traîtres arrivés par le concours des radicaux, et les mots de fidélité et d'honneur dans de pareilles bouches ne sont pas pour arrêter des hommes comme Kerdrel ou Depeyre.

2 mars. — Le *Conservateur* [1] va interrompre, ou plutôt cesser sa publication. Soixante-dix personnes avaient été

____

1. Journal de Clermont.

convoquées à une réunion, huit sont venues, quatre se
sont excusées! M. Martha Becker n'a pas même écrit. On
ne voit que des gens vous disant qu'il faut ajourner à six
mois, qu'on verra plus tard, qu'il faut faire grandement,
et la conclusion pratique c'est qu'ils ne donnent rien. La
cause du parti conservateur est la vraie, mais ce parti est
le dernier de tous.

10 mars. — Le ministère est constitué [1] et déjà attaqué
par la *République française,* qui le déclare inacceptable.
Un ministère républicain renversé par les républicains,
c'est probablement ce qu'on va voir, et plus tôt que je ne
l'aurais cru, puisque la *République* l'attaque avant qu'il
n'ait parlé. Si le maréchal avait l'initiative suffisante, il
pourrait y avoir là, une fois le refus de concours constaté,
matière à une action séparée, le pays pris à témoin des
obstacles suscités au pouvoir, qui, dans la constitution
actuelle, n'est plus, comme sous une Assemblée unique, le
subordonné des Chambres. Cette attitude de la gauche
pourra favoriser une majorité dans le Sénat.

Avril 1876

Chappes, 20 avril. — Séjour d'une quinzaine à Paris.
Je suis frappé de l'état d'esprit des conservateurs : inertes,
divisés, en défiance les uns contre les autres, très opposés

---

1. Ce ministère était ainsi composé :

Présidence, justice et cultes :	Dufaure.
Intérieur :	Ricard.
Affaires étrangères :	Decazes.
Instruction publique :	Waddington.
Finances :	Léon Say.
Travaux publics :	Christophle.
Commerce :	Teisserenc de Bort.
Guerre :	De Cissey.
Marine :	Amiral Fourichon.

au ministère actuel, sans aucun plan, d'ailleurs, mais prodigues d'épigrammes et d'accusations. Tel est l'aspect sous lequel ils m'apparaissent; les sénateurs se réunissent de loin en loin; ils ne se connaissent pas et ne cherchent pas à se connaître les uns les autres. Ils sont découragés, regardant d'avance la partie comme perdue, et ne concertant rien pour conjurer le péril.

Vu le duc Pasquier, très affectueux pour moi; m'exprime vivement son regret de ne plus me voir au Sénat, et me dit qu'après le général Chabaud-Latour, il ne voit personne mieux indiqué que moi. Mais il est très monté contre les chefs de l'ancienne majorité, insiste sur les fautes de Buffet, sur l'ambition impatiente de Broglie et Depeyre; me dit qu'il y a bon nombre de sénateurs de l'ancienne majorité qui ne se remettront sous ce joug à aucun prix. Il accuse Daru et Changarnier de vouloir faire une réunion à part avec les bonapartistes. Il a des intuitions justes sur la ligne que commandent les événements; mais s'exalte trop et n'a pas un plan suivi.

Buffet est aigri; il parle avec un sang-froid étonnant, quand on pense à son désastre (j'entends comme homme d'action), de ce qu'il faut faire, de la résistance qu'il eût été d'avis d'opposer. Je le vois dans le monde, il s'avance avec son sourire grave, son regard impassible, comme un somnambule au milieu de la nuit. Il semble que ce qui s'est passé depuis trois mois n'est pas arrivé. Je me trouve avec lui et Dufeuille à un grand dîner chez M. Daru. Dufeuille s'exprime devant lui, avec une fureur vraiment insensée, sur le ministère, le centre gauche et le maréchal lui-même. Je finis par dire doucement : « Cependant, le « maréchal est la seule force morale qui nous reste, il « faut le défendre au lieu de l'attaquer. » Buffet dit: « C'est « très vrai »; mais il laisse Dufeuille, son secrétaire, son intime, déblatérer sans cesse contre la politique, et il est bien visible qu'il pense à peu près de même.

Broglie, en entendant parler Dufeuille, me dit : « C'est « une politique de coup d'État; mais avec qui la faire et « sur qui s'appuyer ? » Il est beaucoup plus modéré dans son langage ; il est d'avis d'éviter toute opposition systématique, de laisser l'expérience du ministère centre gauche se faire ; il conseille au maréchal de ne se réserver que deux choses : l'armée et la politique étrangère. Parfois, cependant, l'impatience de reprendre le gouvernement le dévore. Il blâme les aigreurs, mais, de temps en temps, il y cède.

Depeyre est de plus en plus aigu dans son langage, et Dufaure, son successeur, est l'objet particulier de son aversion. A l'entendre, Dufaure est en connivence perpétuelle avec Gambetta, par l'intermédiaire de Ribot.

De Meaux est plus doux. Cependant il était pour la politique de résistance préconisée par Buffet.

Je rencontre M. Dufaure chez le maréchal, à une réception du jeudi. Il est très empressé pour moi et m'exprime ses regrets de mon absence de la politique. « Je suis dépaysé dans la Chambre des députés, me dit-il ; je ne me retrouve qu'au Sénat. Que sera cette Chambre des députés ? On ne peut le savoir encore. Les vérifications de pouvoirs ne sont pas un indice ; il faudrait quelques discussions sur des lois ; on verrait alors qui est avec nous, qui est contre nous. Pour moi, je souhaite que l'occasion de faire ce discernement se présente. Ainsi, on dit qu'une partie de la gauche veut changer notre dernière loi de la presse, loi que je crois nécessaire. Ce sera une occasion de se connaître, et je le désire. »

Je vois Teisserenc de Bort, ministre du commerce. Il ne croit pas que le ministère soit pour longtemps au pouvoir. « Nous essuierons les plâtres, dit-il, mais il faudra d'autres personnes. Nous nous trouvons en face d'hommes qu'une longue opposition a excités, et dont nous ne pouvons satisfaire les exigences. Ils demanderont moins à nos successeurs ; des personnes nouvelles, sans changement de politique, pourront demeurer plus longtemps au pouvoir. » Il dit qu'entre le gouvernement et la Chambre, il n'y a pas d'intermédiaire ; on ne se connaît pas ; le vrai *leader* est Gambetta. Il reconnaît la gravité d'une lutte religieuse, diversion probable aux ménagements politiques que Gambetta désire garder.

Cette Chambre présente l'image d'une médiocrité violente. Aucun homme ne s'y révèle ; des haines à satisfaire, aucun plan politique. Le ministère, faible devant elle ; avec de l'énergie et un programme arrêté, il pourrait se rendre maître de cette Assemblée. Il s'efface au contraire. Il laisse renvoyer la question d'amnistie à la session de mai, alors qu'il pourrait et voudrait la trancher de suite.

Conversation avec Cumont, chez Falloux. Cumont ne demandant que résistance et attaquant Pasquier ; moi, prêchant l'union, l'indulgence mutuelle, justifiée par les fautes de chacun, et plus effrayé de la division des conservateurs que des projets des radicaux.

Mai 1876

Lettre de M. de Lacombe au duc Pasquier

Chappes, par Auzon (Haute-Loire), 30 mai 1876.

Mon cher duc,

....Je regrette de ne pouvoir aller moi-même vous porter ma requête, car je n'en resterais pas là, et je profiterais de l'occasion pour reprendre avec vous une de ces bonnes causeries où je sens que, même quand nous envisageons diversement la surface des choses, nous sommes, au fond, d'accord. J'ai eu bien peur l'autre jour, lorsque j'ai vu s'annoncer l'interpellation sur l'article 8, mais grâce à la manière dont Paris l'a conduite, tout s'est bien terminé. Je n'admets pas une politique constitutionnelle qui ne serait pas conservatrice, mais je n'admets pas davantage une politique conservatrice qui ne serait pas constitutionnelle, et dans l'intérêt même des principes conservateurs, nos amis doivent paraître plus respectueux que personne de la constitution. Toute attitude qui les montrerait hostiles à la constitution, ou pressés de la reviser, ne tendrait qu'à les rendre suspects, en même temps qu'elle maintiendrait entre eux des divisions fatales à la chose publique. Vous savez que l'union est toujours mon cri : j'estime que nous ne pouvons nous passer les uns des autres, et je voudrais qu'il me fût donné de contribuer à éteindre les défiances qui trop souvent séparent les hommes faits pour s'entendre. On diffère bien moins par les opinions que l'on a, que par les opinions que l'on se prête. Je suis persuadé que les rapprochements deviendraient faciles, si au lieu de vivre de soupçons réciproques, on se contentait de rendre à chacun ce qui lui appartient. Je n'oublie pas ce que vous avez bien voulu me dire de votre affectueux désir de me voir au Sénat, après le général de Chabaud-Latour, et j'ai été très touché que vous m'ayez de vous-même engagé à le répéter. Pour le moment, je ne songe comme vous qu'au général, et j'espère que vous lui donnerez le fauteuil de Ricard. Si plus tard mon nom peut se présenter comme un trait d'union entre diverses nuances, j'en serai doublement heureux, puisque dans cette satisfaction personnelle, je trouverai une application de ma politique.

Je suis d'ailleurs assez irrégulièrement vos débats ; je suis en course dans la montagne, pas très loin des loups, au milieu des sapins, mais ne prenant au grand air que plus de force pour de nouvelles luttes.

Adieu, cher duc, pensez, je vous prie, à mon officier ; qu'il vous doive sa place, et vous aurez rempli de joie et de reconnaissance

Votre tout dévoué, Charles DE LACOMBE.

Juillet 1876

22 juillet. — Le monde politique est occupé des débats sur l'abrogation de l'article de la loi d'enseignement relatif à la collation des grades, mesure dont la gravité tenait surtout aux circonstances et au courant d'opinion qui la réclamait, comme un premier acte d'hostilité contre l'Église. La loi est rejetée : les conservateurs triomphent [1]. On parle beaucoup du discours de Broglie, qui a produit grand effet dans tous les rangs.

Je le vois samedi. Il est content de son succès, mais me dit de lui-même combien il craignait que le ministère ne fît de l'affaire une question de cabinet. « J'ai été sou- « lagé, me dit-il, en entendant Dufaure indiquer qu'il res- « terait au pouvoir ; si le gouvernement avait posé la « question de cabinet, j'aurais été d'avis que cinq d'entre

1. Conformément à la déclaration ministérielle du cabinet Dufaure, M. Waddington avait déposé, le 23 mars, un projet de loi abrogeant les articles 13 et 14 de la loi du 12 juillet 1875, qui avaient établi des jurys mixtes, et rendant ainsi à l'État le droit exclusif de conférer les grades universitaires. La commission nommée pour l'examen du projet l'approuva absolument par l'organe de M. Spuller, son rapporteur. Les débats commencèrent à la Chambre le 1er juin. Le projet Waddington y fut voté le 8 juin par 339 voix contre 152. Le débat vint devant le Sénat le 18 juillet. Le rapporteur, M. Paris, concluait au rejet du projet Waddington. La Chambre haute décida, par 144 voix contre 139, qu'elle ne passerait pas à la discussion du projet.

« nous votassent la loi pour éviter cette crise. Nous avons
« des amis bien pressés, bien impatients; ils ne voient
« pas qu'un ministère conservateur est impossible en
« ce moment-ci; il ne pourrait même pas mettre le pied
« dans la Chambre des députés, et une dissolution renver-
« rait une Chambre plus mauvaise peut-être. » Je ne lui
cache pas que je suis charmé de l'entendre parler ainsi,
estimant, en effet, qu'il faut marcher avec grande prudence et attendre une alarme des intérêts, qui ne s'est
pas encore produite. Il faut, non pas seulement que le
pays ne s'étonne pas de l'initiative du Sénat, mais qu'il la
désire et s'étonne plutôt de ne pas la sentir. J'ajoute que
j'ai vu avec plaisir les noms de MM. Laboulaye et Wallon
s'ajouter à la majorité; il importe que cette majorité ne
soit pas réduite de telle façon que cinq ou six voix
venant à lui manquer, elle tombe; car on serait dès lors à
la merci de ces quelques voix, lesquelles seraient, non
pas les plus sensées, mais les plus extravagantes. Il paraît
entrer dans ces vues, et je l'engage à les bien inculquer
à ses collègues et aux journaux. Il dit qu'il y fait tous ses
efforts, mais qu'il n'est pas le seul inspirateur des journaux, et je pense qu'il fait allusion à Buffet. Il me dit de
lui-même qu'il compte que je serai bientôt du Sénat. Je
lui parle, à cette occasion, de l'objection que me feraient
quelques personnes, au sujet de l'appui que me donnerait
Pasquier, et je lui rappelle ma conduite de tout temps,
qui a été, tout en disant la vérité à Pasquier comme à
d'autres, de garder avec chacun des relations affectueuses,
persuadé qu'on n'avait pas trop de toutes ses forces, et
qu'à un moment donné, on serait heureux de se retrouver les uns les autres. Il approuve tout à fait cette manière de voir, et m'engage beaucoup à voir Pasquier :
« Il est triste, me dit-il; il a voulu créer un parti consti-

« tutionnel; je l'aurais voulu comme lui, mais cela n'existe
« pas. Il se sent isolé. J'évite de causer avec lui, parce
« que je sens que d'une conversation nous pourrions sortir
« brouillés, et je tiens à ne pas me brouiller. Je lui ai écrit,
« lors de la mort de son beau-frère, une lettre à laquelle il a
« répondu par un mot très aimable. J'estime qu'il ne faut
« jamais se brouiller, tout en étant séparés de vues.... »

Vu Ravignan le soir, chez Mme de Laborie, amie dévouée,
qui, dans la prévision d'une candidature au Sénat, avait
voulu me réunir à lui; il me dit qu'on a fait, en effet, une
objection du patronage que me donnait Pasquier; mais
que généralement il n'y a que sympathie pour moi, — on
allègue seulement mon âge, — il parle de membres très
excités après le vote de la veille, et qui auraient voulu,
sur cette victoire, faire tout de suite l'élection Chesnelong [1]. Le marquis d'Espeuilles disait : « L'infanterie a
donné, c'est le moment de lancer la cavalerie. » On dit
beaucoup que Marcère, après le vote au Sénat, avait dit :
« Tant mieux! nous briserons plus tôt les résistances. »

24 juillet. — Vu Bocher, attristé et las. La situation que
j'ai vue tant de fois au centre droit dans l'ancienne Assemblée; partagé entre sa modération naturelle et le point
d'honneur qui l'empêche de se séparer de ses amis. Il a blâ-
mé l'élection Buffet, dans les conditions où elle était faite.

Il n'a pas hésité à voter contre le projet sur l'enseignement, tout en déplorant que la première occasion de conflit se posât sur ce terrain. Il ne veut pas nommer en ce
moment Chesnelong, pour ne pas paraître accentuer cette
politique. Il ne veut pas voter l'élection des maires
contre les principes de toute sa vie et d'un autre côté ne
voudrait pas provoquer de crise. Il me dit que, comme

1. Le 16 juin, M. Buffet avait été élu sénateur inamovible par 143 voix
contre 141 à M. Renouard dont le ministère désirait l'élection.

candidats, il n'en voit pas, sans compliment et à part Chabaud-Latour, qui soit plus indiqué que moi. C'est la première fois qu'il me tient ce langage ; il ne paraît pas disposé à admettre le système de présentation successive par groupe, dont de Meaux me parlait la veille. Il craint que les bonapartistes ne tiennent pas leurs engagements. Il me parle des impatients qui veulent être ministres.

25 juillet. — M. Lacave-Laplagne, Lambert Sainte-Croix, Fournier, etc., sont préoccupés de ne pas pousser plus avant la victoire du Sénat et parlent de l'élection Buffet comme d'une faute.

Vu Pasquier toujours à l'état d'ouragan, très vif contre Broglie dont il reconnaît le talent d'ailleurs. Se plaint de l'élection Buffet ; aurait voulu qu'on adoptât une transaction comme le jury d'État, pour la loi d'enseignement, mais ne dit pas que ce fût possible d'aucun côté ; me parle de scènes très vives qu'il a faites au maréchal, sur la politique qu'on lui faisait suivre. « Vous avez fait comme nous la République, dans une pensée de patriotisme ; il ne faut pas qu'on en rougisse, qu'on entre dans votre gouvernement le chapeau sur les yeux comme on entre dans un .... » Il dit que le ministère est mort ; Dufaure, Fourichon découragés, disant que Broglie, qui les combat, les a lui-même fait entrer au ministère après le 20 février ; qu'on leur fait une situation intolérable.... Il dit que le maréchal s'est laissé bercer de l'idée d'un coup d'État et qu'il en a tout naïvement fait la confidence à ses ministres. On devait s'unir aux gauches pour rapporter la loi municipale. M. de Fourtou serait ministre ; les gauches l'ont su et se sont montrées accommodantes, et l'on a vu Fourtou dans la minorité d'extrême gauche ; « cette fois on le tenait dans le sac par les oreilles.... » Il y a du fouillis dans sa conversation ; mais toujours cette idée juste, qu'on ne doit pas faire, par parti pris, une majorité contre le centre gauche et restreindre son cercle entre éléments hostiles les uns aux autres sur tant de points, mais avant tout, il croit qu'il faut soutenir le ministère. Pour lui, le ministre de l'intérieur aurait dû être Jules Simon, véritable homme de gouvernement. Il dit qu'il ne restera plus à la présidence l'année prochaine. Il comprend qu'on ne se sépare pas de ses amis à l'état d'unité, comme Wallon et Laboulaye, mais un groupe de vingt-cinq aurait pu rendre de grands services.

Avant lui, j'avais vu Changarnier en flanelle blanche et avec un foulard blanc sur la tête. Il me fait clairement entendre qu'il faudra un coup d'État : changer tous les préfets, supprimer les journaux, même les *Débats*, etc. Où sont les éléments de ce coup d'État ? Et pour qui ? Changarnier me dit que les premiers sénateurs nommés seront : Chesnelong, Chabaud-Latour et Vinoy pour la quatrième ou au plus la cinquième place, il croit mon élection sûre — d'ici au retour des vacances, il y aura bien quelques-uns de ces vieux qui mourront.... Il a quatre-vingt-deux ans, mais ne se compte certainement pas parmi ces vieux. Nature bien forte d'ailleurs, sereine et héroïque, justifiant au plus haut point le mot de Bossuet « qu'une grande âme « est toujours maîtresse du corps qu'elle anime. »

Beslay me dit que Parieu lui a exprimé l'intention formelle, sans crainte qu'on la publiât, de travailler à désagréger le parti de l'appel au peuple et à se soustraire à l'influence de Rouher que d'ailleurs il déteste.

Revue des Deux Mondes, 1er août, article sur l'Allemagne et l'Orient très juste à mon avis [1].

---

1. Il s'agit d'un article de Valbert intitulé *La politique allemande et la question d'Orient*.

Août 1876

Lettre de M. de Lacombe au comte de Falloux

Chappes, par Auzon (Haute-Loire), 6 août 1876.

Cher ami,

Me voici revenu depuis quelques jours ; je veux profiter de cette rentrée dans la vie calme des champs pour vous remercier de votre bonne lettre. Elle m'attendait à Paris et a été pour moi comme une parole de bienvenue dont j'ai vivement senti le prix. Ce que j'ai recueilli de l'impression produite par mon étude ne m'a pas paru trop en désaccord avec le jugement que votre amitié vous avait dicté. Très décidé à dire toujours la vérité, mais de plus en plus enclin à éviter tout ce qui peut amener des froissements dont les conséquences sont souvent si funestes et si graves dans l'ordre politique, je n'étais pas, jusqu'au jour de la publication, sans quelque inquiétude, je me suis même imposé certains retranchements malgré vos encourageants conseils, persuadé que je regretterais moins trop de sévérité pour moi-même que trop d'indulgence. Que vous dirai-je de ce que j'ai pu voir à Paris de l'état des esprits et de la situation ? J'arrivais au moment où le Sénat venait de rejeter les modifications proposées à la loi d'enseignement ; j'ai été frappé du contraste entre les impressions que faisait naître cette victoire, d'ailleurs si désirable, et le langage des journaux conservateurs. D'un côté des allures triomphantes et des excitations impatientes, et au contraire chez un grand nombre de ceux qui, par leur vote, avaient déterminé cette victoire, le sentiment d'une situation très grave et comme l'effroi rétrospectif de la crise que ce vote, auquel leur conscience les obligeait, aurait pu ouvrir. Le duc de Broglie, qui s'est surpassé dans son discours, m'a paru très pénétré de ce sentiment. Il me disait qu'en entendant M. Dufaure indiquer qu'il n'y aurait pas de question de cabinet, il avait éprouvé un véritable soulagement, et qu'il aurait été, dans le cas contraire, jusqu'à souhaiter sa propre défaite, tant lui semblait redoutable un changement ministériel, dans les circonstances présentes, avec une majorité si faible au Sénat, et l'obligation d'arriver à une dissolution, que ne suivraient pas des élections meilleures. Je ne sais s'il garde toujours cette disposition, au milieu des impatiences qui l'environnent ; mais il me l'a exprimée de lui-même, en déplorant, chez quelques-uns de nos amis, une précipitation malheureuse. Vous savez déjà combien cette pensée répond à la mienne. J'espérais que l'arrivée d'une législation nouvelle permettrait aux conservateurs de se dégager des liens que leur imposaient, dans l'ancienne Assemblée, des rapports ou des luttes de cinq années, et qu'on pourrait ne garder des fautes commises que l'expérience nécessaire pour ne pas les renouveler. Je reconnais que l'expérience aurait dû profiter aux deux parties du Sénat, et qu'on est aussi coupable d'un côté que de l'autre de ne s'en pas servir. Mais je voudrais qu'on jugeât tout le monde avec même équité, et quand je vois avec quelle facilité on oublie les actes des plus exaltés de l'extrême droite ou de l'appel au peuple, je me demande pourquoi on serait si sévère pour les erreurs du centre gauche. Je crois trop à la nécessité de réunir toutes ses forces pour souhaiter qu'on écarte M. de Franclieu lui-même, ou tel bonapartiste militant. Mais je voudrais qu'on se ménageât, dans son langage, dans ses procédés, dans sa politique, quelques points de rapprochement avec les modérés de l'autre parti, aujourd'hui égarés, dévoyés, je l'accorde, coupables même, je le veux bien, mais dont les circonstances pourront provoquer le retour ou faire désirer l'appui. Resserrer la majorité dans des limites tellement étroites que, si quelques voix seulement viennent à s'en détacher, elle tombe, c'est la mettre à la merci de ces voix ; les plus exigeantes ne seront pas les plus modérées, bien au contraire ; voilà donc la politique livrée, non pas à la majorité de la majorité, mais à la minorité, c'est-à-dire à la portion la moins raisonnable de cette majorité.

Mais à quoi bon vous entretenir de mes réflexions solitaires ? Peut-être n'auront-elles pas votre approbation, et vous pourriez me dire d'ailleurs que vous n'avez pas à les appliquer. J'oserais cependant ajouter que si elles vous paraissent justes, vous leur donneriez auprès de ceux qui auraient à les mettre en pratique une grande autorité en les faisant passer par votre bouche. Pour ma faible part, j'ai essayé de les répandre, et vous me connaissez assez pour savoir que, persévéramment lié avec le duc Pasquier, malgré les attaques dont il est l'objet, je ne lui ai pas tenu le même langage qu'au duc de Broglie ou à de Meaux. A l'Assemblée, je plaidais auprès de la droite la cause du centre droit, et auprès du centre droit la cause de la droite. C'est un métier ingrat, mais qui, je le crois, sera toujours mon lot. Vous me parlez de la vie de Berryer. Je suis bien loin de l'avoir écrite. J'en prépare les éléments, je me pénètre de cette admirable correspondance, j'espère que je réussirai à faire cette œuvre, mais je sacrifierai l'empressement de la publier au désir de lui donner tout l'achèvement dont je serai capable. Tout en m'occupant de ce travail, en voici un autre qui m'arrive, ou plutôt que je reprends : c'est la vie de M. de Serres. On commence la publication de sa correspondance qui m'avait été autrefois communiquée ; des difficultés, que je vous ai peut-être contées, m'avaient obligé à ajourner cette étude. Je voudrais m'y remettre pour le *Correspondant*, et peut-être plus tard pour en faire un livre. Henri IV ! de Serres ! Berryer ! Si je parvenais à résumer sous ces trois noms le labeur de ma vie, je rendrais grâces à la Providence.

Adieu, cher ami, ne m'oubliez pas, donnez-moi quelquefois de vos nouvelles. Le souvenir du Bourg-d'Iré est bien présent à mon foyer. Je vous en offre l'assurance en vous exprimant encore une fois mon tendre et profond attachement.

Ch. DE LACOMBE.

13 août. — M. Dufaure a été élu sénateur inamovible [1]. Mauvaise entrée pour lui qui avait refusé de se laisser porter en 1875 ; président du conseil, sa candidature dans une élection unique s'imposait, sous peine de crise ; opposée à celle de Chesnelong, elle ralliait toutes les gauches en scindant les conservateurs, alors que M. Dufaure aurait pu, en d'autres circonstances, réunir, sans distinction de nuances, une majorité formée de conservateurs et de modérés. Maintenant, un résultat de ce genre était facile à prévoir, et ceux qui, à droite, s'élèvent le plus contre lui, n'ont rien fait pour le prévenir. Je rappelle que le 27 août, à la soirée du maréchal, on dit un mot de ce projet de candidature. Depeyre dit aussitôt : « Eh bien ! il ne sera pas élu ! » Je lui répondis qu'il fallait y prendre garde, que je croyais le contraire. De Meaux et, je crois, d'Harcourt et Batbie partagèrent cet avis. D'un autre côté, ceux à qui je parlais du mécontentement de Bocher et du danger de pousser à bout le centre droit

---

1. Il fut nommé par 161 voix contre 109 à Chesnelong.

me disaient : « Oh! Bocher dit cela, mais il est indécis, et au dernier moment il suit. » C'est avec des illusions pareilles, mêlées d'incuries et de présomptions, qu'on arrive à se faire battre, sans compter l'absence de beaucoup d'autres, qui s'indignent contre les défections, mais qui commencent par ne rien ôter à leurs aises, par se donner des congés. Pendant ce temps-là, les gauches et le groupe Pasquier méditaient des combinaisons : pas étonnant qu'ils soient arrivés à un plan de bataille, et que, l'ayant concerté, ils aient voulu le réaliser. Je n'approuve point Pasquier d'avoir engagé cette lutte contre Chesnelong; il eût dû se souvenir que la campagne d'octobre 1873, dans laquelle il mit son tempérament au service de la même cause dont Chesnelong fut victime, lui commandait la réserve vis-à-vis de ce dernier. Mais les droites, à leur tour, au lieu de se confiner dans leurs préférences, auraient dû comprendre la nécessité de ménager les dispositions du centre droit. C'est malgré lui, quoiqu'il leur ait donné son concours, qu'elles avaient élu M. Buffet; associé à elles dans la loi d'enseignement, il n'en sentait que plus vivement la nécessité de ne pas accentuer une attitude qui donnât au Sénat l'apparence d'une opposition anticonstitutionnelle; il ne demandait que d'ajourner Chesnelong, non pas de l'écarter : la raison était politique. Les droites, comme elles l'ont fait tant de fois, ont dit tout ou rien, sans rien préparer d'ailleurs pour assurer leur succès, et le succès leur a manqué.

Lettre du comte de Falloux à M. de Lacombe

16 août 1876.

Mon cher ami,
Je n'ai point hésité à me ranger à votre avis théorique, avant même que vous m'en eussiez donné les meilleures

raisons, et, le lendemain du triomphe de Buffet, j'écrivais dans un sens que vous auriez certainement approuvé. Mais cela ne suffit pas, et il faut en venir à la pratique. Là, les difficultés se multiplient comme à plaisir; la volonté des gens s'en mêle, bien entendu, mais quelquefois aussi la volonté supérieure à toutes les autres semble se complaire dans nos embarras.ou dans nos sottises. On ne pouvait demander à M. Wolowski de mourir pour la simplification d'un scrutin, mais puisqu'il devait mourir le lendemain, que lui coûtait-il de mourir la veille [1]? Et ainsi de tant d'autres choses, tantôt plus grosses, tantôt plus petites, mais toujours contraires à nos vues et à notre salut. Aussi m'arrive-t-il souvent désormais de demander à ceux de nos amis qui croient toujours avoir la Providence dans leur manche, s'ils sont bien sûrs que le bon Dieu ne soit pas centre gauche. Et, en effet, depuis combien d'années, — j'allais presque dire depuis combien de siècles, — ne voit-on pas les événements, les dons de la fortune et du génie tourner incessamment contre les prétentions ultra-cléricales ou ultra-monarchiques! Et comment croire que tout est hasard, dans cette prédominance ininterrompue des peuples, des gouvernements, des idées qui ont préparé, constitué, défendu ce qu'on appelle la « société moderne ». Je crois de plus en plus qu'il y a là des enseignements que nous avons méconnus et qu'il est grand temps de comprendre; mais en même temps, lorsque nous jetons les yeux sur ceux que nous nommons encore nos adversaires, quel amas de sottises

---

1. Le cabinet, désireux de réparer l'échec indirect que lui avait infligé l'élection de M. Buffet, avait soutenu la candidature de M. Dufaure au fauteuil de M. Casimir Périer, et il fut élu le 12 août 1876. La mort de M. Wolowski, survenue plus tôt, aurait permis une entente, alors que l'élection de M. Dufaure contre Chesnelong divisa encore davantage les conservateurs.

et de crimes ! Je ne veux pas pour cela, cher ami, conclure au scepticisme, mais je conclus que le seul métier consciencieux est précisément celui que vous faites : déplaire un peu, quelquefois beaucoup à tout le monde. C'est désagréable, ce n'est pas profitable, mais c'est honnête, et j'ajoute du plus profond de mon cœur, c'est ce qui attache à vous et à quelques autres, en trop petit nombre, une estime, une affection, une admiration qui ne pourraient s'offrir à d'autres. C'est ce qui a fait la grandeur de Berryer, c'est ce qui trace la ligne de son historien, le soutiendra dans de dures épreuves, et finira par l'en faire triompher.

Marchez donc résolument dans votre voie, cher ami, donnez-nous du Serres, donnez-nous du Berryer, et bientôt, je l'espère, notre pays redemandera du Lacombe.

Je vous embrasse dans cet espoir, et Hilaire aussi par votre entremise.

ALFRED.

18 août. — Anatole des Glajeux m'écrit que de Meaux reconnaît qu'on a abusé du centre droit. Violences de l'*Union* et de la *Gazette* et des feuilles d'extrême droite contre le centre droit. C'est révoltant quoique habituel. Je ne crois pas du tout au résultat qu'elles annoncent. L'entrée de M. Dufaure ne dissoudra pas la majorité; il se peut qu'elle l'étende. M. Dufaure sera amené à lutter contre les radicaux; il sera peut-être renversé par eux. Il pourra grouper quelques idées modérées autour de lui et donner ainsi un appoint à la majorité, quand celle-ci verra lui manquer les bonapartistes ou l'extrême droite. Que s'il contribue à donner à cette majorité un caractère plus constitutionnel, et à lui faire mieux sentir la nécessité d'une politique patiente et concertée, on n'aura qu'à s'en applaudir.

Je vais à la Chambre des députés, où se continue le débat sur la question religieuse [1]. Je vais d'abord dans la tribune des anciens députés ; Scherer me dit que la veille, Jules Simon a été au-dessous de lui-même, qu'il cherchait plus à plaire à l'Élysée qu'à convaincre la Chambre ; « cela prouve, ajoute-t-il, que le talent ne suffit pas à un homme politique ». Gambetta commence, annonce qu'il va être très modéré, puis tonne tout à coup, violent du geste et de la voix. « Sur quel ton il le prend », me dit Scherer qui redoute, au bout de ce débat, une crise ministérielle. Après son discours, je vais dans la tribune du maréchal, où se trouvent Chesnelong, Kerdrel, et sur le premier rang Broglie et de Meaux. Pendant qu'on a suspendu la séance et qu'on croit à une crise, Broglie dit tout haut devant de Meaux : « Que vais-je dire ? Que vais-je dire ? » se voyant évidemment appelé chez le maréchal. Quand on annonce que le ministère s'arrange avec la majorité, les figures changent.

Jules Simon sort de ce débat moralement annulé. La veille, il avait fait un discours qu'on pouvait croire ennuyeux par calcul et qui était relativement modéré. Aujourd'hui il capitule absolument devant Gambetta, dont le discours était autant dirigé contre lui que contre l'Église ; il accepte un ordre du jour qui est la traduction non de son discours, mais de celui de Gambetta, il ne compte plus auprès de personne. Sa scène ridicule, ce journal froissé et jeté violemment à propos de l'article d'ailleurs si maladroit de la *Défense*. Discours de M. de Mun, bien dit, mais trop préparé et surtout trop bien fait pour servir de prétexte aux attaques des gauches par l'exagération des thèses qu'il soutient.

1. Un amendement avait été déposé, demandant la suppression des facultés de théologie.

Octobre 1876

Lettre de M. de Lacombe au comte de Falloux

Chappes, par Auzon, 5 octobre 1876.

Cher et bon ami,

Vous avez adressé avec votre élévation ordinaire des réflexions bien justes au comice de Segré. Le souhait que vous avez exprimé est en effet de ceux que l'on est tenté de former, lorsqu'on voit tant d'attaques se déchaîner contre l'Église, encouragées elles-mêmes par les lâches complaisances de gens qui ne vivent que de la sécurité que cette religion leur donne. Je ne cherche pas quelle part ont pu avoir, dans ce redoublement d'attaques, les imprudences si justement signalées par Mgr l'évêque de Gap. Il suffira toujours, pour les entretenir et pour en expliquer la durée, du *péché originel* et de ce que Bossuet appelle la haine des hommes contre la vérité ; mais il est certain que nous sommes de plus en plus emportés entre deux périls, le fléau de l'irréligion avec ses fureurs, et le danger de la réaction absolue que cette tempête peut provoquer chez les défenseurs de l'Église. Sous ce rapport, je trouve très sage le mandement de l'évêque de Gap ; et je souhaiterais que sa manière de voir rencontrât dans le clergé et parmi les laïques, souvent plus violents, beaucoup d'adhérents. Nous sommes menacés au dedans comme au dehors par des événements bien graves. Mais la modération serait trop facile, si elle n'était faite que pour les temps calmes. Je ne me rends pas compte des dispositions dans lesquelles les esprits vont se retrouver au retour de la session. Les journaux, pour la plupart si exagérés et de si mauvaise foi, n'en peuvent donner l'idée. Les abominations qui se sont débitées dans les réunions publiques et jusque sur l'estrade des distributions de prix n'auront-elles pas fait réfléchir quelques-uns dans les camps voisins de la gauche? Et de l'autre côté, tout en flétrissant ces horreurs, aura-t-on la sagesse de ne pas étendre outre mesure les solidarités, et de ne pas rendre ennemis, en les traitant comme tels, ceux qui ne sont peut-être qu'indécis? Il paraît certain qu'il y a dans le ministère une scission. Il y aurait à l'élargir et non pas à rapprocher les hommes, sous des attaques indistinctement lancées. Au surplus, la guerre dominera peut-être bientôt ces querelles intérieures, et puisse-t-elle ne pas nous réunir en nous broyant, comme disait M. de Maistre!

Je pense bien souvent, je vous assure, aux préoccupations que vous donne la santé de Mme de Falloux. Je voudrais apprendre que vous en êtes à peu près délivré. Le climat du Midi, qui a fait tant de cures, achèvera la sienne, j'en ai l'espoir, et ce serait du moins, pour nous, le meilleur dédommagement au regret de vous voir vous éloigner encore.

Agréez, cher ami, mes vœux les plus tendres et l'expression d'un attachement bien dévoué.

Ch. DE LACOMBE.

Mai 1877

5 mai. — Vu le duc de Broglie. Que faire? dit-il à plusieurs reprises. On dit que le pays est anticlérical, l'est-il autant qu'on le dit?.... Je lui réponds qu'il l'est réellement, ou du moins avec un fonds religieux très porté à prendre ombrage sous ce rapport; mais surtout qu'il sera, et qu'il sera ardemment, contre le parti dont on lui aura persuadé que ce parti veut la guerre. Or, c'est là le danger de l'ordre du jour de la Chambre des députés, et dans la difficulté de la situation extérieure, un ministère qui se formerait sur la question religieuse, et qui risquerait malgré lui d'avoir à soutenir la guerre, serait en proie à une hostilité formidable. Que faire? que faire? reprend-il avec cette répétition monomane des mêmes mots quand il est préoccupé. Je lui demande si on ne pourrait instituer un ministère transitoire ou pris dans la nuance Renault-Dufaure et purement d'affaires. Ne gagnât-on que quelques semaines, on éviterait du moins à un ministère définitif, s'il devenait nécessaire, le péril de naître à propos de la discussion religieuse. Le maréchal pourrait invoquer contre la Chambre les ministères successivement renversés. « Je veux bien, je veux bien, » dit-il du ton d'un homme qui a un autre avis, mais où trouver ce ministère?.... » Visiblement, il pense au jour où il sera lui-même ministre, se répétant intérieurement ce qu'il me disait après le 20 novembre 1873, qu'il n'a pas son équivalent. Et cependant, je crois de plus en plus que la première condition pour le succès d'un ministère conservateur, dans les circonstances actuelles, ce serait qu'il n'en fût pas.

Buffet, au mois de janvier dernier, me disait qu'il ne serait d'avis, ni que Broglie ni que lui-même fissent partie d'un cabinet de réaction, tout en ayant déclaré à Broglie que, s'il y entrait, il le soutiendrait, en parlant, en se taisant, en votant, suivant que Broglie lui-même le désirerait. Mais sa pensée est que, si jusqu'ici les ministères ont *couvert* le maréchal, il faut que le ministère conservateur prochain *découvre* le maréchal, qu'il soit formé de personnages assez obscurs pour que le maréchal seul apparaisse devant le pays et qu'on ne puisse dire : c'est la querelle de M. tel ou tel; mais bien : « C'est la lutte du maréchal contre la Révolution. » Je crois qu'il y a beau-

coup de vrai dans cette opinion. Broglie, par les souvenirs du 24 mai et de la politique dans laquelle il s'est
renfermé, crée d'avance des ennemis au maréchal et
lui enlève la possibilité de certaines adhésions. Il empêche, en interceptant les communications entre le pays et
le maréchal, un grand courant de se former pour le dernier. De plus, un ministère conservateur, destiné à la
lutte contre la Chambre des députés actuelle, et à en provoquer probablement une autre, doit avoir une vigueur
qui n'est ni dans le tempérament, ni dans les antécédents
de Broglie. Son nom et ses scrupules parlementaires lui
interdisent certaine besogne ; s'il veut la tenter, il risque
de la remplir mal ou d'y laisser un peu de son honneur politique. Il y a certains métiers qui peuvent être nécessaires, mais qu'il faut laisser à ceux qui ont les aptitudes
indiquées. Fourtou, jusqu'à nouvel avis, semble le mieux
désigné.

Vu M. Daru très effrayé, croit à la guerre prochaine et,
au dedans, croit qu'on ne peut sauver la société que par
des mesures absolument exceptionnelles. Il est aussi
d'avis que Broglie ne doit pas entrer au ministère, mais,
dit-il, j'ai bien vu que cet avis ne lui plaisait pas. De
Meaux ne partage pas cette opinion. Je lui demande si on
se prépare à ce fameux coup ; il me dit que Broglie, au
mois de janvier, lui a dit qu'il s'occupait des préfets avec
Fourtou. Mais il m'a ajouté aussitôt, continue de Meaux :
« On ne s'occupe pas encore de la question de personnes
pour le ministère.... »

10 mai. — Vu M. Thiers. Il demande toujours de mes
nouvelles à mon frère, qui n'a pas cessé de le voir. Aujourd'hui, hors des affaires, je profite de ma situation
pour aller, avec Hilaire, lui rendre visite. Son hôtel est
reconstruit sur le même modèle, mais avec des propor-

tions plus larges que l'ancien. Son cabinet est une admirable galerie. « Bonjour, chers amis, » nous dit-il, en arrivant,
comme aux jours passés d'avant 1870. Il nous fait monter
dans sa chambre, me demande de mes nouvelles avec
affection, et comme le jour l'empêche de bien me voir, il
me fait changer trois fois de place « afin de bien me voir »,
me dit-il. Il me demande ce que je fais, où j'habite. Je
lui parle du général Davoust, que je vois à Clermont.
Aussitôt, une page épique sur ce brave général, si intelligent, héroïque ; l'histoire de son grand-oncle, le prince
d'Eckmühl, son histoire à lui en Algérie, à Metz, pendant
la Commune. Il nous parle de la Commune, de la manière
dont on a pu la vaincre et rentrer dans Paris, en concen-
trant les feux sur un point, contrairement à la méthode si
humaine de Vauban, puis de la question religieuse. Il
craint que la Chambre ne veuille prendre des mesures
contre les séminaires et faire vérifier partout si l'on en-
seigne la déclaration de 1682. Il y a, dit-il, bien des *co-
quins* qui voudraient détruire la religion. Il parle avec
grande affection de l'évêque d'Orléans, puis de la loi militaire, ses idées sur l'ancienne loi. Je lui rappelle que j'ai
voté tout ce qu'il a cru acceptable, et que c'est nous qui
l'avons soutenu. « C'était là, lui dit Hilaire, qu'étaient vos
« vrais amis. » Il revient sur la question monarchique, qui
a tout brouillé ; lui conservateur, mais ayant compris que
la monarchie était impossible. Je lui rappelle ce qu'il me
disait en 1870 sur la triple dissolution de la société que la
gauche produirait : financière, militaire et religieuse. Il
en convient. Il parle de tout cela avec bonne humeur. Au
fond, un peu triste et résigné, véritablement affaibli, il
s'attendrit souvent, et a les larmes aux yeux en nous disant de venir le revoir. En nous parlant de son portrait
par Bonnat, il le trouve bon, sérieux. Je lui dis : « On

« peut croire que c'est le patriote attristé par les malheurs
« de la patrie. — Ah ! me dit-il, en levant les bras et avec
« les larmes aux yeux....., quand mon portrait sera gravé,
« je vous en enverrai à chacun un exemplaire »; et il
s'émeut encore en disant ces mots. Personnage bien atta-
chant, mêlé de bien des misères, avec des richesses
éblouissantes et un abord aimable, que je n'ai trouvé, il
faut le dire, chez aucun de ses remplaçants et adversaires.
Il voit la guerre éloignée, au moins pour un an. Il y a,
dit-il, une Europe qui se reforme peu à peu.

18 mai. — J'apprends, par les journaux, la lettre du
maréchal à Jules Simon, la démission de celui-ci, et le
lendemain, après de vaines formalités auprès de Dufaure
et Pasquier, le ministère Broglie-Fourtou. Ce sont des incidents sur les lois de la presse et des communes qui ont
provoqué cet éclat. Personne ne s'y attendait, et il se
produit dans des circonstances telles que ceux-là mêmes
qui naguère reprochaient le plus au maréchal *ses défaillances*, sont les plus réservés dans leur approbation, ou
même les plus empressés dans leur blâme. Pour ma part,
tout en croyant que la mesure, à un moment donné, serait
devenue nécessaire, je ne puis m'empêcher d'être frappé
et quelque peu écœuré, quand je me rappelle tout ce que,
depuis dix-huit mois, j'ai constaté d'ambitions impatientes, de préoccupations personnelles, d'avidités ministérielles, de voir arriver au pouvoir, dans ces conditions
formidables, ces hommes qui, depuis si longtemps, le
convoitaient, et que l'opinion publique y appelait si peu.
Le duc de Broglie a peut-être fini par se persuader
qu'il était indispensable, et cependant la vérité est qu'il
ne peut être, malgré ses grands talents, qu'un obstacle. Il
intercepte les communications entre le maréchal et le
pays, au lieu de les faciliter ; il fait souffrir celui-ci de

l'immense impopularité dont il est lui-même atteint, non seulement auprès de la masse, mais dans tous les partis. J'entendais récemment à Brioude, chez d'inoffensifs conservateurs, l'un d'eux dire : « C'est un défi à l'opinion que la nomination de M. de Broglie. » Le *Français* est lui-même obligé de déclarer que les ministres, à commencer par le duc de Broglie, ne sont ici que les serviteurs du maréchal ; pourquoi, dès lors, avoir tant tenu à entrer dans ce ministère, s'il est obligé, dès le lendemain, de s'y effacer, et, avec son nom, ses antécédents, ses programmes parlementaires, à quelle besogne ne risque-t-il pas d'être fatalement amené ! Il aurait pu s'y résigner, par une grande abnégation, si un grand courant conservateur avait exigé sa présence. Mais lorsque tant d'hommes parmi les conservateurs jugeaient qu'il devait, au contraire, se tenir à l'écart, avoir voulu à tout prix se mettre en évidence et être dans l'affaire ! Fourtou était désigné déjà pour ce ministère ; on lui croit de la résolution et de l'habileté. Il peut faire dévier l'entreprise vers la solution impériale, non par préférence, mais par indifférence ; il est certain que la réaction étant essayée, il est à sa place pour la conduire. La première impression des conservateurs est la défiance, la réserve, et chez beaucoup le blâme. Cette impression peut changer ; en France, on en est venu à juger les choses par leur succès, et beaucoup se tiennent sur la réserve qui seront les plus bruyants dans leur adhésion si l'entreprise réussit. On dit les radicaux atterrés dans les campagnes : ils l'ont été les premiers jours ; aujourd'hui, qu'ils voient toutes choses aller comme à l'ordinaire, ils reprennent courage et annoncent leur prochaine revanche.

Le ministère a pris les devants ; avant toute interpellation, il demande la dissolution. Cette initiative déconcerte

les gauches et fera bon effet dans ce pays, qui aime l'audace et les gens sûrs d'eux. Fourtou a bien parlé. C'est le
langage d'un homme de fait, adapté au temps présent.
L'ordre de raisonnement n'est pas élevé ; il va au plus
pressé et à ce qui frappe la masse. J'ai passé à Clermont
en allant à la Bourboule ; déjà les prétentions électorales
se manifestent ; les bonapartistes veulent tout pour eux ;
les légitimistes excluent le centre droit dans la personne
de Tallon, et veulent lui opposer Laville, légitimiste intelligent d'ailleurs ; à Thiers, bonapartistes et peut-être aussi
légitimistes repoussent le fils de Barante. Il faudra beaucoup de décision pour dominer ces rivalités, qui vont se
produire par toute la France.

Août 1877

Lettre du comte de Falloux à M. de Lacombe

10 août 1877.

Mon cher ami,

Je vous rends, soyez-en bien sûr, pensée pour pensée
et regret pour regret. Mais on n'avance pas, dans la vie,
sans savoir qu'elle est surtout faite de mécomptes. Nous
lisons précisément le soir, en ce moment, les lettres de
Mme de Sévigné, c'est-à-dire la correspondance de gens qui
ne nous charment que parce qu'ils étaient condamnés à
vivre constamment séparés les uns des autres. Cela m'explique comment, de tous les amis que j'ai aimés, que
j'aime le plus, pas un n'a été ou n'est Angevin ; n'allez
pas en conclure que je renonce à vous et que je vous prie
de renoncer à moi. Concluez-en, au contraire, que nous
devons redoubler d'efforts, chacun de notre côté, pour
lutter contre cette loi sévère.

Je vous remercie de me dédommager par le *Corres-*

pondant. C'est une consolation à laquelle je serai très sensible et que j'attends avec impatience. M. de Serre est un sujet assez beau par lui-même pour se passer de l'opportunité; mais l'opportunité même ne lui manquera pas. Tout ce qui fait sentir le prix et la beauté de la modération est précisément la leçon dont notre temps a le plus de besoin, et particulièrement nos amis. Les circonstances font, dans Maine-et-Loire, que l'extrême droite avait à se montrer dans un seul arrondissement, celui de Baugé, et elle s'y montre plus extravagante que jamais, bien qu'en face d'un radical du plus mauvais aloi. Hier encore, j'avais sur ce pays des renseignements pitoyables. Soyez donc bien convaincu que vous ne pouvez rien faire de mieux que de leur montrer M. de Serre, de nous le montrer à tous, afin de fortifier ceux que vous n'aurez pas à convertir, et ne manquez pas de donner au *Correspondant* votre travail tout entier.

Quant au gouvernement dont je sais bien peu les secrets, que je ne voudrais ni demander ni recevoir par la poste, je suis sûr qu'il a envisagé les deux hypothèses et prévu l'échec électoral aussi bien que le succès, l'un étant à ses yeux, comme aux nôtres, au moins aussi probable que l'autre. Mais on ne prévoit jamais tout, on ne se prévoit même pas bien soi-même, et il y a toujours une grande différence entre ce que l'on voit venir et ce qui est tout venu. Je redouble donc de vœux pour le succès, et je redoublerais d'efforts si je n'étais dans un arrondissement où l'élection est faite d'avance. M. Janvier est député sortant, il est un des 158, il avait réussi, par surprise, l'année dernière; il passera cette année sans surprise et sans opposition. Pour vous, mon cher ami, je vous attends au Sénat.

FALLOUX,

Octobre 1877

Lettre de M. de Lacombe au comte de Falloux

Charbonnier, par Saint-Germain-Laubrou (Puy-de-Dôme),
11 octobre 1877.

Cher et bon ami,

J'apprends avec bien du regret, par une lettre de mon frère, que vous êtes souffrant. J'espère que ce présent n'est plus aujourd'hui qu'un passé et que vous êtes tout à fait guéri. J'ai à cœur de vous dire et de vous redire combien mon souvenir va souvent vous chercher, et de quel tendre élan je m'associe à tout ce qui vous touche. J'y tiens d'autant plus que j'ai encore à vous remercier, car mon frère me fait part de vos vœux pour ma candidature au Sénat, vœux que vous voulez bien m'exprimer vous-même, avant qu'elle ne fût officiellement posée, dans votre dernière lettre. Bien que je ne reçoive que de favorables assurances, qui me montrent toujours vives les sympathies qu'on me témoignait autrefois, je ne m'abuse pas sur les difficultés que je puis rencontrer. Il y a d'abord, dans la situation générale redoutable à tant d'égards, des causes auxquelles mon sort, comme d'autres plus graves intérêts, peut être suspendu. Et puis viennent les compétitions particulières; je ne vois pourtant de vraiment à craindre que la candidature éventuelle du duc Decazes; mais, s'il est élu député, je doute qu'il veuille et qu'on veuille ouvrir la porte à un successeur de gauche dans le Corps législatif, pour lui ouvrir à lui-même celle du Sénat. Quoi qu'il en soit, je ne tarderai pas à aller à Paris, malgré l'immense ennui que me causent ces démarches. Il paraît bien que nul ne peut s'en dispenser; en voyant mes anciens collègues m'approuver et se réjouir de ce que je pose ma candidature, je suis obligé de reconnaître que la formalité était nécessaire, pourvu qu'on n'en vienne pas à exiger les visites, comme à l'Académie. Passe encore pour 40! Mais 300!

Nous voici bien près de la grande échéance. Je ne crois guère au succès, tout en espérant que les 363 ne reviendront pas 363, loin de revenir 400, comme le leur annonce Gambetta. Un dénouement qui ne laisserait à personne de triomphe écrasant serait peut-être le meilleur; car je persiste à penser qu'il y a des rapprochements à ménager contre des périls qui ne sont pas uniquement, bien qu'ils soient avant tout du côté du radicalisme, et il y a enfin une grande et permanente vérité dans le mot de Mme Swetchine : « Je n'ai jamais redouté qu'une « chose, c'est le triomphe absolu de quelqu'un. » Dans la Haute-Loire, nous espérons le succès de deux conservateurs de bonne nuance, peut-être même celui de M. de Flaghac à Brioude, quoique plus difficile. Dans le Puy-de-Dôme, on aura peut-être deux bonapartistes modérés, sans compter M. Rouher, dont l'action néfaste n'est pas un de nos moindres dangers et le moins lourd fardeau du ministère actuel. Tout en donnant à cette triste crise mes préoccupations et ce que je puis avoir d'influence électorale, je m'enfonce avec charme et regret dans le passé. Pendant que je continue mes études sur M. de Serre, j'achève le dernier volume des plaidoyers de M. Berryer. Nous publierons à la fin un épilogue sur la mort et les éloges prononcés sur sa tombe. Nous n'avions d'abord songé qu'aux éloges judiciaires, mais le duc de Noailles ayant pensé à faire publier son discours, comme hommage à la vie politique, j'ai tenu à y ajouter le vôtre, au nom même de l'amitié si intime dont je connais mieux que personne les témoignages qu'avait pour vous notre

grand maître. Le duc, je dois le dire, a tout de suite rati-
fié mon désir. Je lis aussi avec notes et extraits vos lettres
à M. Berryer, et je constate, ce que beaucoup peut-être
ne soupçonnent pas, qu'en 1850, c'était vous qui lui con-
seilliez la patience vis-à-vis des *ultras* du temps. Vous
rappelez-vous une lettre sur la patience dans les regards,
même *dans les épaules*, comme cela peint et fait vivre !
Que j'aimerais à remuer avec vous tous ces souvenirs !
Si les événements me rappelaient d'une manière stable à
Paris, je ne résisterais pas, au cas où vous m'accepteriez,
à aller vous chercher quelques jours au Bourg-d'Iré, mais
vous ? Ne viendrez-vous pas à Paris en novembre, pour
l'Académie ? Adieu, cher et bon ami, recevez mes tendres
embrassements et croyez au profond souvenir que mon
foyer garde de vous.

Ch. DE LACOMBE.

13 octobre 1877. — J'ai laissé mes notes, et en les
relisant après quatre mois, je les trouve écrites sous une
impression trop vive et par là même sous une forme trop
âpre, mais tristement justifiées par les événements.

Division des conservateurs, envahissement et arro-
gance des bonapartistes, condescendances auxquelles est
réduit vis-à-vis d'eux le ministère, prenant pour candidats officiels, malgré leurs dédains, MM. Rouher et
autres, incertitude du succès, ou plutôt presque certitude
de la défaite, tels sont les caractères de la situation présente.

Je ne crois pas aux quatre cents vainqueurs qu'annonce
Gambetta, je ne crois pas même aux trois cent soixante-
trois ; mais je crois que la gauche réunira encore la majorité ; et dans les animosités multipliées et exaspérées
par ces quatre mois de luttes, je vois des difficultés

presque insurmontables pour rétablir la paix intérieure. Des deux côtés alliances impossibles, injustices mutuelles, et pas un homme assez haut placé ou assez supérieur pour dominer ces ressentiments et provoquer à un vaste accord en face de tant de périls. Le maréchal doit demeurer évidemment le chef et le point de ralliement. Mais les hommes qui l'entourent ont resserré sur le terrain le plus étroit sa politique et l'ont rivée à des alliances qui, à un moment donné, peuvent la perdre. Le duc de Broglie patronnant M. Rouher ! M. de Lavergne patronnant Nadaud dans la Creuse ! quel spectacle ! quelle situation contre nature !

Je n'ai rien écrit de la mort de M. Thiers. Je l'ai vivement sentie ; tous mes souvenirs, ces dix ans de liaison si affectueuse, sa bienveillance, son abandon, sa simplicité aimable, familière, tolérante dans sa vivacité, tout cela revivait dans ma mémoire et me remuait profondément. J'ai écrit aussitôt à Mme Thiers. Il a rendu de grands services, a eu de belles, sincères et patriotiques inspirations et demeure une des plus éblouissantes intelligences qui aient jamais paru. Il y avait, dans les dernières années de sa vie, ce mélange d'erreur et de vérité, de vues justes et de tendances passionnées, comme il y a eu du vrai et du faux, des motifs sincères et des calculs intéressés dans l'opposition dont il a été l'objet. Il a vu le faible et les nécessités de la situation présente, mais en travaillant lui-même à créer ces nécessités et en se détournant du remède qui aurait pu guérir ou atténuer ce faible. On a lutté contre le péril du radicalisme que sa politique développait, mais en justifiant par d'infructueuses tentatives de monarchie, et plusieurs par un refus obstiné d'organisation constitutionnelle, les accusations qu'il avait dirigées contre les conservateurs. Finalement, et tout en essayant de maintenir les grandes lignes de sa politique, dans des réserves incidentes il prêtait son nom à une politique qui l'eût renversé et qui perdrait la France.

Charbonnier, 18 octobre. — Les élections sont connues mardi matin, on m'avait annoncé une majorité de plus de quatre cents voix pour la gauche. Je me demandais comment le maréchal pourrait rester et quel ébranlement une pareille majorité pourrait donner à l'opinion. Dieu merci ! il n'en est rien. Les 363 ne reviennent pas 363, ils seront 310 à 320. Les conservateurs, bien bigarrés sans doute, arrivent au chiffre de 210 à 215. Ce n'est pas un succès et pourtant les vantardises de Gambetta qui prophétisaient plus de quatre cents opposants, qui d'avance dépréciaient la victoire des gauches si elle n'aboutissait qu'au retour des 363, donnent à ce résultat presque le caractère d'un avantage pour le gouvernement. D'instinct, ou par hasard, le pays semble dire aux deux partis : vous avez été trop loin l'un et l'autre ; je ne veux de victoire exclusive pour aucun de vous ; tâchez de vous accorder par des concessions mutuelles. Et de fait, voilà le conseil pratique que je lis dans ce dénouement. Le maréchal devra céder ses ministres, la gauche sa vérification des pouvoirs et le vote du budget. Avec cela on peut marcher et arriver à une certaine paix. Si les ministres veulent s'identifier avec le maréchal et dire chacun comme lui : « J'y suis, j'y reste, » si l'opposition veut invalider en masse les élections des candidats officiels, de nouvelles crises se préparent ; mais si c'est l'opposition qui pousse à la lutte, le maréchal, en se montrant à la fois ferme et modéré, peut dominer la lutte. Il y aura, je crois, bien des indécis qui se rallieront à lui. Les bonapartistes, malgré bien des indignités de la faction Rouher, ont le dessous, et là où leurs candidats ont lutté contre les candidats officiels, ils n'ont eu que d'infimes minorités. C'est un bon symptôme. Les monarchistes semblent plus raisonnables. L'*Union* veut bien donner ce nom (de monarchistes) à ceux qu'elle qualifiait de *traîtres* il y a deux ans. Sagesse tardive et, je le crains, passagère ! mais profitons-en pendant qu'elle dure. Échec de Raoul Duval : bonne et morale leçon. Victor Lefranc battu par un bonapartiste candidat officiel à Cambrai, Jules Amigues, bonapartiste communard, élu avec l'appui à peu près avoué du gouvernement. M. Rouher, candidat officiel, tout en faisant savoir que c'est à regret qu'il a accepté ce titre ; dans la Creuse, M. de Lavergne patronnant Nadaud ! toutes choses contre nature et qui ne peuvent durer. Il faut un discernement des modérés de tous les camps et des radicaux de tous les partis.

27 octobre. — Les réflexions qui précèdent ne semblent guère près de se réaliser ! Des deux côtés passions extrêmes ; qui l'emportera ? Et comment sortir de cette crise ? Ou un coup d'État, ou une démission forcée ! Les républicains envisagent et souhaitent cette dernière éventualité ; les conservateurs, les ministres surtout, d'abord ahuris du dénouement, comme s'ils n'avaient rien prévu, ont-ils songé à la première ? aux moyens de la mettre dans les faits, d'en diriger les conséquences ? Je crains bien qu'ils n'aient pas aujourd'hui plus de prévoyance qu'ils n'en ont eu au 16 mai.

Novembre 1877

20 novembre. — Je suis revenu depuis quelques jours d'un voyage à Paris ; j'en rapporte des impressions tristes et de grandes appréhensions pour l'avenir. Les pensées de transactions, qu'avait éveillées en moi le résultat des élections, sont bien loin des esprits. Elles restent, je le crois, comme un instinct latent au fond du pays. Mais elles sont refoulées par les passions des partis, et les choses ont été poussées des deux côtés à un tel point, qu'on ne voit plus comment et par qui l'accord pourrait se conclure. Le maréchal est pris dans le réseau des engagements qu'on lui a fait contracter, et ces engagements sont contradictoires. Respect absolu de la situation des fonctionnaires, maintien scrupuleux de la Constitution, persistance au poste qui lui a été assigné par l'Assemblée nationale : « Ni démission, ni soumission », voilà ce qu'a promis le maréchal. Si on lui parle transaction, il invoque la situation de ses fonctionnaires. Si on lui parle résistance, il se refuse noblement à un coup d'État, et on ne voit comment la résistance enfermée dans les limites légales pourra lui procurer la victoire. Dans la masse, on s'attendait à quelque accord, je suis frappé d'entendre X., esprit modéré et timide s'il en fut, absolument étranger à la politique, porté par ses intérêts à désirer le maintien du maréchal, parler avec calme de l'éventualité de son départ, etc.

APPENDICE

A [1].

Il en est des générations ainsi que des hommes, rien de plus inégal que leur sort. Elles naissent heureuses ou malheureuses. Certaines ont surtout pour mérite la fidélité d'une fortune qui tourne à leur avantage leurs défauts mêmes, d'autres usent leurs efforts à lutter contre le destin hostile et sous lui demeurent écrasées.

Peu furent victimes à l'égal de celle qui grandit sous le second Empire, fut jeune au moment de la guerre contre l'Allemagne et la Commune, employa son âge mûr à élever parmi les ruines des institutions à la France et achève sa vieillesse dans le deuil du passé et la crainte de l'avenir. Et de cette génération, les plus injustement atteints par le malheur commun sont les Français qui ne se laissèrent rallier ni par l'Empire à la dictature, ni à la démagogie par la République, et

---

1. M. Étienne Lamy, membre de l'Académie française, ancien député du Jura à l'Assemblée nationale, et M. Calmann-Lévy, son éditeur, ayant bien voulu nous y autoriser, nous reproduisons quelques-unes des pages consacrées à Charles de Lacombe, dans « Témoins de jours passés » (1 vol. Paris, Calmann-Lévy). Elles ont ici une place naturellement indiquée, le rapprochement des deux récits s'impose. L'autorité du collègue éminent qui, sur des bancs différents, vécut les mêmes jours, n'apporte pas seulement au journal de Charles de Lacombe un témoignage, une confirmation, un contrôle, elle le consacre pour l'avenir et sur ses annotations quotidiennes et fugitives, sur ses « instantanés », pose, comme un sceau, un jugement impartial, apaisé, historique déjà.

n'ont cessé de combattre les excès dont ils n'ont cessé de souffrir.

L'un de ceux-là fut Charles de Lacombe. Ses traditions familiales l'avaient préparé aux doctrines qu'affermirent en lui ses maîtres, Dupanloup et Gratry, Berryer et Falloux. Ces grands vaincus voyaient grandir leur revanche avec ce disciple et une élite de Français semblables à lui. Ces jeunes hommes avaient pour certitude que la révélation la plus parfaite du devoir est le christianisme, ils tenaient la monarchie pour le moins imparfait des gouvernements humains. Catholiques et légitimistes, ils ne prétendaient pas attacher la vie de la France à une double inertie, mais, au contraire, qu'entre ces pôles fixes, elle fût maîtresse de son mouvement. Amis des franchises politiques, ennemis de l'abstention par laquelle certains rendaient à la monarchie un hommage de paresse, eux préféraient travailler pour la royauté dès l'Empire, cherchant place à leurs idées et à leurs personnes dans les assemblées communales, dans les conseils généraux, à la Chambre. Cette énergie active les avait rassemblés autour d'un dernier maître, M. Thiers, qui menait alors la campagne des libertés nécessaires. Elles semblèrent conquérir le partisan le plus imprévu, l'Empereur lui-même, et la transition d'un pouvoir absolu à un gouvernement parlementaire s'achevait, quand la guerre vint détruire ensemble notre liberté nouvelle et notre grandeur ancienne. Après la défaite, la France, ne pardonnant pas à l'Empire d'avoir dissipé notre fortune, à la République de ne l'avoir pas rétablie, et plus sévère à l'un et à l'autre régime pour s'être imposés à elle, se confia aux monarchistes, les seuls qui ne l'eussent ni violentée ni trompée.

La netteté de l'opposition faite par Charles de Lacombe à la dictature, impériale ou républicaine, une réputation déjà établie d'écrivain et commencée d'orateur, enfin la puissance impondérable qui, d'ordinaire, agit si peu dans les élections et qui, dans celles-là, décida tout, l'estime, désignèrent cet homme de trente-neuf ans à la confiance de ses concitoyens.

Il n'y a aucune exagération à dire que, durant les cinq années
de son mandat, Charles de Lacombe se donna tout à la politique. Elle était alors l'art de servir son pays et non de s'en
servir. Il le servit à la tribune, où il parut trop rarement, car
il avait de la parole publique cette angoisse qui, à la fois, décourage et inspire les vrais orateurs. De grands succès
accueillirent ses discours qui s'échappaient comme le trop-
plein d'une source profonde et dont la vibration intérieure
n'avait jamais les sonorités du vide. Mais il n'était pas de
ceux qui songent à la France seulement aux heures où elle
les écoute. Partout où l'on pouvait aider à la tâche du bonheur public, il fut présent et actif. Toujours occupé à s'instruire de la vérité et à la répandre par un commerce de lettres
et de visites avec ceux qu'il jugeait utile de consulter ou de
conseiller ; assidu aux réunions où les députés du même parti
cherchaient leur voie parmi les difficultés, et prodigue là
d'une action féconde en initiatives et créatrice de concorde ;
inscrit à deux de ces groupes, afin d'étendre de l'un à l'autre
les ententes qu'il travaillait à former dans chacun d'eux, il
fut un ouvrier des besognes continues, discrètes et efficaces.
Être utile fut son idée fixe, et il en était à ce point obsédé
que, la journée finie, il revivait par le souvenir, la plume à la
main, ses actes, ses démarches, ses entretiens, ses opinions,
ses incertitudes, et, dans ces notes de chaque soir, faisait son
examen de conscience.

Ces notes ont été publiées. Les mains pieuses qui ont voulu
déposer sur sa tombe une dernière fleur de sa pensée ne rendent pas seulement un hommage à sa mémoire, mais travaillent, comme il l'avait fait lui-même, à une œuvre d'utilité publique. Ce journal est un témoignage sur un des instants
décisifs de notre histoire nationale. Il ne contient pas un récit
complet des faits. Charles de Lacombe ne s'y adresse qu'à
lui-même, n'a pas à se raconter les événements au milieu desquels il vit, ne les indique d'ordinaire que par des allusions,
et le journal ne dispense pas les lecteurs qui voudraient
apprendre cette histoire, de recourir à d'autres livres. Par

contre, il apporte à tout esprit déjà informé sur l'ensemble dés événements une intelligence plus complète des causes qui les ont produits, des incidents par lesquels ils commencèrent, des obstacles par lesquels ils furent déviés. Il montre l'aspect changeant que prenaient, à la lumière de chaque jour, les faits alors en formation, aujourd'hui couchés dans le passé avec leur immuable face. Il prouve quelle intensité eut alors la vie parlementaire autour de l'assemblée, combien les six grandes réunions, — sans compter les petites, — dans lesquelles s'étaient volontairement groupés et partagés les députés, eurent d'initiative, d'importance ; quelle activité, quelle volonté, quelle éloquence demeurent ensevelies dans les faits créés par elles ; enfin quels sentiments inspiraient tout cet effort.

I.

Rien de plus simple en apparence que la situation le soir du 8 février 1871. Sur sept cent cinquante élus, près des deux tiers étaient monarchistes, un tiers républicains. La royauté semblait naître de ces votes. C'est en se fiant à eux que M. de Falloux, de sa province, traçait à son jeune ami la tâche de l'Assemblée.

Le plus jeune était, ce jour-là, M. de Falloux. Dans la correspondance échangée entre eux, chacun semble emprunter l'âge de l'autre, Falloux pour pousser à l'action immédiate, Lacombe pour répondre : « Si vous étiez à la Chambre, au milieu des difficultés de la lutte, vous calmeriez ces saintes impatiences. »

De ces difficultés, la première était dans l'Assemblée même. Ces monarchistes étaient divisés. Le groupe le plus considérable, fort d'à peu près cent cinquante députés, était composé d'orléanistes, les uns approbateurs de la rupture accomplie en 1830, les autres partisans d'une réconciliation qui effaçât la rupture, mais les uns et les autres résolus à ne pas abdiquer par la réconciliation, inquiets que l'avènement du comte de Chambord parût une revanche de la prérogative hérédi-

taire sur la volonté publique, et attachés, comme au symbole
d'un gouvernement moderne, au drapeau de 1789. Ils forment
le centre droit. Cent vingt autres royalistes tenaient le régime
de 1830 pour une usurpation et pour un malheur, considéraient le droit des Orléans comme aboli par cette révolte, et
attendaient la soumission des cadets à la hiérarchie de la
naissance, comme un retour de l'enfant prodigue. Pour les
droits de la morale et pour l'orthodoxie du régime, ils ne souhaitaient pas que la royauté pervînt trop vite au comte de
Paris, ils désiraient qu'il eût à faire son stage de prince légitime, et que le comte de Chambord restaurât, en Bourbon, la
royauté, avant de la transmettre au scepticisme historique des
Orléans. Néanmoins ils n'étaient pas certains d'être en par-
fait accord avec leur prince, et souhaitaient au fond une monarchie moins subordonnée au Parlement que celle de Louis-
Philippe, et moins indépendante du vœu national que le
régime annoncé par le comte de Chambord. Amis de la liberté politique, ils se demandaient quelles garanties lui assurer sous un prince résolu à ne pas subir de conditions. Sans
songer que la monarchie ne doit pas sa vertu aux vertus de
son représentant, et sans qu'ils voulussent se rendre à la
merci d'un maître, ils espéraient obtenir d'autant plus de sa
générosité qu'ils se fieraient davantage à elle, et tenaient que
la plus sûre des constitutions était écrite dans le cœur de ce
prince. Ils sont la droite. Enfin la royauté avait ses familiers
et ses serviteurs domestiques. Au nombre d'une centaine, ils
formaient l'extrême droite et ils apportaient dans la politique
la simplicité d'un seul culte. Eux, détestaient deux fois 1830,
ils y voyaient une félonie familiale qui avait brisé l'hérédité
monarchique par la main d'un prince parent, ils y voyaient
une erreur révolutionnaire qui avait établi la prépondérance
de la souveraineté parlementaire sur la souveraineté royale.
Ils pensaient que les princes d'Orléans, fissent-ils amende honorable pour la félonie, ne renonceraient pas à la doctrine,
qu'en reprenant leur place dans la famille d'un roi sans fils,
ils assuraient l'avenir à une royauté faussée dans son prin-

cipe, et, par le rétablissement de l'ordre héréditaire, préparaient le triomphe de la révolution. Contre celle-ci, eux s'étaient constitués les champions intraitables de la prérogative royale; ce qui, dans le comte de Chambord, leur paraissait le plus royal, était son attachement au passé détruit par le régime de 1830. Leur catholicisme ardent se reconnaissait dans celui du prince, et se satisfaisait d'avance par le retour à la religion d'État. Leur défiance contre les révoltes des sujets trouvait ses sûretés dans les répugnances du prince pour le régime parlementaire. Sauf ces similitudes qu'ils croyaient certaines entre les sentiments du roi et les leurs, ils auraient cru manquer de respect à la royauté, s'ils avaient établi aucune égalité de droits entre leurs désirs et la volonté du prince. Ils ne songeaient pas même à la pressentir, moins encore à peser sur elle. Ils attendaient ses ordres pour obéir, presque pour penser. Et, heureux de trouver un symbole à ce retour du passé dans l'avenir, ils espéraient le drapeau blanc.

La minorité républicaine était aussi divisée. A l'extrême gauche, les jacobins, résolus à mettre la République au-dessus du suffrage universel, comme l'extrême droite mettait la monarchie au-dessus du consentement national, et crédules à l'infaillibilité de la foule comme l'extrême droite à l'infaillibilité d'un prince. A la gauche, des hommes partisans d'une République sage, mais persuadés que la première sagesse était de croire à un ordre spontané de la République, comme la droite comptait sur la grâce efficiente de la monarchie, et, pour ne pas perdre la République, prêts à s'allier aux jacobins, c'est à-dire à en subir le joug. Au centre gauche, des hommes presque indifférents entre une République modérée et une monarchie constitutionnelle; comme les hommes du centre droit, ennemis des extrêmes, d'où que vînt l'excès; capables de chercher dans la royauté un refuge contre une démocratie violente, mais hostiles à la monarchie absolue, jaloux de la noblesse, prévenus contre la domination du clergé, et, plutôt que d'accepter le drapeau blanc, résignés, malgré la peur, aux hasards du gouvernement populaire.

Ces divergences n'empêchaient pas qu'il n'y eût dans l'Assemblée nationale une majorité désireuse d'une politique conservatrice. Mais pour inspirer confiance à des intérêts et favoriser des doctrines, il faut qu'un gouvernement ait lui-même un lendemain. La forme et le nom de ce gouvernement divisaient ceux qui eussent été d'accord pour tout le reste. Sur cette question préjudicielle, les discordes des monarchistes se trouvaient aiguës et celles des républicains apaisées. La monarchie n'existait pas, aucun des groupes monarchistes n'était assez nombreux pour la rétablir sans le concours des deux autres, et avant de tenter une restauration, il fallait qu'ils se missent d'accord sur le régime et sur le roi. La République existait en fait, et tous les républicains étaient unanimes pour maintenir le fait. Les désaccords des monarchistes suspendaient leur action présente, les désaccords des républicains ne menaçaient que leur concorde future. Les vaincus avaient l'avantage de la possession, la garder était accroître chaque jour la force du fait par la force de l'habitude, et rendre plus difficile le changement. La transformation insensible du fait en droit, malgré l'Assemblée, et par elle, est l'histoire de cinq années. Et cette longue résistance, où la majorité royaliste s'usait contre la République, n'aboutit qu'à paralyser, puis à dissoudre la majorité conservatrice.

L'Assemblée devait d'abord se choisir un président. Le 4 septembre, un député avait rompu avec ses amis au moment où ils saisissaient le pouvoir. Ils l'attendaient à l'Hôtel de Ville et il s'y était rendu, mais au nom du Corps législatif et pour protester contre la violence commise, et depuis lors il n'avait cessé de réclamer une Assemblée nationale. Enfin réunie, et assez inexpérimentée pour être reconnaissante, elle désigna, d'un geste spontané et noble, pour la présider, celui qui avait défendu le droit du suffrage contre le droit de l'émeute. Mais en nommant Grévy, elle consacrait par son premier vote un républicain. Dès que l'Assemblée est constituée, elle doit donner à l'État un chef, lui aussi désigné par

son opposition à la guerre, son voyage à la recherche d'une
Europe médiatrice, son hostilité à la dictature de Gambetta,
son élection dans vingt-huit départements. M. Thiers est un
monarchiste : mais le gouvernement auquel il succède a un
nom, la République. Omettre le mot paraîtrait condamner la
chose. Or il faut que tous les détenteurs actuels de fonctions
les transmettent régulièrement et que quelques-uns les con-
servent ; républicains, ne refuseront-ils pas leur concours à
un régime qui se déclarerait dès l'abord contre leurs préférences ? Il n'y a plus de troupes ; la garde nationale a conservé ses armes ; elles sont, dans les grandes villes, aux mains
d'une démagogie menaçante ; Paris semble prêt à donner à la
révolte une place forte et une capitale. Faut-il ajouter à l'invasion le risque de la guerre civile, pour un mot ? Lacombe
commence le journal par une protestation véhémente contre
ce mot dont il semble deviner la puissance. Mais lui-même
subit la contrainte contre laquelle il se révoltait d'abord,
et constate que force est de « reconnaître le fait sans engager l'avenir. » C'est cette liberté de l'avenir qui fut promise
par M. Thiers et devint, entre l'Assemblée et lui, le pacte de
Bordeaux.

Mais déjà les événements rompaient ce pacte. Bien qu'elle
n'ait rien entrepris contre la République, l'Assemblée était
royaliste, c'était trop pour la révolution retranchée dans Paris.
La Commune éclata. Que l'exemple de Paris fût suivi par les
grandes villes, c'était pour la France une anarchie, peut-être,
et le démembrement. Les délégués de ces grandes villes
vinrent trouver Thiers et leurs paroles furent un ultimatum.
Ou la garantie leur serait donnée que la République n'était
pas menacée par la victoire de l'Assemblée sur la Commune,
ou, pour défendre la République, ils se joindraient à la Commune : ils se contentaient, d'ailleurs, de la promesse discrète
que M. Thiers ne se prêterait pas à une restauration. M. Thiers
s'engagea, et, avec la plus légitime des excuses, sortit de la
neutralité promise à l'Assemblée. Il lui suffisait, il est vrai,
pour rendre la liberté à l'Assemblée et à lui-même, d'aban-

dònner le pouvoir. Mais personne ne voulait alors de cette retraite : ni lui, ni l'Assemblée, ni la France.

Pendant que Thiers devenait ainsi un protecteur de la République, les royalistes s'occupaient d'ouvrir les voies à la monarchie. Les Orléans étaient bannis depuis 1848, comme les Bourbons de la branche aînée depuis 1832. Le prince de Joinville et le duc d'Aumale, élus députés le 8 février et rentrés en France, désiraient, pour siéger, l'abrogation légale de leur exil. Ils demandaient justice, ils durent l'acheter. Le parti légitimiste ne voulait pas, en rappelant les princes, mettre des compétiteurs sur la route du roi, et attendait que le chef de la maison d'Orléans reconnût, par une déclaration explicite, le comte de Chambord pour le seul représentant du droit monarchique. M. Thiers proposait aux deux élus de ne pas occuper leurs sièges à la Chambre, afin de ne pas devenir un centre d'opposition contre le régime qui leur rendrait leur patrie. Les princes avaient pris l'un et l'autre engagement, et après la défaite de la Commune, l'heure sembla propice au centre droit et à la droite pour annoncer à la France, par l'abrogation des lois d'exil, l'entente des monarchistes entre eux et des Orléans avec le roi. Alors les républicains objectent que c'est une rupture de l'équilibre entre les partis, et que pour le rétablir il faudrait assurer à M. Thiers deux ou trois ans de pouvoir. C'est à M. Thiers qu'ils portent leurs doléances, il ne peut désapprouver une solution qui le rend plus maître, et il se fait, auprès des droites, l'intermédiaire du désir exprimé par les gauches. Cette solidarité entre le chef de l'État et les adversaires des royalistes excite les premières irritations de la majorité. Lacombe les constate. Garder Thiers en le séparant des républicains est le premier plan de Lacombe; il cherche, pour convaincre M. Thiers, de bons messagers, veut qu'on demande à Thiers de renoncer au projet des gauches. On cherche quel sera l'ambassadeur; on s'avise que le mieux écouté sera Lacombe lui-même. Le récit de cette entrevue et de plusieurs autres fait revivre, pour ceux qui ont connu M. Thiers, tout l'homme, ses sincérités et ses ruses, ses emportements et ses caresses, et à travers les mouvantes apparences de ses humeurs, la fixité unique et rayonnante de sa certitude, sa foi infinie en lui-même, et la perpétuelle ostentation d'un moi qui n'est point haïssable, tant cette confiance se fonde sur de rares mérites, tant il y a de spontané dans ses vantardises, tant cet accent de Marseille égale cet esprit de France, tant ce fin observateur d'autrui se voit en amoureux, tant cette vieille coquette s'adore en ingénue.

M. Thiers, sans rien réclamer pour lui-même, consentit à l'abrogation du bannissement. Le comte de Chambord rentra aussitôt en France. Les monarchistes espèrent qu'il vient connaître son peuple et accoutumer le peuple à son roi, et les princes se préparent à reprendre, par une visite à leur cousin, leur rang de Bourbons réconciliés : alors paraît le manifeste du 5 juillet 1871, hymne de la fidélité royale au drapeau blanc. Un passage du journal nous instruit sur les motifs qui décidèrent le comte de Chambord, et sur les sentiments que la déclaration inspira aux royalistes comme Lacombe.

Cet éclat était jeté par le roi même sur ses dissentiments avec la France, la veille du jour où cent quinze élections partielles sollicitaient un témoignage du sentiment public. Il ne chercha plus ses représentants parmi les fidèles d'une royauté qui élevait contre elle-même des obstacles. La gratitude générale était pour celui qui les écartait, pour Thiers qui avait réduit la Commune, rendu au gouvernement la dignité d'un régime régulier, aux intérêts le calme où renaissait le travail. Le nom de Thiers était uni à celui de la République dans tous ces actes réparateurs, ils se confondaient dans la même popularité, le régime bénéficiant de l'homme. Ces élections commencèrent à dévier le courant conservateur en portant à la Chambre des députés résolus à conserver la République de Thiers. L'autorité de ces suffrages imposa par une force nouvelle et irrésistible, au profit de Thiers, une prolongation de pouvoirs. Tout ce que peut la droite est réserver le pouvoir constituant de l'Assemblée, c'est-à-dire toujours l'avenir, mais elle aliène le présent. Le vote de la proposition Rivet accorde à Thiers un pouvoir égal en durée à l'Assemblée, le titre de Président de la République et donne au régime un commencement de solidité.

Les monarchistes savent mauvais gré aux circonstances qui les contraignent, ils voudraient reprendre quelque avantage. Les princes de Joinville et le duc d'Aumale se laissent convaincre que la loi Rivet met fin à cette précarité du pouvoir qu'ils avaient promis de ne pas ébranler par leur présence à la Chambre. Le 18 décembre, ils prennent place dans l'Assemblée, et leurs partisans s'occupent de leur en faire une au gouvernement.

Aussitôt le gros des républicains reprend la tactique de l'inquiétude et demande à constituer le gouvernement, qui repose tout entier sur la vie et sur la volonté de M. Thiers. Comme pour leur donner raison, un incident imprévu suffit, le 15 janvier 1872, à faire de la France un État sans chef. L'impôt sur les matières premières mettait aux prises les protectionnistes, dont le plus intraitable était M. Thiers, et les libre-échangistes qui se trouvaient en grand nombre à gauche. Celle-ci, ne considérant pas la question comme politique, combat le gouvernement, et ce fait insolite n'échappe pas à Lacombe qui en note les détails.

Le lendemain, par un ordre du jour voté à l'unanimité moins huit voix, l'Assemblée demande au Président de garder le pouvoir, et Thiers consent. Mais pendant vingt-quatre heures, le pouvoir s'était démis sans être remplacé et la France avait eu le sentiment du vide. Les monarchistes songent à profiter de la leçon pour prendre hypothèque sur l'avenir, par quelque avantage fait à Thiers : peut-être, en échange, pourrait-on assurer la survivance à des mains sûres.

Ces royalistes mis en embarras par leur roi, qui s'efforcent de le contredire sans le désavouer et ne réussissent pas à s'entendre sur un texte commun de leurs réserves, promettent en vain la concorde par la monarchie. Leur sage impatience d'un régime défini et définitif pousse seulement le pays à conclure, avec leurs adversaires, qu'il faut se hâter vers le régime possible, c'est-à-dire vers une organisation régulière de la République. Le gouvernement retarde sur l'opinion et elle lui force la main, quand, le 18 novembre 1872, il lit un message que Lacombe définit : « La République emportée d'assaut ». L'assaut, du moins, ne menace point les garanties considérées par les monarchistes eux-mêmes comme les étais du trône : la principale des nouveautés réclamées par le message est une seconde Chambre. Cette organisation des pouvoirs publics est admise en principe le 29 novembre 1872, par 37 voix de majorité.

C'est dans cette séance que M. Thiers fit connaître la promesse consentie par lui pendant la Commune, de conserver la République, et dit à l'Assemblée : « Vous n'êtes pas engagés, moi je le suis. » Cette déclaration ruinait chez les plus tenaces l'espoir de trouver en Thiers un Monk. Il ne restait plus aux royalistes que deux issues : ou constituer la République avec M. Thiers ou tenter la monarchie malgré lui. Voilà pourquoi, ce jour-là, les adhérents aux projets constitutionnels de Thiers furent, outre les républicains devenus, grâce aux élections partielles, presque aussi nombreux que les royalistes, quelques-uns de ces royalistes, dès lors résignés et résolus. La droite, presque entière, forma la minorité contraire à l'œuvre constitutionnelle, mais elle ne semblait résolue qu'à ne pas se résigner. La raison ne prévoyait pas l'heure proche pour le roi, mais la savait nécessaire. Le cœur ne voulait pas devenir infidèle et espérait un prodige pour le prince nommé, à sa naissance, « l'enfant du miracle ». L'un des premiers, Lacombe pensa que cette inertie, sans servir le roi, serait funeste aux royalistes. Le 6 février 1873, il était devenu favorable à la création d'une seconde Chambre.

En attendant, Thiers est en situation de protéger les conservateurs auprès de la République. Falloux, Lacombe et leurs amis, s'ils pensent à accorder au président une constitution, s'y résolvent surtout par l'espoir qu'il la défendra

avec eux contre la démagogie. C'est pourquoi, plus ils se ré-
signent à fortifier la République, plus ils deviennent soucieux
de gages à obtenir en faveur des intérêts conservateurs.
Cette sollicitude impérieuse est la voix de leur conscience,
ils ont reculé jusqu'à la place où ils ne peuvent plus rien
céder. C'est pour tenter cette alliance conservatrice avec
Thiers que, durant les premiers mois de 1873, ils le ménagent,
le soignent et le surveillent.

Ici le journal devient un journal de siège, du siège mis à la
fois par la droite et la gauche autour de Thiers. Là revivent
les audiences que les députés conservateurs lui demandent;
les surprises quand ils voient sortir du cabinet où ils vont
entrer les députations républicaines qui les ont précédés; les
incertitudes où chaque entretien laisse les visiteurs; la sincérité mêlée aux manèges du petit homme, qui ne demande pas
aux gens d'où ils viennent pourvu qu'ils viennent, se sent à la
fois avec les uns et avec les autres et voudrait que tous restas-
sent avec lui. A la veille de chaque affaire où sa volonté et sa
parole peuvent pencher à droite ou à gauche, la préfecture de
Versailles, où il reçoit chaque soir, est envahie. Témoin ce jour
de mai où Lacombe, Cumont, l'Ebraly, de Broglie et d'Haussonville vont « en corps à la présidence »; où ils la trouvent « rem-
plie des membres de la gauche qui ne se dissimulent pas le
motif qui nous amène; de même que nous nous devinons l'espoir qui les a attirés »; où « on cause par groupe, à voix basse
et les yeux errant sur les groupes voisins »; où « dès qu'un
mouvement se produit d'un côté vers M. Thiers, tous les autres
groupes s'ébranlent en même temps et dans le même sens ».
Un visiteur se retire, que le président accompagne. Pour
saisir celui-ci à son retour, le duc de Broglie s'avance.
« Aussitôt Fourcand et le général Billot accourent de l'autre
extrémité du salon pour se mettre également en faction » Le
duc est le premier et prend à part M. Thiers. Du moins, les
autres prétendent-ils rester les derniers. « Rolland dit devant
nous à M. Thiers qu'il faut qu'il se repose et qu'on le laisse;
mais comme il ne s'en va pas lui-même, nous restons; et,

quelque impatience qu'ils en aient, il faut que tous les membres de la gauche se décident un à un à s'en aller, nous, demeurant là. Il est vrai que Ricard fait bonne garde et que, les derniers à partir, nous le laissons dans le salon. »

Or plus se poursuit cette lutte d'influences, plus les conservateurs de l'Assemblée deviennent déçus, irrités que Thiers leur échappe, et inconscients qu'ils n'ont pu le saisir. Le principe d'une constitution consenti, hâter les actes, égaler en empressement l'impatience de Thiers était pour la droite l'unique moyen de regagner l'avance prise auprès de lui par la gauche. Combiner un projet précis, lier aux pouvoirs accrus de la présidence les garanties assurées à l'ordre par le recrutement et les attributs des deux Chambres, rebuter par ces gages conservateurs la gauche qui, en s'écartant de l'instabilité, s'écartait de son principe, tenter Thiers par la vision de ce régime durable où la confiance de ses anciens amis lui maintiendrait la première place, était pour la droite la meilleure chance de séparer Thiers et la gauche. Voter cette constitution d'accord avec la partie du centre gauche soumise à Thiers était refaire une majorité conservatrice. Un ministère sorti d'elle, et créé à son image, eût mené le combat qu'elle voulait contre la démagogie.

Mais toute leur politique est de retarder le vote des lois qu'ils ont avoué être nécessaires. Ils en restent, après deux ans, aux bagatelles de la porte, au pouvoir intérimaire et personnel. Ils mesurent la valeur des concessions à ce qu'elles leur coûtent, et la France à ce qu'elle reçoit. Ils n'offrent à Thiers que le souvenir de ce qu'ils lui ont déjà donné, et lui ne garde mémoire que de ce qu'ils lui refusent. Aucune stratégie de salon, aucune grâce d'entretien n'empêche qu'il ne trouve obstacle dans la droite et docilité dans la gauche. Il ne saurait se séparer de ceux qui le soutiennent sans se plaindre, et pour se joindre à ceux qui se plaignent sans le soutenir. Et plus encore que lui, l'opinion publique considère comme conservateurs les républicains résolus à consolider le régime qui existe, et se défie, comme de révolutionnaires,

des monarchistes obstinés contre ce qui existe et au profit de
ce qu'ils ne peuvent établir.

D'ailleurs, cette divergence première n'eût-elle pas prévenu
l'union entre M. Thiers et les conservateurs, cette union
n'aurait pas été facile à maintenir. Entre eux et lui, le désaccord existait non seulement sur la constitution, mais sur la
conduite du gouvernement. Le conflit n'était pas seulement
de forme, mais de fond.

M. Thiers tenait surtout au bon état des mécanismes par
lesquels un gouvernement conduit les services publics. Il
veillait avec des soins minutieux, une compétence universelle, un amour jaloux, sur l'armée, les finances, l'administration, la diplomatie. Il y maintenait contre toutes les nouveautés un respect intraitable des traditions. Un gouvernement ainsi pourvu lui semblait « armé » pour toutes les luttes
du dedans et du dehors, rien de plus n'était nécessaire, sinon
l'homme d'État habile à manier ces instruments. Pourvu qu'il
les sentît forts et dociles dans sa main, il se flattait de savoir
assez son métier pour se défendre contre la révolution. Il
croyait peu à la force des principes, parce qu'il croyait beaucoup à celle des passions, et il savait les ressources que
le pouvoir offre pour s'assurer les hommes. Et, toutefois, il
entendait que ce pouvoir respectât un principe, celui de la
libre discussion. Il la voulait dans l'État, avec le régime constitutionnel; il la voulait dans la société, avec l'indépendance
de la parole et de la presse. Le culte de cette indépendance
avait fait l'unité de sa vie politique : soit qu'habile, il se plût,
quand il possédait toutes les réalités du pouvoir, à tromper
l'inactivité des esprits par le jeu bruyant des disputes vaines,
soit que sincère, il aimât dans ces libertés l'enthousiasme de
sa jeunesse, et que, des jours lointains où la presse semblait
un sacerdoce, il eût appris pour toujours à croire sacrés ses
privilèges. Ce goût de conduire les hommes par les intérêts,
et ce scrupule de comprimer les idées donnaient à sa politique l'apparence d'un scepticisme tempéré par une supersti-
tion. Il était d'autant plus tenace à respecter les opinions qu'il

se sentait plus certain de leur interdire l'autorité sur les faits,
il ne s'inquiétait pas des attaques contre la foi, pourvu que
l'alliance fût solide entre le gouvernement protecteur de
l'Église et l'Église respectueuse du gouvernement; il ne
tremblait pas aux attaques contre la propriété, tant que
les impôts rentraient et que montait la rente; il ne se trou-
blait pas des excitations démagogiques, tant que la rue demeurait calme et les votes de la majorité raisonnables; il
ne redoutait pas les haines contre la patrie et l'armée, tant
que cette armée, objet de ses soins privilégiés, gardait intacte sa discipline et restait prête à frapper au premier signal l'ennemi du dehors ou du dedans. Thiers était un maté-
rialiste de l'ordre.

L'Assemblée nationale, plus qu'aucun des gouvernements
établis depuis la Révolution française, croyait à la puissance
des idées. Elle se composait surtout d'hommes tenus jusque-
là à l'écart du pouvoir, inexpérimentés des forces qu'il possède pour sa défense, sur eux les précédents régimes n'avaient
pas eu de prises, et il leur suffisait de regarder en eux-mêmes
pour y trouver la preuve que les principes sont les forces di-
rectrices de la vie. Profondément chrétiens, ces hommes devaient à leur foi religieuse leurs certitudes sur la morale, la
stabilité de la famille, la fonction de la propriété, les limites
de l'indépendance individuelle, les devoirs de l'autorité publique. Très attachés aux libertés par lesquelles ils comptaient
assurer aux intérêts généraux des communes, des provinces,
de la nation, le concours de la volonté générale, ils n'enten-
daient pas livrer aux révoltes de l'anarchie individuelle les
vérités qu'ils tenaient pour nécessaires à l'ordre de chaque
existence et de la société. Ils professaient, avec l'énergie d'une
conviction religieuse, cette certitude que l'essentiel de cet ordre était de n'admettre, ni par droit ni par tolérance, l'égalité
entre les doctrines. Ils considéraient que le principal devoir
du gouvernement était de soutenir les croyances conformes à
la civilisation chrétienne, au génie historique de la race, et de
combattre les croyances contraires.

Telle est la mésintelligence qui se perpétue et s'aigrit entre Thiers et les conservateurs Lui demande confiance au nom de ce qu'il accomplit, eux refusent leur confiance à ce qu'il prépare. Lui exige justice pour le présent, eux exigent des garanties pour l'avenir. Lui se fait gloire de l'ordre matériel, eux aspirent à cet ordre moral dont la nécessité oppresse leur conscience, dont le nom est sur leurs lèvres bien avant le jour où il désignera le gouvernement du 24 mai. Ainsi retranchés chacun dans son intelligence différente de l'ordre, ils accroissent par leurs discussions leurs griefs. Un entretien de Lacombe et de Thiers, le 22 mai, indique bien l'état des esprits à la veille de la rupture.

Le lendemain, la lutte décisive s'engageait. Au nom de trois cent vingt députés, le duc de Broglie interpella le gouvernement. Tous étaient monarchistes, et ce fait donnait à leur attaque une apparence que nulle parole n'effacerait entièrement. Mais l'orateur affirma que leur but n'était pas de détruire le régime établi, et qu'ils ne refusaient pas de lui donner, à loisir, des institutions complémentaires, mais que, dès maintenant, le gouvernement avait à servir les intérêts conservateurs. Il dit que par la composition de ses cabinets, le balancement de ses discours, le jeu de ses actes et de ses tolérances, M. Thiers, sous prétexte d'être impartial, gardait l'équilibre entre ces défenseurs de l'ordre qu'étaient tous les monarchistes, et ces artisans de désordre qu'étaient beaucoup de républicains. Il déclara contraire au devoir de l'État, mortelle à l'avenir de la France, cette neutralité entre le bien et le mal. Il affirma qu'entre les bons, d'ordinaire timides, et les mauvais, toujours audacieux, cette neutralité est la victoire assurée des pires, et que le pouvoir existe au contraire pour compenser par son appui l'infériorité naturelle des meilleurs. Il montra que, faute de cette aide, les idées menaçantes pour la société conquéraient les esprits et étaient en marche vers le pouvoir. Il réclama une protection avouée pour les croyances et les mœurs, également nécessaires à la monarchie et à la république, une lutte vigoureuse contre les erreurs, les cu-

pidités, les haines, les impiétés destructrices. Il indiqua à
M. Thiers l'impossibilité de satisfaire à la fois les révolutionnaires et les conservateurs, et que, pour avoir désormais
ceux-ci, il fallait être contre ceux-là.

M. Thiers répondit en rappelant qu'il avait reçu, en 1871,
une France envahie, sans troupes régulières, où le travail
était arrêté, le crédit épuisé, la dette écrasante, où la démagogie armée ne reconnaissait pas le pouvoir légal et menaçait
de rompre l'unité nationale. Il rendrait à l'Assemblée, s'il
quittait le pouvoir, une France délivrée de l'occupation, victorieuse de l'émeute, une armée refaite, des finances solides,
le travail renaissant dans le calme. Ce n'était là que de l'ordre
matériel, soit, mais si une politique ostentatrice des intérêts
conservateurs avait fait appel à tous les monarchistes contre
une partie des républicains, cette guerre aurait paru dirigée
contre la République elle-même, aurait provoqué tous les partisans de ce régime, et d'autant moins servi l'ordre moral
qu'elle aurait compromis l'ordre matériel.

Si certaines effervescences de paroles révèlent quelques
troubles des esprits, c'est l'indice de l'impatience causée aux
plus véhéments et aux plus logiques par l'organisation incomplète du gouvernement. S'ils adhèrent à des formules in-
quiétantes et à des hommes dangereux, c'est pour protester
contre l'incertitude où est ballotté leur avenir, entre la monarchie et la République. Il n'y a pas d'autre cause au désordre moral. Il se perpétuera si l'Assemblée condamne un peuple à se passer de gouvernement parce qu'elle ne peut faire la
monarchie et qu'elle ne veut pas faire la République. C'est à
elle à prendre son parti. Elle ne saurait sauvegarder les intérêts conservateurs que par l'organisation du régime républicain. Le suffrage universel est la source torrentielle du pouvoir; ne pas la faire sortir de terre était facile, qu'elle y rentre
est impossible, mais il faut épurer la source de sa boue, écarter les hommes dont le passé n'est pas intact et les rend indi-
gnes d'être citoyens. Il faut, à l'Assemblée qui représentera ce
suffrage, ajouter une seconde assemblée qui, au nom d'une

raison plus expérimentée, tempère, ralentisse, arrête les volontés irréfléchies. Enfin il faut, en cas de conflit entre ces deux pouvoirs, un arbitre, le chef de l'État qui, par le droit de dissolution, modère la Chambre du suffrage universel ou la supprime. Sans cette organisation constitutionnelle, M. Thiers ne voit pas de remède aux propagandes révolutionnaires. Par cette organisation, il affirme que tout désordre moral sera non seulement vaincu, mais supprimé. Plus que jamais, il enferme l'art de la politique dans le choix de rouages bien calculés pour mouvoir l'horlogerie des pouvoirs publics. Quant à étendre cet ordre à l'intellect de chaque homme, quant à combattre partout les chimères de l'esprit et les espérances anarchiques, il considère cette tâche comme étrangère au gouvernement. Intendant fidèle, il continuera d'administrer sagement le domaine, de ne pas amoindrir la fortune, de garder la maison contre les malfaiteurs, de prêter main-forte, si le souverain toujours enfant, c'est-à-dire un peu fou, tente de détruire sa demeure ou lui-même. Mais le plus habile économe de la paix publique n'a pas plus à surveiller des théories et à poursuivre des erreurs non traduites en faits, qu'à redouter et à combattre les inconsistances et les insanités des rêves.

Cette intelligence contraire du devoir conservateur fit tout le débat et le vote. Le 24 mai 1873, une majorité de seize voix donnait tort à M. Thiers.

Tout le feu d'alors est maintenant une cendre. Nulle fumée n'en sort plus qui obscurcisse la vérité. Et la première évidence est que les adversaires d'alors se méconnurent.

M. Thiers ne s'était pas séparé des monarchistes pour rester Président de la République. Il avait le droit de garder le pouvoir, le 24 mai, en changeant de ministres. Il prouva par sa retraite qu'il ne tenait ni au titre ni à la durée des fonctions, mais à l'influence. Il n'était pas homme à appliquer d'autres idées que les siennes, il ne se fût pas soucié d'une présidence où il aurait dû obéir, il aurait eu l'horreur d'une présidence où il aurait dû exécuter une besogne désapprou-

vée par lui, il n'était ni le couvert ni le prisonnier de personne. De même l'Assemblée ne renversa pas M. Thiers par
impatience de relever le trône. Arrêtée par deux obstacles,
les discordes de la famille royale et les doctrines du prince
appelé à régner, elle savait plus facile de résoudre la première difficulté que la seconde avec un roi inaccessible à la
rancune et à la persuasion. L'Assemblée était sincère quand
elle se disait ne vouloir qu'une politique d'ordre, et M. Thiers
n'était pas moins sincère quand il se disait le défenseur de
l'ordre.

M. Thiers jugeait donc mieux le présent, les conservateurs
jugeaient mieux l'avenir. Son expérience était plus parfaite,
leur idéal était plus haut. Il eût fallu suivre le chemin tracé
par Thiers, mais pour aller plus loin qu'il ne voulait. Il eût
fallu créer les institutions devant lesquelles les monarchistes
reculaient, et agir avec plus de force contre toutes les formes
de démagogie que Thiers croyait superflu d'attaquer. L'erreur
des conservateurs était la plus inopportune, car elle les arrê-
tait au seuil de l'œuvre qu'ils avaient raison de vouloir. L'erreur de M. Thiers était la plus grave, car un pouvoir réduit à
être le gardien de la paix dans la rue, sans devenir le défenseur de la vérité dans les intelligences, est dépouillé de sa
plus noble mission.

Dans leurs querelles, les hommes, plus souvent qu'ils ne le
pensent, font de la philosophie. Au fond de la dissidence entre Thiers et l'Assemblée, il y avait une opinion contraire sur
la nature humaine. Thiers, fils de la Révolution, comme il se
plaisait à le dire, disciple des optimistes qui avaient, au
XVIIIe siècle, inventé la bonté spontanée et inamissible de
l'homme, concluait logiquement qu'il suffisait au pouvoir
d'être intelligent et juste, pour que les peuples fussent pacifi-
ques et inoffensifs, et que, dans une paix facile à maintenir,
la raison suffisait à les instruire. Les conservateurs de l'Assemblée étaient fils du christianisme. Ils avaient appris de lui
que la nature de l'homme est tentée par le mal, qu'il faut à
chacun, pour s'arracher à cet aimant, un effort rude et con-

tinu, que nulle perfection d'instruments politiques ne supprime dans les pervers le goût de troubler le calme, de cor-
rompre le bien, de tuer l'ordre. C'est pourquoi ils attendaient
du gouvernement un apostolat qui rendît la société plus stable, en rendant les hommes meilleurs.

II.

Le successeur de M. Thiers était choisi d'avance. Trois
hommes, influents chacun sur une partie de l'Assemblée, devenus par leur entente la grande force du Parlement, et asso-
ciés dans le langage familier par cette désignation « les trois
ducs », Broglie, Pasquier et Decazes, avaient d'abord songé
au duc d'Aumale. Établir, avec un prince, quelque chose de
royal dans le provisoire était marquer, par la pierre d'attente, le caractère de l'édifice définitif. Le jour où la monarchie, annoncée par ce choix, serait prête, le duc d'Aumale ne
compromettrait pas, en faisant attendre son cousin, les chances de son neveu. La monarchie demeurât-elle lointaine, le
présent deviendrait une sorte de stathoudérat. Dans ce chef,
l'armée reconnaîtrait un soldat, les partis un politique, les
parlementaires un ami de la liberté sage, les lettrés et les ar-
tistes un égal, les cours de l'Europe un parent, les juges les
plus difficiles un homme hors de pair, n'eût-il pas été prince.
Ainsi les dons de sa personne et de sa race appartiendraient,
même sous la République, à la France.

Mais le comte de Chambord, avisé du projet, n'avait pas
admis qu'un prince de son sang, fût-ce pour préparer la
royauté, gouvernât la République. Même opposition chez les
bonapartistes résolus à affaiblir la République, sans fortifier
la royauté ; ils voulaient que, sous des gouvernements toujours précaires, l'Empire demeurât dans les souvenirs la dernière image d'un régime définitif et continuât à donner seul
l'espérance de la stabilité. Le comte de Chambord et les bonapartistes se trouvèrent favorables au maréchal de Mac-
Mahon. Le comte de Chambord l'acceptait comme un parti-

san de la légitimité, les bonapartistes comme un serviteur fidèle de l'Empire, les amis de l'ordre légal comme un soldat sous lequel l'armée serait énergique contre la démagogie, les hommes d'État et les ambitieux comme un esprit simple, étranger à la politique, et dont l'incompétence modeste ne troublerait jamais leurs combinaisons. Les mérites qu'on lui savait et ceux dont on le croyait dépourvu servirent également à son succès.

Deux heures après la démission de Thiers, Mac-Mahon était élu. Lacombe note le soulagement étonné des vainqueurs et ce mot par lequel l'un d'eux exprima l'opinion de beaucoup : « Je ne croyais pas que cela fût si facile. » C'était taillé, mais il fallait coudre. Dès qu'ils eurent l'aiguille en main, la tâche leur parut moins commode. Déjà les forces d'opposition que Thiers avait divisées et contenues, maintenant unies sous sa main, attaquaient ensemble le maréchal et l'Assemblée. Contre cette énergie expérimentée, le gouvernement novice cherchait ses armes, sa tactique et le sol ferme. Quelques jours à peine se passent, et M. Thiers a déjà sa première revanche : ses vainqueurs répètent après lui que pour servir l'ordre il faut mettre d'abord l'ordre, c'est-à-dire la stabilité, dans le gouvernement.

Mais le sentiment conservateur aspire à une sûreté plus durable, et, le 25 juillet, le duc Pasquier confie à Lacombe qu'un voyage du comte de Paris à Frohsdorf est en projet.

Pour donner du temps et du silence à l'entreprise, l'Assemblée suspend ses séances du 3o juillet au 5 novembre. Dès le 3ı juillet, le comte de Paris se met en route, avec une fausse direction pour dépister les indiscrets. Le 5 août, il est à Frohsdorf où il vient, déclare-t-il, « non seulement pour saluer le chef de la maison de Bourbon, mais pour reconnaître le principe dont M. le comte de Chambord est le représentant. » La réconciliation est accomplie quand le télégraphe annonce le voyage.

La surprise accrut l'impression, qui fut universelle. Amis et adversaires de la royauté la croyaient faite : quand l'espoir ou la crainte mettent des ailes à l'esprit, par-dessus les obstacles de la route il vole aux conséquences. Dès le 7 août, Lacombe constate le découragement des républicains sincères qui songent à la retraite, l'évolution des tournesols parlementaires vers l'astre qui se lève. Il espère pour la monarchie « six cents à six cent cinquante voix dans l'Assemblée. » Mais la réflexion prend mesure des difficultés. La monarchie n'est pas seulement un accord entre les princes d'une famille, mais entre cette famille et la nation. La première entente est établie : mais la seconde? A la France qui lui rendrait la couronne, le roi reconnaîtra-t-il un partage de souveraineté? Consciente du problème, trop inexpérimentée pour le résoudre dans les détails d'une constitution, la foule assemble toutes ces incertitudes en une seule curiosité : le prince veut-il le drapeau tricolore ou le drapeau blanc? Le comte de Chambord demeure muet. Les mois de septembre et d'octobre voient s'accomplir en faveur de la restauration monarchique la grande propagande, où le principal effort est employé à convaincre le roi. Les livres de MM. Ernest Daudet, Chesnelong, Dreux-Brézé ont raconté cette campagne, à laquelle le journal de Lacombe ajoute quelques précisions.

Le premier qui sollicite du prince une réponse est M. Ernoul. Député de Poitiers à l'Assemblée et mandataire de Mgr Pie auprès du comte de Chambord, monarchiste aussi intraitable que l'évêque le plus aimé du prince, et orateur assez éloquent pour combattre quand il le fallait les erreurs même du roi, il avait le privilège de contredire sans déplaire. Déjà, en 1871, à Anvers, comme le prétendant s'écriait : « Pour sauver la France, je ne puis pas prendre le drapeau de la Révolution ! » il avait fait cette réponse : « Quand Dieu a voulu sauver le monde, il a pris le corps de l'homme pécheur. » Maintenant ministre, et avec l'autorité d'un fidèle résolu à servir par ce pouvoir la royauté, il envoya au comte de Chambord une note sur le drapeau. Le prince répondit : « Monseigneur se fait fort, à son retour en France, d'obtenir de l'armée, relativement au drapeau, une solution compatible avec son honneur. » C'était omettre, dans l'entente, la France, comme si elle n'avait rien à dire. Une seconde note de M. Ernoul obtint que le texte fût ainsi modifié : « Monseigneur se fait fort, à son entrée en France, d'obtenir du pays, par ses représentants, relativement au drapeau, une solution compatible avec son honneur. » Septembre n'avait apporté que cette réponse mystérieuse, et comme arrachée au mutisme du prince. Octobre précipite les efforts auprès de lui. Le maréchal de Mac-Mahon fait connaître l'opinion de cette armée que le prince avait voulu prendre pour arbitre, et le 5 octobre il déclarait au duc Pasquier, afin que celui-ci rendît la déclaration publique, que le maintien du drapeau tricolore était nécessaire. Les bureaux des groupes royalistes nomment, pour préparer la monarchie, un « Comité des Neuf » : Changarnier, d'Audiffret-Pasquier, Callet, de Tarteron, Combier, de Larcy, Baragnon, Chesnelong et Daru. Réunis le 6 octobre, ils ne se trouvent en désaccord que sur le drapeau, ou plus exactement sur la façon d'exprimer leur fidélité au drapeau tricolore. D'Audiffret-Pasquier propose : « Le drapeau tricolore est maintenu. » De Larcy craint que cette condition trop impérative cabre l'honneur du prince, et amende : « La question du drapeau sera résolue par l'accord du roi et de la représentation nationale. » Chesnelong sait fondre ces nuances, et tous acceptent sa formule : « Le drapeau tricolore est maintenu et ne pourra être modifié que par l'accord du roi et de la représentation nationale. » L'homme qui a su faire l'unité parmi ses collègues est désigné pour porter au comte de Chambord l'expression de cette volonté. Celle du gouvernement s'exprime aussi : le duc de Broglie dit à M. Chesnelong qu'avec le drapeau tricolore la monarchie était faite ; elle était plus difficile à faire avec la réserve admise par le Comité des Neuf, néanmoins le gouvernement s'engagerait si la formule était agréée, sinon il se désintéresserait d'une solution vouée à un insuccès certain. L'Église elle-même avait tenté de préparer à la concession nécessaire l'héritier des rois très chrétiens. Pie IX, bien que volontairement réservé sur

les affaires politiques, avait jugé celle-ci assez importante
pour mériter un avis, et il avait conseillé au prince de ne pas
sacrifier l'essentiel, le salut de l'Église et de la France, à
l'accessoire, la couleur du drapeau.

Aucun de ceux qui tentaient ces efforts n'avait une confiance robuste, et ceux qui connaissaient le mieux le prince
étaient les moins rassurés.

Toutefois, la nouveauté de la situation suffisait à justifier
un changement de l'homme. Céder trop tôt n'est pas moins
funeste aux princes que céder trop tard. Tant que la maison
de France restait divisée et l'Assemblée hésitante, le comte
de Chambord, par l'abandon de son drapeau, aurait abaissé
son principe sans accroître ses chances, donné sans recevoir.
Mais, maintenant, sa famille était rangée derrière lui, l'Assemblée avait l'impatience de le déclarer roi, la seule promesse qui fût sollicitée de lui paraissait acceptable au juge le
plus élevé du devoir. Et l'on espérait dans cette conscience
jusque-là inflexible, quand elle n'avait à sauver que son honneur ; maintenant, elle avait à sauver un pays.

Le 14 octobre, M. Chesnelong rejoint à Salzbourg le prétendant. Le négociateur se hâte vers la difficulté qui, apaisée,
rendra tout facile, et, non conciliée, tout inutile. Arguments
et prières se brisent contre un roc ; rien n'est obtenu en
faveur du drapeau tricolore. Le prince déclare même qu'il ne
l'acceptera jamais. Chesnelong demande la permission de
n'avoir pas entendu, car avoir entendu serait constater l'irré-
parable. Le prince ne s'inquiète pas si les oreilles d'autrui ont
des complaisances que n'a pas sa parole, il ne retire rien de
ce qu'il a dit, mais offre à M. Chesnelong ce qu'il avait offert
à M. Ernoul, de ne pas changer les couleurs avant d'avoir
pris possession du pouvoir et proposé la solution qu'il désire
aux représentants du pays. C'est reconnaître, conclut Chesnelong, qu'il faut pour le changement l'accord du roi et de
l'Assemblée nationale : il prie Monseigneur d'accepter cette
formule. Le comte de Chambord refuse de souscrire une promesse qui, dit-il, « le mettrait trop à la merci de l'Assemblée. »

Tout prouve clairement qu'il considère comme anarchie l'égalité entre le droit du roi et le droit du peuple, qu'il voit la nécessité de subordonner l'un à l'autre, qu'il ne veut par aucun pacte consentir la soumission du roi au peuple. Toutes les formules présentées au nom du pouvoir parlementaire produisent sur lui l'impression que dut produire sur Louis XVI le cérémonial révolutionnaire quand, à l'ouverture de l'Assemblée législative, sur l'emplacement du trône disparu, deux fauteuils semblables furent préparés pour le roi et le président.

Chesnelong revient à Paris. Il considère que la monarchie est nécessaire, il sait que s'il répète le propos du prince contre le drapeau tricolore, elle ne se fera pas. Il ne cache pas que le prince n'a pris aucun engagement envers les couleurs nationales, il ajoute, mais comme une appréciation personnelle et non comme un témoignage, qu'il ne croit pas le prince prêt à les accepter. Toutefois, il insiste sur leur maintien jusqu'à « la solution que le roi se fait fort d'obtenir. » Il tait ce qui forcerait à désespérer. C'est la seule inexactitude de son compte rendu aux Neuf. Mais elle commence à créer une impression fausse.

Le Comité des Neuf ne se dissimule pas que si la solution est le drapeau blanc, le conflit est certain. Mais il ne songe qu'à dégager d'embarras le commencement de la route où il a hâte de s'engager et il éprouve cette sorte d'impatience qui tient pour résolues les difficultés ajournées. Tels les marieurs hâtifs pressent d'autant plus une union qu'ils prévoient des difficultés faites pour l'empêcher, et se rassurent à penser qu'elles éclateront quand les futurs seront époux et quand l'indissolubilité du lien leur fera une obligation de l'entente. Et il rédige aussitôt le contrat, sous forme d'une déclaration qui sera présentée au vote des Chambres.

Comme le Comité n'a pas eu confidence de la parole décisive, il est plus optimiste qu'il ne convient et conserve l'espoir que le prince garde des surprises de déférence pour la volonté publique. D'ailleurs, le drapeau blanc demeurât-il dans les désirs du prince, il faudra pour le rétablir l'accord que le roi compte demander aux représentants du pays : et comme les représentants du pays n'accepteront pas le nouvel emblème, l'ancien subsistera. Cette conclusion sort si naturellement de la promesse royale que le Comité croit la reproduire sans l'étendre quand il maintient la formule votée par lui le 6 octobre : « Le drapeau tricolore est maintenu, il ne pourra être modifié que par l'accord du roi et de la représentation nationale. » Or c'est la formule même que le comte de Chambord a repoussée : elle donne au Parlement un pouvoir de décision que le comte de Chambord n'a pas reconnu, et, sauf la conversion invraisemblable de l'Assemblée au drapeau blanc, présente comme définitif le drapeau tricolore que le comte de Chambord tolère comme un provisoire douloureux. Ainsi esquivée la difficulté la plus redoutable, le Comité stipule les garanties que la restauration assurera. Le comte de Chambord dans tous ses manifestes a promis assez explicitement la liberté civile et religieuse, et l'égalité de tous les Français pour que le Comité soit sûr de traduire la pensée royale en présentant ces garanties comme inséparables de la monarchie, insérées dans la charte entre le souverain et le peuple, aussi assurées à celui-ci que la couronne à celui-là. Par contre, le prince ne s'est jamais expliqué sur les droits des Chambres, ni sur la responsabilité des ministres : à ces institutions qui forment le régime parlementaire, la plupart des monarchistes n'entendent pas renoncer, mais ils ne veulent pas davantage contraindre le monarque, et ils admettent qu'il choisisse et perfectionne les mesures. Elles ne sont donc pas, comme les premières, indiquées par le Comité comme concomitantes à la royauté et intangibles. La déclaration annonce seulement que le roi présentera des projets pour régler ces intérêts. C'est reconnaître qu'ils sont subordonnés à l'initiative royale et que, maître de les présenter à son heure, le roi sanctionnera seulement les votes conformes à ses propres désirs.

Le 22 octobre, le texte adopté par les Neuf est soumis aux groupes conservateurs. Le centre droit demande et les autres groupes consentent que la responsabilité ministérielle ne reste pas parmi les propositions sur lesquelles le roi garde un droit d'initiative et qui ne peuvent être réglées sinon par sa volonté, mais passe au nombre des engagements pris dès l'avènement et sur lesquels le roi ne pourra plus revenir. C'est encore, pour maintenir l'accord entre les députés monarchistes, un avantage pris sur le pouvoir royal.

En même temps, les défenseurs du régime parlementaire gardaient, même après la fusion, l'âme orléaniste, sentaient le besoin de présenter cette monarchie comme la plus semblable qu'ils pourraient à celle de Louis-Philippe. Cette tactique inspira le procès-verbal rédigé au nom du centre droit et publié par la presse le soir du 22 octobre. Dans ce récit des derniers événements, les paroles où M. Chesnelong faisait connaître les déclarations du prince étaient rapportées avec des inexactitudes peu importantes en apparence, graves en réalité. Où M. Chesnelong avait dit que le roi était en complète harmonie de sentiments « avec la majorité royaliste de l'Assemblée », le procès-verbal écrivait : « avec les membres les plus libéraux de l'Assemblée et du pays ». Où M. Chesnelong avait dit : « Le comte de Chambord respecte le sentiment de l'armée pour ce drapeau qui fut si souvent teint du sang de nos soldats, mais il a la préoccupation de garder intact son principe et son honneur royal », le procès-verbal faisait dire au comte de Chambord que. « puisque le drapeau tricolore était le drapeau légal, il saluerait avec bonheur le drapeau teint du sang de nos soldats. » Où le comte de Chambord s'était « fait fort de présenter une solution », le procès-verbal annonçait une « transaction ». La loyauté du centre droit était hors de question, mais la plume avait été tenue par M. Savary, capable de prendre des libertés avec d'autres choses que des programmes. Le texte véritable fut rétabli publiquement.

Mais les rectifications n'empêchaient pas que cette marche vers la monarchie ne ressemblât à une manœuvre enveloppante où l'on tentait, pour assurer des garanties au pays, de faire prisonnier le roi. Les commentateurs, dans leur zèle à vaincre les préjugés contre la monarchie absolue, oubliaient que tous les documents étaient lus par le roi. Il se rappelait ses promesses : si restreintes qu'elles fussent, elles lui restaient douloureuses comme des conditions faites au chef par des sujets. Étendues au delà de sa parole, elles lui paraissaient des blessures agrandies. Il voyait la monarchie traditionnelle reconnaître le régime de 1830 ; l'autorité ministérielle empiéter sur celle du roi ; le drapeau, sous lequel il acceptait de passer en marchant au trône, s'imposer pour toujours. En même temps, il constatait que tout en préparant au grand jour la monarchie avec lui, on se réservait une retraite vers des interrègnes d'où il était absent. Cette précaution était légitime de la part des monarchistes qui demandaient au chef de leur choix respect pour certaines volontés de la France, et, s'il refusait, il était naturel que l'on songeât au lendemain. Mais il ne manquait pas de gens pour présenter au comte de Chambord cette précaution non comme une éventualité qu'on prévoyait tout en la déplorant, mais comme une intrigue où l'on travaillait contre lui. Les orléanistes, le sachant d'honneur chatouilleux, ne lui posent-ils pas leurs conditions pour lui soustraire la couronne qu'ils paraissent lui offrir, lui infliger l'impopularité du refus, le pousser à l'abdication ou remettre la vacance du trône à des gérants tout prêts ? Ou toutes ces négociations étaient des ruses pour lui reprendre une partie du pouvoir que la nation était prête à lui confier, et ce serait faillir envers la nation même que d'amoindrir l'autorité royale, son espoir, et consentir une fausse monarchie sous le nom de la légitime. Ou la France demeurait obstinée dans l'erreur révolutionnaire, et ne se résignait pas aux conditions de la royauté qu'elle croyait vouloir, alors les garanties sollicitées de lui ne suffiraient pas. Tôt ou tard il lui faudrait recommencer la lutte, mais affaibli par les amoindrissements qu'il aurait consentis, et avec d'autant moins de chances qu'il aurait accoutumé ses sujets à ses capitulations. Dans le doute, il se persuada, comme font volon-

tiers les hommes, que le parti le plus conforme à son caractère était le plus conforme à ses intérêts. S'il devait régner, il
fallait, pour l'efficacité de la restauration, qu'il n'eût cédé
rien, ni trompé personne. Si le pouvoir lui était refusé, la
seule chose dont il restât maître était son principe : ou plutôt
il n'était pas le maître, mais le dépositaire des bienfaits attachés à l'institution monarchique, et ne devait, ni par une
abdication qui passerait pour une fuite, ni par ces abdica-
tions partielles que sont les promesses, se dérober à Dieu et
à la France.

Voilà pourquoi le comte de Chambord jugea nécessaire de
rompre l'enlacement qu'il sentait se resserrer autour de lui.
S'il continuait à se taire, la France, trompée par des informa-
teurs qui voulaient se tromper eux-mêmes, croirait de plus en
plus que la monarchie future serait un compromis où la révolution s'accommoderait du roi et le roi de la révolution. Il
voulut couper court aux espérances chimériques assez tôt et
assez haut pour n'être pas accusé de surprise s'il déployait
intacts au pouvoir ses principes et son drapeau. Par la lettre
adressée le 27 octobre à M. Chesnelong, il dit à toute la
France ce que le négociateur n'avait pas voulu entendre à
Salzbourg; il obligea ceux qui annonçaient ses volontés telles
qu'ils les souhaitaient, à les connaître telles qu'elles étaient.

C'est ce que, sous le premier coup de leur déception, les
monarchistes ne lui pardonnèrent pas. Et la trace de cette
amertume est dans cette page de Lacombe, où la douleur
s'élève à l'éloquence :

Tous les partis sont d'accord que le prince a perdu sa couronne. L'éloge que les journaux républicains font de sa
loyauté prouve combien ils lui savent gré de s'être fait in-
offensif. Les conservateurs plient et oscillent sous le coup
porté par leur chef à leurs espérances. Le 5 novembre, l'Assemblée sera réunie; il faut, d'ici là, prévenir par quelque
combinaison de fortune la débandade des droites et l'offen-
sive des gauches. Faire la monarchie sans le roi est la première pensée de la plupart. Pour les plus respectueux, le

prince est un roi captif de son honneur ; son inflexibilité, sur le vif des déceptions qu'elle apporte à la droite, rend à celle-ci les princes d'Orléans moins suspects, elle apprécie leur souplesse à éviter les conflits avec le sentiment public. Elle songe à l'un d'eux pour tenir la place du roi.

Le duc Pasquier, qui avait joué le principal rôle dans la campagne monarchique, dirige la retraite, et Lacombe a peine à suivre cette « merveilleuse activité » qui « passe en un instant d'un pôle à l'autre », et rend justice à l'orateur « superbe » et d'un « entrain endiablé ». La prorogation est acceptée comme un refuge par les conservateurs désemparés, mais la durée, qui est faite pour leur sauvegarde, effraie les scrupules de plusieurs. S'ils interdisent pendant un temps l'avenir à la République, sont-ils sûrs de ne pas retarder la monarchie ? Ils marchandent la durée : la présidence à vie est abandonnée pour la présidence de dix, puis de sept ans.

Vers la fin de ces négociations, le comte de Chambord était à Versailles. Le même secret couvrit son arrivée et son séjour. Que venait-il tenter à cette heure ? Surpris, malgré tant d'avertissements, par les faits, gardait-il une foi assez invincible en lui-même pour croire que sa présence suffirait à réparer l'œuvre de ses paroles, et que Dieu suspend le cours des heures quand elles emportent les chances des rois ? Ou n'était-il conduit que par le devoir à une tentative hasardeuse, et voulait-il surtout se rendre ce témoignage que jusqu'au bout, et tout en se refusant, il s'était offert ? Il fit exprimer au maréchal le désir d'une entrevue. Le maréchal la déclina. Il avait d'avance refusé son concours à la monarchie du drapeau blanc, et depuis que la prorogation de ses pouvoirs était proposée avec son aveu, il se tenait engagé envers l'Assemblée. De cette Assemblée, le prince ne vit aucun personnage : avec eux, il eût fallu recommencer le débat qu'il avait clos. En voulant les ignorer, à cette heure décisive, il marqua son invincible aversion pour les exigences parlementaires, et attendit inerte que, dans la nuit du 19 au 20 novembre, une majorité de 68 voix votât le septennat. Nuit de fantômes : le chef de la race royale attend, ombre inconnue, aux portes du palais bâti par son aïeul à l'immortalité de sa monarchie; dans ce palais, une assemblée monarchique ne sait si elle promet ou si elle impose une attente de sept ans à ce souverain qu'elle croit loin d'elle par la distance et par la volonté; et la cause de la discorde semble disparaître dans l'ombre où s'évanouissent, invisibles, les couleurs du drapeau qui flotte sur l'édifice.

La même loi qui avait fondé le septennat avait promis de l'organiser. Par une procédure exceptionnelle, quelques jours après, l'Assemblée choisit en séance publique les trente députés à qui elle confiait le soin de préparer l'œuvre. Les six premiers élus furent Dufaure, Laboulaye, Waddington, Talhouet, Kerdrel et Lacombe. Celui-ci écrit le soir dans son journal : « J'avoue que je suis très sensible à ce témoignage. » Le rang et la compagnie avaient de quoi flatter, mais non l'entreprise. Tous les monarchistes ont voté le septennat pour s'assurer du temps contre la République, mais ils se font de ce septennat une intelligence fort différente. Les royalistes du drapeau blanc se sentent plus que jamais liés à un tel roi. Faute qu'ils lui puissent accorder des hommages efficaces, ils en cherchent d'imaginaires et de vains, un peu comme ces dévots dont la piété oisive s'égare dans des scrupules. Rien ne doit devenir normal où le roi n'est pas, et quand le roi reviendra, rien de persistant et de durable ne doit paralyser la prérogative du monarque. Le roi absent, la France n'est pour eux qu'une maison vide. Dans la maison, ils ont mis un gardien pour la tenir fermée aux rôdeurs et l'ouvrir à l'arrivée du maître. Le mandataire est sûr pour cet office, et cet office n'a que faire d'institutions.

La plupart des monarchistes pensaient au contraire que, sans institutions, l'office ne serait pas rempli. Sans doute, l'Assemblée souveraine suffirait à soutenir son délégué : mais si les élections partielles, continuant à grossir de leur afflux la gauche, y portaient la majorité, qui empêchera cette majorité de mettre dehors le maréchal? Ou si l'Assemblée, faute d'avoir épuisé en l'exerçant son pouvoir souverain, le transmet intact à une autre Assemblée, qui empêchera celle-ci d'établir au pouvoir la République et les républicains? Nul n'était convaincu de ces évidences à l'égal de l'homme que menaçait davantage cette fragilité. La nature subalterne de l'emploi offert par l'extrême droite au gardien du pouvoir blessait, outre le légitime honneur, le bon sens du maréchal. Il attendait les garanties demandées par M. Thiers, une Chambre haute, le droit de dissolution, et par la constitution d'un ministère résolu à obtenir ces garanties, marqua le commencement de ce régime nouveau.

De là les premières difficultés avec l'extrême droite. Elle comptait dans ses rangs un homme à qui une audace sombre, un esprit violent, une âme haute et un courage agressif donnaient les goûts et l'autorité d'un censeur. Lucien Brun, trop attaché aux doctrines absolues pour désirer le pouvoir où s'use le tranchant de la logique, avait pour les ambitions de ses amis le même désintéressement que pour lui-même, et travaillait à les écarter du ministère. Ernoul et La Bouillerie, qui depuis le 24 mai représentaient l'extrême droite dans le cabinet, se retirèrent pour ne pas s'engager dans l'œuvre constitutionnelle. Lucien Brun maintenait dans les mêmes scrupules tous les membres de l'extrême droite qui pouvaient être appelés par le maréchal. Celui-ci dut chercher jusque sur les confins de la droite modérée de Larcy et Depeyre, et jusque-là Lucien Brun avait préparé des résistances.

Si Lucien Brun ne vota pas dès lors contre le nouveau cabinet, du moins dans la commission des Trente, où les monarchistes avaient vingt-cinq élus, opposa-t-il à tous les projets du gouvernement la force d'inertie. Entre les légitimistes et le centre droit, les divergences s'exaspèrent et tous s'isolent dans des rêves qui empêchent l'action commune. Lacombe s'affermit dans son grief contre le mot de République « qui profite aux radicaux », il aspire à faire « immédiatement les princes d'Orléans successeurs du maréchal et préparateurs de la monarchie du comte de Paris. » Le duc de

Broglie craint de « blesser le maréchal » et la droite. Pasquier désespère de celle-ci et croit que le « centre gauche est prêt à se rallier aux princes, mais ne veut pas un changement de titre ». Dans ce joli théâtre de bois, sonore comme un violon, où vit l'Assemblée, tous les projets murmurés tout bas parviennent distincts à ceux qu'ils menacent. « Non seulement les exaltés de l'extrême droite, mais des membres de la droite modérée » se jugent trahis par ces desseins de glisser les cadets à la place de l'aîné, et comme ils doutent si le gouvernement est complice, ils ne savent plus si eux-mêmes sont de la majorité ou de l'opposition. La patience des plus ardents s'épuise et le 19 mars 1874, Cazenove de Pradines, un familier du comte de Chambord, affirme que l'Assemblée, n'ayant pas aliéné sa souveraineté, reste maîtresse de rétablir la monarchie, et que le « maréchal ne voudra pas faire attendre le roi à la porte du Septennat ». En vain l'orateur a-t-il déclaré loyalement qu'il parle en son nom seul, ses amis, même s'ils regrettent l'intervention comme indiscrète, ne peuvent désavouer la doctrine. Lacombe voit les conséquences. « Thiers a dit à Andral en se frappant les mains : avec une déclaration comme celle de Cazenove, nous sommes sûrs de vaincre dans toutes les élections, il suffira de répéter aux électeurs : « Le maréchal ne fera pas attendre le roi. » Le gouvernement juge nécessaire d'affirmer que le maréchal ne cédera son pouvoir à personne. Le Septennat est donc à la fois pour et contre le roi : nouveau grief des légitimistes contre le ministère, et quand celui-ci met, le 16 mai 1874, l'Assemblée en demeure d'organiser enfin un pouvoir résolu à vivre, une partie de la droite refuse et renverse le duc de Broglie. Cette défection oblige le maréchal à chercher un ministère qui, pour l'œuvre constitutionnelle, gagne au centre gauche l'équivalent des voix refusées par la droite, et l'intransigeance de celle-ci ouvre le pouvoir à ses adversaires. Elle ne pardonne pas au gouvernement ce compromis où elle l'oblige. A toute tentative de constituer, le journal *l'Union* oppose l'autorité d'une parole qu'on sait être l'écho de la volonté royale. Le comte de Chambord parle lui-même et, dans une lettre publiée par le journal, proclame que nul droit n'existe contre celui de la monarchie. Ainsi défié, le gouvernement exerce le pouvoir que lui donne l'état de siège, suspend l'*Union*, et le coup porté au journal frappe le roi. Comment l'extrême droite ne romprait-elle pas après cette insulte? Lucien Brun interpelle, et si les soixante-dix-neuf légitimistes qui se prononcent contre le gouvernement ne le renversent pas, ils diminuent les chances si faibles de constituer.

Ainsi passent les ans. La vie est presque pour tous la même : notre jeunesse porte sans fatigue l'immensité de nos espoirs, perd, à les contempler, le temps qui lui est donné pour les accomplir, et dit au travail : demain. Nous redisons demain jusqu'au jour où soudain nous apparaissent notre avenir changé en passé, notre vie déjà toute derrière nous. Et déjà surpris par une première mort, celle de nos rêves, nous n'avons plus de force que pour rédiger notre testament. L'Assemblée eut cette existence.

Néanmoins ces monarchistes qui luttent quatre ans contre la République et finissent par la faire, ces conservateurs qui laissent la démagogie maîtresse de l'avenir, ont obtenu l'estime et le respect. Pourquoi ? Parce que s'ils se trompèrent, tous se trompèrent en sacrifiant leurs intérêts.

Le prince, dont l'inflexibilité empêche la restauration monarchique, se montre vraiment roi par le sacrifice de sa personne à ce qu'il croit son devoir. Le sang, l'éducation, l'idolâtrie de ses fidèles l'avaient-ils rendu incapable de consentir une limite humaine à un pouvoir qu'il tenait pour divin ; était-il, par ce despotisme inconscient et scrupuleux, la dernière victime de la monarchie absolue ? Ou condamnait-il seulement, comme une fausse représentation du pays, le pouvoir parlementaire qui, mandataire du nombre, prétendait régler tous les intérêts par la volonté d'un seul corps ? Résolu à détruire cet organisme révolutionnaire, acceptait-il du pays la collaboration qui avait été l'origine et la force de la royauté nationale ; voulait-il, restaurateur de la tradition monarchi-

que, reconstituer des agrégations multiples comme les intérêts
sociaux, et concilier son autorité avec leur autonomie ? On ne
sait. Mais on sait qu'il suffisait au prince de laisser faire pour
être porté au trône. La coutume n'est pas que les prétendants
repoussent les avances de la fortune, mais plutôt lui fassent
violence. Leur maxime est prendre dès qu'ils peuvent et garder tant qu'ils peuvent. Ce ne fut pas celle du comte de
Chambord. Il ne voulut rien concéder de ce qu'il croyait contraire à l'intérêt national, il ne voulut pas davantage saisir
par surprise l'occasion et imposer par force même ce qu'il
croyait le bien. Il ne voulait pas prendre la France, mais
qu'elle se donnât. Elle lui inspirait assez de respect pour qu'il
lui demandât de consentir à cette union, et d'avance lui en fit
connaître la loi. Comme il jugeait les garanties parlementaires une duperie pour le peuple et un embarras pour le roi, il
mit la France en demeure de choisir entre elles et lui. Pas un
instant l'ambition du trône ne domina en lui l'ambition du devoir. Cela est grand.

Les légitimistes qui l'approuvèrent oubliaient, comme lui,
leur intérêt personnel. Familiers du prince, sûrs de son amitié, ils étaient désignés d'avance, eux et les leurs, à tous les
bénéfices d'honneurs, d'influence et de fonctions, le jour où le
prétendant remonterait sur le trône. Mais si leur longue fidélité avait des droits à sa gratitude, cette fidélité était pure de
calculs : c'est au roi et non à eux-mêmes qu'ils étaient dévoués, et sans avoir même à se vaincre, ils donnèrent leur
consentement et leur gratitude à la résolution qui ruinait leur
fortune, mais laissait à la royauté tous ses droits. Cela est
noble.

Non moins noble fut la conduite des monarchistes qui dé-
sapprouvaient celle du roi. Poussés par toutes les certitudes
de leur pensée, par toute la force de leur patriotisme, par le
souci de leur influence, à une restauration, ils crurent que la
volonté du prétendant ne tenait pas assez compte de la volonté nationale. La liberté de la France leur parut sinon compromise, du moins incertaine : et ce fut assez, pour qu'ou-

blicux de leurs affections, ils préférassent à la royauté si impatiemment attendue la liberté de leur pays, cette liberté qui, ils le savaient, s'exercerait contre eux et les expulserait du pouvoir.

Un moyen s'offrait peut-être de concilier ces libertés parlementaires avec une restauration. La monarchie de 1830 avait représenté ce régime, la fusion avait absous la révolte de Louis-Philippe et rassemblé autour du trône la plus brillante famille de princes. Sans prendre la place de leur aîné, ne pouvaient-ils la garder à la monarchie, jusqu'au jour où celle-ci se rétablirait par le consentement ou par la mort du chef? Ces ambitions sollicitèrent les princes et leurs partisans. Mais les uns et les autres comprirent que cette tentative risquerait de ruiner l'accord rétabli dans la famille royale, que la monarchie perdrait alors le principal de sa vertu, et ils sacrifièrent, les uns l'orgueil du rang et du pouvoir, les autres la durée de leur crédit politique, tous le présent pour léguer intact un principe à l'avenir.

Qui avait appris à ces hommes cette vertu : s'oublier? Ils devaient cette force contre la nature à la seule puissance par laquelle la nature soit durablement domptée. Leur désintéressement était une forme de leur foi chrétienne. Dans l'âme de Lacombe, cette foi transparaît sans cesse. Il se sent, malgré sa modestie, de ceux entre les mains de qui l'autorité pourrait reposer sans déchoir. Mais ce n'est pas de pouvoir qu'il est soucieux, c'est d'une influence utile. Il doit non à sa fortune, mais au bien qu'il veut servir le complet emploi des dons qu'il a reçus. Il se donne des conseils pour vaincre sa crainte de la tribune, et conclut par celui-ci : « Avant de parler, prier Dieu. » Après un débat où il devait parler, il écrit : « Je crois que j'aurais réussi, ayant éprouvé à la commission et au centre droit l'effet de mes paroles, et peut-être l'accent conciliant et chaleureux de mon langage aurait-il touché quelques membres du centre gauche. Je regrette aussi mon silence pour mes enfants à qui un peu d'éclat sur mon nom est le seul patrimoine que je puisse laisser. Mais Dieu en a jugé

autrement et je m'incline devant sa volonté. » D'autres fois, il
se gourmande : « A côté de lacunes immenses, il me semble
qu'il y a certains dons que je pouvais mieux déployer. La timidité les entrave et n'est-ce pas ne les point avoir tout à fait
que de se laisser ainsi dominer par cette malheureuse
crainte. » Et son dernier mot est comme toujours un acte de
soumission religieuse : « *I will be what please God, and please
God me ever do well*, devenir ce qui plaira à Dieu, et par son
aide faire toujours le bien. »

Il le fait assez pour obtenir la plus rare des récompenses,
celle que le talent ne suffit pas à donner, il inspire confiance
à tous. En mars 1875, le vote des lois constitutionnelles en-
traîne la formation d'un cabinet nouveau. M. Buffet est chargé
de le choisir.

Charles de Lacombe n'est pas de ceux pour qui le pouvoir
représente ou supplée l'honneur. Il résiste à sa chance aussi
énergiquement qu'on la saisit d'ordinaire. Il plaide contre lui-
même auprès de tous ceux qui souhaitent son succès, impose
à l'amitié de Falloux, tout chaud pour cette candidature, de
se déjuger : « Je le décide enfin à écrire à Kerdrel qu'il ne
peut être question de moi. » Il ne retrouve son calme qu'après
s'être mis à l'écart, et, tant le scrupule a de noblesse, nous
contraint d'admirer ce qui n'était pas raisonnable.

Quelques mois après, quand fut préparée la liste des sénateurs inamovibles, Lacombe fut choisi l'un des premiers par
la droite, et cette fois ne se déroba pas à une désignation qui
lui donnait l'espoir de servir longtemps la France.

Son dernier mot au moment où se clôt sa vie publique n'est
pas une plainte pour lui-même, mais un regret pour l'injustice collective dont son parti s'est donné l'apparence. Ainsi ce
journal raconte la constance d'un homme à considérer en tout
le devoir et l'intérêt public. Le serviteur rougirait de songer à
soi avant de songer au maître, au pays. La vivacité de son
regard à suivre les mouvements réflexes de l'ambition même
légitime chez les plus dignes de commander, sa tristesse à
surprendre, chez ceux qu'il estime, des pensées étrangères au

bien général, sa sévérité quand il voit cette recherche de soi-
même compliquer et alourdir, dans les très bons, l'intelligence
de leur mission, le révèlent lui-même. Il regarde le monde
moins avec les curiosités de l'esprit qu'avec celles de la conscience. Il cherche dans le spectacle des faiblesses humaines,
non des amusements ou des excuses, mais des leçons. Il est
tellement pénétré de christianisme que si en lui la morale
très pure proteste contre les moindres imperfections de ses
amis, sa bienveillance charitable cherche des motifs légitimes, n'en suppose jamais de vils, à ceux qui ne pensent pas
comme lui. A peine sa perspicacité a-t-elle surpris quelque
faiblesse, il se sent débiteur d'une justice complète et chaque
critique s'achève en un hommage aux qualités essentielles de
ceux qu'il juge. Il est ainsi et n'est pas le seul. Comme lui,
deux de ses collègues, MM. de Rességuier et de Cumont, tous
deux ironiques et mordants, avaient écrit leurs souvenirs, et
ne s'étaient pas refusés aux petites cruautés de la plume. Mais
si la bonté chez eux fut plus lente que chez Lacombe, elle ne
fut pas moins victorieuse. Pour s'éviter le remords d'avoir
été dur, M. de Cumont, un jour, brûla son œuvre que l'on disait charmante de toutes les malignités permises. M. de Rességuier relut plusieurs fois la sienne, effaçant à chaque revision ce qu'il jugeait de nature à peiner les uns ou les autres,
et comme il avait eu beaucoup de malice et qu'il lui venait
encore plus de scrupules, il finit, ligne par ligne, par tant effacer qu'il resta seulement, de son œuvre, une preuve de sa
vertu. Lacombe, qui avait effacé d'avance, pensa, dans son
testament, à ses souvenirs, et pour dire :

« Je laisse des notes au jour le jour sur l'Assemblée de
1871. Elles peuvent avoir quelque utilité historique, mais si je
ne les ai pas revisées moi-même, on ne devrait les publier
qu'en retranchant ce qui m'est trop personnel et surtout les
traits qui, jetés sous l'impression du moment, pourraient affli-
ger même des amis, ou ne donner des personnes, en ne présentant qu'un détail ou un incident isolé, qu'une idée
inexacte.... Tout ce qui pourrait, dans ces notes rapides, res-

sembler à la médisance doit être effacé. Je ne veux pas en charger ma conscience après moi. »

L'oubli de soi et le respect des autres s'unissent dans ce vœu suprême et touchant. Ils inspiraient ses dernières pensées comme ils avaient gouverné sa vie. L'oubli de soi et le respect des autres, deux secrets que ni la politique, ni la philosophie, ni le génie ne suffisent à enseigner, et sans lesquels nul n'est digne de gouverner les hommes, ni apte à les servir, avaient été révélés alors aux serviteurs inexpérimentés de la France. Leur foi avait instruit ces disparus qui semblent déjà si lointains. Leurs croyances avaient rendu fortes leurs vertus aujourd'hui démodées, le patriotisme, le désintéressement, l'honneur. Ils n'ont pas réussi, mais leurs adversaires mêmes doivent répéter le mot que prononça, dit-on, le roi Guillaume, le jour où il vit nos soldats cernés combattre en vain : « Les braves gens ! »

E. LAMY.

I.

PROGRAMME DU CENTRE DROIT PUBLIÉ LE 4 JUIN 1874

Dans une de ses dernières réunions, le centre droit a fait parvenir aux membres qui composaient le ministère présidé par M. le duc de Broglie, l'expression de son approbation pour la conduite tenue par eux dans la séance du 16 mai. Depuis lors, plusieurs membres du centre droit ont cru devoir, sur la demande de M. le président de la République, entrer dans une administration nouvelle. Ils comprennent le devoir qui s'imposait à leur patriotisme de seconder M. le maréchal-président, et de l'aider à maintenir, dans les relations avec l'étranger, cet esprit de sagesse, dans l'administration intérieure cet esprit d'ordre et de conservation, qui n'ont pas cessé de caractériser son gouvernement.

Mais, tout en appuyant cette solution de la crise ministérielle ouverte le 16 mai, le centre droit ne peut se dissimuler que la question posée ce jour-là devant le pays et devant l'Assemblée n'est pas tranchée et ne peut rester en suspens. La France veut un gouvernement stable, elle est justement impatiente de savoir si l'Assemblée nationale est résolue à donner au gouvernement institué par la loi du 20 novembre l'organisation constitutionnelle promise par cette loi même. Elle a confié à un illustre et loyal soldat le soin de veiller pendant sept ans à ses destinées ; le maréchal-président ne pourrait remplir cette tâche difficile, s'il ne s'appuyait, après la séparation de l'Assemblée nationale, sur un ensemble d'institutions sagement pondérées.

Quant aux mesures à prendre en cas de vacance du pouvoir exécutif, le centre droit est convaincu qu'il obéit au sentiment du pays en exprimant sa volonté de laisser intacte la trêve de sept années, qui doit être consacrée à l'apaisement des partis et à la réparation de nos désastres. Ce n'est qu'à l'expiration de ce terme que la question de la forme du gouvernement pourra être de nouveau agitée sans péril.

En conséquence, le centre droit est décidé à maintenir le titre donné au chef du pouvoir exécutif par les lois existantes, et à repousser toute proposition qui tendrait à empêcher, à retarder ou à affaiblir le vote des lois constitutionnelles. Il espère être appuyé par les hommes modérés et dévoués à leur pays, des diverses fractions de l'Assemblée.

II.

PROGRAMME DU CENTRE GAUCHE PUBLIÉ LE 6 JUIN 1874

La réunion du centre gauche croit utile, à raison de la gravité des circonstances et de l'urgence d'une solution, de consigner dans son procès-verbal le sentiment persévérant de ses membres.

La réunion a toujours pensé que l'incertitude du lendemain et l'absence d'un gouvernement défini étaient la cause principale des anxiétés et des souffrances du pays.

Le 7 décembre 1872, dans une proposition signée par cent dix membres de l'Assemblée, le centre gauche demandait l'organisation de la République. Il appuyait, le 24 mai 1873, les projets de lois destinés à la constituer. Plus tard, poursuivant son but, malgré le changement des personnes, il acceptait ce que plusieurs de ses membres avaient été des premiers à proposer : la prorogation des pouvoirs du maréchal de Mac-Mahon comme point de départ d'une organisation gouvernementale trop différée. Il n'a pas dépendu de lui, au 20 novembre, que le pouvoir exécutif, voyant son existence étroitement unie au vote des lois constitutionnelles, ne fût mis à l'abri des contestations qui l'affaiblissent.

Il n'y a pas de plus grave danger pour un pays que de livrer le principe même sur lequel repose le gouvernement aux attaques des partis et à l'ardeur des compétitions.

Le centre gauche ne négligera rien pour écarter ces périls.

Il continue à penser que l'adoption de l'article 1er de la loi présentée le 19 mai 1873 serait, pour la France, un gage certain de stabilité, en faisant de M. le maréchal de Mac-Mahon, non pas le président d'une république de sept ans, mais pour sept ans le président de la République.

Le pays, rassuré sur l'avenir, trouve d'ailleurs la réserve de sa souveraineté dans le droit de revision que consacre toute constitution républicaine, et dont l'exercice serait réglé par les lois constitutionnelles.

Le centre gauche verrait avec regret que la dissolution de l'Assemblée devînt la conséquence immédiate et inévitable d'un refus ou d'une impossibilité de constituer ; mais il ne reculerait pas devant cette nécessité. Il ne doit point, du reste, laisser ignorer que, dans sa pensée, l'Assemblée nationale, après avoir constitué, ne pourra pas tarder longtemps à se

séparer. Ce serait alors non seulement sans danger, mais avec
profit pour tous, qu'elle déposerait son mandat ; car elle
aurait préparé dans le pays l'apaisement et la concorde.

III.

MANIFESTE DU COMTE DE CHAMBORD DU 2 JUILLET 1874

FRANÇAIS,

Vous avez demandé le salut de notre patrie à des solutions
temporaires, et vous semblez à la veille de vous jeter dans de
nouveaux hasards.

Chacune des révolutions survenues depuis quatre-vingts
ans a été une démonstration éclatante du tempérament monarchique du pays.

La France a besoin de la royauté. Ma naissance m'a fait
votre roi.

Je manquerais au plus sacré de mes devoirs, si, à ce moment solennel, je ne tentais un suprême effort pour renverser
la barrière de préjugés qui me sépare encore de vous.

Je connais toutes les accusations portées contre ma politique, contre mon attitude, mes paroles et mes actes.

Il n'est pas jusqu'à mon silence qui ne serve de prétexte à
d'incessantes récriminations. Si je l'ai gardé depuis de longs
mois, c'est que je ne voulais pas rendre plus difficile la mission de l'illustre soldat dont l'épée vous protège.

Mais, aujourd'hui, en présence de tant d'erreurs accumulées,
de tant de mensonges répandus, de tant d'honnêtes gens
trompés, le silence n'est plus permis. L'honneur m'impose une
énergique protestation.

En déclarant, au mois d'octobre dernier, que j'étais prêt à
renouer avec vous la chaîne de nos destinées, à relever l'édifice ébranlé de notre grandeur nationale, avec le concours de

tous les dévouements sincères, sans distinction de rang, d'origine ou de parti ;

En affirmant que je ne rétractais rien des déclarations sans cesse renouvelées, depuis trente ans, dans les documents officiels et privés qui sont dans toutes les mains ;

Je comptais sur l'intelligence proverbiale de notre race et sur la clarté de notre langue.

On a feint de comprendre que je plaçais le pouvoir royal au-dessus des lois, et que je rêvais je ne sais quelles combinaisons gouvernementales basées sur l'arbitraire et l'absolu.

Non, la monarchie chrétienne et française est, dans son essence même, une monarchie tempérée, qui n'a rien à emprunter à ces gouvernements d'aventure qui promettent l'âge d'or et conduisent aux abîmes.

Cette monarchie tempérée comporte l'existence de deux Chambres, dont l'une est nommée par le souverain, dans des catégories déterminées, et l'autre par la nation, selon le mode de suffrage réglé par la loi.

Où trouver ici la place de l'arbitraire ?

Le jour où, vous et moi, nous pourrons face à face traiter ensemble des intérêts de la France, vous apprendrez comment l'union du peuple et du roi a permis, à la monarchie française de déjouer, pendant tant de siècles, les calculs de ceux qui ne luttent contre le roi que pour dominer le peuple.

Il n'est pas vrai de dire que ma politique soit en désaccord avec les aspirations du pays.

Je veux un pouvoir réparateur et fort ; la France ne le veut pas moins que moi. Son intérêt l'y porte, son instinct le réclame.

On recherche des alliances sérieuses et durables ; tout le monde comprend que la monarchie traditionnelle peut seule nous les donner.

Je veux trouver, dans les représentants de la nation, des auxiliaires vigilants pour l'examen des questions soumises à leur contrôle ; mais je ne veux pas de ces luttes stériles de Parlement, d'où le souverain sort, trop souvent, impuissant et affaibli ; et si je repousse la formule d'importation étrangère, que répudient toutes nos traditions nationales, avec son roi qui règne et qui ne gouverne pas, là encore je me sens en communauté parfaite avec le désir de l'immense majorité, qui ne comprend rien à ces fictions, qui est fatiguée de ces mensonges.

FRANÇAIS,

Je suis prêt aujourd'hui, comme je l'étais hier.

La maison de France est sincèrement, loyalement réconciliée. Ralliez-vous, confiants, derrière elle.

Trêve à nos divisions, pour ne songer qu'aux maux de la patrie ! N'a-t-elle pas assez souffert ? N'est-il pas temps de lui rendre, avec sa royauté séculaire, la prospérité, la sécurité, la dignité, la grandeur, et tout ce cortège de libertés fécondes que vous n'obtiendrez jamais sans elle ?

L'œuvre est laborieuse ; mais, Dieu aidant, nous pouvons l'accomplir.

Que chacun, dans sa conscience, pèse les responsabilités du présent et songe aux sévérités de l'histoire.

2 juillet 1874.

HENRI.

IV.

MESSAGE DU MARÉCHAL DE MAC-MAHON LU A L'ASSEMBLÉE NATIONALE LE 9 JUILLET 1874

MESSIEURS,

Lorsque, par la loi du 20 novembre, vous avez remis entre mes mains le pouvoir exécutif pour sept ans, vous avez voulu, en plaçant au-dessus de toute contestation le mandat que je tenais de vos suffrages, donner aux intérêts la sécurité qui leur est nécessaire, et que des institutions précaires sont impuissantes à leur procurer.

Le vote de l'Assemblée m'a imposé de grands devoirs dont je suis comptable envers la France, et auxquels, dans aucun cas, il ne m'est permis de me soustraire. Il m'a conféré des droits dont je ne me servirai jamais que pour le bien du pays.

Les pouvoirs dont vous m'avez investi ont une durée fixe. Votre confiance les a rendus irrévocables, et, devançant le vote des lois constitutionnelles, vous avez voulu, en me les attribuant, enchaîner votre souveraineté.

Ces pouvoirs, dont le terme ne peut pas être abrégé, j'userai, pour les défendre, des moyens dont je suis armé par les lois. En le faisant, du reste, je répondrai, j'en suis convaincu, à l'attente et à la volonté de l'Assemblée qui, lorsqu'elle m'a placé pour sept ans à la tête du gouvernement de la France, a entendu créer un pouvoir stable, fort et respecté.

Mais la loi du 20 novembre doit être complétée. L'Assemblée, qui a promis de donner au pouvoir fondé par elle les organes sans lesquels il ne saurait utilement fonctionner, ne peut songer à décliner son engagement ; qu'elle me permette aujourd'hui de le lui rappeler d'une manière pressante et d'en réclamer d'elle la prompte exécution.

Le pays appelle de ses vœux l'organisation des pouvoirs publics qui sera pour lui un gage de stabilité. Il faudra que les questions réservées soient résolues; de nouveaux délais, en prolongeant l'incertitude, pèseraient sur les affaires, nuiraient à leur développement et à leur prospérité.

Le patriotisme de l'Assemblée ne faillira pas aux obligations qui lui restent à accomplir; elle donnera au pays ce qu'elle lui doit et ce qu'il attend.

Au nom des plus grands intérêts, je l'adjure de compléter son œuvre, de délibérer sans retard sur les questions qui ne doivent pas rester plus longtemps en suspens; le repos des esprits l'exige.

Unis dans la même responsabilité, l'Assemblée et le gouvernement voudront accomplir ensemble tous les devoirs qui leur sont imposés. Il n'en est pas de plus impérieux que celui qui consiste à assurer au pays, par des institutions régulières, le calme, la sécurité, l'apaisement dont il a besoin.

Je charge mes ministres de faire connaître sans retard à la commission des lois constitutionnelles les points sur lesquels je crois essentiel d'insister.

Versailles, 9 juillet 1874.

Le Président de la République,

Le maréchal DE MAC-MAHON, duc de Magenta.

V.

M. BERRYER ET LA SITUATION PRÉSENTE

Qu'aurait fait M. Berryer, s'il eût vécu de nos jours? Quelle conduite aurait-il tenue? Quels conseils aurait-il donnés?

C'est une question qui s'est posée sur bien des lèvres depuis quatre ans. Et à juste titre. Elle atteste le vide immense qu'a laissé ce grand esprit, et l'espoir que, dans nos épreuves, on eût fondé sur son concours.

Quand on pense à l'influence que quelques hommes ont exercée, de notre temps, sur les destinées de la France et de l'Europe, on ne saurait mettre en doute l'importance du rôle qu'aurait rempli M. Berryer. L'autorité de son caractère, la puissance de sa parole, relevée par la majesté des derniers jours, l'empire que son patriotisme incontesté, son attachement inébranlable à la monarchie et à la liberté, lui auraient donné sur tant d'opinions diverses, le droit qu'il eût puisé dans l'ancienneté des services rendus à ces deux causes de faire entendre à tous ses représentations et ses conseils, l'esprit de sagesse et de conciliation dont il était animé et qui, sans rien sacrifier des principes, savait faire leur part aux sentiments contraires; les accents pathétiques avec lesquels, évoquant au-dessus des luttes des partis l'image de la

France, il eût convié tous les bons citoyens à s'unir pour la sauver, on ne peut ranimer ces traits, réveiller ces souvenirs, ressusciter cette existence, sans songer aux changements que l'intervention d'un tel homme eût imprimés à la face des choses.

Mais la politique ne vit pas de suppositions. Il faut prendre les faits au point où ils en sont. Dans les circonstances présentes, la loi du 20 novembre ayant été rendue, les lois constitutionnelles étant proposées, l'Assemblée nationale à la veille de prendre des déterminations suprêmes, quelle eût été l'attitude de M. Berryer? Quel serait son langage?

On peut en juger par l'ordre habituel de sa vie, de ses pensées, de ses conseils, de ses relations politiques. On peut juger de la ligne qu'il eût adoptée par celle qu'il a toujours suivie, de la politique qu'il eût repoussée par celle qu'il a toujours combattue et déplorée.

Si nous entreprenons cette étude, c'est que la confiance de M. Berryer nous en a donné le droit. On le verra dans la lettre qu'on va lire. Nous la reproduisons même en ce qui nous touche, parce que, tout en exposant sa pensée politique, elle constitue comme notre lettre de créance auprès du public.

Notre intention n'est pas, en ce moment, de raconter dans le détail la vie de M. Berryer. Nous ne voulons qu'en détacher quelques traits, en nous inspirant de ses discours, de ses conversations, de la correspondance qu'il a entretenue avec nous, des communications qu'il nous a faites, des notes que nous tenons personnellement de sa main. L'heure présente est une de celles où il fut vrai de dire qu'il est souvent plus difficile de connaître son devoir que de le remplir. Peut-être les vues et les exemples de M. Berryer, fidèlement rapportés, seront-ils de quelque secours pour plusieurs esprits sincères.

Voici comment, dans une lettre du 9 octobre 1865, nous parlant du projet de publication de ses œuvres, il résumait lui-même sa pensée politique : « ....Ce n'est pas le choix des discours qui me semble être difficile, mais l'à-propos, dans le

choix des souvenirs et des correspondances qui doivent ac-
compagner ce qu'il peut être bon de publier comme œuvres
de la tribune et du barreau. Là vos avis me seront précieux,
et je serai heureux d'obtenir votre rédaction ou tout au moins
vos corrections. Ce qui m'importe le plus, ce que je ne puis
confier qu'à vous, c'est l'exposé historique de la ligne politique que j'ai suivie; c'est de montrer que, depuis près de
quatre-vingts ans, cette ligne a été nettement et fermement
tracée et suivie par une portion considérable du parti royaliste, c'est d'expliquer comment les événéments que j'ai tra-
versés m'ont attaché aux principes de la monarchie constitutionnelle. Le roi Charles X m'a donné en quelque sorte
l'épigraphe et peut-être les premiers mots de cet exposé.
Après la révolution de 1830, j'allai rendre visite à Sa Majesté
à Tœplitz. A la première audience qu'il m'accorda, après que
nous eûnies beaucoup parlé des fatales ordonnances, des trois
journées, de la nouvelle situation de la France, le roi me demanda ce que je pensais de l'avenir de notre pays et des conditions dans lesquelles il était possible de rétablir le gouvernement légitime. « Sire, lui dis-je, il ne faut qu'exécuter fidèlement la Charte, en en développant les principes par un
système plus large des lois électorales. » — « Ah! me dit-il,
vous me rappelez Cazalès, quand il quitta l'Assemblée et vint
nous joindre au camp des émigrés. Nous lui demandâmes ce
qu'il pensait qu'il y avait à faire : « Monseigneur, me répondit-il, il *faut convoquer les états généraux.* » Ce mot de 1791
renferme en germe les principes et les règles de conduite
politique que les royalistes constitutionnels ont mis en pratique, et dont j'ai été l'écho sincère, selon que j'ai été inspiré
par le spectacle des choses et des hommes de mon temps. La
tradition non interrompue des doctrines libérales dans le
cœur et dans la tête des plus intelligents et dévoués défenseurs de la cause royale est écrite dans les œuvres et dans
les actes d'un grand nombre d'entre eux. Les cahiers des états
pour la convocation de la Constituante, les mémoires du
comte de la Marck, les œuvres de Mallet du Pan, la vie de

M. Becquey, par Beugnot. les discours de Royer-Collard, que notre ami Moreau [1] a fort bien résumés dans une excellente brochure; Villèle avant qu'il ne fût ministre, Chateaubriand, le vieux Fitz-James, Brézé, le livre de Larcy [2], et vos judicieuses réflexions sur la politique de Henri IV nous donnent d'imposants témoignages de cette fidélité du parti que je crois avoir servi quelque peu. La lettre que M. le comte de Chambord m'a adressée de Venise me paraît compléter un résumé de cet exposé politique. » (9 octobre 1865.)

Royaliste constitutionnel! Ainsi se définit M. Berryer. C'est avec raison que, cherchant les origines du groupe auquel il se rattache, il remonte au règne de Henri IV. Les hommes se ressemblent à travers les âges, et lorsqu'on reprend depuis trois siècles l'histoire de nos vicissitudes, on est frappé de retrouver, dans les divers partis, les mêmes caractères, les mêmes maximes, les mêmes conduites. Il est bien des figures du passé sur lesquelles on mettrait des noms contemporains, et bien des figures contemporaines auxquelles on donnerait les noms des hommes du passé.

Ce que furent, depuis la Révolution, les royalistes constitutionnels, les politiques l'étaient au xvie siècle.

Henri IV fut le premier d'entre eux.

Les politiques étaient des hommes de transaction. Venus de points divers, ils avaient senti que la France périssait dans les déchirements, et que l'accord nécessaire pour la sauver ne pouvait s'obtenir qu'au prix de concessions mutuelles. Ils se vouèrent à cette œuvre, sans considérer les accusations qui, des deux camps, s'élevaient contre eux. Henri IV se mit à leur tête. Cette inspiration lui rendit le trône; il en fit l'âme de son règne. Mêlé aux luttes des partis, les connaissant d'autant mieux qu'il avait été tour à tour des vaincus et des vainqueurs, il sut se dégager de leurs passions et leur faire à

---

1. *Royer-Collard et la Restauration*, par M. Henry Moreau (*Correspondant* du 25 septembre 1859). M. Berryer, qui avait pour M. Moreau la plus vive affection, recommandait à tous ses amis politiques la lecture de cet article.

2. *Les vicissitudes politiques de la France*, in-8, par M. de Larcy.

tous, malgré leurs oppositions réciproques, une justice égale.
Ligueurs et protestants ne furent pour lui qu'un seul peuple.
Il identifia les vœux et les droits de tous avec le triomphe de
son droit, pendant qu'au dehors il travaillait, par ses ménagements habiles, à se créer partout des alliances.

M. Berryer, dans les notes que nous tenons de lui, cite souvent Henri IV. Il rappelle sans cesse le mot du roi sur « ceux
de Paris et ceux de Tours ».

Ce mot, en voici l'histoire :

Les membres du parlement de Paris s'étaient divisés pendant les guerres civiles : les uns, fidèles à la couronne,
s'étaient retirés à Tours, après la journée des Barricades; les
autres étaient demeurés dans la capitale. D'abord engagés
dans les égarements de la Ligue, ceux-ci avaient fini par se
relever sous la violence des factions. Ils avaient défendu
contre elles et contre l'Espagne les principes de la loi salique,
et, sans se prononcer encore pour le roi légitime, exerçant sur
le peuple d'autant plus d'influence qu'ils étaient, au début,
entrés dans son esprit, groupant autour d'eux les résistances,
ils avaient préparé ce mouvement, qui devait se traduire, au
retour de Henri IV, par le cri de : *Vive le roi, la paix et la
liberté* [1]! Cependant les royalistes ardents n'oubliaient pas
les erreurs du parlement de Paris. Ils se plaiguaient que le
roi ne les lui fît pas sentir. Mais lui, démêlant avec sa finesse
ordinaire les services de chacun : « Ceux de Tours, répon-
dait-il, ont fait leurs affaires; ceux de Paris ont fait les
miennes. »

C'était encore en songeant à ce beau règne que M. Berryer
écrivait : « Il ne faut pas confondre, je ne le veux pas, la
cause du roi et la cause du parti royaliste... Le roi qui se doit
à tous, le roi qui doit régner pour tous et gouverner cette
société française au profit de tous et avec le concours de tous,
doit aussi distinguer profondément la cause royale, c'est-
à-dire celle des grands intérêts, de la force et de la sécurité

____

1. L'Estoile, *Journal de Henri IV.*

de la France avec les intérêts du parti qui le défend et qui lui est resté noblement et chaleureusement fidèle. C'est là ce qu'on ne manquera pas d'appeler l'ingratitude des rois; ce fut le cri des d'Aubigné et des Mornay contre Henri IV. »

Changez les noms et les dates, vous retrouverez la pensée des politiques chez les royalistes constitutionnels. « M. Berryer, aimait à dire M. Hyde de Neuville, n'est pas seulement un grand orateur. Ses opinions sont sages. Il veut ce qui est possible. Il marche avec le temps, avec le pays. »

Adressé à M. Berryer par un homme tel que M. Hyde de Neuville, l'éloge ne sera point taxé de scepticisme politique. Il résume d'un trait la conduite des modérés de tous les temps.

Les royalistes constitutionnels *voulaient le possible.* Plus ils croyaient la monarchie nécessaire, plus ils se préoccupaient des moyens pratiques de la rétablir. Ils comprenaient que dans une société divisée, transformée, attachée à des intérêts nouveaux, la monarchie ne reviendrait ni par sa seule vertu, ni sous l'empire d'anciens usages. Il fallait lui amener ces intérêts nouveaux, en les rassurant, et lui créer des alliés dans tous les partis, en gagnant à soi la confiance publique.

Ces vues des royalistes constitutionnels ont été souvent contredites, leurs intentions méconnues. L'événement leur a toujours donné raison, et leur dévouement a reçu de la confiance de la royauté, dans les jours de crise, le plus bel hommage.

C'est de l'un d'eux, calomnié par les passions de cour, que Marie-Antoinette disait au jeune dauphin : « Mon fils, n'oubliez jamais le nom de M. Malouet. » C'est parmi eux que l'auguste Louis XVI distingua Malesherbes et Tronchet, en leur associant de Sèze. Louis XVIII déclina quelque temps leurs avis; à leur grande douleur, il écrivit, en 1795, ce manifeste de Vérone, dans lequel il se déclarait impuissant à changer la vieille constitution du royaume qui reposait sur la distinction des trois Ordres. Dix-neuf années plus tard, il revenait à leurs conseils; il effaçait le manifeste de Vérone sous la dé-

claration de Saint-Ouen. Vainement les esprits extrêmes lui
montraient dans ces concessions un affront pour sa couronne.
Malgré eux, il promulguait la charte, véritable loi de transaction, pacte d'alliance entre le passé et le présent, qui a valu
à la France les meilleures années dont elle ait joui en ce siècle. A la fin du règne suivant, viennent les ordonnances. Les
royalistes constitutionnels sont à l'écart [1]. Mais, le trône renversé, à qui s'adresse la vieille monarchie ? L'auteur même
des ordonnances, le prince de Polignac, par une inspiration
également honorable pour les deux parties, appelle à son
aide, devant la Chambre des pairs, le ministre qu'il a remplacé au pouvoir, M. de Martignac. Chateaubriand, Hyde de
Neuville, Fitz-James, Dreux-Brézé, Berryer, tous contraires à
la politique des ordonnances, tous royalistes constitutionnels,
deviennent devant le pays les défenseurs et comme les hé-
rauts de la royauté.

La vie de M. Berryer n'a point commencé par des doctrines : elle s'est développée sous l'empire des événements ; elle
s'est formée aux leçons de l'expérience, et ce n'est qu'en l'embrassant dans son ensemble qu'il a pu en résumer le vrai caractère. Il a traversé diverses nuances du parti royaliste,
mais il n'a jamais changé d'esprit. Il est resté modéré même

1. A propos des ordonnances, nous trouvons, dans une lettre de M. Hyde
de Neuville à un ami, les lignes suivantes : « Ce que je sais, ce dont je suis
très convaincu, c'est que Charles X eût rejeté les ordonnances, si son
conseil eût jugé la mesure illégale ou dangereuse, si une voix seulement
se fût élevée *avec force* contre une proposition qni devait amener le boule-
versement de l'État. Charles X est un homme de conscience et se laisse
aisément influencer par les impressions de son âge ; il tient à ses opinions,
à ses préjugés ; mais devant la raison, la bonne foi, son opiniâtreté disparaît, et alors il met toute la chaleur d'un honnête homme converti à défendre l'avis qu'il combattait.... Je me bornerai à vous citer un exemple :
dans le principe, Charles X regardait les Grecs comme des révolutionnaires peu dignes d'intérêt. Une fois éclairé, il n'a cessé de se montrer
l'ami le plus dévoué des Hellènes.... Charles X est un homme de sens, de
cœur, de droiture. Bien conseillé, il fût mort aux Tuileries, béni à juste
titre de son peuple, et il ne laisserait après lui que le souvenir des plus
hautes vertus. Qu'il faut peu de choses pour changer la destinée d'une
nation et celle d'un roi.... Pauvre humanité! Pauvre France! » *Lettre de
M. Hyde de Neuville à M. Mandaroux-Vertamy*, 20 juillet 1834.

dans des rangs où ne régnait point la modération. Son exemple est une preuve de ce qu'a de fatal dans son excès la tyrannie des classifications officielles. Il semble qu'on doive juger un homme sur le seul nom du parti dans lequel il est engagé. Appréciation souvent inexacte ! Il y a bien des esprits, appartenant à des camps opposés, qui se trouvent en réalité plus rapprochés les uns des autres qu'ils ne le sont de certains membres de leur propre opinion. C'est pourquoi l'homme politique, loin de se complaire dans ces démarcations exclusives, doit chercher les points communs qui relient les uns aux autres des adversaires apparents. Chateaubriand, au commencement de la Restauration, appartenait à l'extrême droite. Il la suivait dans quelques-unes de ses passions en s'écartant de ses idées, il écrivait à cette époque les *Réflexions politiques* et *la Monarchie selon la Charte*, œuvres admirables qui devaient faire de lui l'un des chefs du parti constitutionnel.

M. Berryer a débuté dans le même camp. Cependant ses opinions étaient nées sous de tout autres influences, et son premier pas dans la vie publique fut pour se séparer de ce groupe, en prenant, devant les tribunaux militaires, la défense des généraux compromis dans l'attentat des Cent-Jours. Il connut aussitôt l'injustice des partis. Il aimait à placer en regard l'équité et le bon sens du roi. Comme Henri IV avait été le premier des politiques, Louis XVIII était le premier des constitutionnels. Il fut toujours, dans ces temps troublés, du parti de la modération et, pour les hommes de ce parti, nous pourrions en donner bien des exemples, le nom de roi devint un drapeau.

L'acceptation de la défense des accusés des Cent-Jours avait attiré sur M. Berryer et sur son père les colères des exaltés. On les déclarait traîtres à la cause royale, on réclamait leur radiation de l'ordre des avocats ; des amis, des confrères, les menaçaient de rompre avec eux. L'orage devint si violent que M. Berryer conseilla à son père de s'adresser au roi et de lui demander à lui-même protection pour la liberté de la défense.

« J'avais été volontaire royal, racontait M. Berryer. Je connaissais quelques officiers au château, je les priai de m'introduire auprès du roi pour que je pusse lui remettre la lettre de
mon père. Le roi allait sortir. Les gardes formaient la haie
dans la galerie. On me fit placer près d'eux. Le roi parut. Il
marchait avec peine, la tête inclinée. Quelqu'un lui dit : « Sire,
« c'est le fils de l'avocat Berryer qui désirerait remettre une
« lettre à Votre Majesté. » Je m'avançai. Le roi prit la lettre
et la mit dans une de ses grandes poches de côté. Puis, arrivé près de l'escalier, il la reprit, la lut, et, se tournant vers
moi : « Dites à votre père d'être ferme et de faire son devoir. »

Le moment n'est pas venu de développer cette histoire et
de raconter le rôle que remplit Louis XVIII, en même temps
que la conduite du jeune Berryer. Pour notre part, nous ne
connaissons rien de plus beau que l'attitude de ce jeune
homme, animé, contre les auteurs des Cent-Jours, des ressentiments du temps, réprouvant de toute l'ardeur de son patriotisme cette criminelle entreprise, et cependant sachant lutter
contre lui même pour dominer des entraînements dont le
principe était légitime. Quand on a pu apprécier l'influence
des *milieux* en politique, la difficulté qu'on éprouve et les
amertumes que l'on recueille à s'y soustraire, on ne peut assez
admirer la force d'âme dont M. Berryer fit preuve à l'âge de
vingt-cinq ans. Cette exaltation, qui s'arrogeait comme toujours le monopole du royalisme, ne le détacha pas de la cause
royale; elle lui rendait seulement plus sensible la nécessité
des institutions constitutionnelles pour former les esprits à la
vie politique, pour leur donner « *cette pratique des transitions
et des transactions* » qu'il enviait à l'aristocratie anglaise, et
protéger la monarchie elle-même contre des passions qui, en
usurpant son nom, l'auraient perdue. « Je veux retrouver et
je retrouverai quelques pièces, nous écrivait-il, qui feront connaître avec vérité les intentions du roi. J'ai à dire comment et
pourquoi les violentes passions de ce temps ne m'ont point séparé de la cause royale, quel remède à ces aveuglements la
France devait trouver dans le développement des institutions

libérales que la Charte venait de fonder. La cause des constitutionnels sincères doit gagner beaucoup, si l'on montre combien la France a été mal emportée parce qu'elle n'avait pas eu cette éducation politique. Ceci est d'une grande vérité et doit être appliqué aussi bien à la révolution de 1814 et de 1815 qu'à celle de 89 et 91. » (28 novembre 1865.)

Ce n'était ni un engagement de naissance ni un intérêt personnel qui avaient attaché M. Berryer à la monarchie. Il était venu à elle, sans parti pris, sous l'effort naturel de son raisonnement, au nom même du sentiment qu'il avait des besoins et des droits de la société nouvelle. Homme de 89, il n'avait pas compris le retour du principe héréditaire comme une revanche de 89, mais, au contraire, comme le couronnement de 89, comme la garantie des libertés et des intérêts fondés à cette époque. Que de fois il nous a rappelé, en nous chargeant d'y insister, ces origines de sa foi politique ! Il les a lui-même révélées, en 1851, à l'Assemblée législative :

« .... Dans mon existence, j'ai traversé quatre grandes formes de gouvernement. Arrivé à l'adolescence sous cet immense établissement de l'Empire, mon imagination, ma jeune ardeur furent enthousiasmées de cette puissante action qui portait si loin et si haut la grandeur du nom de la nation au milieu de laquelle j'étais né.

« Ah ! cela m'a séduit ; j'étais bien impérialiste à dix-huit ans ; j'étais bien impérialiste à vingt ans encore. Oh ! la gloire de l'Empire ! Moi qui suis sorti du collège au bruit du canon d'Iéna ! Quelle tête n'eût pas été enivrée alors ! Mais j'ai réfléchi. J'étudiai alors, je commençai à étudier comme M. Michel [1] ; je me rendis compte un peu des conditions des gouvernements. J'avais un père, homme de labeur, homme de pauvreté, voulant m'inspirer le goût du travail. En 1811 ou 1812, il mit près de moi un ancien député aux états généraux. Il donna commission à cet ancien député de me faire étudier ; quoi ? ce à quoi personne ne songeait dans le monde à cette

1. M. Michel (de Bourges) à qui M. Berryer répondait.

époque, les procès-verbaux de l'Assemblée constituante. Je les ai étudiés pendant dix-huit mois avec ce vieux M. Bonnemans, ancien député aux états généraux. J'ai commencé alors à comprendre, j'ai senti le despotisme, et il m'a été odieux. Je n'ai pas attendu sa chute ; j'ai ici de mes amis d'enfance ; ils savent qu'avant la chute de l'Empire, je leur disais : « Vous « ne vous rendez pas compte de votre gouvernement, il est « odieux, il est intolérable. La gloire ne couvre pas cela. »

« Tu m'es témoin.... »

Et, d'un geste, au milieu de l'Assemblée saisie d'émotion, il désignait son vieil ami, M. de Granville, qui lui répondait par des signes réitérés d'affirmation.

Puis, après s'être excusé de la familiarité de son langage, il reprenait :

« Eh bien ! oui, j'ai senti le despotisme, et pour moi il a gâté la gloire. Et puis j'ai vu l'infidélité de la victoire : j'ai vu l'étranger amené par nos revers jusqu'ici. J'ai vu tout un grand gouvernement, une immense puissance qui reposait sur un seul homme, disparaître un jour, disparaître parce que son épée était abattue, et qu'un jour, un seul jour, il n'était pas triomphant ; plus de gouvernement, plus de loi : tout s'anéantissait, tout partait avec un seul homme !.... Ah ! j'ai compris alors la nécessité d'un principe [1]. » (16 juillet 1851.)

Ces souvenirs, rappelés avec tant d'éloquence, avaient déterminé sa conduite. Il jugeait, par l'histoire de son retour à la monarchie, comment le pays pourrait revenir à elle. Il sentait que le parti royaliste ne suffirait jamais ni à la ramener, ni, revenue, à la soutenir. Ce qu'il fallait lui gagner, c'était la masse de la nation, cette masse dont il avait lui-même fait partie, qui, formée d'éléments divers, nourrie de préjugés, assez indifférente aux formes du gouvernement, mais très résolue sur certaines questions, ayant à cœur certains droits et

----

[1]. Œuvres de Berryer (*Discours parlementaires*, t. V, p. 161. Librairie Didier). La publication des *Discours*, de 1830 à 1868, précédés d'une introduction de M. le duc de Noailles, est aujourd'hui terminée.

certains intérêts, n'irait à la monarchie que le jour où elle aurait vu en elle la garantie de ces droits et de ces intérêts.

Il s'attacha toujours à présenter sous cet aspect la royauté à la France. L'hérédité monarchique, pour lui, c'est la garantie du progrès et de la liberté du pays. L'idée des transformations nécessaires de la société est liée, dans son esprit, à l'idée de la perpétuité du pouvoir. Parce que le principe de la monarchie ne change pas, il n'entend pas que rien ne change autour d'elle ; c'est, au contraire, pour que la société puisse se développer sans péril qu'il réclame, au centre du gouvernement, un principe immuable. Il se plaît à montrer, dans l'histoire, la nation française se transformant sous la main de la monarchie, la monarchie modifiant elle-même, suivant les exigences des temps, les conditions, le caractère, les symboles de son autorité, et de cet hommage, qu'il rend à la royauté dans le passé, il tire pour elle un conseil et un enseignement dans l'avenir. Il était vrai en toutes choses : ce qu'il disait à la tribune, il le disait partout. Il ne tint jamais à ses amis, dans l'intimité, il ne tint jamais à la royauté elle-même un autre langage que celui qu'il tenait, dans le Parlement, à son pays.

Dans ce voyage de Tœplitz, qu'il nous rappelait, conversant avec le roi Charles X, dont la gracieuse bonté lui avait ordonné de *tout lui dire*, il lui arriva de faire entendre que le mouvement de 89 était nécessaire. « Comment ! s'écria le prince. — Oui, sire, reprit M. Berryer, c'est la gloire de vos prédécesseurs d'avoir mis la France en cette situation de désirer la liberté. Si elle fût restée telle qu'elle était sous Louis XI, elle n'aurait pas senti cette nécessité ; mais par l'effet de son développement naturel, de ce développement qu'elle devait à vos aïeux, elle appelait tous les progrès. »

La même pensée se retrouve dans les discours de l'orateur : « J'étais profondément convaincu que le pouvoir royal, tel qu'il était constitué en France, sur un principe transmis de siècle en siècle, était assez en dehors de la discussion pour être dans la position la plus favorable pour que se développassent devant lui, sous lui, à côté de lui, toutes les libertés dont le pays a besoin. J'étais convaincu qu'un pouvoir ainsi constitué ne devait pas être alarmé de son existence ; qu'il ne devait pas, comme un gouvernement nouveau, se montrer jaloux, inquiet, ombrageux, qu'il pouvait ne pas disputer ce que le pays était en droit de réclamer dans la situation nouvelle où il était placé, dans la situation d'intelligence, d'activité, d'égalité à laquelle il était parvenu par l'effet même du bon gouvernement que, pendant des siècles, les aïeux de celui qui régnait alors avaient donné à la France. » (17 janvier 1837.)

Quatorze années plus tard, devant une Assemblée républicaine, il exprime le même sentiment : « Oui, j'ai voué ma vie à cette conviction que j'ai embrassée après la leçon de l'expérience ; oui, j'ai eu foi dans la puissance d'un principe pour conserver, maintenir, développer, agrandir, rendre puissante la société humaine non pas par la puissance des rois.... Ils sont rares, ces grands génies que la succession amène sur le trône ; ils sont rares, trop rares.... Mais le principe qui vit en eux, qui assure la stabilité du pouvoir, qui, par conséquent, assure la liberté et la hardiesse d'un grand peuple, sous cet ordre sérieusement, fortement établi et non contesté, oh ! je comprends sa puissance, non pas pour l'intérêt de la personne-roi, mais pour l'intérêt du peuple qui, sous la fixité de l'ordre qui le constitue, de la loi qui le constitue, sent la liberté de son action, l'indépendance de sa vie et la faculté d'exercice de toutes ses puissances ! C'est ainsi que j'ai compris ce principe, que je m'y suis attaché, que je m'y suis voué. » (16 juillet 1851.)

De cette conception de la monarchie, découle pour lui le devoir des royalistes. Leur conduite doit être comme le programme de la royauté future : on jugera la cause sur l'attitude de ses défenseurs. C'est pourquoi il réclame de son parti, suivant les expressions qu'il répète souvent, une action forte, grave, réfléchie, un examen attentif de l'état du pays, une sollicitude vigilante pour ne pas heurter ses sentiments, pour entrer dans son esprit et gagner sa confiance. « Nous avons à provoquer et à soutenir un mouvement national, écrit-il dans une note de 1851, et c'est le vrai sentiment du pays qu'il faut interroger au lieu de se mettre à l'encontre. »

« .... Ne pas s'aveugler sur l'état du pays La nécessité seule ramena la première restauration. Elle menaçait les intérêts nouveaux qu'aujourd'hui elle doit rassurer. »

Prendre son point d'appui dans la disposition présente de la nation, discerner soigneusement, même dans les révolutions que l'on déplore, les mobiles honorables et les revendications légitimes, se porter, en toute circonstance, à la défense des droits, des intérêts, des vœux du pays, tenir compte des difficultés au milieu desquelles il s'agite, éviter, pour tout au monde, de lui laisser croire que le parti monarchique est indifférent ou étranger à ses aspirations, ne jamais faire, par une politique impatiente ou exclusive, de la cause royale un obstacle même apparent aux nécessités du moment, et, pour cela, seconder tous les efforts qu'elles peuvent réclamer, ne pas s'enfermer dans l'esprit de parti, se bien persuader qu'on ne triomphera point par ses seules forces, mais par l'adhésion de la masse, chercher, avant tout, son secours dans l'union des esprits modérés, être, en un mot, les hommes du pays avant d'être les hommes d'un parti, tel fut le rôle qu'il conseilla toujours à ses amis et qu'il remplit lui-même pendant trente ans.

L'exercice de sa profession, autant que la générosité naturelle de son âme, avaient ajouté à cette disposition. Appelé, par les devoirs de sa profession, à voir tous les partis et tous les rangs, tenant en main les intérêts les plus divers, mêlé à ce monde des affaires qui vit de faits précis et non de fictions, sachant reconnaître, au milieu des accusations mutuelles que se lancent les opinions contraires, leurs griefs légitimes et leurs misères communes, détaché d'ailleurs, à un point qu'on ne soupçonne pas, de toutes les mesquineries des vues personnelles, porté, par la libre expansion de sa riche nature, à embrasser, sans s'abstraire dans aucun, tous les sujets, il

puisait, dans cette distribution variée de sa vie, dans sa
longue expérience des hommes, une sorte d'impartialité sereine qui l'amenait à voir de haut toutes choses.

Il se peint lui-même avec sa grandeur simple dans ces lignes
qu'il nous adressait : « Je ne veux me donner qu'un rôle modeste ; montrer la bonne foi et la liberté d'esprit d'un homme
qui a plus réfléchi qu'on ne croit, qui a été indulgent pour
ses adversaires parce qu'il a connu et jugé les fautes de ses
amis, mais qui est resté plus ferme dans ses principes et sa
fidélité politique, parce que son propre intérêt n'a jamais agi
sur son esprit ni aveuglé son cœur. » (28 novembre 1865.)

Nul ne pénétrait mieux ce que peuvent les procédés sur les
déterminations d'autrui, combien d'oppositions implacables
sont nées, dans les temps de crise surtout, de froissements
individuels, et quel danger il y a de changer en ennemis ceux
qu'on a trop légèrement traités comme tels. L'esprit de parti,
avec ses soupçons, ses anathèmes, ses puérilités, ses airs de
défi, ses épurations continuelles, lui était odieux. « C'est
grande maladresse, écrivait-il, de demander aux hommes
depuis quand ils pensent ainsi et de ne s'adresser qu'à ceux
qui ont toujours été dans cette voie. C'est réduire ses forces à
mesure qu'elles s'accroissent. C'est l'esprit de Coblentz. »
Revenant sur la même pensée, il ajoute : « Je sais qu'il y a
des hommes qui auraient repoussé saint Paul de l'Église. » Il
voyait, dans cet esprit, le fléau des meilleures causes : « Je
l'ai dit à Charles X : ce ne sont pas les Bourbons que la révolution de 1830 a exilés, c'est ce parti royaliste. »

Il défendit de tout temps l'action parlementaire. Dès 1830,
il avait caractérisé l'abstention d'un mot qu'il porta plus tard
à la tribune 1 : c'était l'émigration à l'intérieur. Elle n'était
propre qu'à isoler du pays ceux qui la pratiquaient, en le dé-
tachant lui-même de leur cause. On élevait, dès cette époque,
les objections qui se sont répétées depuis, et qui avaient
déjà cours sous la Révolution : c'était fortifier le pouvoir

1. 15 janvier 1844. *Disc. parlem.*, IV, p. 291.

existant; c'était transiger avec l'erreur et porter atteinte à l'intégrité du principe. Pour M. Berryer, la pire manière de servir une cause, c'était de laisser croire, par sa propre conduite, qu'elle imposât des devoirs contraires aux intérêts permanents, aux besoins pressants du pays. Pour prendre action sur les hommes, il fallait, avant tout, entrer dans leurs affaires.

Il trouvait à ses côtés, le soutenant dans cette voie, de vaillants et loyaux amis, et parmi eux, pour ne parler que des morts, le duc de Fitz-James et le marquis de Brézé, tous deux étroitement liés à sa pensée, pénétrés, pour lui, de l'admiration la plus tendre, caractères chevaleresques, types accomplis du gentilhomme, fidèles avec fierté, servant, avec indépendance, une cause pour laquelle ils auraient donné leur vie, unissant à la fleur du vieil honneur français l'intelligence de leur temps.

Nous voudrions ne point parler des imputations dont M. Berryer fut l'objet. L'immense majorité du parti royaliste les a désavouées. Cependant, il faut les rappeler à ceux qui encourent aujourd'hui de semblables attaques, comme à ceux qui les prodiguent. Il n'est pas d'homme qui, dans certains rangs de son propre parti, ait rencontré plus d'injustices que M. Berryer. Aucune accusation, aucune injure, ne lui a été épargnée. Son désintéressement, sa fidélité, son honneur, son talent, tout a été mis en question. Il n'en a été ni aigri ni changé. Il admirait seulement l'humeur de personnages aussi exigeants, disait-il, qu'appliqués à traverser sans danger et sans fatigue les difficultés des situations. Il citait son exemple à ses amis quand il les voyait atteints à leur tour, et il leur recommandait de n'opposer à ces indignités, comme il faisait lui-même, que le silence [1].

---

[1]. En 1868, violemment attaqué par une feuille de Toulouse, l'*Écho de la Province*, M. Berryer répondit à son ancien collègue, le colonel de Lespinasse, qui lui avait communiqué les articles de ce journal, par une lettre, qui fut publiée à cette époque et dont nous détachons ce passage :

« .... Ce n'est pas la première fois que je vois se séparer de moi des hom-

Que ceux-là donc ne se découragent point, qui, animés de l'esprit de M. Berryer, sont en butte aux mêmes passions. Quant aux hommes qui s'y laissent entraîner, distinguant entre les esprits sincères, qui reviennent tôt ou tard, et les autres, dont M. Berryer *ne prenait souci*, nous oserons dire aux premiers : Prenez garde de vous prêter trop facilement à ces tristes excès. Rappelez-vous le passé. Songez que de tous les hommes dont la cause monarchique s'honore le plus, il n'en est pas un, Cazalès, Malouet, de Serre, Richelieu, Villèle, Lainé, Chateaubriand, Martignac, Fitz-James, Dreux-Brézé, Berryer, que les mêmes emportements n'aient prétendu exclure du parti royaliste. Demandez-vous ce que gagnerait la royauté à ce qu'il fût bien établi que de tels hommes ont en effet cessé de lui appartenir, et si ce serait pour elle une compensation suffisante de voir leurs noms remplacés devant l'histoire par les noms de leurs détracteurs ?

Ce que nous essayons de faire pour lui, M. Berryer l'avait fait pour ses devanciers. La correspondance de Mirabeau et du comte de la Marck, la vie de Royer-Collard, les mémoires de Mallet du Pan, attiraient ses méditations. Les mémoires de Mallet surtout furent de sa part, sous la république et sous l'empire, l'objet d'une lecture passionnée [1].

Nous possédons l'exemplaire qui lui a appartenu. Il est sillonné de coups de crayon, qui montrent que le lecteur se reconnaît dans les réflexions du publiciste. A cet exemplaire

mes sans doute bien intentionnés, mais qui, moins éclairés sur l'état des esprits en France et sur les moyens d'exercer une influence honnête et salutaire au milieu des opinions si diverses que nos révolutions ont fait naître, n'ont pas peu contribué à déterminer des résolutions fatales et à entraîner de douloureux événements.

« J'en ai souffert avec ce que Dieu m'a accordé de cœur et d'intelligence ; mais je n'ai élevé d'accusation contre personne, et j'ai souvent, dans des jours périlleux, défendu ceux-là mêmes que les événements rendaient victimes de leurs propres avis, si contraires aux miens.... »

[1] On ne peut parler de Mallet du Pan, sans songer au beau livre de M. Thureau-Dangin, *Royalistes et républicains*. Nos lecteurs n'ont oublié ni l'ouvrage ni l'éloge qu'en a si bien fait ici même la plume autorisée de M. de Pontmartin.

est jointe une série de notes, dans lesquelles les pensées de M. Berryer, s'entremêlant à celles de Mallet, les reproduisent, les complètent et en tirent des applications au temps présent.

Citons d'abord quelques-uns des passages de Mallet du Pan, soulignés par M. Berryer :

« La présomption ne doute jamais du succès le plus douteux, et le ressentiment ne laisse rien mûrir. »

« Jamais cette majorité immense de monarchistes de toutes couleurs et de révolutionnaires en résipiscence ne se rendra à discrétion. Si l'on s'écarte de cette vérité de fait, on se prépare un abîme de calamités. »

« Renonçons à jamais à ces expéditions chevaleresques qui n'ont pas le sens commun et qui brident toutes les ressources intérieures. Nous voilà reculés peut-être de plusieurs années (après l'expédition de Quiberon), au moment où avec de la prudence, de l'art, de la conduite, on fût arrivé au port. »

« On ne fait jamais que des sottises, lorsqu'on mêle en politique les considérations personnelles. Il faut écarter les préjugés bien ou mal fondés contre les individus, pour ne voir que les choses, le but et les moyens. »

Sur la conduite que doivent tenir les partisans de la monarchie et les moyens qui peuvent faciliter le retour de cette forme de gouvernement :

« On n'aperçoit (1795) aucun moyen de force praticable aujourd'hui, qui ne contrarie les causes lentes, mais certaines, qui font rebrousser la révolution vers la monarchie. C'est à seconder ces causes que doivent tendre les efforts.... Pour découvrir ces causes, pour les employer sans faire de méprises, on doit se pénétrer de l'état certain du royaume et considérer le point où on le prend, au lieu de considérer abstraitement le point où l'on désirerait l'amener. »

Citons encore les lignes suivantes, dans lesquelles Mallet, signalant les heureux résultats des élections, montre en action la politique qu'il ne cesse de conseiller : « Les choix ont terrassé les Jacobins et le Directoire (1797).... jamais l'esprit de

Paris ne s'est mieux montré. On a voulu pour députés des propriétaires, des gens de probité, mesurés, et étrangers aux crises révolutionnaires. » Et pour les impatients, que les ménagements importunent et qui ne parlent que d'entrer en campagne, enseignes déployées : « On ne veut ni secousses, ni contre-révolutions, ni mesures précipitées, ajoute Mallet du Pan. Les députés doivent glisser la France dans la monarchie, et non l'y jeter, au risque de nous mettre en pièces encore une fois. »

Paroles saisissantes, bien dignes d'être méditées, et dont M. Berryer était si frappé qu'il se les appropriait et qu'on les retrouve ainsi reproduites dans ses notes (vers 1856) :

« On ne voudra ni secousses ni contre-révolutions. Écarter les luttes et faire glisser la France vers la monarchie, comme le vaisseau glisse à la mer, quand la hache a brisé les *arrêtes* qui le retenaient. »

Ces réflexions, profitables à tous les partis, soulèvent chez tous des contradictions. Cette conduite patiente et mesurée, cet effort prévoyant et continu, qui amasse graduellement les matériaux de la victoire, vont mal à notre humeur. Elle aime mieux ces formules sonores, ces déclarations retentissantes, passeports habituels de la présomption et de l'incurie, qui promettent tout et ne tiennent rien. Les grands succès ne s'improvisent point. Ce qui fait triompher une cause ou un peuple, ce n'est pas de provoquer les crises, sans être prêt, c'est d'être prêt quand les crises éclatent.

M. Berryer croyait à la puissance de ces *causes lentes, mais certaines,* que signalait Mallet du Pan. Il exprimait souvent la même idée en parlant des « intérêts intelligents. » Il disait qu'il faut avoir sans cesse l'œil fixé sur ces intérêts ; car c'est de leurs défiances ou de leur adhésion que viennent la faiblesse ou la force des gouvernements. « La grande majorité, écrivait-il après Mallet du Pan, qui a participé à la révolution par des erreurs de conduite ou des erreurs d'opinion ou par entraînement des intérêts, ne se rendra pas à discrétion. »

Ce n'était point qu'il fût d'avis d'imposer des conditions à la royauté. Il les écartait au contraire; il repoussait ce principe de la souveraineté du peuple dont il eût dit avec Royer-Collard *ce dogme fatal et son épouvantable résultat.* « Ce qui importe, écrit-il, c'est que les institutions ne soient pas fondées sur un principe de souveraineté opposé à la souveraineté royale dont elles doivent émaner. »

Mais ces conditions, qu'il voulait écarter, il les voyait inévitablement sortir de la disposition des esprits et des faits, et il souhaitait que la royauté les devançât par la spontanéité de ses déclarations.

« La mission de la royauté est de sauver et de protéger les intérêts compromis et alarmés. Le langage d'une telle protection ne doit pas être incertain et son caractère inconnu.

« Ce dont la France a besoin, c'est le principe. Ce qu'elle redoute et ce qu'elle repoussera, c'est le cortège qui semblerait retour d'ancien régime.

« Le retour à des institutions, symboles de l'ancien régime, apparaîtra comme une excitation aux passions mauvaises, et c'est un danger pour les hommes d'ordre. Il importe qu'on connaisse d'avance le système du gouvernement, ses principes, son esprit. »

Il semblait à M. Berryer que la royauté devait apparaître comme l'*unique garantie d'un gouvernement libre, agissant d'accord avec la nation, unissant dans son cœur, comme dans sa pensée politique, les gloires anciennes et les gloires nouvelles,* montrant l'expression de cette pensée dans l'alliance des fleurs de lis de la vieille monarchie avec les couleurs honorées par le courage des soldats de la France, faisant ainsi *de son drapeau le symbole de l'union,* le *lien du passé et du présent,* la *conciliation de tous* [1].

---

1. Les expressions soulignées sont toutes littéralement empruntées aux notes de M. Berryer, qui nous appartiennent.

Quant à sa pensée sur l'union des fleurs de lis et du drapeau tricolore, pensée qui résulte de l'ensemble des notes que nous possédons, nous la tenons formellement de lui et des documents qu'il nous a fait lire lui-même, à Augerville, dans le cours du mois de novembre 1865.

Seul ennemi drapeau rouge, écrivait-il dans ses notes sommaires.

Il ajoute, sur le même sujet : « Il faut respecter tout ce qui est le résultat de la force des événements et des choses ; tous les empires éprouvent des changements et d'inévitables modifications, soit insensiblement, soit violemment. »

Cet ordre d'idées fut toujours familier à M. Berryer. Il y entra de plus en plus après 1848. L'union, la conciliation, « le travail ardent, infatigable à la fusion des partis, » c'est là, désormais, sa préoccupation constante. A ses yeux, l'intérêt de la royauté se confond ici avec l'intérêt du pays. Les discordes, les troubles ne profitent qu'aux factions : la royauté ne peut ni ne doit rien en attendre. Il n'y a de chance de succès pour elle comme de salut pour la France que dans l'union des forces conservatrices. Cette union, il convient au parti royaliste de la préparer et à la monarchie de la conclure. « Notre politique était simple et naturelle (en 1848), nous unir d'abord aux efforts faits de quelque part que ce fût pour préserver la société française des périls de mort dont le socialisme la menaçait, nous faire des titres devant le pays de notre dévouement à ce salut de tous, avec abnégation d'esprit de parti. »

Mais quelques membres du parti lui font des objections ; ils accusent sa politique. Le mot d'*orléanisme* est prononcé : « Ne suis-je pas accusé d'avoir contribué, depuis 1848, à relever l'orléanisme abattu par cette catastrophe ? Mais c'est à la société abattue, découragée, déconcertée, affaiblie par la perte de ses illusions, et surtout par l'abandon des principes, qu'il fallait rendre la vie, pour qu'elle se défendît contre l'ennemi désorganisateur qui la menaçait de mort. Oui, j'ai travaillé à ce mouvement de réaction de la nation sur elle-même ; oui, j'ai voulu rassembler, unir, réconcilier toutes ses forces. ».

Il disait vrai : il avait joint l'exemple au précepte ; ses plus belles inspirations étaient nées de ce sentiment.

Entendez cette réponse à M. Goudchaux, ministre des finances en 1848. Il s'agit de l'établissement d'un impôt sur les prêts hypothécaires. Le comité des finances est en dissidence avec le ministre, et celui-ci, blessé de quelques propos, paraît imputer les dissentiments à des arrière-pensées politiques ; M. Berryer le détrompe ; à mesure qu'il parle, au dire des témoins de cette scène [1], les passions se calment, les malentendus se dissipent, le front du ministre, homme de bonne foi, s'éclaircit. Quel langage, et comme il repose de nos misérables querelles !

« .... Si, dans cette assemblée, nous ne sommes pas convaincus, si nous ne portons pas, chacun de nous, dans l'esprit de ceux qui nous écoutent, la conviction que, de quelques points de l'horizon politique que nous soyons venus ici, nous y sommes venus dans une seule, dans une même et sainte pensée, s'il faut interroger nos origines, et, sur ces origines seules, juger toutes les opinions qui sont portées à cette tribune, il ne reste plus qu'à nous compter, les discussions sont inutiles.

« Pour mon compte, tel n'a pas été mon sentiment, lorsque j'ai accepté l'honneur d'être représentant du peuple à l'Assemblée nationale, et j'ai cette grande satisfaction en mon âme que, depuis le jour de l'ouverture de l'Assemblée, il n'y a pas un instant où j'ai été dirigé dans mes travaux incessants, dans les fatigues continuelles de mon esprit, par un autre sentiment, par une autre pensée que le besoin de servir la patrie commune dans une situation évidemment périlleuse et difficile....

« .... Pourquoi l'honorable M. Goudchaux a-t-il trouvé dans les membres du comité des finances, qui jamais n'avaient eu de rapports personnels avec lui, un si grand empressement, une si grande confiance, un si grand besoin de communications sur la situation de nos affaires et sur les moyens d'y pourvoir ? Pourquoi ? C'est que, dans les sentiments qu'il a

---

1. Quelques jours après la mort de M. Berryer, M. de Kerdrel, dans un article fait avec son talent et son cœur, a raconté cette scène dans le *Journal de Rennes* (7 décembre 1868).

manifestés, il a constamment montré cette pensée commune de garder, de maintenir, de faire respecter pour la France la religion, la liberté, la famille, la propriété, l'honneur national, et on s'est dit : Il est de nos amis, il est des miens ; je suis de son parti, et alors je ne vais pas chercher dans un homme de cœur, qui exprime des sentiments qui ont animé toute ma vie, s'il est républicain de la veille ou républicain du lendemain, s'il a été pour telle monarchie ou pour telle autre. Je sais qu'il a là ce que j'y ai aussi, je sais qu'avec ces sentiments-là il sauvera la France, et c'est pour cela que je lui ai tendu la main. » (2 août 1848.)

Des bravos enthousiastes saluèrent ces paroles. C'est ainsi qu'il gagnait les cœurs, et qu'il les disposait à ressentir pour sa cause l'attrait qu'inspirait sa personne.

Il est facile de s'écrier : « Point d'accommodements ! point d'alliances ! » Quand une société a été divisée, par une suite de révolutions, en plusieurs partis dont aucun ne forme à lui seul la majorité, il faut toujours être l'allié de quelqu'un. Si l'on ne veut pas être l'allié des modérés, on devient fatalement l'allié des extrêmes. Mallet du Pan le remarquait déjà : il signalait, parmi les émigrés, ceux qui préféraient les jacobins à Cazalès ou à Malouet. On sait que c'est à l'aide de pareilles coalitions que le régicide Grégoire a pu être élu à Grenoble, sous la Restauration, et le ministère Martignac renversé en 1829. M. Berryer retrouvait, en 1851, les quelques hommes de son parti qui blâmaient sa conduite, engagés dans les mêmes compromissions. Il indique dans ses notes, parmi les obstacles qu'il rencontre, ces deux faits en apparence contradictoires : « Dans les départements royalistes, organisations exclusives ; à l'Assemblée, intelligences avec la Montagne. » En marge il ajoute : « Dans la situation présente de la société, le parti royaliste doit être avant tout le parti de résistance et de conservation. »

Pour lui, il avait fait son choix. Il était pour l'alliance avec les modérés. Après 1848, après 1851, il disait, il répétait que tant de catastrophes ne pouvaient demeurer stériles. Ce n'était pas en vain que des malheurs communs avaient réuni des esprits autrefois séparés et faits pour s'entendre. Ces rapprochements avaient un sens : ils imposaient des devoirs ; ils appelaient une conclusion. M. Berryer la montrait dans toutes ses paroles. S'adressant tour à tour, suivant le péril du moment et sans que le souci de l'un des deux intérêts menacés lui fît jamais oublier l'autre, aux hommes d'ordre et aux hommes de liberté, deux partis qui, sainement compris, n'en font qu'un, il les conviait à un accord. Il leur révélait à eux-mêmes les points par où, en dépit de leurs divergences, ils devaient s'unir.

C'est la pensée de ce discours du 15 janvier 1851, appel chaleureux à tous les partis, éloquente évocation de la monarchie, apologie persévérante du régime constitutionnel et parlementaire, dont il aimait à rapprocher, comme un royal témoignage, la lettre de Venise.

« .... Le gouvernement parlementaire, nous avons voulu le maintenir, nous voulons le défendre, et pour le présent et pour l'avenir ; nous ne connaissons pas d'autres ressources au pays, et tous mes efforts, pour ma faible part, tous mes efforts ont été d'assurer l'union de ces éléments divisés de la société, de former un point d'appui, une armée de résistance, en rassemblant tout ce qu'il y a d'intelligences honnêtes, actives, dans ce pays, tout ce qu'il y a d'hommes éclairés et expérimentés, tout ce qu'il y a d'hommes possesseurs d'intérêts légitimes, de les unir, oui.... et si l'on veut, oubliant les divisions que les révolutions passées ont faites, si l'on veut surmonter les ressentiments, les préventions que ces révolutions ont pu jeter dans les cœurs, de cette hauteur, messieurs, on voit trop clairement que dans notre patrie, si menacée et si malheureuse, il n'y a de divisions réelles qu'entre les hommes et non point entre les choses ; qu'il n'y a de divisions que dans des vues, des situations particulières, mais qu'il n'y en a point sur le fond des pensées, sur le fond des intentions, sur le fond des principes, qui doivent dominer et protéger cette société. Oui, demander l'union, demander la fusion, pour dire le mot, de tous les partis que les événements passés ont irrités les uns contre les autres, c'est vouloir restituer à la société les forces qui lui appartiennent, et qu'elle ne peut reconquérir que par notre accord le plus complet.

« Oui, il n'y a pas ici de légitimiste, ou d'orléaniste, ou de républicain modéré, il n'y en a pas un qui conteste maintenant et qui repousse un seul des grands principes fondamentaux d'un gouvernement représentatif et régulier ; il n'y a personne parmi nous qui soit en désaccord sur aucun de ces principes : égalité devant la loi, liberté de conscience, séparation de l'ordre civil et de l'ordre religieux, égalité d'admissibilité à tous les emplois, à tous les avantages sociaux. Oui, nous les voulons tous, et c'est pour cela que nous devons nous unir pour réaliser les garanties pratiques, les garanties permanentes de ces droits, de ces libertés, de ces intérêts, dans un gouvernement constitutionnel et parlementaire.

« Les divisions ! les divisions ont appauvri et affaibli la France, mais elles ne l'ont pas ruinée. Il y a encore des cœurs assez généreux pour se mettre au-dessus des préoccupations particulières, au-dessus des intérêts étroits des partis, pour n'envisager que l'intérêt général de la nation, pour n'envisager que l'intérêt du pays, sentir par où on se touche, par où on se comprend, par où on est uni d'intention, de volonté, de convictions, et constituer ainsi une armée vigoureuse qui résiste au nouvel envahissement des barbares sur l'Europe. »

La même inspiration, fortifiée par les événements, le guida sous l'Empire. Elle le détermina, malgré sa répugnance, à entrer au Corps législatif. Jusqu'à son dernier jour il y demeura fidèle.

Le 25 août 1868, il nous écrivait :

« L'accord des hommes de bonne foi, amis de l'ordre et de la liberté, est un devoir impérieux, dans la déplorable situation des vrais intérêts de la France au dedans et au dehors. Ces intérêts sont fatalement compromis par les extravagances et les calculs égoïstes et corrupteurs du gouvernement personnel. Après tant de révolutions que notre malheureux pays a traversées depuis le commencement de ce siècle; après l'épuisement et la chute des gouvernements qui se sont succédé comme des expédients salutaires dans des circonstances périlleuses, mais comme des expédients sans garantie de durée, sans conditions réelles de stabilité, il est impossible de prévoir ce que sera la forme et la nature du gouvernement qui sortira d'une crise nouvelle. Tout est possible; mais quelle que soit la forme du gouvernement qui triomphe en des jours d'orage, ce gouvernement ne pourra vivre qu'à la condition d'accepter, de consacrer les libertés publiques, de les pratiquer loyalement. Le régime constitutionnel sera la loi et la condition vitale de l'avenir. Empire, royauté, république, ne pourront, si ce n'est s'établir, du moins subsister quelque temps avec honneur, qu'en assurant au pays, dans la libre action de députés régulièrement et librement élus, le *selfgovernment*. Que tous ceux donc qui veulent de bonne foi et avec intelligence cet ordre de libertés pour tous, en fassent la principale de leurs préoccupations et l'objet commun de leurs efforts, quels que soient le mode et la nature de la constitution du pouvoir exécutif, desquels ils peuvent attendre le plus de garanties du maintien des libertés publiques.

« Poursuivez ce but, mon cher de Lacombe. Nos efforts pour l'atteindre, en nous dégageant de l'esprit de rancune, de nos préjugés, de nos préventions; nos efforts actifs et sincères seront l'accomplissement d'un grand et sévère devoir envers la patrie, dont nous nous sommes appliqués, sous tous les régimes que nous avons désirés ou subis, à servir les véritables et permanents intérêts. » (25 août 1868.)

Mais cette résolution n'entraînait de sa part, bien loin de là, aucun oubli de la cause à laquelle il s'était voué, et, prévoyant le cas où il aurait à faire connaître au pays, convoqué pour les élections générales, la pensée qu'il exprimait à ses amis, il nous adressait encore ces lignes, que nous devons reproduire, pour lui garder jusqu'à la fin, comme il le désirait, l'intégrité de ses convictions et l'unité de sa vie :

« Si j'avais voulu écrire pour le public, je vous aurais rappelé ce que je n'ai nul besoin de dire en ne parlant qu'à vous. Pour être entièrement vrai et loyal, si je m'adressais aux hommes des différents partis politiques, en disant que, quel que soit l'avenir gouvernemental de notre pays, que ce gouvernement soit ou la royauté, ou la république, ou même l'empire, il ne pourra se maintenir, et donner au pays quelque assurance de durée qu'en développant avec fermeté le régime des libertés politiques ; j'aurais besoin de répéter que, dans ma profonde et persévérante conviction, la plus sérieuse, la plus puissante garantie de l'ordre constitutionnel serait dans une consécration solennelle de la base de notre droit national, constitué par les siècles, et reposant sur le principe de l'hérédité de la couronne, dont M. le comte de Chambord est seul le vivant et légitime dépositaire.

« Oui, mon cher ami, je demeure fidèle à cette profession de foi, et je ne voudrais pas qu'on pût croire que, par des calculs peu sincères, je la déserte ou la dissimule un seul jour ; mais, avec une égale sincérité, si notre malheureuse France, fatiguée et menacée encore de tant de révolutions, ne doit pas se reposer enfin dans la vérité des libertés publiques, sous la grande garantie de la stabilité et de la continuité du pouvoir souverain, je n'en suis pas moins voué au triomphe de l'ordre constitutionnel. » (2 septembre 1868.)

Et maintenant il faut conclure : qu'eût fait M. Berryer dans la situation présente ?

Plus que jamais il eût proclamé, dans son ardent patriotisme, dans son attachement réfléchi aux libertés publiques, la nécessité du principe héréditaire pour relever le pays et lui rendre un avenir. Son âme si française se fût émue à la pensée du rôle que pourrait reprendre, unie à la tête de la nation réconciliée, cette grande maison de Bourbon, dont M. Thiers disait naguère à la tribune : « Craindre de prononcer le nom de la grande et illustre famille de Bourbon, ce serait ne pas oser prononcer le nom de la France [1]. »

1. Séance de l'Assemblée nationale, 8 juin 1871.

Plus que jamais aussi, dans la sincérité de son dévouement, au nom même de la fidélité de toute sa vie, il aurait fermement insisté sur les moyens de rendre possible le retour de ce gouvernement qu'il jugeait nécessaire. Le langage, qu'il tint toujours à la royauté comme à la France, il le leur eût encore fait entendre. Qui peut dire ce qu'aurait produit une adjuration solennelle dans une telle bouche?

Mais revenons au point précis : la loi du 20 novembre a été faite, dans des conjonctures dont personne n'a perdu la mémoire. Le débat va s'ouvrir sur les lois constitutionnelles.

Quelle eût été la conduite de M. Berryer?

En 1851, la revision de la constitution était à l'ordre du jour de l'Assemblée législative. M. Berryer, après avoir pris soin de déclarer à plusieurs reprises qu'il n'avait point provoqué la discussion, et rappelé les services que, pendant trois ans, son parti avait rendus à la société, exposa, en termes admirables, les bienfaits de la royauté et la supériorité, dans une nation comme la nôtre, du principe monarchique sur le principe républicain. Mais, comprenant que la majorité légale ne serait pas acquise à la revision; voyant, d'un autre côté, le pays en face de deux périls : la révolution démagogique et la dictature inconstitutionnelle, il ne se cantonne point dans la satisfaction d'avoir proclamé sa foi; il ne se croit pas quitte envers la France, et lui, le vieux royaliste, qui n'a pas voté la République, qui, presque seul de son parti, a repoussé la constitution de 1848, il cherche, faute de mieux, dans cette constitution, un point de ralliement pour les hommes d'ordre : « Je supplie mes concitoyens, je supplie les membres de la majorité de respecter et de maintenir la constitution tant qu'elle ne sera pas régulièrement revisée. Armons-nous de la légalité dans des temps qui sont bien difficiles.... *Une loi telle quelle, une loi mauvaise, mais une loi dominant encore le pays, vaut mieux que de n'avoir pas de loi.* C'est la seule force qui nous reste; je supplie mes concitoyens de l'employer avec ardeur. » (16 juillet 1851.)

S'il parlait ainsi d'une constitution à laquelle il s'était

opposé, et dont le principe, ouvertement proclamé, était contraire au sien, comment croire que dans la crise présente, après des calamités inouïes, devant les anxiétés de l'avenir, il eût hésité à soutenir, à fortifier, à organiser, sur les bases d'un régime constitutionnel, avec l'institution, essentiellement monarchique, de deux Chambres, un gouvernement formé par les conservateurs, dans le seul intérêt de la défense sociale ?

Comment n'aurait-il pas tenu la même conduite qu'en 1851, les périls étant devenus plus grands et les exigences moindres ?

Ce gouvernement, il se fût applaudi, dans nos jours d'épreuves, de le rencontrer. En 1851, à l'approche de l'élection présidentielle, désolé de n'apercevoir devant lui que des candidats dont le caractère inquiétait ses convictions, il appelait de ses vœux un homme qui, étranger aux partis, pût les réunir tous : « Qu'il se lève, écrivait-il ; il ne sera pas notre candidat, mais le candidat des amis de l'ordre, de ce grand parti qui, depuis trois ans, a sauvé la France malgré la diversité des éléments qui le composent, et grâce au silence des prétentions particulières des divers partis. C'est à ce candidat que nos suffrages donneront la préférence. »

Ne dirait-on pas qu'il traçait dans ces lignes le portrait du maréchal de Mac-Mahon ?

Non, dans une telle situation, il n'aurait point hésité. Il eût repoussé comme un crime l'idée que, parce qu'il n'avait pu donner à la France le gouvernement de son choix, le gouvernement qu'il ne cessait de juger le meilleur et d'espérer pour l'avenir, il dût ne lui en laisser aucun. Ne lui dites pas que de l'excès du mal le bien pourra sortir. Son cœur se révolte à la pensée qu'on puisse lui supposer un tel calcul : « Ce n'est pas nous qui, jamais, dans la sincérité de notre foi politique, avons rêvé des malheurs pour réaliser je ne sais quelles espérances chimériques d'un avenir peut-être meilleur. Ce n'est pas nous qui considérerons jamais ainsi les choses de la France [1]. » (15 janvier 1844.)

1. *Disc. parlem.*, t. IV.

Il eût persévéré dans cette noble manière de voir, et, pénétré des maux du pays, ajoutant aux craintes de l'avenir les leçons de l'expérience, aux prévisions nouvelles les prévisions réalisées, il eût redit, dans l'intérêt, pour l'honneur, pour la pure renommée de sa cause aussi bien que dans le souci pressant de la France, il eût redit à ses amis, à ses alliés, aux bons citoyens de tous les partis, ses paroles de 1851 : « Ah ! mes amis, messieurs de la majorité, comprenez bien, reconnaissez les voix qui nous entretiennent de nos dissensions passées, qui aigrissent nos ressentiments, qui approfondissent nos divisions, reconnaissez ces voix, comprenez-les ; que ce vous soit un grand avertissement. Unissons-nous de plus en plus ; majorité, tous de la majorité, soyez inséparables en face des dangers et de la sédition et de l'ambition ; soyez inséparables dans l'ordre légal : rappelez-vous comment nous avons traversé les mauvais jours ; que ce souvenir douloureux soit une leçon immense, une leçon toute-puissante en face des périls qui s'avancent. »

Charles DE LACOMBE.

VI.

MESSAGE DU MARÉCHAL DE MAC-MAHON LU A L'ASSEMBLÉE NATIONALE, LE 6 JANVIER 1875

MESSIEURS,

L'heure est venue où vous allez aborder la grave discussion des lois constitutionnelles ; les travaux de votre commission sont prêts, et l'opinion publique comprendrait difficilement un nouveau retard.

Désireux, comme je n'ai à aucun moment cessé de l'être, de voir promptement donner au pouvoir que j'exerce, en vertu de la loi du 20 novembre, ce complément nécessaire, je charge mon gouvernement de vous demander, pour l'une de vos prochaines séances, la mise à l'ordre du jour de la loi qui établit une seconde Chambre.

C'est là, en effet, l'institution que paraissent le plus impérieusement réclamer les intérêts conservateurs, dont vous m'avez confié et dont je ne déserterai jamais la défense.

Les rapports sont aujourd'hui faciles entre l'Assemblée et le pouvoir qui émane d'elle ; il en serait peut-être autrement le jour où, ayant fixé vous-mêmes le terme de votre mandat, vous feriez place à une Assemblée nouvelle.

Des conflits peuvent naître alors, et, pour les terminer, l'intervention d'une seconde Chambre, offrant, par sa composition, de solides garanties, est indispensable. La nécessité ne serait pas moins grande quand même, pour trancher ces conflits, vous croiriez utile, comme mon gouvernement l'a demandé, d'armer le pouvoir exécutif du droit de recourir au jugement du pays par la voie de la dissolution.

L'usage de ce droit extrême serait périlleux, et j'hésiterais moi-même à l'exercer, si, dans une circonstance si critique, le pouvoir ne se sentait appuyé sur le concours d'une Assemblée modératrice.

J'ai la satisfaction de penser que, sur ce point, je suis en accord avec la majorité de cette Assemblée. Si, dans le cours de la délibération, mon gouvernement présente certaines modifications au projet que votre commission vous a soumis, ce sera pour en rendre l'adoption plus facile.

Un autre point plus controversé ne doit pas être moins promptement décidé : c'est celui qui touche à la transmission du pouvoir, quand j'aurai cessé de l'exercer. Ici mon intervention doit avoir un caractère plus réservé, puisque ma responsabilité personnelle ne peut, en aucun cas, être engagée.

Je n'hésite pas à dire cependant que, dans ma pensée, cette transmission, à l'échéance du 20 novembre 1880, devrait être réglée de manière à laisser aux Assemblées qui seront alors en exercice la liberté pleine et entière de déterminer la forme du gouvernement de la France.

C'est à cette condition que, d'ici là, le concours de tous les partis modérés peut rester assuré à l'œuvre de réparation nationale que je suis chargé de poursuivre.

J'attache moins d'importance (et je crois que le pays pense comme moi) à la question de savoir ce qui devrait être fait si, par une volonté de la Providence que tout homme doit prévoir, la vie m'était retirée avant l'expiration de mon mandat. La souveraineté nationale ne périt pas, et ses représentants pourront toujours faire connaître sa volonté.

On a exprimé toutefois le désir que, dans cette éventualité, rien ne fût changé jusqu'en 1880 au cours actuel des choses. Vous jugerez s'il n'y aurait pas lieu de compléter par cette disposition les garanties de stabilité promises par la loi du 20 novembre.

En tout cas, c'est un point à débattre et à régler entre vous dans un grand esprit de conciliation : la France ne comprendrait pas, j'en suis sûr, qu'un différend reposant sur une hypothèse vînt troubler le bien présent et certain qu'elle attend de votre accord.

Telles sont les vues que m'a suggérées l'étude que j'ai faite, pendant l'année qui vient de s'écouler, des véritables besoins du pays. Les entretiens que j'ai pu avoir avec un grand nombre de membres de cette Assemblée me font espérer qu'une majorité pourra les sanctionner par ses suffrages.

C'est mon vœu le plus cher et celui que, dans l'intérêt même de l'Assemblée, je vous conjure de réaliser. Les anxiétés de la France, les périls qui l'assiègent, vous indiquent votre devoir.

Pour moi, je crois avoir rempli le mien tout entier, et quelle que soit l'issue des débats, je compte que la justice de mon pays appréciera mes efforts.

VII.

DISCOURS DE M. CHARLES DE LACOMBE, A LA SÉANCE DU 21 JANVIER 1875

MESSIEURS,

Bien que l'honorable M. de Ventavon, dans son remarquable discours, ait déjà exposé la pensée qui avait présidé au rapport et au projet de loi qui vous sont soumis, je vous demande la permission, comme membre de la commission des lois constitutionnelles, de vous dire aussi dans quelles dispositions, dans quel sentiment j'ai, pour ma part, abordé l'œuvre qui nous était confiée; et quoique ma parole n'engage que moi, j'ose espérer qu'elle ne sera pas désavouée par plusieurs de mes honorables collègues de la commission, et peut-être de l'Assemblée. (*Parlez ! parlez !*)

Je ne reviendrai pas sur les origines de l'œuvre que vous aviez confiée à la commission, M. le rapporteur vous les a rappelées : je dirai seulement que la loi du 20 novembre a été faite par une majorité composée en très grande partie de membres attachés à la forme monarchique, mais à laquelle se rattachaient d'autres hommes d'opinions différentes, qui, voyant dans la prorogation des pouvoirs de M. le maréchal de Mac-Mahon un grand intérêt national, subordonnaient à cet intérêt leurs préférences personnelles.

C'est cette pensée qui a inspiré la commission dans le travail auquel elle s'est livrée ; elle a cru qu'elle devait prendre ce terrain de la loi du 20 novembre que vous lui aviez indiqué vous-mêmes comme un terrain d'union pour tous les hommes qui, respectueux des principes sociaux, et soucieux, en même temps, des garanties constitutionnelles, désiraient les faire entrer dans la loi qui devait vous être proposée. (*Très bien ! très bien ! au centre droit.*)

Nous avons pensé que, quelles que fussent d'ailleurs nos

dissidences sur la forme du gouvernement, puisqu'il y avait un régime accepté de tous, de ceux qui l'ont voté comme de ceux qui l'ont combattu, il était utile, il était convenable, il était logique d'essayer, sous ce régime, de réaliser ces institutions, ces garanties que nous jugerions nécessaires sous le gouvernement même de nos préférences.

Il y a dans cette Assemblée beaucoup de membres, presque tous les membres appartenant à l'opinion monarchique et, je crois, un certain nombre de membres appartenant à l'opinion républicaine, qui sont d'avis d'introduire dans la loi la plénitude de la responsabilité ministérielle.

Il y a, dans cette Assemblée, beaucoup de membres appartenant à l'opinion monarchique, et aussi un certain nombre de membres appartenant à l'opinion républicaine, qui sont d'avis de mettre dans la loi l'institution des deux Chambres, de préférence à une Assemblée unique.

Il y a aussi, dans cette Assemblée, beaucoup de membres appartenant à l'opinion monarchique et un certain nombre de membres appartenant à l'opinion républicaine, qui sont d'avis d'accorder au chef du pouvoir exécutif le droit de dissolution. Et j'ai été étonné tout à l'heure d'entendre l'honorable M. Lenoël attribuer seulement aux monarchistes cette pensée. Il oubliait que dans le projet de loi présenté par l'honorable M. Dufaure, alors qu'il était garde des sceaux, le droit de dissolution était inscrit.

M. Émile Lenoël. — Avec le concours du Sénat !

M. Charles de Lacombe. — Permettez! ceci est une question d'application, je ne parle dans ce moment-ci que du principe; le droit de dissolution peut être subordonné à des conditions diverses; mais la question même de la forme du gouvernement n'est pas engagée dans ces distinctions, car le projet de loi de l'honorable M. de Broglie subordonnait le droit de dissolution aux mêmes conditions que le projet de loi de l'honorable M. Dufaure. (*Très bien! Très bien! à droite.*)

Nous nous sommes donc demandé pourquoi nous ne nous

unirions pas d'abord sur les points où nous avons des vues communes.

Je sais bien qu'on dit que ce n'est pas logique et qu'il faut établir les institutions en vue d'un gouvernement définitif; je crois que cette maxime n'est pas absolument vraie. Les institutions sont moins faites en vue d'un gouvernement qu'en vue de l'état social auquel elles doivent s'appliquer. (*Très bien! à droite.*)

Je me souviens de deux paroles échangées dans le débat sur la proposition de l'honorable M. Casimir Périer.

L'honorable duc de Broglie disait, en combattant cette proposition, que si la République était votée, ou ne se préoccuperait pas, dans la nouvelle commission des lois constitutionnelles, de la question de savoir si telle ou telle institution était républicaine ou monarchique, mais bien si elle était conforme à l'intérêt du pays. Et l'honorable M. Dufaure, reprenant ces paroles, y applaudissant, disait à son tour : « Oui, c'est de l'intérêt du pays qu'il faudra s'inspirer avant tout. » Et il ajoutait : « Voilà le problème résolu; la bonne volonté du bon citoyen, voilà ce que je vous demande. »

La bonne volonté du bon citoyen, c'est ce sentiment qui, dans notre projet, nous a inspirés; c'est à lui que nous faisons appel dans cette Assemblée. (*Très bien! très bien! à droite.*)

J'ajouterai, au point de vue de la logique, que nous avons manqué à la logique plusieurs fois depuis quatre années.

Lorsqu'on nous disait à Bordeaux : « Il faut organiser avant de constituer », ce n'était pas logique, on ne faisait pas appel à notre logique, on faisait appel à notre patriotisme, et notre patriotisme a répondu. (*Très bien! très bien! à droite.*)

Lorsque nous avons institué le conseil d'État, l'honorable M. Gambetta nous disait : « Mais vous ne pouvez pas instituer le conseil d'État avant de savoir quel sera le gouvernement définitif! »

Cependant, Messieurs, l'objection n'a été admise ni par l'honorable M. Dufaure, ni par la commission qui présentait le projet de loi, et vous avez institué le conseil d'État, parce que vous avez reconnu qu'il y avait là un grand pouvoir qu'il fallait établir pour la bonne marche des affaires. (*Très bien!*)

Je reviens à la question. Je suppose que les deux partis auxquels je m'adresse, que les monarchistes et que les républicains refusent, — sous cette raison qu'un gouvernement définitif n'est pas proclamé, — refusent d'organiser les pouvoirs du maréchal. Je me permets de leur demander : quels avantages, au point de vue de votre cause, retirerez-vous de ce refus? Serez-vous plus près de la République, vous, républicains, qui dites que vous n'organiserez pas, parce que l'état actuel n'est pas la République? Et vous, monarchistes, qui dites que vous n'organiserez pas parce que l'organisation des pouvoirs serait la République, serez-vous plus près de la monarchie parce que vous n'aurez pas organisé? (*C'est cela! — Très bien! très bien! sur un grand nombre de bancs.*)

Pour moi, il n'y a que deux causes, si l'on peut donner ce nom à ces choses, qui profiteraient du rejet des lois constitutionnelles : la démagogie et le despotisme. Toutes les garanties que vous donnerez au pouvoir du maréchal, ce sont autant de chances que vous ôterez à la démagogie et au despotisme (*Oh! oh! à gauche*); toutes les garanties que vous lui refuserez, ce sont autant de chances que vous leur donnerez. (*Très bien! très bien! à droite.*)

Et maintenant, je précise mon interrogation et je demande aux républicains conservateurs : Si vous refusez d'organiser les pouvoirs actuels, de vous entendre sur ces questions où vous avez eu tant de points communs avec les monarchistes, — car vous ne pouvez guère médire d'eux sans vous atteindre un peu vous-mêmes, leurs idées ont été si longtemps les idées de beaucoup d'entre vous, — je vous le demande, si vous refusez d'organiser ces pouvoirs, quelle sera votre ressource?

Vous en avez une, je l'entends dire quelquefois : la dissolution!

La dissolution! Mais enfin vous ne dites pas la dissolution

pour la dissolution ; vous êtes trop politiques, trop éclairés, trop patriotes, pour vous engager dans la dissolution, sans avoir prévu quelles pourraient en être les conséquences? (*Interruptions en sens divers.*)

Remarquez que je me place à votre point de vue en ce moment, et non pas au mien, et d'ailleurs je voudrais bien savoir qui m'interrompt de ce côté (la gauche); car il y a sur ces bancs des hommes qui, convaincus que la convocation d'une Assemblée ne leur donnerait pas le résultat qu'ils en attendaient, ont bien su ne pas la réunir. (*Applaudissements sur quelques bancs à droite.*)

Mais je m'adresse aux républicains conservateurs, contre lesquels ne s'élève pas le même reproche; car alors, à l'époque dont je parle, ils étaient traités de monarchistes par ceux qui ne voulaient pas convoquer la représentation nationale, dans un langage que chacun peut se rappeler.... (*Très bien! au centre droit*) et je me permets de leur faire cette observation : Après la dissolution, au jour des élections, devant le scrutin, vous serez soumis aux mêmes conditions qui s'imposent à nous dans cette Assemblée.

Il n'y a pas de parti, il n'y a pas de groupe surtout qui puisse, dans ce pays si divisé par nos révolutions, avoir la prétention de se suffire à lui-même et de prévaloir seul. (*Très bien !*)

Je sais que c'est l'erreur commune à tous les partis de disposer superbement du pays et de prétendre faire la loi autour d'eux. Mais la vérité, c'est que nous avons tous besoin les uns des autres. Nous ne pouvons pas nous passer les uns des autres ; nous avons seulement le choix des alliances, et par là même le choix des concessions.

Or, je le demande aux républicains conservateurs, s'ils ne s'entendent pas, dans cette Assemblée, avec des hommes qui représentent des idées qui leur sont communes, avec qui donc s'allieront-ils devant le scrutin? Ils s'allieront avec le parti radical. Cette alliance ne se fera pas sans concessions, et sur quoi porteront ces concessions?

L'honorable M. Lenoël nous parlait tout à l'heure de l'harmonie complète qui existait entre les différents groupes du parti républicain ; mais nous avons entendu, à cette tribune même, les chefs les plus autorisés du parti républicain conservateur nous dire que sur les questions les plus essentielles, sur l'organisation sociale, sur l'organisation même de la République, ils ne pensaient pas comme les membres non seulement de l'extrême gauche, mais de la gauche de cette Assemblée. Comment donc pourrez-vous vous entendre quand vous paraîtrez devant le scrutin, — et en vous accordant les meilleures chances, — lorsque vous paraîtrez dans une nouvelle Assemblée avec vos alliés ? (*Très bien ! très bien ! à droite.*)

De deux choses l'une : ou vous n'organiserez rien, ou vous organiserez. Si vous n'organisez rien, je me demande pourquoi vous aurez préféré la dissolution à l'existence d'une Assemblée dans laquelle vous pouvez trouver des moyens d'accord sur les institutions les plus nécessaires au pays. Si vous organisez, ce sera à quel prix ? en livrant vos convictions les plus chères à un parti. (*Exclamations et rires au centre gauche.*)

Je sais bien que vous ne le ferez pas ; c'est pour cela que je crois devoir mettre devant vous l'objection, en vous priant d'y réfléchir.

L'honorable M. Lenoël a insisté tout à l'heure sur la nécessité de la déclaration d'un gouvernement définitif, et pour lui, le gouvernement définitif, c'était la République. L'honorable M. Lenoël se plaint du provisoire tel que le septennat, selon lui, l'établirait.

Mon Dieu ! l'honorable M. Lenoël, en faisant le procès du septennat, a fait le procès de la République. Je ne dis pas que le septennat n'ait pas quelques-uns des inconvénients qu'il a pu signaler, mais ces inconvénients sont inhérents à la forme républicaine. (*Rires ironiques à gauche.*) Et j'affirme que le pouvoir que nous avons conféré pour sept ans à M. le maréchal de Mac-Mahon les atténue, loin de les aggraver.

Qu'est-ce qui constitue pour un pays, et surtout pour la France, pays fortement centralisé, le définitif ? Ce n'est pas la

permanence du nom du gouvernement, c'est la permanence
du pouvoir, c'est la transmission du pouvoir protégée contre
toute incertitude. (*Très bien ! très bien ! — Applaudissements
ironiques à gauche.*)

Il n'y a, il faut bien le dire, que la monarchie qui présente
cette présomption de durée dans le principe héréditaire....
(*Oh ! oh ! à gauche.*)

Vous me répondrez, messieurs, mais il me semble que je ne
dis rien de blessant.

Voix nombreuses. — Non ! non ! — Parlez ! parlez !

M. Charles de Lacombe. — Il n'y a que la monarchie qui
porte en elle cette présomption de durée que les révolutions
peuvent démentir, mais qui, tant qu'elle existe, donne au pays
confiance dans l'avenir. (*Exclamations ironiques à gauche.*)

La République, par cela même qu'elle établit le renouvellement fréquent des pouvoirs, crée cette incertitude, ces alertes,
ces angoisses dont nous avons vu trop souvent, dans notre
histoire, les tristes résultats. (*Marques d'approbation à droite.*)

En établissant pour sept ans les pouvoirs du maréchal,
nous avons atténué ces inconvénients, au lieu de les aggraver.
Si je partageais vos idées, et je ne le prétends point.... (*Rires
à gauche*) — car ici il faut une entière bonne foi, et on ne me
reprochera pas d'en manquer, — si j'étais républicain, je ne
suivrais pas d'autres conseils, d'autre conduite que celle que
je prends la liberté de vous indiquer.

Une voix à gauche. — Vous êtes bien bon !

M. Charles de Lacombe. — Mais parce que j'exprime cet
avis sur la politique qui conviendrait au parti républicain,
est-ce à dire que le parti monarchique, qui doit avoir, à un
certain point de vue, des intérêts contraires, doive suivre une
autre ligne de conduite ?

Non, messieurs, ce n'est pas une raison, comme on pourrait
le croire. Il en est de la politique comme de la guerre ; les
mêmes lois stratégiques s'imposent aux peuples belligérants ;
les mêmes lois s'imposent à tous les partis.

La première de ces lois, c'est de prendre son point d'appui

dans les dispositions présentes du pays, c'est de gagner sa confiance.... (*Applaudissements ironiques sur quelques bancs à gauche. — Très bien ! très bien ! à droite.*)

Et s'il m'était permis, comme cela se fait quelquefois au Parlement anglais et en Amérique, de mêler les choses saintes à ces discussions, je dirais aux hommes politiques, aux partis, en paraphrasant un mot de l'Évangile : « Cherchez d'abord le bien du pays, et le reste, c'est-à-dire le triomphe de votre cause, vous sera donné par surcroît ! » (*Très bien ! très bien ! et applaudissements sur un grand nombre de bancs.*)

Pour moi, je le déclare, j'ai cru et je crois toujours que la monarchie est le gouvernement normal, régulier, nécessaire, de la France. Et je m'écrierais volontiers avec un homme de 1789, qui, à travers bien des égarements, a gardé, a professé jusque devant le tribunal révolutionnaire ses convictions monarchiques, je m'écrierais avec Barnave : « La monarchie libre et limitée, le plus beau, le plus heureux des gouvernements qui aient régné sur la terre ! » (*Très bien ! très bien! à droite.*)

Mais la monarchie, pas plus qu'aucune autre institution humaine, ne peut se soustraire aux exigences des choses et des temps. L'Église elle-même tient compte de ces exigences lorsqu'elle fait des concordats. C'est la grandeur de la monarchie dans le passé, ce doit être dans tous les temps sa gloire et sa mission, d'abriter sous l'immutabilité de son principe les changements, les transformations de la société. (*Très bien ! et applaudissements à droite.*)

Et nous qui, privés de cette grande garantie du principe héréditaire, aux prises avec les difficultés et les périls d'une situation extraordinaire, vivant au milieu de la tourmente et voyant de près les écueils où notre pays peut se briser, nous qui, avec les moyens qui nous restent, essayons de sauver ce pays et de lui refaire un avenir, nous n'abandonnons pas nos convictions ; non, nous ne désertons pas pour cela la cause de la monarchie ; nous travaillons pour elle, au contraire ! (*Exclamations et applaudissements ironiques à gauche. — Bravos à droite.*)

Oui, car celui-là sert sa cause, — et vous auriez dû comprendre que cela s'appliquait à tous les partis, — celui-là sert sa cause qui est avant tout l'homme de son pays. (*Très bien ! très bien ! à droite et au centre droit.*)

Qu'est-ce que le pays demande? l'affermissement du gouvernement que nous lui avons donné; il demande que nous donnions à ce gouvernement les organes, les garanties que nous lui avons promis. Je ne me fais juge de la conscience de personne, je rends hommage à la sincérité de toutes les intentions, mais, pour moi, je ne voudrais pas prendre la responsabilité d'aller à l'encontre de ces dispositions du pays. Je ne voudrais pas laisser à des adversaires, par des apparences contraires aux réalités, — et en politique, les apparences ont quelquefois autant d'importance que les réalités.... (*Mouvement*) je ne voudrais pas, dis-je, laisser à des adversaires un prétexte pour méconnaître la sincérité de mes intentions; je ne voudrais pas qu'on pût dire : Voilà un gouvernement qui avait été institué pour sept ans; le pays commençait à respirer, les affaires reprenaient, les intérêts ne demandaient qu'à se développer sous l'égide de ce gouvernement; on réclamait seulement pour lui des garanties, des organes, que lui-même sollicitait; ce sont des monarchistes qui, unis aux radicaux et aux bonapartistes, lui ont refusé ces institutions; ce sont eux qui ont refusé à la France ce dernier abri. (*Marques d'adhésion au centre.*)

Je sais qu'on peut dire que les lois que nous présentons ne sont pas celles qu'on voudrait établir. Vous vous devez, en ce cas, d'en présenter d'autres. Vous ne pouvez pas vous réfugier dans le néant pour résister à ces vœux que manifestent le gouvernement et le pays en faveur d'une organisation des pouvoirs publics, organisation qu'imposent les engagements contenus dans la loi du 20 novembre 1873. (*Très bien !*)

Quand je dis ces choses, je ne vais pas à l'encontre des aspirations, des traditions du parti monarchique. Je ne parle pas de ce qu'il a fait dans des temps plus éloignés, et en 1848. Mais, reprenant seulement son histoire depuis le 4 septembre, est-ce que, mes collègues, quand vous avez vu l'ennemi en France, est-ce que vous avez regardé quel gouvernement nous avions? Ne vous êtes-vous pas jetés dans la lutte, les plus braves parmi les plus braves, pour secourir la patrie? (*Très bien! très bien! à droite et au centre.*)

Et le 24 mai, quand vous avez nommé le président de la République, quand vous avez fait cet acte électif, vous êtes-vous demandé si la rigueur du principe monarchique l'autorisait? Vous avez vu la société en péril.... (*Murmures à gauche. Approbation à droite.*) Auriez-vous voulu qu'on laissât le pays sans gouvernement, — je parle du gouvernement, la vacance du pouvoir une fois constatée? A ce moment, vous êtes-vous arrêtés? Non, vous avez nommé un gouvernement, vous avez élu un chef du pouvoir exécutif, parce que vous sentiez que l'intérêt du pays, de la société y était engagé, et qu'à vous, parti conservateur, parti social par excellence.... (*Interruptions à gauche*) il était permis, moins qu'à personne, de vous abstenir.

Mais on dit que ce serait organiser la République que d'instituer deux Chambres.

Ici, vraiment, mon esprit s'étonne et se confond. Comment! l'institution de deux Chambres, qui a toujours été considérée comme une institution monarchique, dont, en 1795, les royalistes disaient que c'était la pierre d'attente de la royauté, qu'en 1848 les royalistes ont votée en masse, cette institution serait, par elle-même, une organisation de la République?

Mais vous n'entendez pas laisser la France sans une seule Assemblée! Or, une seule Assemblée, c'est un système républicain; c'est le système du parti républicain le plus avancé. Selon moi, c'est la chose la plus dangereuse de toutes.

M. Emile Beaussire. — Nous le voyons bien!

M. Charles de Lacombe. — Raison de plus pour voter l'institution des deux Chambres!

Je sais bien qu'on dit quelquefois que les secondes Chambres ne servent à rien. Messieurs, s'il fallait juger des institutions par toutes les révolutions qu'elles n'ont pas empéchées, il faudrait les supprimer toutes. Mais il faut penser aussi à toutes les révolutions qui ne se sont pas produites et que ces institutions ont pu empêcher.

En 1789, on disait, malgré les sages avertissements de Mounier, de Malouet, de Lally-Tollendal, de Clermont-Tonnerre, qu'il ne fallait pas instituer deux Chambres, et une fraction de la droite de l'Assemblée s'unissait à la gauche pour repousser les deux Chambres. On n'en a eu qu'une seule, elle s'est appelée la Législative, elle s'est appelée la Convention ; et le jour où nous sommes nous rappelle assez quel crime elle a commis (*Très bien ! à droite*), crime qui a laissé, comme l'écrivait l'un d'entre vous, messieurs, l'honorable M. Quinet, crime qui a laissé « une inquiétude éternelle dans l'âme de la postérité. »

Ne dites donc pas, messieurs, que les deux Chambres n'auraient pu servir à rien, car s'il y avait eu une seconde Chambre à côté de la Législative, une seconde Chambre à côté de la Convention, bien des catastrophes, bien des crimes, bien des malheurs eussent été épargnés au pays. (*Applaudissements à droite.*)

Quarante ans plus tard, en 1831, la Chambre des députés a aboli l'anniversaire du 21 janvier ; la Chambre des pairs a fait entrer dans la loi ces mots qui y sont restés : « Le jour à jamais funeste et déplorable du 21 janvier. » (*Mouvement.*)

La Chambre des députés, à la même époque, vote la loi du divorce ; la Chambre des pairs repousse cette loi et empêche cette atteinte à l'unité de la famille d'entrer dans nos codes. (*Très bien ! sur plusieurs bancs.*)

Ne méconnaissez pas l'importance et le rôle de la seconde Chambre : elle doit être le refuge, le rempart des intérêts permanents du pays, des principes sociaux qui peuvent être menacés dans une heure d'entraînement par le suffrage universel. A vous, moins qu'à aucun autre parti, il appartient de la refuser au pays. La monarchie n'y est pas, il est vrai ; mais la société reste, mais la France reste, et précisément parce que cette grande garantie de la monarchie manque, vous devez multiplier les autres garanties conservatrices. (*Très bien! très bien! - Applaudissements à droite.*)

Et vous, républicains conservateurs.... (*Ah! ah! à gauche*), qui refusez l'institution des deux Chambres que vous jugez bonne, qui la refusez sous prétexte que le gouvernement définitif ne serait pas déclaré ou proclamé, permettez-moi de vous le dire, vous allez aggraver les périls que vous voulez prévenir, les maux dont vous vous plaignez. Vous ne voulez pas du gouvernement personnel d'un homme, vous ne le voulez sous aucune forme; mais si vous placez le pays dans l'alternative d'une convention ou d'une dictature (*Interruption*), si vous lui montrez, suivant une éloquente expression de M. Odilon Barrot en 1851, le droit flottant incertain entre les deux pouvoirs, prenez garde d'éveiller dans le pays des inquiétudes qui serviraient la dictature. Vous savez bien que le dépositaire actuel du pouvoir ne cherchera pas à profiter de ce sentiment, mais prenez garde d'exciter, de développer dans le pays cette disposition morale, cette température morale sous laquelle se forment ces tendances, ces appels à la dictature qu'il se trouve toujours, en dehors du pouvoir, malgré le pouvoir, quelquefois contre le pouvoir, des ambitieux pour exploiter. (*Très bien! très bien! — Applaudissements au centre.*)

Plus j'examine cette question, plus pour moi les intérêts de tous les conservateurs, amis en même temps des garanties constitutionnelles, à quelque parti qu'ils se rattachent, plus ces intérêts se confondent et sont identiques.

J'ai parlé plusieurs fois de la loi du 20 novembre. Permettez-moi en terminant....

Une voix à gauche. — Ah! (*Vives rumeurs à droite.*)

M. le président. — Je ne connais point l'auteur de l'interruption, mais je déclare que cette interruption est souverainement inconvenante. (*C'est vrai! — Très bien! très bien!*)

M. Charles de Lacombe. — Permettez-moi, pour expliquer tels que je les comprends la portée et le caractère de cette loi, d'évoquer devant vous un souvenir historique.

En 1795, dans les dernières années de la Révolution, le

comte de Provence, qui fut depuis le roi Louis XVIII, ce prince si sage, si éclairé, vrai modèle des rois constitutionnels.... (*Très bien !*), le comte de Provence avait publié un manifeste dans lequel il déclarait ne pouvoir rien changer à la vieille constitution du royaume qui reposait alors sur la distinction des trois ordres. Cette déclaration, que son royal auteur devait effacer plus tard sous la déclaration de Saint-Ouen et sous la Charte, avait exalté les espérances du parti républicain. On disait alors que la monarchie était perdue, que la République était à jamais fondée. Cependant le mouvement monarchique se développait sous d'autres formes : de cinq directeurs on passait à trois consuls, de trois consuls au consulat à vie, du consulat à vie à l'empire, et après l'empire, après les désastres qu'il avait amassés dans sa course glorieuse mais bien funeste, on vit reparaître cette vieille royauté qu'on avait crue morte.... (*Mouvements divers*) et qui, embrassant enfin cette grande politique de transaction dont Henri IV avait donné l'exemple à sa race, ramenait avec elle la paix et la liberté. (*Bravos et applaudissements au centre et à droite.*)

Messieurs, je me suis souvent demandé ce qu'il fallait penser de ceux qui, à ce moment, parce que la monarchie était temporairement empêchée, avaient cru la République à jamais fondée. J'ai interrogé l'histoire ; j'ai vu, j'ai entendu ses plus illustres interprètes juger avec la dernière sévérité l'erreur de ceux qui, « dans le délire de leur orgueil, avaient cru faire de la France une République, parce que le temps en avait fait une démocratie ».

Et que proposait l'histoire, quels conseils donnait-elle en se reportant vers ces temps passés ? Que proposait son plus illustre interprète, l'historien du Consulat et de l'Empire ? Ce n'était pas la République, ce n'était pas l'Empire que, selon lui, on aurait dû établir ; c'était un gouvernement temporaire, dans lequel les uns auraient pu voir un acheminement vers la République, dans lequel les autres, comme l'éminent historien lui-même, auraient vu une préparation à la monarchie représentative que devait ramener la maison de France.

Supposons donc, à cette époque, une Assemblée patriote et un chef de gouvernement désintéressé, qu'auraient-ils fait?

Cette Assemblée patriote aurait dit à ce chef de gouvernement :

Nous vous donnons le pouvoir pour un nombre d'années déterminé; vous l'exercerez dans le seul dessein de la réorganisation nationale. Derrière vous pourront se grouper tous les bons citoyens, républicains ou monarchistes, unis, à travers la diversité de leurs espérances, dans le sentiment des besoins, des nécessités et des périls de la patrie commune. (*Applaudissements au centre droit et à droite.*)

Ce qu'on aurait pu faire alors, vous l'avez fait le 20 novembre. Cette Assemblée patriote s'est rencontrée, c'était vous. Ce chef de gouvernement désintéressé s'est rencontré, c'était le maréchal de Mac-Mahon. En lui confiant le pouvoir pour sept années, vous avez donné à ce mouvement de l'opinion publique, qui a trop souvent porté notre pays vers les pouvoirs fortement concentrés, une satisfaction dans la mesure légitime; mais vous l'avez contenu dans de justes bornes, lorsque vous avez mis en réserve les principes et les garanties constitutionnelles, en vous promettant de les réaliser dans des institutions.

C'est aujourd'hui qu'il vous appartient d'achever votre œuvre.

Je sais que vous êtes divisés, que bien des malentendus, bien des dissentiments, moins profonds peut-être que vous ne le soupçonnez, vous séparent.

Mais, messieurs, retournons-nous vers nos devanciers. Quand on interroge l'histoire de nos débats politiques depuis quatre-vingts ans, on est frappé des luttes que des hommes faits pour s'entendre, animés des mêmes sentiments, ayant au fond les mêmes vues, ont engagées les uns contre les autres. On les voit, dans l'ardeur du combat, s'accuser, se déchirer, s'outrager parfois jusqu'à la dernière injustice. Et puis, quand ces luttes sont tombées, quand ces hommes se sont trouvés dispersés dans la retraite, dans la disgrâce, dans l'exil, quand ils se sont vus en face des événements, tristes pour eux-mêmes, plus tristes pour leur pays, qu'avaient amenés leurs divisions, ils ont regardé de loin les uns vers les autres, ils ont regretté, trop tard, hélas ! de s'être méconnus. Ils se sont dit qu'ils étaient moins divisés qu'ils ne l'avaient pensé, et qu'ils auraient dû s'unir pour leur propre bonheur comme pour le bonheur de leur pays. (*Très bien ! très bien ! et applaudissements au centre.*)

Et nous, messieurs, venus après eux, en proie aux mêmes divisions, est-ce que nous ne profiterons pas de leurs conseils, de leurs exemples et de leurs regrets ? Est-ce que nous attendrons que de nouvelles tempêtes nous aient dispersés pour nous apercevoir que nous aurions pu nous tendre la main et nous mettre d'accord ?

Ah ! je n'ignore pas tout ce qu'ont fait naître parmi vous d'amertumes et de dissentiments les événements, les blessures personnelles, les engagements de situation, les engagements de groupes, les groupes mêmes qui ne devraient jamais être que des traits d'union, et qui trop souvent sont des barrières. (*Très bien ! très bien !*)

Souffrez que je vous le dise, laissez tout cela, laissez là les partis, ne voyez que la France. (*Applaudissements.*) Les partis vous diront de rester divisés. La France vous prie, elle vous supplie, elle vous adjure de vous unir.... (*Applaudissements au centre et au centre droit*) autour de ce pouvoir que vous avez créé, pour lui donner les lois, les institutions que vous lui avez promises dans l'intérêt de la patrie, de la société, dans l'intérêt de l'ordre et de la liberté, deux causes, messieurs, qu'il ne faut pas séparer, mais qui ne vivront que par l'union de tous leurs défenseurs. (*Très bien ! très bien ! — Bravos et applaudissements au centre et au centre droit.*)

(*L'orateur, en descendant de la tribune, est entouré et sympathiquement félicité par un grand nombre de ses collègues.*)

————

ERRATA

Tome I

P. 3, ligne 15, *au lieu de :* connu, *lire :* reconnu.

P. 8, note 2, ligne 4, *au lieu de :* 1876, *lire :* 1877.

P. 72, en note, *au lieu de :* femme de lettres, *lire :* grande dame.

P. 122, ligne 28, *au lieu de :* Gaulard, *lire :* Goulard.

P. 150, note 4, ce n'est pas de Pierre Waldeck-Rousseau dont il est question dans le Journal, mais de son père René Waldeck-Rousseau (1809-1882), député à l'Assemblée constituante en 1848, plus tard maire de Nantes et bâtonnier des avocats de la ville.

P. 212, note 1, Combier était député de l'Ardèche et non pas des Ardennes.

P. 298. Le discours sur le jury est du 14 novembre 1872 et non pas 1876.

Tome II

P. 60, après la ligne 28, *lire : Lettre du comte de Falloux à M. de Lacombe.*

P. 102, ligne 9, *au lieu de :* Malouët, *lire :* Malouet.

P. 129, ligne 11, *au lieu de :* Béranger, *lire :* Bérenger.

P. 140, ligne 18, *au lieu de :* Rampont, *lire :* Rampon.

P. 167, ligne 20, *au lieu de :* Vinay, *lire :* Vinoy.

INDEX ALPHABÉTIQUE

DES NOMS PROPRES CITÉS DANS LE « JOURNAL »

TABLE DES MATIÈRES

APPENDICE

PUBLICATIONS DE LA SOCIÉTÉ D'HISTOIRE CONTEMPORAINE

En vente à la librairie A. PICARD ET FILS, rue Bonaparte, 82,
au prix de 8 fr. le volume in-8 :

Correspondance de M. et Mⁿᵉ de Raigecourt avec M. et Mᵐᵉ de Bombelles, 1790-1800, publiée par M. DE LA ROCHETERIE, 1892. 1 vol. *Epuisé.*

Captivité et derniers moments de Louis XVI. Récits originaux et documents officiels, publiés par le marquis DE BEAUCOURT, 1892. 2 vol.

Lettres de Marie-Antoinette. Recueil des lettres authentiques publié par MM. DE LA ROCHE-TERIE et DE BEAUCOURT, 1895-1896. 2 vol. T. I *épuisé.*

Mémoires de Michelot Moulin sur la chouannerie normande, publiés par le vicomte L. RIOULT DE NEUVILLE, 1893. 1 vol.

Mémoires de famille, de l'abbé Lambert, 1791-1793, publiés par M. GASTON DE BEAU-SÉJOUR, 1894. 1 vol.

Journal d'Adrien Duquesnoy, dépuré du tiers état de Bar-le-Duc, mai 1789-avril 1790, publié par M. R. DE CRÈVECŒUR, 1894. 2 vol.

L'invasion austro-prussienne (1792-1794). Documents publiés par M. LÉONCE PINGAUD, 1895. 1 vol. avec héliogravure et carte.

18 fructidor. Documents inédits publiés par M. VICTOR PIERRE, 1893. 1 vol.

La déportation ecclésiastique sous le Directoire. Documents inédits publiés par M. VIC-TOR PIERRE, 1896. 1 vol.

Mémoires du comte Ferrand (1787-1824), publiés par le vicomte DE BROC. 1897. 1 vol. avec héliogravure.

Collectes à travers l'Europe pour les prêtres français déportés en Suisse, 1794-1797. Relation publ. par M. l'abbé JÉRÔME, 1897. 1 vol.

Mémoires de l'abbé Baston, chanoine de Rouen, publiés par M. l'abbé J. LOTH et M. Ch. VERGER, 1897-1899. 3 vol. avec héliogravure.

Souvenirs du comte de Semallé, page de Louis XVI, publiés par son petit-fils, 1898. 1 vol. avec héliogravure. *Epuisé.*

Louis XVIII et les Cent-Jours à Gand, recueil de documents inédits, publiés par MM. E. ROMBERG et ALBERT MALET, 1898-1902. 2 vol.

Mémoires du comte de Moré (1758-1837), publiés par M. GEOFFROY DE GRANDMAISON et le comte DE PONTGIBAUD, 1898. 1 vol. 5 héliogravures.

Mémoire de Pons de l'Hérault aux puissances alliées, publié par M. LÉON-G. PÉLISSIER, 1899. 1 vol. avec héliogravure.

Correspondance de Le Coz, évêque constitutionnel d'Ille-et-Vilaine, archevêque de Be-sançon, publiée par le P. ROUSSEL, 1900-1903. 2 vol. 1 héliogravure.

Souvenirs politiques du comte de Salaberry (1821-1830), publiés par le comte DE SALA-BERRY, 1900. 2 vol. avec héliogravure.

Kléber et Menou en Égypte (1799-1801). Documents publiés par M. François ROUSSEAU, 1900. 1 vol. avec carte.

Kléber en Vendée (1793-1794). Documents publiés par M. H. BAGUENIER-DESORMEAUX, 1907. 1 vol. avec carte.

Lettres de Mᵐᵉ Reinhard à sa mère, traduites de l'allemand et éditées par Mᵐᵉ la Bⁿⁿᵉ DE WIMPFFEN, 1901. 1 vol. avec 2 héliogravures.

Mémoires de Langeron. Campagnes de 1812, 1813, 1814, publiés par L.-G. F., 1902. 1 vol. avec carte. *Epuisé.*

Correspondance du duc d'Enghien (1801-1804), et documents sur son enlèvement et sa mort, publiés par le comte BOULAY DE LA MEURTHE, 1904. T. I, avec héliogravure.

Correspondance du comte de La Forest, ambassadeur de France en Espagne (1808-1813), publiée par M. GEOFFROY DE GRANDMAISON, 1905. T. I (avril 1808-janvier 1809), avec héliogravure.

Souvenirs du marquis de Bouillé (1769-1812), publiés par M. P.-L. DE KERMAINGANT, 1906. T. I (1769-mai 1792), avec héliogravure. *Epuisé.*